Piazza

Piazza

second edition

Donatella Melucci

Elissa Tognozzi

MINDTAP available for this edition!

Cengage

Australia • Brazil • Canada • Mexico • Singapore • United Kingdom • United States

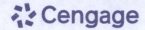

Piazza: Luogo di incontri, **Second Edition**
Donatella Melucci, Elissa Tognozzi

Vice President, Product Management: Marta Lee-Perriard

Senior Product Team Manager: Heather Bradley Cole

Associate Product Manager: Melody Sorkhabi

Content Manager: Brianna Bemel

Subject Matter Expert: Lori Mele Hawke

Learning Designer: Jarmila Sawicka

Product Assistant: Jelyn Masa

Associate Market Development Manager: Jessica Quila

IP Analyst: Christine M. Myaskovsky, Ann Hoffman

Senior IP Project Manager: Betsy Hathaway

Manufacturing Planner: Fola Orekoya

Senior Designer & Cover Designer: Sarah B. Cole

Production Service and Compositor: Lumina Datamatics, Inc.

Cover image: Marco Arduino / SIME / eStock Photo

For product information and technology assistance, contact us at
**Cengage Customer & Sales Support, 1-800-354-9706
or support.cengage.com.**

For permission to use material from this text or product, submit all requests online at **www.copyright.com.**

Library of Congress Control Number: 2018968251

Student Edition:
ISBN: 978-1-337-56581-3

MindTap IAC:
ISBN: 978-1-337-56578-3

Loose Leaf Edition:
ISBN: 978-1-337-56587-5

Cengage
200 Pier 4 Boulevard
Boston, MA 02210
USA

Cengage is a leading provider of customized learning solutions with employees residing in nearly 40 different countries and sales in more than 125 countries around the world. Find your local representative at: **www.cengage.com.**

To learn more about Cengage platforms and services, register or access your online learning solution, or purchase materials for your course, visit **www.cengage.com.**

Printed in the United States of America
Print Number: 05   Print Year: 2022

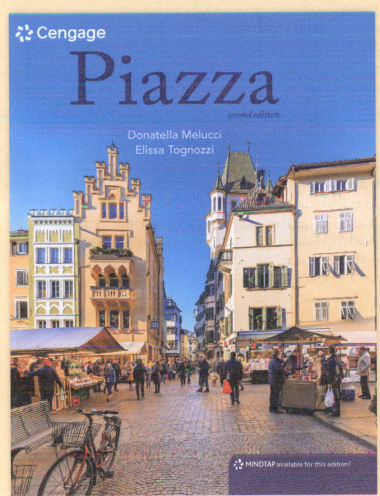

SCOPE AND SEQUENCE

SCOPE AND SEQUENCE

CHAPTER	COMMUNICATIVE GOALS	VOCABULARY
CAPITOLO 4 **Lo sport in piazza**  iStock.com/Art-Of-Photo	› Talk about seasons and weather › Talk about clothing items › Talk about sports › Talk about daily routines, obligations and errands to run in town, and leisure-time activities › Talk about what you can do, what you have to do, and what you want to do	› Weather and seasons 114 › Sports and equipment 115 › Clothing 114 › Directions 128 › Places in the city 128 › Prepositions of location 128
CAPITOLO 5 **Che bello spettacolo in piazza!**  cristian ghisla/Shutterstock.com	› Talk about music, theater, and cinema › Talk about leisure activities › Talk about past events › Refer to people and things that have already been mentioned	› Types of music 148 › Musical instruments 148 › Cinema 162 › Theater 162
CAPITOLO 6 **Feste in piazza**  JD Photograph/Shutterstock.com	› Narrate and describe memories of events › Talk about holidays, traditions, and celebrations › Recount childhood and adolescent experiences › Talk about social and cultural events	› Holidays 184 › Traditions and traditional foods 184 › School and the past 198 › Memories of childhood and adolescence 198

SCOPE AND SEQUENCE

CHAPTER	COMMUNICATIVE GOALS	VOCABULARY
CAPITOLO 7 **Al ristorante della piazza con i colleghi**  Lorenzo Sala/Shutterstock.com	› Talk about ordering a meal in a restaurant › Talk about grocery shopping, quantities, preparing meals › Talk about likes and dislikes › Talk about professions and internships › Talk about things you had done	› At a restaurant 220 › The menu and foods 220 › Useful expressions 234 › Professions and occupations 234 › Work and the workplace 234
CAPITOLO 8 **In vacanza tra piazze e bellezze naturali**  luigi nifosi/Shutterstock.com	› Talk about vacations and taking trips › Discuss methods of transportation › Express plans and intentions › Make hotel or room reservations	› Public transportation 256 › Modes of transportation and travel 256 › Hotels and lodging 270
CAPITOLO 9 **In piazza per promuovere la salute**  Yevgenia Gorbulsky/Shutterstock.com	› Identify parts of the body › Talk about health and physical conditions › Give and receive advice about wellness › Talk about maintaining a healthy lifestyle	› The body and health 292 › Health problems and remedies 292 › Wellness centers 306 › To be in shape 306

SCOPE AND SEQUENCE

CHAPTER	COMMUNICATIVE GOALS	VOCABULARY
CAPITOLO 10 **In piazza per un ambiente sano**  Peter Adams/Photolibrary/Getty Images	› Discuss the environment › Talk about ways to improve the environment › Talk about geographical characteristics and landscape › Make comparisons	› The environment 328 › Nature 328 › Animals 342
CAPITOLO 11 **Moda e tecnologia s'incontrano in piazza**  Fausto Fiori/Dreamstime.com	› Talk about contemporary society and fashion › Talk about technology: computers, text messaging, social networks › Express opinions about new technologies › Express opinions about "the best" or "the worst"	› Technology 364 › Fashion 364 › High-Tech 378 › Computer science 378
CAPITOLO 12 **Piazze multiculturali: l'Italia di oggi e di ieri**  NORMA JOSEPH/Alamy Stock Photo	› Talk about multiethnic societies in Italy and other countries › Express opinions about past events › Discuss the effects of globalization and make hypotheses › Talk about famous historical people	› Immigration 400 › Integration 400 › Famous italians 414 › Creativity 414

SCOPE AND SEQUENCE

Piazza: luogo di incontri is intended to bring the life of the piazza and the region into the classroom by embedding culture in all the activities and providing opportunities that encourage you to make your own discoveries. *Piazza* focuses on learning the language simultaneously with the culture and addresses the interests of the modern-day student by finding a balance between what is traditionally sound pedagogy and new ways to present material. We know that you are motivated to learn how to communicate in Italian, and *Piazza* is based on an experiential approach to language instruction that targets real-life communicative and cultural situations. Through instructional activities that emphasize the interconnectedness between reading, writing, listening, speaking, and culture, you will have opportunities to synthesize all skills and to experience the language and culture. It is our goal to prepare you to communicate in Italian and appreciate the culture as you navigate your way through the regions and numerous great piazzas of Italy.

Throughout the development process of *Piazza*, hundreds of students like you were asked to tell us about your experiences, needs, concerns, and successes in introductory Italian courses. Instructors were then informed about the findings, and reactions and solutions were discussed. The results of these "conversations" directly impacted the approach and contents of *Piazza*, serving to strengthen and fine-tune the final product.

ORGANIZATION

Every chapter of *Piazza* opens with learning strategies that will help you get the most from your study of Italian. Reading and following these suggestions will help you to gradually understand and communicate more easily in and out of the classroom. It is unrealistic to expect your language to be perfect, but these strategies will help increase your fluency and confidence.

To better understand the layout of the textbook, it is beneficial to spend some time going over its features. *Piazza* is composed of 12 chapters. Each chapter follows this format:

Nel cuore della regione includes colorful photos with captions that highlight unique and noteworthy information about the region or regions presented in the chapter.

Andiamo in piazza! offers photographs and descriptions that introduce the two principal piazzas that will be discussed in the chapter in depth.

Vocabolario consists of visual presentations and exercises that provide guided and pair work opportunities to help you gain an understanding of meaning.

Angolo culturale presents Italian culture in a light-hearted, conversational way to promote thinking and conversation about cross-cultural comparisons between Italy and your country of origin.

The dialogues in **Lingua dal vivo** introduce you to the characters of each chapter as you follow their activities throughout the day. Simple questions following the dialogues help you verify comprehension.

Osserviamo la struttura highlights grammatical structures in the dialogues. This section helps you notice, summarize, and draw conclusions about structures you have seen expressed in context.

Struttura gives details about the new grammatical structures you encountered in the previous dialogues.

Pratichiamo offers numerous guided exercises that prepare you to better learn the mechanics and usage of the structure. Open-ended oral activities help you practice the new language you are learning.

Come si dice? presents useful expressions and/or simple grammatical uses that require little explanation. You learn their functions and how to use them in context to facilitate more sophisticated communication.

Leggiamo! includes readings from Italian publications that help you quickly become more comfortable reading authentic texts. Each reading is preceded by exercises that will prepare you to understand the text and followed by comprehension questions and activities.

Scriviamo! has writing strategies and exercises geared toward functional communication that can be used in real life. By working through the guided writing workshop, you learn to write more creatively, thoroughly, accurately, and in an organized manner.

Tiriamo le somme! includes *Insieme in piazza* and *Presentazioni orali*. *Insieme in piazza* provides role-play practice and the *Presentazioni orali* suggests topics for further exploration of culture. The oral presentations can be done collaboratively and through multiple media outlets.

Piazza's **Videoteca** includes interview questions asked of native speakers in Italy. Questions are based on the themes, vocabulary, and structures of the chapter. Interview questions are asked using both formal and informal registers. The *Videoteca* section prepares you to comprehend language of native speakers and to do extended activities.

⁜ MINDTAP *PIAZZA'S* ONLINE LEARNING PATH

The **Learning Path** is the online guide that helps you become active participants in the learning process. By becoming more self-reliant, you can achieve success in your course and also move one step closer to becoming a lifelong learner. Here are the main steps online:

- **Ready!:** A short introduction to the main points of each section encourages you to anticipate and make connections with the new material.

- **Learn it!:** New thematic vocabulary and structures are presented in the **Learn it!** sections. This presentation is followed by a short assessment, allowing you to work with the material in varied ways as well as check and verify your comprehension. It is not graded or sent to your instructor.

- **Practice it!:** These activities make up the majority of your online work, allowing you to apply the material to real-life scenarios. Activities include matching, multiple choice, and fill-in-the-blank. The grammar tasks also provide targeted feedback to assist you.

- **Use it!:** These activities give you a chance to use what you are learning and to express yourself creatively in a more personal way. These activities most often test both written and oral abilities, and can be submitted online or prepared for class discussion.

- **Got it!:** This step helps you gauge your understanding of key concepts. You begin by answering a series of questions to self-assess your command of each learning objective. If you are not confident in your understanding of a learning objective, you can review the suggested resources before taking the assessment. This review is key to building and maintaining your knowledge of key concepts. It's also a great way to prepare for a test.

ACKNOWLEDGMENTS

The authors would like to thank the many people at Cengage Learning who shared our vision for this new project and who helped make it a reality. We would like to thank Lara Semones for her initial input on this project and for facilitating the transition to Melody Sorkhabi who then guided us through the details of this process. We appreciate Melody's spirit of compromise by being open to our ideas and working with us to find solutions. We would like to thank the many other people who helped with the design, production, and art, for their innovative and creative contributions. In particular, we thank the digital production team at Cengage that builds the MindTap product.

We would especially like to thank Antonella Dell'Anna, Arizona State University, Tempe, for her invaluable contribution and expertise in writing exercises for the MindTap Program. Her work with the Pratichiamo! sections provides creative additional exercises with varying formats to increase learning and fluency. Her collegiality during this sometimes stressful process and her professionalism in working under many deadlines is very much appreciated.

A very special thanks goes to our Content Manager, Brianna Bemel, and our Subject Matter Expert, Lori Mele Hawke, for their expert editorial suggestions and unending patience as we worked to develop the new MindTap program and improve the second edition of *Piazza*. We couldn't have done it without them. They both provided critical guidance and feedback on our work and above all demonstrated kindness and understanding. For their hard work and professionalism, we are most grateful.

We would like to thank Melina Masterson, University of Massachusetts-Amherst Amherst, Massachusetts, for her work on the testing program and her contributions as a writer for MindTap. She is knowledgeable and collaborative, and it was a pleasure to work with her.

A number of people helped perfect our manuscripts and we thank them all. Annalisa Mosca was a particularly fine proofreader who showed great attention to detail. Stephanie Longo did an excellent job as a copyeditor. Laura Gagliardi was our native reader whose expertise was invaluable. All of these people worked hard to help us, and we recognize and appreciate their efforts.

Donatella would like to thank Elissa Tognozzi for being such a great companion on this long journey. Her professionalism, dedication and patience were invaluable and greatly appreciated. She would also like to thank all her colleagues for their precious advice and support. Elissa would like to thank Donatella as we move into this second edition. Her insights, her talent, her sense of humor, and her support, kept us both going when we needed it most. Elissa and Donatella would like to thank Elissa's son, Anthony Jondreau, for his help with the MindTap program. His contribution made our work a lot easier.

The authors and publisher would like to thank the following colleagues for their meaningful contributions to the first and second edition of *Piazza*.

WRITERS

Antonella Dell'Anna, Arizona State University, MindTap Assessments and PPT presentations

Melina Masterson, U of Massachusetts-Amherst, Testing Program & MindTap Assessments

Annalisa Mosca, Purdue U, Copy Edit

Lucia Ghezzi, Fashion Institute of Technology, Native Read and Copy Edit

Alessandro Zafarana, Laura Gagliardi, Native Read and Copy Edit

Denise Caterinacci, Case Western Reserve U, Testing Program

Brian Barone, U of Central Florida, Testing Program

Sabina Perrino, U of Michigan, Testing Program

The authors and publisher would like to acknowledge the work of the many reviewers who have provided insightful comments and constructive criticism for the first and second edition of *Piazza*.

ADVISORY BOARD MEMBERS

Brunella Windsor, California State U, Chico
Elise Magistro, Scripps College
Maria Keyes, SUNY - Albany

Nicoletta Tinozzi Mehrmand, U of California, Riverside
Alessia Colarossi, U of Florida
Tiziana Serafini, U of Wisconsin - Madison

REVIEWERS AND FOCUS GROUP PARTICIPANTS

Pia Bertucci, U of South Carolina, Columbia
Federica Colleoni, U of South Florida, Tampa
Lillyrose Veneziano Broccia, U of Pennsylvania, Philadelphia
Maria Keyes, University at Albany, New York
Joseph Price, Texas Tech University, Lubbock
Raven Chakerian, Oregon State University, Corvallis
Daniela Busciglio, U of Oklahoma, Norman
Manny Rossi, U of Miami, Coral Gables
Claudio Concin, City College of San Francisco, San Francisco
Ryan Calabretta-Sajder, U of Arkansas, Fayetteville
Lorraine Denman, U of Pittsburgh, Pittsburgh
Cristina Pausini, Tufts University, Medford
Brittany Asaro, University of San Diego, San Diego
Veronica Vegna, The U of Chicago, Chicago
Carmela Scala, Rutgers University, New Brunswick
Natalie Urban, Salve Regina University, Newport
Antonietta Di Pietro, Florida International University, Miami
Marianna Thurston, Brigham Young University, Provo
Maria Villa, Accent International Consortum for Academic Programs Abroad, Reviewer
Antonella Dell'Anna, Arizona State U, Reviewer
Gina Pietrantoni, Arizona State U, Reviewer
Humberto Gonzalez, Baylor U, Reviewer
Antonietta D'Amelio, Bernard M. Baruch College, CUNY, Reviewer
Maria Enrico, Borough of Manhattan CC/CUNY, Reviewer
Brian O'Connor, Boston College, Reviewer
Barbara Carle, California State U Sacramento, Reviewer
Janice Vairo, Carnegie Mellon U, Reviewer
Barbara Baraff, City College of San Francisco, Reviewer
Claudio Concin, City College of San Francisco, Reviewer
Giorgio Spano, City College of San Francisco, Reviewer
Eileen Juskie, College of DuPage, Reviewer
Karolina Serafin, Cornell U, Reviewer
Ti Alkire, Cornell U, Reviewer
Jose Ortiz-Bautista, County College of Morris, Reviewer
Anna Minardi, Dartmouth, Reviewer
Susan Rosenstreich, Dowling College, Reviewer
Anna Chiaramonte, Dowling College (also teaching at St. Joseph's), Reviewer

Kristy Cardellio, Eckerd College, Reviewer
Annemarie Tamis-Nasello, Fashion Institute of Technology, Reviewer
Ilaria Serra, Florida Atlantic U, Reviewer
Silvia Valisa, Florida State U, Reviewer
Kristina Olson, George Mason U, Reviewer
Cynthia Capone, George Washington U, Reviewer
Louise Hipwell, Georgetown U, Reviewer
Federica Santini, Georgia/Kennesaw, Reviewer
Chiara Frenquellucci, Harvard U, Reviewer
Colleen Ryan, Indiana U, Reviewer
Alicia Vitti, Indiana U Bloomington, Reviewer
Silvia Abbiati, Ithaca College, Reviewer
Laura Cangiano, James Madison U, Reviewer
Renata Creekmur, Kennesaw State U, Reviewer
Rosa Commisso, Kent State U, Reviewer
Enza Antenos, Montclair State U, Reviewer
Teresa Fiore, Montclair State U, Reviewer
Morena Svaldi, Mount Holyoke College, Reviewer
Santa Zanchettin, Muhlenberg College, Reviewer
Maria Mann, Nassau CC, Reviewer
Maria Rosaria Vitti-Alexander, Nazareth College, Reviewer
Lionel Chan, New York U, Reviewer
Mirta Pagnucci, Northern Illinois U, Reviewer
Antonella O'Neal, Old Dominion U, Reviewer
Christine Hoppe, Old Dominion U, Reviewer
Jason Laine, Penn State U, Reviewer
Donna Stutzman, Pueblo CC, Reviewer
Annalisa Mosca, Purdue U, Reviewer
Kristen Grimes, Saint Joseph's U, Reviewer
Alberta Gatti, Saint Xavier U, Reviewer
Victoria Surliuga, Texas Tech U, Reviewer
Veronica Vegna, The U of Chicago, Reviewer
Debbie Contrada, The U of Iowa, Reviewer
Evelina Badery Anderson, The U of Montana-Missoula, Reviewer
Laura Chiesa, U at Buffalo, Reviewer
Beatrice D'Arpa, U of Arizona, Reviewer
Fabian Alfie, U of Arizona, Reviewer
Giuseppe Cavatorta, U of Arizona, Reviewer

Antonella Bassi, U of California, Davis, Reviewer

Brittany Asaro, U of California, Los Angeles (UCLA), Reviewer

Sara Guzzetti-Saposnik, U of California, Los Angeles (UCLA), Reviewer

Ambra Meda, U of Central Florida, Reviewer

Maria Grazia Novelli Spina, U of Central Florida, Reviewer

Mary Watt, U of Florida, Reviewer

Guido Carlo Pigliasco, U of Hawaii, Reviewer

Jan Kozman, U of Kansas, Reviewer

Frank Nuessel, U of Louisville, Reviewer

Maria Belaustegui, U of Missouri Kansas City, Reviewer

Jessica Greenfield, U of North Texas, Reviewer

Alessia Blad, U of Notre Dame, Reviewer

Veronica Dristas, U of Pittsburgh, Reviewer

Lorraine Denman, U of Pittsburgh, Reviewer

Francesca Italiano, U of Southern California, Reviewer

Renee D'Elia-Zunino, U of Tennessee, Reviewer

Giuseppe Tassone, U of Washington, Reviewer

Elena Bender, U of Wisc., Madison, Reviewer

Silvia Giorgini-Althoen, Wayne State U, Reviewer

DEDICATION

Ad Alessandro, Francesca, Nicolò e Steve
D.M.

To my graduate students who have
become, and are becoming, the new
leaders in Italian Studies.

E.T.

CAPITOLO 1

LEARNING STRATEGY

Building a Foundation

Language learning is an ongoing process based on the mastery of a sequence of skills acquired in a variety of settings, some formal, some informal. Language learning is also cumulative. You will continue to build your understanding of the language as you proceed through this text by practicing previously learned concepts with new material. Make sure you understand any new material before going forward so that you build accurate language skills. In the beginning, especially, set reasonable goals for yourself. No one learns a language overnight, but you can attain fluency if you continue to take the right steps!

IN PIAZZA CON GLI AMICI

Lucertolone / Shutterstock.com

Piazza Navona, at one time a stadium that would be filled with water and used for naval war games, is today one of the most revered Roman piazzas. At the center of the piazza is the famous *Fountain of the Four Rivers* by Gian Lorenzo Bernini, a Baroque architect and sculptor.

COMMUNICATIVE GOALS

> Greet others, introduce yourself, and say good-bye

> Learn the Italian alphabet, sounds, and pronunciation

> Exchange personal information and ask about one's well-being

> Ask and answer questions about objects in the piazza

Risorse 🔊 Audio ▶ Video ✴ MINDTAP

Il Lazio

> More than 70% of Lazio's population lives in the greater Rome area.

> In addition to the many monuments in the capital city that are famous all over the world, the region of Lazio offers a diverse and beautiful countryside that includes the seashore, lakes, mountains, and Etruscan cities.

◄ The **Parco dei mostri** (*Park of the Monsters*) in the Giardini di Bomarzo (*Gardens of Bomarzo*), in the province of Viterbo, is a unique cultural and artistic complex. In this park there are gigantic sculptures that represent both real and imaginary creatures. There is also a **Piazza dei vasi** (*Piazza of Vases*). The park is open to visitors year-round.

silvano audisio/ShutterStock

Lazio also has its own islands, the **Isole Ponziane** ▶ (also called the "Pontine"). There are five of them and they can easily be reached from any number of cities from Rome to Naples. The island Palmarola is also called the "pearl" of the five islands.

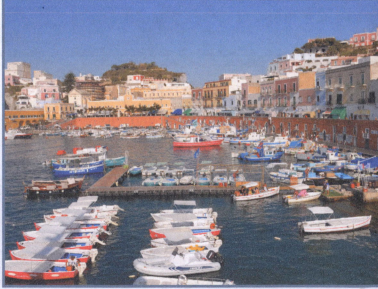

claudio zaccherini / Shutterstock.com

Andiamo in piazza!

Luboslav Tiles/Shutterstock.com

◄ **Piazza di Spagna** (at the bottom of the Spanish Steps), one of the most famous piazzas in the world, is known for its many steps that lead up to the church, **Trinità dei Monti**. It is a popular destination for writers, artists, models, and tourists, and it is not uncommon to see brides and grooms on its steps.

Piazza del Plebiscito is the main piazza in Viterbo. The lions, which are the city's symbol, and the tall watchtower are this piazza's main attractions. ►

onairda/Shutterstock.com

Ivern Photo/AGE Fotostock

◄ A group of students from all over the world is meeting in Rome, in Piazza del Campidoglio, to start their study-abroad program in Italy.

Piacere!

I saluti

I saluti (*Greetings and Salutations*)	
I saluti e le presentazioni	**Greetings/Salutations and Introductions**
Ciao! (*informal*)	*Hi! / Bye!*
Salve!	*Hi!*
Buongiorno! *	*Good morning!*
Buonasera! *	*Good evening!*
Buonanotte! *	*Good night!*
Ti presento... (*informal*) / **Le presento...** (*formal*)	*I (would like to) introduce you to . . .*
A dopo! / **Ci vediamo dopo!** / **A più tardi!** / **Arrivederci!** / **ArrivederLa!** (*formal, addressed to one person only*)	*See you later!*
A presto!	*See you soon!*
Come ti chiami? (*informal*) / **Come si chiama?** (*formal*)	*What is your name?*
Mi chiamo...	*My name is . . .*
Piacere di conoscerti! (*informal*) / **Piacere di conoscerLa!** (*formal*)	*Nice to meet you!*
Il piacere è mio!	*My pleasure!*

*The greetings **Buongiorno**, **Buonasera**, and **Buonanotte** can also be written as two separate words: **Buon giorno**, **Buona sera**, and **Buona notte**.

Scusa! / Scusami! (informal) / Scusi / Mi scusi! (formal) / Scusate! (voi)	Excuse me! Pardon me! I apologize! Sorry!
Mi dispiace!	I am sorry!
Sono in ritardo.	I am late.

🔊 ## Come stai?

Domande ed* espressioni utili	Questions and Useful Expressions
Come stai? (informale)	How are you? (informal)
Come sta? (formale)	How are you? (formal)
Come va?	How's it going?
bene / male / così così	well / not well, badly / so-so
Di dov'è (Lei)? (formale)	Where are you from? (formal)
Di dove sei (tu)? (informale)	Where are you from? (informal)
Di dove siete (voi)?	Where are you all from?
Io sono… / Io sono di… / Noi siamo di…	I am . . . / I am from . . . / We are from . . .
Per favore / Per piacere	Please
Grazie!	Thank you!
Prego!	You're welcome!

ATTENZIONE!

To ask somebody where he/she is from, the expression **di dove** followed by the appropriate verb form of **essere** is used. Notice that the word **dove** is elided** (**dov'**) when followed by the verb form **è**.

Where are you from?   Di dove **sei**?   Di **dov'è** Lei?   Di dove **siete**?

Pratichiamo!

1-1. Conversazione informale. Complete each exchange with an appropriate expression.

1. <u>Come ti chiami</u>?   Mi chiamo Maria.
2. Ti presento Gianni.   <u>Piacere di conoscerti</u>!
3. Ciao! Sono Roberto, e tu?   <u>Ciao! Io sono</u> Sofia.

Comunichiamo!

1-2. Conversazione formale. Re-enact the exchanges found in **1-1** using the formal. Write both questions and answers. You can use the dialogues on page 6 to help.

1-3. Ciao! Io mi chiamo (*your name*). E tu? Greet your classmates on either side and introduce yourself.

Esempio S1: *Ciao! Io mi chiamo Isabella. E tu?*
         S2: *Ciao! Io…*

1-4. Come ti chiami? Stand up, circulate, and ask four people: **Come ti chiami?** Write down their names.

*The conjunction **ed** (*and*) can be used instead of **e** when it precedes a word starting with the letter "e" or another vowel.
**To *elide* means to omit a vowel, consonant, or syllable in pronunciation.

L'Italia e la lingua italiana

Prima di tutto... What do you know about Italy (geography, history, art, language)?

Albachiaraa/Shutterstock.com

Davvero?! For many years, various regions in Italy were dominated by other countries such as Austria, Spain, and France, and by different imperial powers. In 1861, Italy became a unified country and today it is divided into 20 regions. Each region has a capital city.

La lingua italiana (*The Italian language*) is the official language of Italy. There are also other languages and dialects spoken in Italy, influenced by the languages of Italy's previous inhabitants, including French, German, Spanish, Arabic, and Albanian.

Chiacchieriamo un po'! In pairs, look at the map of Italy above, then choose a few regions and list their capitals. Find the *Italian names* of cities such as Florence, Genoa, Milan, Rome, Venice, and Naples.

Come si scrive il tuo nome?

Listen to and/or read the conversation and respond to the questions that follow.

sirtravelalot/Shutterstock.com

Professoressa: Come ti chiami?

Studentessa: Stephanie Smith.

Professoressa: Grazie! Come si scrive il cognome[1]?

Studentessa: **Esse** come *Sabaudia*, **emme** come *Marino*, **i** come *Itri*, **ti** come *Tivoli*, **acca** come *hotel*.

Professoressa: Brava! Conosci bene il Lazio.[2]

[1]*last name*   [2]*You know the Lazio region well.*

Comprensione

È vero o è falso? Indicate whether the following statements are true (**vero**) or false (**falso**).

1. _____ The professor and Stephanie are friends.
2. _____ The professor knows how to spell Stephanie's last name.

Osserviamo la struttura!

Look at the dialogue again and answer the following questions.

When the student spells her last name, she uses names of Italian cities to clarify some of the letters. However, it was not possible to use Italian cities for all of the letters.

1. What word does Stephanie use for the letter H?
2. How does Stephanie say "h" in Italian?

NOTA CULTURALE

"A" come *Ancona*. When spelling out names in Italian, typically Italian cities are used to clarify each letter. For letters not included in the Italian alphabet (*j, k, w, x, y*), or for letters not used in the names of common Italian cities, the speaker will use nouns, for example: **acca come *hotel***.

🔊 ## L'alfabeto italiano (The Italian alphabet)

A. The Italian alphabet has 21 letters. Five of these letters are vowels (**a, e, i, o, u**). Italian pronunciation is fairly easy because it is a phonetic language. Pronounce the letters of the alphabet with your teacher.

A (*ah*)	D (*di*)	G (*gi*)	L (*elle*)	O (*oh*)	R (*erre*)	U (*oo*)
B (*bi*)	E (*ay*)	H (*acca*)	M (*emme*)	P (*pi*)	S (*esse*)	V (*vi / vu*)
C (*ci*)	F (*effe*)	I (*ee*)	N (*enne*)	Q (*cu*)	T (*ti*)	Z (*zeta*)

B. The Italian alphabet does not include the following foreign letters (**lettere straniere**):

j (*i lunga*)   k (*kappa*)   w (*doppia vu*)   x (*ics*)   y (*i greca / ipsilon*)

🔊 ## La pronuncia e i suoni italiani (Pronunciation and Italian sounds)

Because Italian is a phonetic language, once you know the Italian alphabet, you can sound out most words. There are a few exceptions. Some Italian consonants vary in sound depending on the vowel that follows them.

- **c** sounds like the **c** in *cat*, and **g** sounds like the **g** in *good* whenever they are followed by the vowels **a, o,** or **u**. When **c** or **g** is followed by **h** and the vowels **e** or **i**, they form a hard sound.

  casa (*house*)   **co**sa (*thing*)   **cu**cina (*cuisine*)   ami**che** (*girlfriends*)   **chi**ave (*key*)
  gara (*contest*)   **go**mma (*eraser*)   **gu**ida (*guide*)   spa**ghe**tti   fun**ghi** (*mushrooms*)

- When **c** and **g** are followed by the vowels **e** or **i**, **c** sounds like the **ch** in *church,* and **g** sounds like the **j** in *jeans.*

  pia**ce**re   **ci**nema   **ci**ao   **ge**lato (*ice cream*)   **gi**orno (*day*)   o**ggi** (*today*)

- The sound produced by the letters **gli** is very similar to the English **lli** as in *million.* **Gn** is similar to the letters **ny** as in *canyon.*

  fami**glia** (*family*)   fi**glio** / fi**gli** (*son / sons*)   fi**glia** / fi**glie** (*daughter / daughters*)
  lava**gna** (*whiteboard / blackboard*)   biso**gno** (*need*)   lasa**gne**

🔊 ## Consonanti doppie (Double consonants)

Some words contain double consonants. The following pairs of words are similar in spelling but they are different in meaning. You can distinguish the meaning of each word from the way they sound.

casa (*house*) / cassa (*box*)   pena (*pain*) / penna (*pen*)   sete (*thirst*) / sette (*seven*)

Pratichiamo!

1-5. Parole italiane. Make a list of five Italian words or names that you know. For example, list Italian foods or famous Italian people, cars, motorcycles, clothing designers, etc. Then check the spelling with your teacher.

Comunichiamo!

1-6. **Come si scrive il tuo nome** (*How do you spell your name*)? Find a classmate you haven't yet spoken with and ask each other: **Come ti chiami?** Then say: **Come si scrive?** Follow the example.

Esempio **S1:** *Ciao. Come ti chiami?* **S1:** *Come si scrive "Luca"?*
          S2: *Ciao. Mi chiamo Luca Rossi.* **S2:** *Si scrive* ***elle, u, ci, a.***

Altre espressioni utili in classe	*Other Useful Classroom Expressions*
Apri / Aprite il libro!	*Open your book! (You / You all, informal)*
Come si dice… in italiano?	*How do you say . . . in Italian?*
Ho una domanda.	*I have a question.*
Leggi! / Leggete!	*Read! (You / You all, informal)*
Non capisco.	*I don't understand.*
(Non) Lo so.	*I (don't) know.*
Ripeta!	*Repeat! (You, formal)*
Ripeti! / Ripetete!	*Repeat! (You / You all, informal)*
Scriva!	*Write! (You, formal)*
Scrivi! / Scrivete!	*Write! (You / You all, informal)*
Scusi!	*Excuse me! (You, formal)*
Scusa! / Scusate!	*Excuse me! (You / You all, informal)*

1-7. Come si scrive (*How is it spelled*)? In pairs, each of you will choose five words from the vocabulary list on pages 6–7. Read each word out loud and have your partner spell it for you.

1-8. Cosa diciamo (*What do we say*)? Use the expressions in the section **Altre espressioni utili in classe** to respond to the following situations.

1. You accidentally bump into someone you don't know.
2. You didn't hear what your professor said.
3. You don't know the answer to a question.
4. You want to apologize to someone informally.
5. You want to know how to say . . . in Italian.
6. You didn't understand the question or answer.
7. You need to ask your professor a question.
8. You accidentally pick up your friend's pen.

1-9. Indirizzo mail o di un sito Web (*Email or website address*). To write and say email or website addresses in Italian, you will need the following:

www (vu vu vu) . (punto) - (trattino) @ (chiocciola)

www.corriere.it = vu vu vu, punto, corriere, punto, it.

Piazza-italia@gmail.it = Piazza, trattino, italia, chiocciola, gmail, punto, it

Practice in pairs asking each other the following questions and spelling the answers for your partner.

1. Come si scrive il tuo indirizzo mail? (*How do you spell your email address?*)
2. Come si scrive l'indirizzo del tuo sito Web preferito? (*How do you write the address of your favorite website?*)

🔊 Io sono Marco, e tu?

Listen to and/or read the following dialogues and then answer the questions that follow.

iStock.com/Rawpixel

Marco: Ciao Federica, **come stai**?

Federica: **Sto bene,** grazie. Ti presento Serena.

Marco: Ciao Serena. Io **sono** Marco. Piacere.

Serena: Piacere di conoscerti! Tu **sei di Roma**?

Marco: No, io **non** sono di Roma. **Sono di Viterbo.**

Federica: Scusa Marco, ma siamo in ritardo[1]. Ci vediamo. Ciao!

[1]we are late

Eric Audras/PhotoAlto/Alamy Stock Photo

Prof. Mancini: Salve professoressa Tucci, **come sta**?

Prof. Tucci: **Sto bene,** grazie. Le presento il signor Nuzzi.

Prof. Mancini: Buongiorno signor Nuzzi. Io **sono** Stefano Mancini. Piacere.

Signor Nuzzi: Piacere di conoscerLa. Lei **è di Roma**?

Prof. Mancini: No, io **non** sono di Roma. Sono di Rieti.

Prof. Tucci: Scusi professor Mancini, ma siamo in ritardo. ArrivederLa. A presto.

Comprensione

È vero o è falso? Indicate whether the following statements are true (**vero**) or false (**falso**).

1. _____ Marco and Serena have never met before.
2. _____ Marco is from Rome.
3. _____ Mr. Nuzzi is a professor.

Osserviamo la struttura!

Observe the expressions in bold in the two previous dialogues and answer the following questions.

1. Indicate whether each dialogue is **formal** or **informal**.
   a. Marco / Federica / Serena _____
   b. Professor Mancini / Tucci / Nuzzi _____
2. What is the difference in meaning between the following sentences, and how would you express them in English?
   a. Io **sono** Marco.
   b. Io **sto** bene.
3. What is the difference in the sentence structure between an affirmative and a negative sentence in Italian?
   a. Io sono di Roma.
   b. Io non sono di Roma.

The verb "essere" (to be)

When people introduce themselves or when they provide personal information (name, place of origin) the verb **essere** (to be) is often used.

Io **sono** Marco e **sono** di Roma.   *I am Marco and I am from Rome.*
E tu, di dove **sei**?   *And you, where **are** you from?*

Io **sono** Paolo e lei è Marta.

essere (to be)			
io sono	*I am*	**noi siamo**	*we are*
tu sei	*you are* (informal)	**voi siete**	*you* (plural) *are*
Lei è	*you are* (formal)		
lui/lei è	*he/she is*	**loro sono**	*they are*

A. Subject pronouns (**io, tu, Lei, lui/lei, noi, voi, loro**) indicate who is performing the action. In Italian, they can often be omitted because each verb form corresponds to a specific pronoun. They are necessary only to make a distinction or to place emphasis.

Sara e Carlo, di dove **siete**?   *Sara and Carlo, where **are you** from?*
Siamo di Firenze. E voi?   ***We are** from Florence. And you?*
Paolo è di Napoli e **io sono** di Roma. *Paul **is** from Naples and **I am** from Rome.*

B. In Italian, there are two ways to address an individual: The informal **tu** and the formal **Lei**. Tu (*you*, informal) is used with family and friends, and **Lei** (*you*, formal) is used as a form of respect with adults (male or female) that you don't know well and with professional people such as professors, doctors, etc. The pronoun **Lei** (*you*, formal) takes the same verb form as **lui/lei** and it is usually capitalized to distinguish it from **lei** (*she*).

Marco, di dove sei (**tu**)?   *Marco, where are you from?*
Sono di Latina. E **tu**?   *I am from Latina. And you?*
Scusi, **Lei** è il professor Ricci?   *Excuse me, are **you** Professor Ricci?*

wavebreakmedia / Shutterstock.com

C. Voi (*you*, plural) is used to address a group of people (male and female) in both formal and informal situations.

Scusate, **voi** siete di Pisa?   *Excuse me, are **you** from Pisa?*

D. When an expression is negative, the word **non** (*not*) precedes the verb.

Io **non** sono di Roma. Io sono di Firenze. *I am **not** from Rome. I am from Florence.*

The verb "stare" (*to be*)

The verb **stare** (*to be*) is used in place of **essere** to express how someone is doing or feeling.

stare (*to be*)			
io sto	*I am*	**noi stiamo**	*we are*
tu stai	*you are* (informal)	**voi state**	*you* (plural) *are*
Lei sta	*you are* (formal)		
lui/lei sta	*he/she is*	**loro stanno**	*they are*

Ciao Marco, come **stai**?   *Hi Marco, how **are you**?*

Sto bene, grazie. E tu?   *I am fine, thanks. And you?*

Buongiorno signor Nuzzi. Come **sta**? *Good morning Mr. Nuzzi. How **are you**?*

Sto bene, grazie. E Lei?   *I am fine, thank you. And you?*

Come si dice *Mr., Miss, Professor, ...?*

- In Italian, titles (**i titoli**) are used in formal situations. When titles are not followed by names, they are: **signore** (*Mr.*), **signora** (*Mrs.*), and **signorina** (*Miss*). Some professional titles used in the workplace are: **professore** (*male professor*), **professoressa** (*female professor*), **dottore** (*male doctor*), **dottoressa** (*female doctor*), etc.

   Buongiorno **signorina**, come sta?   Bene, grazie, **dottore**. E Lei?

- When followed by names, the masculine forms drop the final vowel and are shortened to **signor, professor, dottor**, etc.

   Salve **professor** Mancini, le presento il **signor** Nuzzi.

ATTENZIONE!

Usually, to form a question, the word order stays the same as statement but the intonation of the voice rises.

Maria è di Roma? ⟶ *Is Mary from Rome?*

Sì, Maria è di Roma. ⟶ *Yes, Mary is from Rome.*

Pratichiamo!

1-10. Di dove siamo (*Where are we from*)? Complete the following paragraph, which gives information about where the international students are from. Use the correct form of the verb **essere**.

Tu _____ (1) di New York ma (*but*) Hilda _____ (2) di Berlino. Miguel _____ (3) di Barcellona ma Pierre e Danielle _____ (4) di Parigi. Voi _____ (5) di Lisbona e io e Maria _____ (6) di Roma!

1-11. Di dove sei/Come stai (*Where are you from/How are you*)? Match the subject pronouns on the left with the proper expressions on the right to create a complete sentence.

1. Io	a. siamo di Chicago.
2. Noi	b. stai bene?
3. Tu	c. sto male.
4. Marco	d. siete di Roma?
5. Tu e Stefania	e. è di Roma.

1-12. Come state (*How are you all*)? Complete the following dialogue with the appropriate form of the verb **stare**.

Carlo: Ciao Marco. Perché non siete in piazza oggi? Tu e Rossella _____ (1) bene?

Marco: Io _____ (2) bene, ma Rossella _____ (3) così così.

Carlo: Mi dispiace! Anche (*Also*) Stefano e Luisa _____ (4) male.

Marco: Che peccato (*What a shame*)! Almeno (*At least*) noi _____ (5) bene.

1-13. Anche noi (*We are, too*)! Provide the appropriate subject pronoun and the verb **essere** or **stare**.

Esempio Io sono di New York e anche Mary è di New York.
Noi siamo di New York.

1. Io sto bene e anche Marco sta bene. _____ bene.
2. Hiroko, tu sei di Tokyo e anche tu Seiji sei di Tokyo. _____ di Tokyo.
3. Pablo sta così così e anche Mercedes sta così così. _____ così così.
4. Paola è di Roma e anche Stefania e Marcella. _____ di Roma.

NOTA CULTURALE

In Italy, it is common for friends and family, male and female, to kiss each other on both cheeks when greeting and taking leave of each other.

Kim Steele / age fotostock

Comunichiamo!

1-14. Presentazioni informali? In pairs, create an informal conversation where you introduce yourself to a classmate and tell them which city you are from.

1-15. Presentazioni. In groups, create one formal conversation and one informal conversation similar to those in **Lingua dal vivo** (page 12). Then present them to the class.

Pre-lettura

A. Look at the pictures in the blog to get an idea of what it is about. Then answer the questions.

1. Which picture is **NOT** shown in the following? Circle the answer.
   a. San Pietro
   b. Castel Sant'Angelo
   c. Piazza di Spagna
   d. Il Colosseo

2. Which statement is **NOT** true about the two ladies in the picture? Circle the answer.
   a. They are good friends.
   b. They are with their children.
   c. They are actresses from Hollywood.
   d. They are visiting Rome's tourist spots

B. By looking at the pictures in order, you can discover the ladies' itinerary. Choose the sequence that bests describes the order of their visits.

a. San Pietro, Piazza di Spagna, Colosseo
b. Colosseo, Piazza di Spagna, San Pietro
c. Piazza di Spagna, Colosseo, San Pietro

C. Match the Italian words from the blog to their translations.

1. _____ la sua fontana centrale
2. _____ due attrici americane
3. _____ prendere la metropolitana
4. _____ vedere la cupola
5. _____ la sua famosa canzone
6. _____ tutte le strade portano a Roma

a. _____ take the subway
b. _____ all roads lead to Rome
c. _____ his famous song
d. _____ two American actresses
e. _____ see the dome
f. _____ the fountain in the middle

D. Read the first line of the blog and indicate whether the following statements are true or false.

1. _____ The writer is named Sofia.
2. _____ She was born in Rome.
3. _____ Now she lives in Colorado.
4. _____ She now calls the United States "home".

Un'*americana* a Roma

Sofia De Falco

allamimages/Shutterstock.com

Sofia De Falco

Mi chiamo Sofia, sono di Napoli ma vivo in Colorado. Gli Stati Uniti sono ormai° "casa" per me, ma ritorno spesso° in Italia. Mi ritrovo a fare° l'americana in "casa mia"!

Nella foto siamo io e Francesca, una mia amica italiana, vicino agli° scalini° di Trinità Dei Monti: due attrici americane a Roma a fare le *dive*!

Piazza di Spagna con la sua fontana centrale, La Fontana della Barcaccia, è il luogo d'incontro° dei turisti da tutto il mondo, e io, dopo tanti anni lontana dalla mia Italia, sono *L'americana a Roma*!

Continuiamo la nostra passeggiata verso° il Colosseo ma non è vicino a Piazza di Spagna. È necessario prendere la metropolitana° per arrivare al Colosseo. In questa foto siamo al Colosseo, che emozione!

L'ultima destinazione è Piazza San Pietro. Siamo contenti di vedere la cupola. Antonello Venditti dedica la sua famosa canzone alla città e alla cupola di San Pietro. "Tutte le strade portano a Roma" ed io sono felice di essere qui

by now / at this point / often

I find myself being

close to

small steps

a meeting place

walk towards

subway

Dopo la lettura

1. **Comprensione.** Indicate whether the following statements are true (**vero**) or false (**falso**).

	Vero	Falso
a. L'amica di Sofia si chiama Francesca.	_____	_____
b. Francesca e Sofia sono attrici.	_____	_____
c. Sofia è italiana ma è anche turista.	_____	_____
d. Per arrivare al Colosseo le due amiche prendono (*they take*) un taxi.	_____	_____
e. Al Colosseo le due amiche sono emozionate.	_____	_____
f. Antonello Venditti canta (*sings*) della cupola.	_____	_____

2. Match the words from the blog post that describe the locations:

scalini / cupola / la fontana / emozione / ultima destinazione / metropolitana

Piazza di Spagna	Colosseo	San Pietro

3. In pairs, take turns imitating the language of Sofia when she writes about Piazza di Spagna. You will be in Piazza Navona, shown at the beginning of the chapter on pages 2–3. Use some of the expressions like *mi chiamo…, nella foto siamo…, ….è il luogo d'incontro…* and others.

VOCABOLARIO

"La piazza"

un'automobile (f.)	car	un negozio (m.)	store
un bar (m.)	coffee / snack bar	un obelisco (m.)	obelisk
un cane (m.)	dog	una panchina (f.)	bench
una donna (f.)	woman	un professore (m.)	professor
un'edicola (f.)	newsstand	un quaderno (m.)	notebook
una fontana (f.)	fountain	un ragazzo (m.)	young man
un gelato (m.)	ice cream	una statua (f.)	statue
un hotel (m.)	hotel	una tabaccheria (f.)	tobacco shop
un (un') insegnante (m./f.)	teacher	un uomo (m.)	man
un lampione (m.)	street light	una vetrina (f.)	store window
una motocicletta (f.)	motorcycle	uno zaino (m.)	backpack

Come si dice? *Date e numeri*

I mesi dell'anno (*Months of the year*)

In Italian, names of the months are not capitalized except at the beginning of a sentence. The first day of the month can be expressed as **il primo** (*first*) or **l'uno** (*one*). Also, unlike English, Italian generally does not use a preposition between the number of the day and the name of the month.

Oggi è il tre gennaio. *Today is the third of January (January 3rd).*

I numeri (Numbers)

0–9	10–19	20–29	30–39	40–90	100 +
0 zero	10 **dieci**	20 **venti**	30 **trenta**	40 **quaranta**	100 **cento**
1 uno	11 undici	21 **ventuno**	31 **trentuno**	50 cinquanta	101 centouno
2 due	12 dodici	22 **venti**due	32 **trenta**due	60 sessanta	102 centodue
3 tre	13 tredici	23 ventitré	33 trentatré	70 settanta	200 duecento
4 quattro	14 quattordici	24 ventiquattro	34 trentaquattro	80 ottanta	300 trecento
5 cinque	15 quindici	25 venticinque	35 trentacinque	90 novanta	1.000 **mille**
6 sei	16 sedici	26 ventisei	36 trentasei		2.000 **duemila**
7 sette	17 diciassette	27 ventisette	37 trentasette		3.000 tremila
8 otto	18 **diciotto**	28 **ventotto**	38 **trentotto**		10.000 diecimila
9 nove	19 diciannove	29 ventinove	39 trentanove		100.000 centomila
					1.000.000 **un milione**
					2.000.000 **due milioni**

Notice that numbers formed with 1 and 8 in the second half are elided: **ventuno, trentuno, ventotto, trentotto**, etc. Also, unlike English, numbers over 1,000 in Italian use a period instead of a comma (for example: **1.000**). Commas are used to indicate decimals (for example: **3,5%**).

Cognome: FERRARI
Nome: ГГЛ̵NOEООA
nato il: 23/10/96
a: Roma
Cittadinanza: ITALIANA
Residenza: ROMA (RM)
Via: NAZIONALE 5
Stato civile: NUBILE
Professione: STUDENTESSA

CONNOTATI E CONTRASSEGNI SALIENTI
Statura: 1.80
Capelli: CASTANI
Occhi: CASTANI
Segni particolari: NESSUNO

In Italian, the date is written with the day first, followed by the month, and then the year: 23/10/1996 is 23 ottobre 1996.

La data di nascita (*date of birth*) è il ventitré ottobre millenovecentonovantasei (1996).

Pratichiamo!

1-16. L'intruso! Select the item in each line that does not belong in the same category as the others.

1. automobile	motocicletta	fontana
2. ragazzo	lampione	donna
3. gelato	bar	negozio
4. professore	insegnante	cane
5. hotel	zaino	quaderno
6. ragazzo	statua	obelisco

1-17. Persone, luoghi, cose. Place the following objects in the correct category of people, places, or things:

automobile, bar, donna, gelato, insegnante, lampione, negozio, piazza, professore, quaderno, ragazzo, tabaccheria.

Persone	Luoghi	Cose

1-18. **Quando è...** (*When is . . .*)? Write the information (day, month and/or year).

1. Il mio compleanno (*My birthday*) è il _____.
2. Il mio mese preferito è _____.
3. La mia festa preferita è nel mese di _____.
4. La data di oggi (*Today's date*) è _____.
5. L'anno della mia laurea (*The year of my graduation*) è il _____.
6. Il mese della Festa della Mamma (*The month of Mother's Day*) è _____.
7. I mesi con 31 giorni (*days*) sono _____.
8. I mesi con 30 giorni sono _____.

Comunichiamo!

1-19. **In centro c'è...** (*Downtown there is . . .*) Write a list of items that are located downtown in your city. Then compare your list to your partner's.

Esempio **S1:** A Washington, *in centro c'è un obelisco.*

S2: A Pittsburgh, *non c'è un obelisco ma* (but) *c'è un parco.*

1-20. **In che mese** (*In what month*)? Test your friends to see if they know the months of these important dates. Take turns asking each other questions.

Esempio Natale (*Christmas*)

S1: *In che mese è Natale?*

S2: *Dicembre.*

1. San Valentino (*Valentine's Day*)
2. Halloween (*Halloween*)
3. La Festa del Papà (*Father's Day*)
4. La Festa del Ringraziamento (*Thanksgiving*)
5. La Festa dell'Indipendenza (USA) (*Independence Day*)

1-21. **Qual è la parola** (*What is the word*)? In groups of three, review the vocabulary list on page 18. Each person should then choose four words and close the book. Take turns giving the first letter of a word as a hint to help the others guess which vocabulary word has been chosen. Once a person guesses the word, he/she must spell it.

Esempio **S1:** Questa parola inizia con la lettera F. (*This word begins with the letter F.*)

S2: Fontana.

S1: Bene. E come si scrive? (*How do you spell it?*)

S2: F-o-n-t-a-n-a

Comunichiamo!

1-22. **Che numero è?** In groups of three, take turns being the leader. Each leader will dictate five numbers and the others will write them down. You must use both single- and multiple-digit numbers. Then check to see if your classmates wrote down the correct numbers.

LA PIAZZA: The focal point of Italian culture

Prima di tutto... Do you know the names of some famous Italian piazzas? Have you ever seen one? Do you recognize this piazza?

caminoel/Shutterstock.com

Davvero? The Italian piazza is an open public space, usually surrounded by buildings and businesses such as **una chiesa** (*church*), **una banca** (*bank*), **una scuola** (*school*), **una fontana** (*fountain*), small stores selling tourist trinkets, **i bar** (*cafés*), **i ristoranti** (*restaurants*), and, of course, **una gelateria** (*ice cream parlor*).

Although the word *piazza* in English is translated as "square", piazzas are not necessarily square in shape. In this book, you'll find piazzas in all sorts of layouts and designs, including three-sided piazzas, piazzas that look like a chess board, and many others. One of the great joys of visiting Italy is spending time in the piazzas, meeting people, and eating ice cream.

Chiacchieriamo un po'! Is there a "piazza" in your city/state/country? Is it comparable to an Italian piazza? Some Italian piazzas host outdoor markets. Does your city have outdoor markets? Where?

Pedro Rufo/Shutterstock.com

🔊 Scusa, dov'è...?

Listen to and/or read the conversation and respond to the questions that follow.

Stephanie, **una** ragazza di New York oggi è a Viterbo in gita (*day trip*). Ferma (*She stops*) **un** ragazzo per chiedere (*ask*) **un**'informazione.

> **Stephanie:** Scusa, dov'è **un**'edicola?
>
> **Marco:** È lì° in Piazza San Lorenzo, vicino a° **una** gelateria e a **un** negozio di elettronica. — *there / near*
>
> **Stephanie:** Grazie mille!
>
> **Marco:** Di dove sei? Sei **una** turista?
>
> **Stephanie:** Non proprio°. Sono **una** studentessa di New York, ma adesso° studio in **un**'università a Roma. Mi chiamo Stephanie. — *Not really / now*
>
> **Marco:** Piacere! Io sono Marco, neanch'io sono **un** turista. Infatti sono di Viterbo e, come te, sono **uno** studente a Roma. Anch'io vado verso° Piazza San Lorenzo. In un negozio c'è uno zaino che voglio comprare°. — *I am also going toward / I want to buy*
>
> **Stephanie:** Allora, andiamo insieme° ! — *let's go together*

Comprensione

È vero o è falso? Indicate whether the following statements are true (**vero**) or false (**falso**).

		V	F
1.	Stephanie cerca (*is looking for*) un hotel.	V	F
2.	Vicino alla piazza c'è un negozio di elettronica e una tabaccheria.	V	F
3.	Stephanie è una studentessa in un'università a Roma.	V	F
4.	Marco è uno studente e non è un turista.	V	F
5.	Marco vuole comprare (*wants to buy*) una motocicletta.	V	F

Osserviamo la struttura!

Look at the dialogue again and complete the activity.

1. Indicate whether the following information refers to Stephanie (**S**) or Marco (**M**).

   una ragazza _____   un ragazzo _____

   una turista _____   un turista _____

   una studentessa _____   uno studente _____

2. Try to determine the gender, **maschile** or **femminile** of the following nouns and write it on the first line:

   (*gender*) _____   (*gender*) _____

   un negozio   un'edicola

   uno zaino   una gelateria

   un turista   una turista

3. Provide some examples to explain the following statements:
   a. Italian nouns are distinguished by their gender, masculine or feminine.
   b. The words **una/un/uno/un'** (*a/an*) vary according to the gender of the noun they precede.

Il sostantivo al singolare e l'articolo indeterminativo (Singular Nouns and Indefinite Articles)

Sostantivi (*Nouns*) name a person, animal, object, place, or concept. Italian nouns are distinguished by their gender: **maschile** (*masculine*) or **femminile** (*feminine*), and number: **singolare** (*singular*) or **plurale** (*plural*). In this section we will cover **sostantivi singolari** (*singular nouns*).

The gender of a singular noun can be determined by its ending vowel. As a general rule:

- Nouns ending in **-o** are masculine: gelat**o**, zain**o**, ragazz**o**
- Nouns ending in **-a** are feminine: piazz**a**, fontan**a**, donn**a**
- Nouns ending in **-e** are can be masculine or feminine[1]: can**e** (m.), lampion**e** (m.), automobil**e** (f.), insegnant**e** (m./f.)

> ### ATTENZIONE!
>
> Use these tips to determine the gender of some nouns.
>
> ❯ Most nouns ending in **-ione** are feminine and singular: una lez**ione** (f.)
>
> ❯ Nouns ending in **-ore** are masculine and singular: un profess**ore** (m.)
>
> ❯ Nouns ending in **-ista** can be masculine or feminine: un tur**ista** (m.), una tur**ista** (f.)
>
> ❯ Some nouns ending in **-ma** are masculine: un proble**ma** (*a problem*) un te**ma** (*a theme, a composition*)
>
> ❯ Nouns ending with a consonant are foreign words. Their gender may vary: un compute**r** (*m.*); una T-shir**t** (*f.*)

Pratichiamo!

1-23. Maschile o femminile? Indicate whether the following nouns are masculine (**M**) or feminine (**F**).

1. edicola _____
2. gelato _____
3. automobile _____
4. negozio _____
5. bar _____
6. lezione _____
7. lampione _____
8. hotel _____
9. problema _____
10. professoressa _____
11. computer _____
12. T-shirt _____

[1]If you encounter a noun ending in **-e** and don't know its gender, the best way to figure it out is to look in your dictionary. Most dictionaries will indicate **m.** for *masculine* or **f.** for *feminine*.

Articolo indeterminativo (*Indefinite Article*)

Italian nouns are generally preceded by an **indefinite article** (*a/an*) or by a **definite article** (*the*).

The Italian **articolo indeterminativo** (*indefinite article*) is used only with nouns in the singular form. It varies according to the gender (*masculine, feminine*) of the noun it precedes, as well as its initial letter, which can be a **vocale** (*vowel*) or a **consonante** (*consonant*).

The following table shows how to use the **articolo indeterminativo**.

Articolo indeterminativo		
Maschile	*nouns starting with a **consonant** or a **vowel***	**un** ragazzo, **un** albero (*tree*)
	nouns starting with s + consonant or z	**uno** studente, **uno** zaino
Femminile	*nouns starting with a **consonant***	**una** fontana
	*nouns starting with a **vowel***	**un'**edicola

In **una** piazza c'è **un** lampione, c'è **un** obelisco, c'è **un'**edicola e c'è **una** fontana.

In a piazza there is a streetlight, there is an obelisk, there is a newsstand, and there is a fountain.

1-24. L'intruso. Find the noun that does not belong to each group and explain why.

1. cane, hotel, lezione
2. gelato, professore, motocicletta
3. tema, statua, fontana
4. computer, bar, T-shirt
5. edicola, lezione, lampione
6. tema, problema, donna

1-25. Cos'è? Match the words in the right-hand column with the phrases from the left-hand column that are associated with them.

1. Mary è di New York ma oggi è a Roma.
2. Marco è in classe.
3. 3 x 2 (*tre per due*)
4. Federica ha (*has*) un esame (*exam*).
5. Dentro (*Inside*) c'è un libro, un computer, una penna.
6. C'è un obelisco, una statua, una panchina.
7. Paolo è a Rieti in vacanza (*on vacation*).
8. La professoressa di Italiano.

a. un problema
b. uno zaino
c. una piazza
d. un turista
e. una donna
f. una turista
i. una studentessa
h. uno studente

1-26. Genere e articolo indeterminativo (*Gender and indefinite article*). Indicate the gender (M/F) and **articolo indeterminativo** (un/uno/una/un') for the following nouns.

1. (M/F) _____ cane
2. (M/F) _____ donna
3. (M/F) _____ motocicletta
4. (M/F) _____ obelisco
5. (M/F) _____ tema
6. (M/F) _____ uomo
7. (M/F) _____ panchina
8. (M/F) _____ università
9. (M/F) _____ quaderno
10. (M/F) _____ lezione
11. (M/F) _____ tabaccheria
12. (M/F) _____ studente

Comunichiamo!

1-27. E ora tocca a voi (*And now it is your turn*)! In pairs, ask each other to indicate the **gender** and the **indefinite article** for some of the **nouns** you have learned so far (see Vocabolario Page 18.).

S1: Dimmi (*Tell me*) genere e articolo per *gelato*.

S2: È **maschile: un** gelato.

1-28. C'è o non c'è in classe (*Is it or is it not in the class*)? In pairs, look around and ask your partner whether the following items are in your class.

Esempio automobile

S1: C'è un'automobile in classe?

S2: No, non c'è un'automobile in classe.

> professore professoressa lampione quaderno zaino edicola

1-29. Il mimo (*The mime*). It is time to act. In groups, take turns miming some nouns learned in this chapter while your classmates guess which word you have chosen.

NOTA CULTURALE

A famous Italian tradition is the **aperitivo**, a drink and a snack that takes place at a bar or at a restaurant right before lunch or dinner as a way to prepare for the upcoming meal and socialize with friends, family, or colleagues. It consists of finger food like **salatini** (*saltines*), **tramezzini** (*small sandwiches*), **tartine** (*tartines*), **olive** (*olives*), **noccioline** (*peanuts*), and **bevande** (*beverages/light drinks*).

Wead/Shutterstock.com

Sun_Shine/Shutterstock.com

🔊 L'aperitivo

Listen to and/or read the conversation and respond to the questions that follow.

Federica, Marco e Stephanie sono in un bar in Piazza San Rufo, a Rieti, per **l'aperitivo**. Marco fa **le** ordinazioni alla cassa (*cash register*).

Piazza San Rufo in Rieti is known to be the exact center of the Italian Peninsula. It is called l'ombelico (*the belly button*) **d'Italia.**

Cameriere: Buongiorno!

Marco: Tre aperitivi per piacere! Da bere per me un'aranciata. Ragazze, e per voi, l'aranciata va bene?

Federica: No, per me una spremuta di arancia (*orange juice*). E tu Stephanie?

Stephanie: Anche per me **la** spremuta va bene, e un caffè. E per voi **il** caffè?

Federica: Sì, **il** caffè per me.

Marco: Anche per me. **Il** conto (*check/bill*) per favore.
Marco paga (pays) con la carta di credito.

Il barista: Grazie! Ecco **lo** scontrino (*receipt*). Ci sono **i** tavolini fuori (*outside*).
Il cameriere porta (brings) gli aperitivi al tavolino.

Cameriere: Ecco **gli** aperitivi, l'aranciata, **le** spremute, **i** caffè.
Stephanie guarda (looks at) il telefonino (cell phone).

Stephanie: Ehi ragazzi, ho appena postato (*I've just posted*) su Instagram **le** foto di Rieti. Per **la** foto con noi in Piazza San Rufo, l'ombelico d'Italia, e ci sono già trenta «Like», o, come si dice in italiano, «Mi piace».

Comprensione

Vero o falso? Indicate whether the following statements are true (**vero**) or false (**falso**).

		V	F
1.	Marco, Federica e Stephanie sono a Roma.	V	F
2.	Loro sono al bar per l'aperitivo.	V	F
3.	Solo (*Only*) Stephanie ordina il caffè.	V	F
4.	Stephanie posta le foto di Rieti su Facebook.	V	F
5.	La piazza nella foto è Piazza San Rufo.	V	F

Osserviamo la struttura!

In the dialogue, observe the words in bold and answer the following questions.

1. Which definite article (**il, lo, la** or **l'**) immediately precedes the following singular nouns? What rule determines the use of **l'**, **il** and **la**?

   _____ aperitivo   _____ aranciata   _____ ombelico

   _____ spremuta   _____ carta di credito   _____ piazza

   _____ conto   _____ scontrino   _____ cameriere

2. Refer to the dialogue to find the plural forms of the following nouns and try to determine how to change a noun from singular to plural:

   ragazzo → _____   ragazza → _____

   aperitivo → _____   spremuta → _____

   tavolino → _____   aranciata → _____

   caffè → _____   foto → _____

3. Which definite articles (**i, le,** or **gli**) immediately precede the following plural nouns? What rule determines their use?

   _____ tavolini   _____ aranciate

   _____ aperitivi   _____ spremute

The medieval town of Rieti

Il sostantivo al plurale e l'articolo determinativo (*Plural Nouns and Definite Articles*)

When changing a noun from singular to plural, the ending vowel of the noun changes as shown in the following table.

	Singolare	Singolare → Plurale	Plurale
Maschile (-o / -e)	quaderno, dizionario lampione, professore	-o → -i -e → -i	quaderni, dizionari[3] lampioni, professori
Femminile (-a / -e)	fontana, donna automobile,	-a → -e -e → -i	fontane, donne automobili

Forme irregolari al plurale (*Irregular Plural Forms*)

Some nouns do not follow the rules previously mentioned when changing from singular to plural.

- In general, nouns ending in **-co/-ca/-go/-ga** add an **h** before the ending vowel in order to keep the hard sounds of the **c** and **g**.

  un par**co** → due par**chi**   un'ami**ca** → due ami**che**

  un la**go** → due la**ghi**   una biolo**ga** → due biolo**ghe**

- Most nouns ending in **-ico** change to **-ici** in the plural form, even though this changes the sounds of the **c** and **g**.

  un ami**co** → due ami**ci**   un medi**co** → due medi**ci**

- Nouns ending in **-ista** can be masculine or feminine. In the plural, the masculine form ends in **-isti** and the feminine form ends in **-iste**.

  un tur**ista** (*m.*) → due tur**isti**   una tur**ista** (*f.*) → due tur**iste**

- Masculine nouns ending in **-ma** change their ending to **-mi** in the plural form.

  un proble**ma** (*m.*) → due proble**mi**   un te**ma** (*m.*) → due te**mi**

- The plural form of the noun **uomo** is **uomini:** un uomo → due **uomini**

ATTENZIONE!

Abbreviated nouns, accented nouns, and foreign nouns do not change in the plural.

un'aut**o**(mobile) → due aut**o**(mobili)   una mot**o**(cicletta) → due mot**o**(ciclette)

una città → due città   un caffè → due caffè

un computer → due computer   una T-shirt → due T-shirt

Pratichiamo!

1-30. Non uno ma due. Change the following nouns from singular to plural.

   Esempio **un** ragazzo → **due** ragazzi

   1. un cane
   2. un bar
   3. un'edicola
   4. un gelato
   5. una bici(cletta)

   6. un film
   7. una statua
   8. un quaderno
   9. un lampione
   10. un barista

   11. un tema
   12. un luogo (*place*)
   13. una banca (*bank*)
   14. un amico
   15. una ciclista (*cyclist*)

[3]Generally, nouns ending in **-io** do not add another **-i.**

Articoli determinativi (*Definite Articles*)

A. Italian **articoli determinativi** (*definite articles*) are used in both the singular and the plural forms. They vary according to the gender and number of the noun they precede as well as its initial letter. In the following table, you will find the rules for the use of **articoli determinativi**.

	Maschile		Femminile	
	Singolare	**Plurale**	**Singolare**	**Plurale**
before nouns starting with a **consonant**	**il** ragazzo	**i** ragazzi	**la** ragazza	**le** ragazze
before nouns starting with a **vowel**	**l'**ombrello **l'**uomo	**gli** ombrelli **gli** uomini	**l'**edicola	**le** edicole
before nouns starting with a **s+ consonant** *or* **z**	**lo** studente **lo** zaino	**gli** studenti **gli** zaini	**la** statua	**le** statue

In piazza c'è **il** professore d'italiano e ci sono **gli** studenti e **le** studentesse.
In the piazza, there is the Italian professor and there are male and female students.

Pratichiamo!

1-31. Dal singolare al plurale (*From singular to plural*). Write the **plural form** of each noun and add the definite article before both noun forms.

Esempio _____ ragazzo → **il** ragazzo / **i** ragazzi

1. _____ casa / → _____
2. _____ banca → _____
3. _____ chiave (*key, f.*) → _____
4. _____ gelato → _____
5. _____ cinema (*abbr.* cinematografo) → _____
6. _____ stazione → _____

7. _____ università → _____
8. _____ edicola → _____
9. _____ parco → _____
10. _____ tabaccheria → _____
11. _____ computer → _____
12. _____ cane → _____

1-32. Dal plurale al singolare. Write the singular **form** of each noun and add the **definite article** before both noun forms.

Esempio _____ ragazzi → **i** ragazzi / **il** ragazzo

1. _____ lampioni → _____
2. _____ hotel → _____
3. _____ pianiste → _____
4. _____ lezioni → _____
5. _____ frigo (*refrigerator, abbr.* frigoriferi) → _____
6. _____ studenti → _____

7. _____ fontane → _____
8. _____ uomini → _____
9. _____ funghi (*mushrooms*) → _____
10. _____ obelischi → _____
11. _____ caffè → _____
12. _____ negozi → _____

1-33. Amici in giro per Roma (*Friends on a stroll around Rome*). Marco and Federica prepare an itinerary to show Stephanie some of the most characteristic places in Rome. Complete their notes with the definite articles.

PIAZZA DEL POPOLO

___ storia, ___ chiese, ____ obelisco e molto altro su una delle piazze più (*most*) famose al mondo (*in the world*)

PANTHEON

____ origini (*f.*), ____ cupola (*dome*), ____ tombe, _____ orari e ____ informazioni utili per visitarlo (*visit it*)

CHIESA DI SAN LUIGI DEI FRANCESI

visitare _____ chiesa di San Luigi dei Francesi: _____ orario di apertura, ____ prezzi (*prices*), ____ arte (*f.*) barocca, Caravaggio, _____ Cappella Contarelli e altre info utili

PIAZZA NAVONA

___ Fontana dei Quattro Fiumi, _____ tradizionali bancarelle (*stands*)

MERCATO DI CAMPO DEI FIORI

____ mercato folcloristico, _____ centro storico, ____ punto di ritrovo per ____ giovani (*young people*) e adulti (*adults*) della città.

Comunichiamo!

1-34. Informazioni. Create a question (**domanda**) for each item provided and complete each answer (**risposta**) with the definite articles.

> edicola   fontana   piazza   professore   università

> Esempio   *banca*
>
>   Domanda: Scusa, c'è una banca qui vicino?
>   Risposta: Sì, ecco **la** banca.

1-35. E tu cosa ordini (*And you, What do you order*)? In pairs, pretend you are at a bar with some friends. One person (student 1) orders for everybody at the cash register. The waiter/waitress (student 2) brings the food to the table. Create a dialogue. Don't forget to change nouns to plural when ordering more than one of the same item.

> Esempio   S1: (*aranciata x1*): Un'aranciata, per favore.
>
>   S2: Ecco l'aranciata.
>
>   *Caffè x3 (tre)*
>   *Cappuccino x2 (due)*
>   *Succo di arancia x4 (quattro)*
>   *Tramezzino x3 (tre)*

1-36. Indovina la città (*Guess the city*). In groups, take turns listing famous places or monuments while the other students guess the city in which they are located. Students should ask questions about the names of monuments or places in order to figure out the answer. Use the nouns learned in this chapter or the following ones. For nouns that you don't yet know, you can check the dictionary at the end of the book or ask your teacher.

> Esempio   S1: C'è **un** parco.
>
>   S2: Come si chiama **il** parco?
>
>   S1: **Il** parco si chiama Central Park.
>
>   S3: **La** città è New York.

> campana (*f.*, *bell*)   lago (*m.*, *lake*)   museo (*m.*, *museum*)   orologio (*m.*, *clock*)
>
> ponte (*m.*, *bridge*)   stadio (*m.*, *stadium*)   torre (*f.*, *tower*)   teatro (*m.*, *theater*)

Insieme in piazza!

With a partner, choose one of the following situations and create a conversation. Use the vocabulary and structures that you have learned in this chapter.

Scena 1: Imagine that you are at Piazza del Popolo in Rome, and now you want to go visit other places in the city. Organize your itinerary and talk about your options. Try to create a plan. Consult a map of Rome to make your tour of the city efficient.

Scena 2: Imagine that you are at Piazza Navona (or another famous piazza in Rome) and you are admiring its sites and architecture. Describe the objects you see and try to identify the structures and their artists (e.g. **Chi è l'artista?**).

Scena 3: Create a conversation about any of the places mentioned in this chapter.

Presentazioni orali

In pairs, choose the topic from the ones listed that intrigues you and your partner the most. Alternatively, invent your own topic based on something you learned in this chapter. Find basic information (biographical, geographical, historical, culinary) that can be accompanied by visuals. Present the information to the class in the medium of your choice (PowerPoint, Prezi, video, photos, etc.).

2. Today, Campo dei Fiori in Rome is a lively outdoor market.

1. Eros Ramazzotti, born in Rome in 1963, is one of the greatest Italian singer/songwriters.

3. The Etruscan tombs in the province of Viterbo form a magnificent necropolis.

Scriviamo

Writing a blog post

> **Writing Strategy: Writing Blogs**
>
> Writing a blog can serve many purposes, both professional and personal. A blog can allow you to share your experiences with your reader/viewers by talking about fun events, personal reflections, and observations. You can use this blog page to introduce yourself and "your trip through the beautiful piazzas of Italy". Think of this blog as a virtual diary. You can also embed photos and videos in your blog that may attract more visitors.

1. Brainstorming

Start thinking about a name for your blog and a piazza that you would like to talk about. Then think of a title for your blog. It should be a very simple title. It can be your name, the name of the piazza, or the name of the Italian city and/or region where you are located, or another title that you prefer. Include the date.

Città	
Regione	
Piazza	
Nome	
Data	
Altro (*Other*)	
Titolo	

2. Organizzazione

Now flesh out the content of your blog by including the following information:

a. Introduction: Write your name and occupation. For example: **Mi chiamo Stefania e sono studentessa** or **Sono Roberto e sono studente**.

b. Location: Write the city and region that you are "visiting". For example: **Sono a Roma in Lazio.**

c. Message: Choose a piazza and tell us the following:
    1. Where are you? **Sono in Piazza di Spagna.**
    2. What is in this piazza? **In Piazza di Spagna c'è una fontana, ci sono...**
    3. Are you with other people? If so, who are they? **Sono con Marco, un amico di Roma.**
    4. Photos and/or videos: You can add a photo to introduce yourself. If you have a picture of yourself in the actual location, add that. Embedding videos can also be entertaining. You can make a video to introduce yourself or, if you have a video in the city or region that you would like to share, you can post that.
    5. Date: Write the day first, the month, and then the year: **20 settembre 2020.**

3. Scrittura libera

Write a complete rough draft of your blog post. Use the verb **essere** to describe what you see in the piazza. Then elaborate on your ideas as much as possible.

4. Prima correzione

Exchange your rough draft with a partner. Read the content and correct the spelling in Italian. Ask any questions you might have about the content.

5. Finale

After you have finished your peer corrections, write the final blog post and publish it. Be sure to share it with others.

Presentazioni

Prima della visione

A. Le parole. Try to match the Italian words and expressions with their English translations.

1. Di dov'è Lei?
2. Le presento…
3. Sono nato…

a. *I'd like to introduce you to . . .*
b. *I was born . . .*
c. *Where are you from?*

B. Domanda corretta. Mark the correct question for the following answers.

1. Tutto bene, grazie. a. Come ti chiami? b. Da dove vieni? c. Come stai?
2. Vengo da Casablanca. a. Scusa, come ti chiami? b. Di dove sei? c. Ti chiami Roshdi?

Durante la visione

C. Chi sono e di dove sono (*Who are they and where are they from*)? Watch the video and write the names of the following people and where they come from.

1. Lei si chiama _____.
   È di _____.

2. Lui si chiama _____.
   È della _____.

3. Lei si chiama _____.
   È di _____.

D. Chi lo dice (*Who says it*)? When you hear the following words or phrases, write the name of the person who said them. Is it **Gioia** or **Michele**?

1. Scusate ma sono in ritardo. (*Excuse me but I'm late.*) _____
2. Studio a Ferrara. (*I study in Ferrara.*) _____

Dopo la visione

E. È vero o è falso? Indicate whether the following statements are true (**vero**) or false (**falso**). When a statement is false, provide a correction.

1. Roshdi è italiano.   V   F
2. Andrea è del Sud Italia.   V   F
3. Il signor Alberto è in ritardo.   V   F

F. Imitiamoli (*Let's imitate them*)! Form groups of three. Half of the groups will view the formal conversation again and the other half will view the informal conversation. Then try to imitate the conversation that your group watched, including the gestures and facial expressions.

VOCABOLARIO

Le domande ed espressioni utili in classe
Useful classroom questions and expressions

Apri / Aprite il libro!	*Open your book! (You / You all)*
Come si dice… in italiano?	*How do you say . . . in Italian?*
Come si scrive… in italiano?	*How do you write . . . in Italian?*
Grazie.	*Thank you.*
Leggi! / Leggete!	*(You / You all) Read!*
Mi dispiace.	*I'm sorry.*
Non capisco.	*I don't understand.*
(Non) Lo so.	*I (don't) know.*
Per favore / Per piacere	*Please*
Prego	*Please / You're welcome*
Ripeta!	*Repeat! (You, formal)*
Ripeti! / Ripetete!	*Repeat! (You / You all, informal)*
Scriva!	*Write! (You, formal)*
Scrivi! / Scrivete!	*Write! (You / You all, informal)*

I saluti
Greetings

Ciao!	*Hi! Bye!*
Salve!	*Hi!*
Buongiorno!	*Good morning!*
Buonasera!	*Good evening!*
Buonanotte!	*Good night!*
Ti (*informale*) / Le (*formale*) presento…	*I (would like to) introduce you to . . .*
A dopo! / Arrivederci! (*informale*)	*See you later!*
ArrivederLa! (*formale*)	*See you later!*
Come ti chiami (tu)? (*informale*)	*What is your name? (informal)*
Come si chiama (Lei)? (*formale*)	*What is your name? (formal)*
Mi chiamo…	*My name is . . .*
E tu? (*informale*) / E Lei? (*formale*)	*And you?*
Piacere (di conoscerti)! (*informale*)	*Nice to meet you! (informal)*
Piacere (di conoscerLa)! (*formale*)	*Nice to meet you! (formal)*
Il piacere è mio!	*My pleasure!*
A presto!	*See you soon!*

Ci vediamo (dopo)! / A più tardi! / A dopo!	*See you later!*
Scusa / Scusami (*informale*)	*Excuse me. / Pardon me. / I apologize. (informal)*
Scusate (voi) (*informale*)	*Excuse me. / Pardon me. / I apologize. (informal)*
Scusi / Mi scusi (*formale*)	*Excuse me. / Pardon me. / I apologize.*
Sono in ritardo.	*I am late.*
Come sta? (*formale*)	*How are you? (formal)*
Come stai? (*informale*)	*How are you? (informal)*
Come va?	*How's it going?*
bene / male / così così	*well / not well, badly / so-so*
Di dove sei tu? (*informale*)	*Where are you from? (informal)*
Di dov'è Lei? (*formale*)	*Where are you from? (formal)*
Di dove siete voi?	*Where are you all from?*
Io sono…	*I am . . .*
Io sono di…	*I am from . . .*
Noi siamo di…	*We are from . . .*

In piazza
In the Piazza

un'automobile (f.)	*car*
un bar (m.)	*coffee / snack bar*
un cane (m.)	*dog*
una donna (f.)	*woman*
un'edicola (f.)	*newsstand*
una fontana (f.)	*fountain*
un gelato (m.)	*ice cream*
un hotel (m.)	*hotel*
un (un') insegnante (m./f.)	*teacher*
un lampione (m.)	*street light*
una motocicletta (f.)	*motorcycle*
un negozio (m.)	*store*
un obelisco (m.)	*obelisk*
una panchina (f.)	*bench*
un professore (m.)	*professor*
un quaderno (m.)	*notebook*
un ragazzo	*young man*
una ragazza	*young girl*
una statua (f.)	*statue*
una tabaccheria (f.)	*tobacco shop*
un uomo (m.)	*man*
una vetrina (f.)	*store window*
uno zaino (m.)	*backpack*

I mesi dell'anno	Months of the year
gennaio	January
febbraio	February
marzo	March
aprile	April
maggio	May
giugno	June
luglio	July
agosto	August
settembre	September
ottobre	October
novembre	November
dicembre	December

I titoli	Titles
Signore	Mr.
Signora	Mrs.
Signorina	Miss
Dottore	Dr.
Professore	Professor (m.)
Professoressa	Professor (f.)

I verbi	Verbs
essere	to be
stare	to be

I numeri	Numbers
zero	0
uno	1
due	2
tre	3
quattro	4
cinque	5
sei	6
sette	7
otto	8
nove	9
dieci	10
undici	11
dodici	12
tredici	13
quattordici	14
quindici	15
sedici	16
diciassette	17
diciotto	18
diciannove	19
venti	20
ventuno	21
ventidue	22
ventitré	23
ventiquattro	24
venticinque	25
ventisei	26
ventisette	27
ventotto	28
ventinove	29
trenta	30
trentuno	31
trentadue	32
trentatré	33
trentaquattro	34
trentacinque	35
trentasei	36
trentasette	37
trentotto	38
trentanove	39
quaranta	40
cinquanta	50
sessanta	60
settanta	70
ottanta	80
novanta	90
cento	100
centouno	101
centodue	102
duecento	200
trecento	300
mille	1000
duemila	2000
tremila	3000
diecimila	10.000
centomila	100.000
un milione	1.000.000
due milioni	2.000.000
un miliardo	1.000.000.000

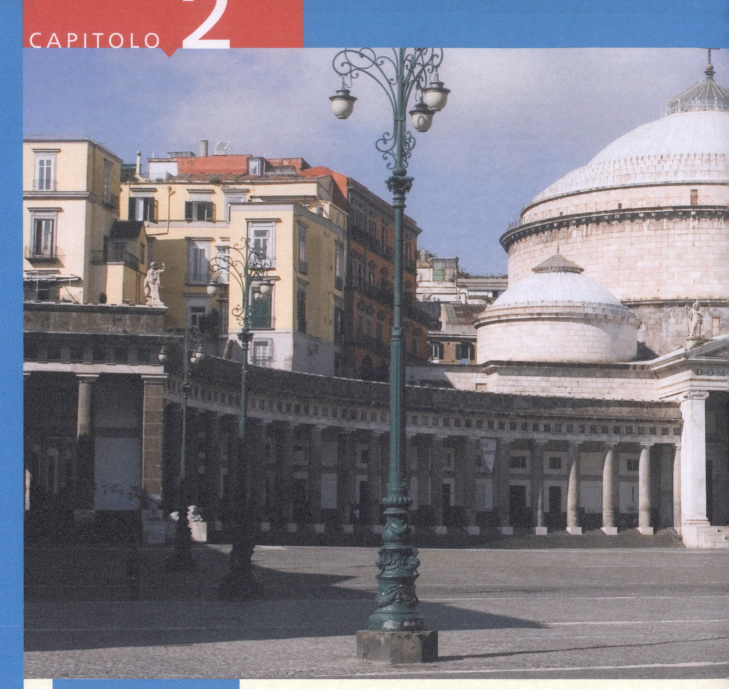

CAPITOLO 2

LEARNING STRATEGY

Daily Study

Foreign language learning is cumulative, and there are several things you can do to increase your ability to retain what you've learned:

- Do assignments and review daily.
- Take time to review material already covered.
- Attend class regularly for opportunities to learn, speak, and ask questions.
- Listen to the audio program that accompanies your textbook.

IN PIAZZA DOPO LE LEZIONI

Piazza del Plebiscito is the largest piazza in Naples, where every year there are many events, including a New Year's Eve celebration, international horse races, concerts, political demonstrations and, of course, victory celebrations of the "Napoli" soccer team.

Neil Setchfield/Alamy Stock Photo

COMMUNICATIVE GOALS

> Describe people and objects.

> Discuss your classes.

> Talk about wants, needs, and physical states.

> Describe your activities on a school day.

Risorse Audio ▶ Video MINDTAP

La Puglia e la Campania

› Throughout history, Puglia and Campania have been dominated by many outsiders, including Greeks, Romans, Turks, Saracens, French, and Spanish.

› The influence of these cultures can be seen in the architecture, food, culture, and language of these regions.

Donatella Melucci

◄ The Roman city of **Pompei** is located in the region of Campania near the Bay of Naples. It was destroyed by the eruption of Mount Vesuvius in CE 79. Excavations have provided insight into the everyday lives of people before Pompei's destruction.

Puglia, the **"tacco dello stivale"** (*heel of the boot*) of Italy, is known for its archaic homes, the **Trulli di Alberobello**. Today these structures are a UNESCO World Heritage Site. ▶

Andrei Rybachuk/Shutterstock.com

Andiamo in piazza!

Richard I'Anson/Lonely Planet Images/Getty Images

◄ **Piazza San Domenico Maggiore,** in Naples, is on the street called **Spaccanapoli,** which literally means **"*split Naples*".** In the center of the piazza there is a marble obelisk. The statue on top of the obelisk honors San Domenico (1170–1221), the founder of the Dominican order.

Piazza Sant'Oronzo is the central piazza in Lecce. Lecce is commonly called the "Capital of Baroque" for its distinctive Baroque architecture. ▶

DinoPh/Shutterstock.com

🔊 Descrizioni

I colori (*Colors*)

grigio · nero · giallo

marrone · arancione · viola

rosso · bianco · rosa

verde · blu

Marco è giovane (*young*), **magro** (*thin*) **e alto** (*tall*).
Giovanni è anziano (*old*), **grasso** (*fat*), **calvo** (*bald*)
e basso (*short*). **Chiara è bionda** (*blonde*), **ha i**
capelli corti (*short hair*) **ed è antipatica** (*not nice*).
Sara è bruna (*dark hair*), **ha i capelli lunghi** (*long*
hair) **ed è simpatica** (*nice*). **Il figlio è carino** (*cute*).

I contrari (*Opposites*)

altruista	*altruistic*	↔	**egoista**	*selfish*
bello	*beautiful*		**brutto**	*ugly*
buono	*good*		**cattivo**	*bad*
divertente	*fun*		**serio**	*serious*
estroverso	*outgoing*		**timido**	*shy*
facile	*easy*		**difficile**	*difficult*
felice	*happy*		**triste**	*sad*
generoso	*generous*		**tirchio**	*stingy, cheap*
grande	*big*		**piccolo**	*small, little*
interessante	*interesting*		**noioso**	*boring*
nuovo	*new*		**vecchio**	*old*
ottimista	*optimistic*		**pessimista**	*pessimistic*
paziente	*patient*		**impaziente**	*impatient*
sportivo	*athletic*		**pigro**	*lazy*

Alcune nazionalità (*Some Nationalities*)

americano	*American*	**arabo**	*Arab*
cinese	*Chinese*	**francese**	*French*
giapponese	*Japanese*	**inglese**	*English*
italiano	*Italian*	**messicano**	*Mexican*
spagnolo	*Spanish*	**tedesco**	*German*

Pratichiamo!

2-1. Com'è (*What's it like*)? Complete the following sentences with the most appropriate adjective.

1. La matematica è (*difficile / alta*).
2. La storia è (*interessante / piccola*).
3. Il computer è (*nuovo / lungo*).
4. L'aula è (*grande / tirchia*).
5. Lo zaino è (*noioso / nero*).
6. La lezione è (*paziente / divertente*).
7. La libreria è (*grande / difficile*).
8. La Vespa è (*italiana / generosa*).

2-2. Trova il contrario (*Find the opposite*). Match the word in the left column to one with the opposite meaning in the right column.

1. _____ impaziente
2. _____ noioso
3. _____ facile
4. _____ corto
5. _____ vecchio
6. _____ generoso
7. _____ bianco
8. _____ piccolo

a. giovane
b. difficile
c. tirchio
d. nero
e. interessante
f. paziente
g. grande
h. lungo

2-3. Com'è il professore ideale? Select the adjectives that best describe your ideal teacher.

simpatico	paziente	pigro	vecchio
generoso	egoista	noioso	interessante
divertente	giovane	cattivo	serio

2-4. I colori della bandiera (*Colors of the flag*). Take turns and ask your partner about the colors of the flags for the countries listed below. Follow the example.

Esempio **S1:** *Quali sono i colori della bandiera italiana?*
S2: *I colori della bandiera italiana sono: verde, bianco e rosso.*

1. americana
2. messicana
3. tedesca
4. giapponese
5. cinese

2-5. La personalità. Together, think of four famous men and women you both know. Write down their names. Then, determine whether these people can be described with the following adjectives. If not, decide which adjectives would be most accurate. Compare your results with another pair. Follow the examples.

Esempi *Channing Tatum è bello e bravo ma (but) non è alto.*
Lady Gaga è bella, brava e giovane ma (but) non è alta.

Uomo (*Man*)	Donna (*Woman*)
alto / bello / biondo / bruno / grasso / giovane	bella / brava / magra / giovane
intelligente / simpatico / antipatico	bassa / alta / simpatica / divertente

2-6. Siamo d'accordo (*Do we agree*)? Think about one or two examples for each of the following categories. Then compare your answers with your partner to see if you both agree.

un film divertente
un libro noioso

una lezione interessante
un museo importante

una piazza famosa
una città antica

La scuola in Italia

Prima di tutto... Did you know that Italian students go to grade school Monday through Saturday? Would you like that? What do you know about the Italian school system? Do you know anybody who goes to school in Italy? How is the Italian school system different from the one in your country?

Iakov Filimonov/Shutterstock.com

Davvero?! The Italian school system consists of five years of **scuola primaria** (*elementary school*, also called **scuola elementare**), three years **of scuola secondaria di primo grado,** (*middle school*, also called **scuola media**) and five years of **scuola secondaria di secondo grado** (*high school*, also called **scuola superiore**). When Italian students begin high school, they can choose one of the following paths: the **istituto professionale**, the **istituto tecnico** or the **liceo**[2] (**scientifico, classico, linguistico, artistico, musicale, delle scienze umane**). At the end of the last year of **scuola superiore di secondo grado**, all students have to pass the **Esame di Maturità** (also called **Esame di Stato** [*high school exit exam*]) in order to receive a **diploma**. The **Esame di Maturità** usually consists of written exams and an oral exam on various subjects. This is a very difficult exam and all Italian students fear it.

iStock.com/diane39

Chiacchieriamo un po'. What do you think now about the Italian grade school system? Do you like it better than the one in your country?

[1]Although all types of high schools issue a diploma, students who graduate from the **istituto professionale** or the **istituto tecnico** are elegible to work in their field of specialization. Students who graduate from the **liceo**, instead, must continue to earn a college degree.

Che bella foto!

Listen to and/or read the message and respond to the questions that follow.

Marta and Paolo are in Lecce to see some of their friends and to participate in GPace Day. Marta posted a picture of the flag in Piazza Sant'Oronzo on Facebook. Then she described her friends who are with her and wrote:

Che bella foto, vero? Qui siamo a Lecce in Piazza Sant'Oronzo durante la Giornata dei Giovani per la Pace. Il ragazzo **alto** e **biondo** è Paolo. La ragazza **bassa** e **bruna** è Dolores, lei è **spagnola**. Loro sono molto **simpatici**. Poi ci sono Federica e Nina. Loro sono di Lecce e anche loro sono molto **simpatiche**. E lì in fondo[1] ci sono io con un rustico leccese[2]. Uhm, che buono!

[1]*there in the back*   [2]*(See next **Nota culturale**.)*

Every year in Italy, people celebrate the Giornata dei Giovani per la Pace (*Youth for Peace Day*). In 2009, students from Lecce sewed the world's largest flag and laid it out in Piazza Sant'Oronzo.

Comprensione

È vero o è falso? Indicate whether the following statements are true **(vero)** or false **(falso)**. When a statement is false, correct it.

1. _____ Marta è con gli amici.
2. _____ Paolo è basso e Dolores è alta.
3. _____ Dolores è spagnola, Federica e Nina sono italiane.
4. _____ A Marta non piace il rustico leccese.

Osserviamo la struttura!

In the message above, observe the words in bold and answer the following questions.

1. Do the adjectives in bold precede or follow the nouns they describe?
2. In the following sentences, can you explain why adjectives describing Paolo end in **-o** and those describing Dolores end in **-a**?
   a. Il ragazzo **alto** e **biondo** è Paolo.   b. La ragazza **bassa** e **bruna** è Dolores.
3. Can you explain why the adjective **simpatico** has been changed in the following sentences?
   a. Loro sono molto **simpatici**.   b. Loro sono molto **simpatiche**.

NOTA CULTURALE

The **rustico leccese** is a classic savory puff pastry filled with béchamel and tomato. Variations can include adding mozzarella and prosciutto.

iStock.com/drbimages

Susanna è **italiana**. Lei è **bruna**, ha i capelli **corti** e gli occhi **castani**.

Aggettivi (Adjectives)

Aggettivi (*Adjectives*) are words used to describe people, places, and things. In Italian, adjectives must agree in gender (*masculine / feminine*) and number (*singular / plural*) with the person, place, or thing they describe.

A. Most adjectives have four forms, two in the singular (*masculine, feminine*) and two in the plural (*masculine, feminine*). Some adjectives end in **-e** in the singular form and describe both masculine and feminine nouns. Their plural form ends in **-i** for both genders.

In Italian, adjectives are usually placed after the noun they refer to.

	Singolare	Plurale
Maschile	alt**o**	alt**i**
Femminile	alt**a**	alt**e**
Maschile/Femminile	intelligent**e**	intelligent**i**

Paolo è un ragazzo alt**o** e magr**o**.	Paolo is a tall and slim young man.
Marta è una ragazza bass**a** e magr**a**.	Marta is a short and slim young woman.
Loro sono intelligent**i**.	They are intelligent.
La professoressa Wing è ingles**e**.	Professor Wing is English.

B. When an adjective refers to a mixed pair (*masculine and feminine*) or a group of people or things, the adjective takes the masculine plural form.

John e Mary sono american**i**.	John and Mary are American.

C. The singular form of adjectives ending in **-ista** applies to both masculine and feminine forms. In the plural, the masculine form ends in **-isti** and the feminine form ends in **-iste**.

Paolo è altru**ista** e Marta è ottim**ista**.	Paolo is altruistic and Marta is optimistic.
Paolo e Luigi sono altru**isti** e Marta e Dolores sono ottim**iste**.	Paolo and Luigi are altruistic and Marta and Dolores are optimistic.

D. When colors are used as adjectives, they agree in gender and number with the nouns they describe. The colors **rosa**, **blu**, and **viola** are invariable.

La bandiera italiana è verd**e**, bianc**a** e ross**a**.	The Italian flag is green, white, and red.
Le macchine sono **blu**.	The cars are blue.

ATTENZIONE!

The adverb **molto** (*very*) is always invariable and precedes the adjective to give it more emphasis. The suffixes **-issimo/issima/issimi/issime** can also be used in place of **molto**. They are attached at the end of the adjective after deleting the ending vowel.

Lecce è una città **molto** bella (*or* **bellissima**).　Lecce is a very beautiful city.

Buono e bello

Unlike most other adjectives, **buono** (*good*) and **bello** (*nice, beautiful*) often *precede* the nouns they refer to.

A. When the adjective **buono** precedes a noun in the singular form, it varies following the same rules as the indefinite articles (**un, uno, un', una**).

un caffè → Che **buon** caffè!	*What a good coffee!*
una pizza → Che **buona** pizza!	*What a good pizza!*
un'idea → Che **buon'**idea!	*What a good idea!*

In the plural form, the adjective **buono** has two forms, **buoni** and **buone**.

Giovanni e Paolo sono **buoni** amici.	*Giovanni and Paolo are good friends.*
Marta e Mercedes sono **buone** amiche.	*Marta and Mercedes are good friends.*

B. When the adjective **bello** (*nice, beautiful*) precedes a noun, it varies following the same rules as the definite articles (**il, lo, la, l', i, gli, le**).

il libro → Che **bel** libro!	**i** libri → Che **bei** libri!
lo zaino → Che **bello** zaino!	**gli** zaini → Che **begli** zaini!
l'obelisco → Che **bell'**obelisco!	**gli** obelischi → Che **begli** obelischi!
l'università → Che **bell'**università!	**le** università → Che **belle** università!
la piazza → Che **bella** piazza!	**le** piazze → Che **belle** piazze!

Che bella piazza!

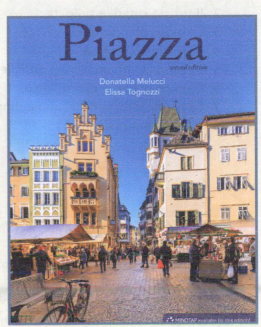

Che bel libro!

C. When **buono e bello** follow the noun they describe, there is less emphasis placed on the adjective.

Lecce è una città **bella** e interessante.	*Lecce is a beautiful and interesting city.*
La pizza è **buona** ed economica.	*The pizza is good and inexpensive.*

Pratichiamo!

2-7. La coppia perfetta (*The perfect match*). Match the items from columns A and B to create complete sentences.

A
1. _____ Paolo è uno studente…
2. _____ La professoressa Wing è…
3. _____ Sergio e Roberto sono…
4. _____ Mary e Jane sono…
5. _____ Françoise è…
6. _____ Il professor Tucci è…
7. _____ Marta è…
8. _____ Io sono Sara e lei è Marta. Noi siamo…

B
a. giovane, intelligente e studiosa.
b. giovani, sportivi e simpatici.
c. italiane, sportive e socievoli.
d. italiano, timido e sincero.
e. italiano, anziano e generoso.
f. francese, alta e bionda.
g. inglese, anziana e paziente.
h. inglesi, alte e magre.

2-8. Come sono? Describe the following people with complete sentences.

1. Jennifer Lopez
2. Lady Gaga
3. Brad Pitt
4. Ryan Gosling
5. Adele

2-9. Generalizzazioni. Rewrite the following sentences from singular to plural.

1. Lo studente è ottimista.
2. Il turista cinese è simpatico.
3. La moto giapponese è veloce.
4. La lezione è noiosa.
5. L'esame di matematica è difficile.
6. L'amico di Paolo è antipatico.
7. La professoressa d'italiano è simpatica.
8. L'aula è lunga e larga.

Come si dice *I like it?*

The verb **piacere*** (*to like*) is mostly used in the two forms **piace** and **piacciono**. **Piace** is used when the object is singular and **piacciono** is used when the object is plural. Note the use of the **articolo determinativo** when **piace** and **piacciono** precede a noun.

Ti **piace** <u>la</u> matematica?	Sì, mi **piace** molto.	OR No, <u>non</u> mi **piace**.
Ti **piacciono** <u>le</u> lingue straniere?	Sì, mi **piacciono**.	OR No, <u>non</u> mi **piacciono**.

Note the use of **mi** and **ti** in the expressions *mi* **piace / piacciono** (*I like*) and *ti* **piace / piacciono** (*You like*).

*The literal translation of **mi piace** is "*something is pleasing to me*". The verb **piacere** will be covered more in detail in **Capitolo 6**. Do not confuse the verb **piacere** with the expression **Piacere!** (*Nice to meet you!*).

2-10. In giro per la Puglia. Paolo and Marta are traveling around Puglia. Every time they see, eat, or drink something they ask for each other's opinion. Use **buono** and **bello** to describe the following things they see and taste.

lorenzo-graph / Shutterstock.com

Le orecchiette sono un piatto tipico pugliese

Valeria Cantone/Shutterstock.com

La costa del Gargano è una tra le più belle d'Italia.

Esempi   Ti piace il caffè? → *Sì! Che buon caffè!*

Ti piace il museo? → *Sì! Che bel museo!*

1. la focaccia
2. i trulli
3. il duomo
4. i rustici leccesi
5. le orecchiette
6. il mare (*sea*) del Gargano
7. l'università
8. il gelato al cioccolato

2-11. Come sono i tuoi corsi e i tuoi professori? Ti piace? Ti piacciono? In pairs, take turns asking your partner what his/her classes and professors are like. Try to explain the reasons for your likes and dislikes. Then report to the class what your partner said.

2-12. La tua città. In pairs, take turns and ask your partner where he/she is from. Then ask questions to find out what his/her city is like and if there are the places listed below. Report your findings to the class.

Esempio   S1: *Di dove sei?*

S2: *Sono di Chicago.*

S1: *Com'è la città? Ti piace?*

S2: *Chicago è una bella città. È grande e…*

S1: *C'è un'università a Chicago?*

S2: *Sì, a Chicago c'è una bella università. Si chiama…*

1. piazza
2. università
3. cinema
4. bar
5. parco
6. museo

2-13. E tu, come sei? In groups, find people who share the following characteristics. Then report back to the class.

Esempio   *Jane e Robert sono alti, biondi e divertenti.*

	Nome	Nome	Nome
1. alto 2. bruno 3. biondo 4. sincero 5. sportivo			

🔊 Io ho fame, e tu?

Listen to and/or read the conversation and respond to the questions that follow.

Paolo and Marta are now in Bari, in Piazza Umberto, near the university where many students gather when they take a break from classes. They are waiting for Marta's friend, Stefania, who is visiting them from Naples.

Paolo: Che bella piazza! Ma dov'è Stefania?

Marta: Paolo, sei sempre il solito[1], non **hai** pazienza! **Abbiamo** un appuntamento, qui a mezzogiorno[2].

Paolo: Com'è Stefania?

Marta: **Ha** i capelli neri e lunghi. È alta, magra e **ha** circa vent'anni.

Paolo: Marta, io **ho** fame[3], e tu?

Marta: Anch'io e **ho** anche sete[4]. Qui vicino c'è una pizzeria. **Hanno** i panzerotti[5] pugliesi e la focaccia. Sono la fine del mondo[6]! Oh, ecco Stefania.

Paolo: Finalmente[7]!

trabantos/Shutterstock.com

Piazza Umberto I is the largest piazza in the city. Surrounded by greenery, it is one of the favorite meeting places of students at the Università di Bari.

[1]*the same*   [2]*at noon*   [3]*am hungry*   [4]*am thirsty*
[5]*fried calzones*   [6]*out of this world*   [7]*Finally*

Comprensione

È vero o è falso? Now indicate whether the statements are true **(vero)** or false **(falso)**. When a statement is false, correct it.

1. L'appuntamento con Stefania è a mezzogiorno.   V   F
2. Stefania ha i capelli corti.   V   F
3. Stefania ha ventun anni.   V   F

Osserviamo la struttura!

In the dialogue above, observe the words in bold and complete the following activities.

1. The words in bold are forms of the verb **avere** (*to have*). Based on how it was used in the dialogue, try to identify the subject pronoun for each of the following phrases:
   a. _____ non hai mai pazienza.
   b. _____ abbiamo un appuntamento.

2. Find in the text the Italian equivalent of the following English expressions:
   a. *I am hungry.* → _____
   b. *I am thirsty.* → _____

3. What is the meaning of the following expression?
   Ha circa vent'anni. → _____

Il presente indicativo di *avere* e gli usi idiomatici (*Present tense of "to have" and idiomatic uses*)

Il verbo *avere* (*The verb "to have"*)

A. The following table shows the present indicative of the verb **avere** (*to have*).

Presente indicativo avere (*to have*)	
io **ho**	*I have*
tu **hai**	*you have*
lui/lei, Lei **ha**	*he/she has / You (formal) have*
noi **abbiamo**	*we have*
voi **avete**	*you (pl.) have*
loro **hanno**	*they have*

Io sono Marta. **Ho** 20 anni. **Ho** i capelli ricci, lunghi e neri e gli occhi castani.

B. The verb **avere** (*to have*) not only indicates ownership or possession but it is often used to describe physical characteristics.

Io **ho** una macchina blu.	*I have a blue car.*
Paolo **ha** i capelli lisci e gli occhi verdi.	*Paolo has straight hair and green eyes.*

C. The verb **avere** is also used in some idiomatic expressions. The most common are:

Io sono Paolo. **Ho** 19 anni. **Ho** i capelli lisci, biondi e corti e gli occhi verdi.

Usi idiomatici con *"avere"* (*Idiomatic Expressions with "Avere"*)		
to be hot	avere caldo	Ho caldo!
to be cold	avere freddo	Hai freddo?
to be hungry	avere fame	Paolo ha fame.
to be thirsty	avere sete	Marta ha sete.
to be sleepy	avere sonno	Noi abbiamo sonno.
to be . . . years old	avere… anni	Voi avete 23 anni.
to be right / wrong	avere ragione / torto	Loro hanno torto.
to be in a hurry	avere fretta	Ho fretta!
to need	avere bisogno di	Ho bisogno di un caffè.
to be patient	avere pazienza	Non hai mai pazienza.
to be afraid of	avere paura di	Io ho paura di un brutto voto.
to want / to be in the mood for something	avere voglia di	Ho voglia di un tè.

Pratichiamo!

2-14. Com'è Paolo e cosa ha? Describe Paolo's physical appearance and his possessions by matching the items in the two circles.

una moto, uno zaino, i capelli, gli occhi

lisci, verdi, nera, nuovo, biondi, corti, rosso

2-15. I compagni di stanza (*Roommates*). Paolo is telling Stefania about two of his friends who are also from Puglia. Complete the following paragraph with the present tense of the verb **avere**.

Paolo: Io _____ (1) due amici, Marco e Roberto. Marco _____ (2) vent'anni, è alto e _____ (3) i capelli corti e neri. Roberto e io invece _____ (4) diciannove anni. Noi siamo buoni amici.

Stefania: Voi _____ (5) la macchina?

Paolo: Marco e Roberto _____ (6) la macchina e io _____ (7) la moto. E tu Stefania (8) _____ la macchina?

2-16. Cosa succede (*What happens*)? Complete the following sentences with the appropriate form of **avere** and the idiomatic expression.

1. È mezzanotte (*midnight*) e Paolo _____ . Lui _____ dormire (*sleep*).
2. Brrr! È gennaio. Tu e Marta _____ .
3. Secondo Marta, oggi è venerdì, ma oggi è mercoledì. Lei _____ .
4. È tardi (*late*). Gli studenti corrono (*run*). Loro _____ .
5. Io mangio (*I eat*) la focaccia. Io _____ .
6. È luglio, ci sono 40 °C (gradi "centigradi" = 104 °F) e noi _____ .
7. I Negramaro sono bravissimi. È vero! Tu _____ .
8. Hai bisogno di acqua (*water*) perché _____ .
9. Mi piacciono i limoni (*lemons*) e _____ una limonata (*lemonade*).

2-17. Che cos'hai (*What do you have*)? In pairs, ask your partner if he or she has the following things, and then ask some of your own questions.

Esempio una macchina
  S1: (*Tu*) *Hai una macchina* (Do you have a car)?
  S2: *Sì, ho una macchina. / No, non ho una macchina.*

1. uno zaino nuovo
2. gli occhi blu
3. un amico straniero (*foreign*)
4. una bici nuova
5. i capelli corti
6. un poster di Lady Gaga
7. amici tirchi
8. vent'anni

2-18. E ora tocca a te! (*And now it's your turn!*). In pairs, ask each other questions using the verb **avere** and when possible, its **usi idiomatici** (*idiomatic uses*). For example, ask about what they need for school or if they are afraid of something. You can also ask if your partner has certain items. Write down the information on a separate piece of paper and report back to the class.

Esempi				
S1: Di cosa hai bisogno?	→	S2: Ho bisogno di un computer nuovo.
S1: Di cosa hai paura?	→	S2: Ho paura di un brutto voto (*bad grade*).
S1: Hai fame?	→	S2: Sì, ho bisogno di un panino.
S1: Hai una bicicletta?	→	S2: No, ma ho bisogno di una bicicletta.
S1: Hai voglia di un gelato?	→	S2: Sì, ho voglia di un gelato.

2-19. L'identikit. In groups, create a biographical and physical profile of one member of your group similar to the one below. The other groups will ask questions to guess the identity of the person you chose. The questions should be about physical characteristics (age, size, hair, eyes) and clothing items, including colors. Follow the example.

Esempio

Identikit

Nome:	*Riccardo Scamarcio*
Età (*Age*):	*41 anni (Born in 1979)*
Nazionalità:	*italiano*
Città:	*Trani (Bari)*
Capelli:	*castani, corti*
Occhi:	*verdi*
Chi è?	*un attore*

Gruppo 1: *Ha i capelli corti?*

Gruppo 2: *No, non ha i capelli corti. Ha i capelli lunghi.*

Identikit

Nome:

Età:

Nazionalità:

Città:

Capelli:

Occhi:

Chi è?

Reading Strategy: Recognizing Cognates and Predicting Content

Before reading in Italian, look at things that will give you clues about the text:

> titles
> sidebars
> pictures and illustrations
> cognates (parole analoghe)

Parole analoghe are words that often look alike and have the same meanings, such as **università** / *university*. Sometimes, however, words look like English equivalents but their meaning varies, such as **camera** / *room*. These are called *false cognates*.

Catalogo Bur., RCS

Pre-lettura

1. Before reading this article, think about bookstores in your city and add other bookstores that you know. Put a check in the boxes that accurately describe those bookstores.

Libreria	C'è un caffè.	Ci sono CD e DVD.	Ci sono giornali.	Gli autori parlano *(speak)*.	C'è più di *(more than)* un piano *(floor)*.
Rizzoli, NYC		✓	✓	✓	✓
Barnes & Noble					
libreria dell'università					

2. Look at the photo in the article. What does it tell you about the possible content of the reading?

3. Before reading the article, underline all of the words in the text that are cognates. By looking at the cognates, what do you think this text talks about? Can you describe in Italian the main idea of the reading in one or two sentences?

4. In this advertisement you will see verbs that you have not studied yet. Look at the verbs in column A and try to match them to those in column B. Use cognates to help you guess the meanings.

A
a. _____ trovare
b. _____ ascoltare
c. _____ guardare
d. _____ consultare
e. _____ parlare
f. _____ presentare

B
1. *to consult*
2. *to present*
3. *to find*
4. *to talk*
5. *to listen to*
6. *to look at*

La Feltrinelli Libri e Musica

via S. Caterina a Chiaia, 23 (Piazza dei Martiri) -
80121 Napoli NA
Telefono: 081.2405411
Orari: *lun–ven*: 10.00–21.00 *sab*: 10.00–23.00
dom e festivi: 10.00–14.00 / 16.00–22.00

La libreria Feltrinelli

In Piazza dei Martiri, nel centro di Napoli, c'è il megastore La Feltrinelli Libri e Musica. Ci sono quattro piani°, più di 100.000 titoli tra libri, musica, DVD, giochi, cartoleria, gadget e riviste. Ci sono tutti i tipi di libri: libri di narrativa, libri scolastici, libri tascabili° e libri per bambini. Ci sono anche segnalibri°, T-shirt e calendari. Qui i clienti ascoltano° la musica, guardano° i DVD e consultano i libri preferiti.

Il Caffè La Feltrinelli non solo è un posto per prendere un caffè ma è anche uno spazio dove autori e artisti presentano le loro opere.

levels

*paperbacks /
bookmarks /
listen to /
look at*

Dopo la lettura

1. La Feltrinelli. Put a check in the boxes that accurately describe **La Feltrinelli.**

	C'è un caffè.	Ci sono CD e DVD.	Ci sono giornali.	Gli autori parlano.	C'è più di un piano.
La Feltrinelli					

2. Comprensione. Now indicate whether the following statements are true **(vero)** or false **(falso)**.

	Vero	Falso

a. La Feltrinelli Libri e Musica è in Piazza San Domenico. _____ _____
b. La libreria è aperta (*open*) lunedì. _____ _____
c. L'indirizzo è via Santa Chiara, 23. _____ _____
d. Il numero di telefono è 081.2405450. _____ _____
e. C'è un bar nella libreria Feltrinelli. _____ _____
f. Ci sono anche T-shirt alla Feltrinelli. _____ _____

3. In libreria. In pairs, write a dialogue that takes place in the bookstore. One person works there and the other is a student looking to buy books for school. Some useful expressions: **Posso aiutarla?** (*Can I help you?*), **Vorrei...** (*I would like*), **Quanto costa?** (*How much does it cost?*), **Avete...?** (*Do you have . . . ?*) **Sì, abbiamo......** (*Yes, we have . . .*)

La classe (*The classroom*)

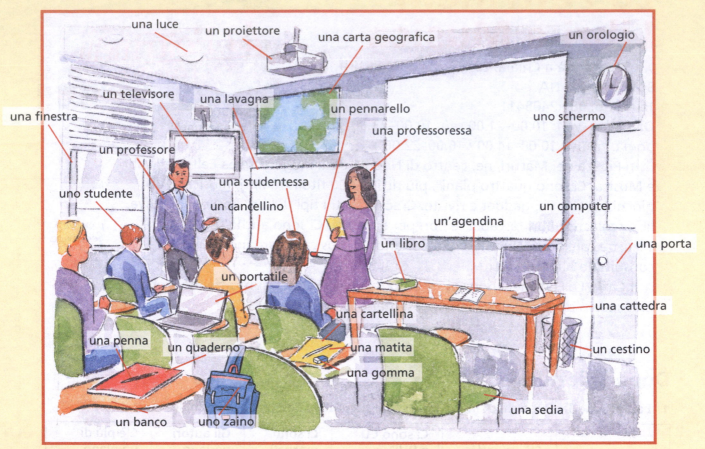

una luce
un proiettore
una carta geografica
un orologio
un televisore
una lavagna
un pennarello
uno schermo
una finestra
una professoressa
un professore
uno studente
una studentessa
un cancellino
un computer
un'agendina
un portatile
un libro
una porta
una cartellina
una cattedra
una penna
un quaderno
una matita
un cestino
una gomma
una sedia
un banco
uno zaino

Ecco l'aula di Paolo, Dolores e Marta all'Università degli Studi di Napoli – Federico II.

Le facoltà e le materie	Schools and subjects
la biologia	biology
la chimica	chemistry
l'economia	economy, economics
il giornalismo	journalism
la giurisprudenza	law
l'informatica	computer science
l'ingegneria	engineering
la letteratura	literature
le lingue straniere	foreign languages
la matematica	mathematics
la psicologia	psychology
le scienze	science

le scienze politiche	political science
la storia	history
la storia dell'arte	art history

I giorni della settimana*	Days of the Week
lunedì**	Monday
martedì	Tuesday
mercoledì	Wednesday
giovedì	Thursday
venerdì	Friday
sabato	Saturday
domenica	Sunday

*Days of the week in Italian are capitalized only if at the beginning of a sentence.

**In Italy, Monday is considered the first day of the week.

Pratichiamo!

2-20. L'intruso! Select the item in each line that is not in the same category as the others.

1. la penna	il quaderno	la finestra
2. lo studente	la studentessa	la luce
3. il cestino	il professore	la professoressa
4. la lavagna	il proiettore	lo studente
5. il francese	l'inglese	la psicologia
6. l'ingegneria	la matematica	le lingue straniere

2-21. Lo zaino. Select the items that would go into a student's backpack.

1. un cestino	3. una matita	5. una gomma	7. uno schermo
2. un pennarello	4. un portatile	6. una sedia	8. un libro

2-22. Le materie. Your friends are interested in the following subjects. Write the field of study that corresponds to their academic interests.

1. l'italiano, lo spagnolo, il francese: _____
2. la Rivoluzione Francese, la Guerra Civile, la Battaglia di Alamo: _____
3. il computer, il software, i programmi: _____
4. Shakespeare, James Joyce, F. Scott Fitzgerald: _____
5. Michelangelo, Leonardo da Vinci, Picasso: _____
6. il governo, la politica, le leggi (laws): _____
7. la geometria, la trigonometria, l'algebra: _____
8. Sigmund Freud, Ivan Pavlov, Carl Jung: _____

2-23. L'agendina. List the classes that you have on the days of the week written below. Then create a complete sentence by following the example.

Esempio *Lunedì[2] c'è la lezione di matematica.* (Monday there is math class.)

lunedì	martedì	mercoledì	giovedì	venerdì
1. _____	1. _____	1. _____	1. _____	1. _____
2. _____	2. _____	2. _____	2. _____	2. _____

2-24. Associazioni. In pairs, take turns naming as many items as possible associated with the words below.

Esempio aula: *università, studente, professore…*

1. lavagna
2. cattedra
3. penna
4. zaino
5. banco

2-25. Vota la materia (*Rate the subject matter*)! In groups, rate the following academic subjects based on your personal experience or interest from *0* to *5*, with *5* being the favorite. Based on your results, determine which subject is the favorite (**materia preferita**) in your group. Report the results to the class.

storia	letteratura americana	informatica	biologia
storia dell'arte	matematica	chimica	ingegneria

[2]In Italian, days of the week are not preceded by a preposition to describe things that occur on specific days of the week.

ANGOLO **CULTURALE**

L'università in Italia

Prima di tutto... What do you know about the Italian university system? Do you know anybody who went or who is going to college in Italy?

Jacob Lund/Shutterstock.com

Davvero?! Once students receive their **diploma di scuola superiore**, they can go to college and enroll in a **Facoltà** (*School*) of their choice and based on their interest (**Facoltà di Giurisprudenza, Facoltà di Lettere e Filosofia, Facoltà di Biologia,** etc.) where they study and specialize in a specific field. Many universities in Italy are state universities where tuition is usually paid for by the government and admission is guaranteed. Students only pay a small fee for taxes. Many universities in Italy do not have an actual "campus". The different Schools (**Facoltà**) can be spread out throughout the city. Dorms are allowed only for students with low income. Therefore, many students either share rental apartments or commute.

Andrea Nuzzi

Courses in Italy usually start in the fall and end late in the spring. Lessons are mostly lecture-style. Due to the high volume of students, universities offer several dates on which students can take their exams. These are usually oral exams and sometimes there are also written exams. If students don't pass an exam, they can try again later. Students can earn a degree called **Laurea di primo livello** or **Triennale** (a three-year program) or continue with **Laurea di secondo livello** or **Magistrale** (also called **Laurea Specialistica**, a two-year program) for a total of five years.

Chiacchieriamo un po'! How is the Italian university system different from the one in your country? What are the advantages or disadvantages of each one? Which system do you prefer?

🔊 Io frequento quattro corsi, e voi?

Listen to and/or read the conversation and respond to the questions that follow.

Paolo and Marta are in Naples to visit Stefania who attends the University of Naples Federico II. They meet in Piazza San Domenico and they talk about their courses.

iStock.com/Gwengoat

Marta: Stefania, quanti corsi **frequenti**[1] quest'anno[2]?

Stefania: Io sono al primo anno alla Facoltà di Lettere e Filosofia e **frequento** quattro corsi. E voi, quanti corsi **frequentate**?

Paolo: Noi **frequentiamo** solo tre corsi quest'anno perché sono molto difficili. Marta, per esempio, alla Facoltà di Lingue, **frequenta** un corso dove c'è un esame scritto e uno orale. Io, per fortuna[3], non ho esami scritti perché **frequento** la Facoltà di Giurisprudenza.

Marta: È vero, ho amici che **frequentano** solo due corsi. Loro **lavorano**[4] ed è difficile seguire tre o quattro corsi in un anno. A proposito di[5] esami, io ho un esame scritto martedì e ho paura.

Stefania: In bocca al lupo[6] allora! Hai ragione! La vita di uno studente non è facile.

Marta: Crepi il lupo!

The **Università degli Studi di Napoli - Federico II** is located in Naples, Italy. Founded in 1224, it is the oldest public non-religious university in the world, and is now organized into 13 Schools. There are more than 80,000 students enrolled.

[1]*you attend*   [2]*this year*   [3]*luckily*   [4]*they work*   [5]*Talking about*   [6]*Break a leg!*

> **NOTA CULTURALE**
>
> *"Good luck"!* in Italian is **Buona fortuna!** However, **In bocca al lupo!** is very common among students to wish someone "good luck" when they have an exam. It is the equivalent of *Break a leg!* The person must respond **Crepi il lupo!** for the wish to be effective.

Comprensione

È vero o è falso? Determine if each of the following statements is true (**vero**) or false (**falso**). When a statement is false, correct it.

	V	F
1. Paolo, Marta e Stefania frequentano la stessa (*same*) università.	V	F
2. Stefania frequenta quattro corsi.	V	F
3. Paolo ha esami scritti e orali.	V	F
4. Marta ha amici che frequentano solo due corsi.	V	F

Osserviamo la struttura!

In the dialogue above, observe the words in bold and complete the following activities.

1. The dialogue contains the verb **frequentare** in all its verb forms for the present indicative. List the correct form for each pronoun.

   io _____   Lei, lui/lei _____   voi _____

   tu _____   noi _____   loro _____

2. Based on your findings in question 1, can you determine the ending for each verb form and conjugate the verb **lavorare** (*to work*)?

   io _____   Lei, lui/lei _____   voi _____

   tu _____   noi _____   loro _____

3. Are questions formed differently than statements? How are negative sentences formed? Provide an example for each from the text.

Verbi regolari in -*are* (*Regular verbs ending in -are*)

Italian verbs are divided into three groups called **coniugazioni** (*conjugations*). Each conjugation is identified by the ending of the infinitive form. The infinitive form is the base form of the verb that you would find in a dictionary. In English, it is the equivalent of "to…", for example, "to study".

Nel tempo libero noi cantiamo e suoniamo la chitarra.

LESCOURRET Jean Pierre/Hemis/Alamy Stock Photo

Prima coniugazione (*First conjugation*)	Seconda coniugazione (*Second conjugation*)	Terza coniugazione (*Third conjugation*)
Verbi in -*are* (*Verbs ending in* -**are**)	Verbi in -*ere* (*Verbs ending in* -**ere**)	Verbi in -*ire* (*Verbs ending in* -**ire**)
parlare (*to talk*)	**scrivere** (*to write*)	**dormire** (*to sleep*)

In this chapter you will learn how to conjugate verbs ending in -**are** in the present indicative. In **Capitolo 3** you will learn the other two conjugations: verbs ending in -**ere** and -**ire**.

A. The Italian **presente indicativo** (*present indicative*) can be expressed in three different ways in English as shown in the examples with the verb **frequentare**: *I attend (a course)*, *I am attending*, and *I will attend* (used when an action is very likely to happen in the near future).

Quest'anno io **frequento** quattro corsi.	*This year I **take** four courses.*
	*This year I **am taking** four courses.*
Il prossimo anno **frequento** quattro corsi.	*Next year I **will take** four courses.*

B. The **presente indicativo** of Italian verbs is formed by dropping the ending of the infinitive (-**are** / -**ere** / -**ire**) and adding the ending corresponding to each subject[3] to the remaining part, which is called the stem of the verb. The following table shows the conjugation of regular verbs ending in -**are**.

Presente indicativo dei verbi regolari in -are			
frequentare (*to attend a school / a course or to take a course*)			
io frequent**o**	*I attend*	noi frequent**iamo**	*we attend*
tu frequent**i**	*you* (inf.) *attend*	voi frequent**ate**	*you attend* (pl.)
lui/lei, Lei frequent**a**	*he/she / You* (form.)	loro frequent**ano**	*they attend*

Io **frequento** quattro corsi.
E voi quanti corsi **frequentate**?

I take four courses. And how many courses do you guys take?

C. Most verbs ending in -**are** are conjugated like **frequentare**. However, verbs having an *i* in the stem, like **studi*are*** (*to study*) and **mangi*are*** (*to eat*), do not add an extra *i* in the **tu** and **noi** forms. Verbs ending in -**care**, like **gio*care*** (*to play*), and -**gare**, like **pa*gare*** (*to pay*), add an **h** with the **tu** and **noi** forms to maintain the hard sound that is heard in -**care** and -**gare**. See the following table.

[3]Recall from **Capitolo 1** that the subject of the verb is the person performing the action.

Verbi in *-iare, -care, -gare*			
	stud*iare*	**gio*care***	**pa*gare***
io	studio	gioco	pago
tu	studi	giochi	paghi
lui/lei, Lei	studia	gioca	paga
noi	studiamo	giochiamo	paghiamo
voi	studiate	giocate	pagate
loro	studiano	giocano	pagano

Mentre tu **studi,** noi **mangiamo** il gelato.	*While you **study**, we **eat** ice cream.*
Tu **giochi** a calcio e noi **giochiamo** a tennis.	*You **play** soccer and we **play** tennis.*
Noi **paghiamo** il conto al ristorante.	*We **pay** the check at the restaurant.*

D. The following list contains some common verbs ending in **-are**. Practice their conjugations several times before starting the **Pratichiamo!** section.

abitare	*to live*	**comprare**	*to buy*
aiutare	*to help*	**guardare**	*to watch*
arrivare	*to arrive*	**ordinare**	*to order*
ascoltare*	*to listen to*	**parlare**	*to talk*
aspettare*	*to wait for*	**spiegare**	*to explain*
cominciare / iniziare	*to begin*	**tornare**	*to return*
cercare*	*to look for*		

*The verbs **ascoltare**, **aspettare** and **cercare** are not followed by a preposition.

Examples:

Io **ascolto** la musica.   Paolo **aspetta** l'autobus.   Marta **cerca** gli amici in piazza.

E. Remember to place the word **non** before the verb to create negative sentences in Italian. The English adverb *never* is expressed in Italian as **non... mai**. The verb is placed between **non** and **mai**.

Io parlo spagnolo. E tu?	*I speak Spanish. And you?*
Io **non** parlo spagnolo.	*I **don't** speak Spanish.*
Io **non** studio **mai** in biblioteca.	*I **never** study in the library.*

Pratichiamo!

2-26. Gioco di memoria (*Memory game*). Complete the missing verb forms. It will help you memorize the conjugation of verbs in **-are**. You can also make your own to practice more.

1. Aiutare: io aiuto, tu _____, lui aiuta, noi _____, voi aiutate, loro _____

2. Comprare: io _____, tu compri, lei _____,
   loro comprano, voi _____ , noi compriamo

3. Spiegare: io spiego, noi _____, tu _____,
   lui spiega, voi _____, loro spiegano

Comunichiamo! In pairs, create the same activity as the the previous exercise using different verbs and changing the order of the personal pronouns. Challenge your partner by asking what each verb means and how to spell each missing verb form (*Come si scrive...?*). You can practice this activity as much as you need/want to.

Use the following list of verbs:

ordinare / abitare / giocare / visitare / frequentare / aspettare

Verbi irregolari in -are (Irregular verbs ending in -are)

Facciamo una gita e **andiamo** a Pompei.

The verbs **andare, dare, fare,** and **stare** are irregular verbs in the **presente indicativo**. This means that they do not follow the same pattern as the regular verbs ending in **-are**. These four verbs are similar in their conjugations. Note the patterns in the chart below.

Presente indicativo dei verbi irregolari in -are				
	andare (to go)	**dare** (to give)	**fare** (to do / to make)	**stare** (to be / to stay)
io	vado	do	faccio	sto
tu	vai	dai	fai	stai
lui/lei, Lei	va	dà	fa	sta
noi	andiamo	diamo	facciamo	stiamo
voi	andate	date	fate	state
loro	vanno	danno	fanno	stanno

Examples:

Gli studenti italiani **vanno** a scuola durante la settimana e **stanno** a casa la[4] domenica.

Italian students go to school during the week and they stay home on Sundays.

Quando Paolo **fa** un esame, **dà** gli appunti ad altri studenti.

When Paolo takes an exam, he gives his notes to other students.

[4]When events occur regularly on the same day of the week, the article precedes the name of the day. **Domenica** is the only day which takes the article **la.** The other days take **il.**

Espressioni con *andare, dare, fare e stare*

A. The verbs **andare**, **dare**, **fare**, and **stare** are used with many idiomatic expressions. The following table lists some of them.

andare bene / male *(to go well / bad)*	Come **va? Va** tutto bene? *How is it going? all is well?*
andare d'accordo *(to get along)*	**Vai** d'accordo con gli amici? *Do you get along with your brothers?*
dare una mano *(to give a hand / help)*	Paolo **dà una mano** a Marta a cercare un appartamento. *Paolo helps Marta to look for an apartment.*
dare del tu/Lei *(address someone informallu/formally)*	Paolo **dà del Lei** al professore. *Paolo addresses his professor formally.*
fare attenzione / stare attento/-a/-i/-e / *(to pay attention)*	Gli studenti **fanno attenzione** in classe. Gli studenti **stanno attenti** in classe. *Students pay attention in class.*
fare un / l'esame *(to take an exam)*	Quando **fai l'esame** di matematica? *When are you taking the Math exam?*
fare una passeggiata/un giro/una gita *(to take a walk/a short trip)*	Marta e Paolo **fanno una passaggiata (un giro)** in centro. Domani fanno **una gita** a Pompei. *Marta and Poalo take a walk downtown.* *Tomorrow they will take a short trip to Pompei.*
stare bene/male... *(to be well, bad... / to look great...)*	Ciao, come **stai?** *Hi, how how are you?* Bene, grazie! E tu **stai bene** con gli occhiali. Sono nuovi? *Fine, thank you! Are they new?*
stare zitto/-a/-i/-e *(to be silent)*	Gli studenti **stanno zitti** quando il professore parla. *Students are silent when the professor talks.*

ATTENZIONE!

Dare del tu / Dare del Lei *(address someone informally / formally)* are two very common Italian expressions that indicate whether a person should speak with a familiar or formal register.

Il professore **dà del tu** allo studente e gli studenti **danno del Lei** al professore.
The teacher addresses his student informally and students address their teacher formally.

Pratichiamo!

2-27. Associazioni. First match the verbs from circle A with the items in circle B. Then for each combination, write one complete sentence using the subjects indicated below.

Esempio! incontrare / gli amici   *Francesca incontra gli amici in piazza.*

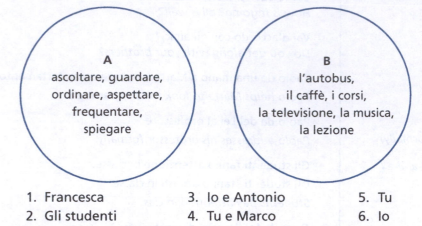

	A		B	
	ascoltare, guardare, ordinare, aspettare, frequentare, spiegare		l'autobus, il caffè, i corsi, la televisione, la musica, la lezione	

1. Francesca
2. Gli studenti
3. Io e Antonio
4. Tu e Marco
5. Tu
6. Io

2-28. Dove / Cosa / Quando / Perché... (Where, What? When / Why...)? Read the entire exchange and complete each **domanda** (*question*) or **risposta** (*answer*) with the verbs **andare, dare, fare,** and **stare.**

Domanda	Risposta
1. Marco, dove _____ ?	Vado in biblioteca
2. Ragazzi, cosa fate?	_____ i compiti.
3. Gli studenti _____ del "Lei" ai professori?	Sì, loro danno del "Lei".
4. Come sto con i nuovi occhiali?	_____ molto bene!
5. _____ d'accordo con gli amici?	Sì, andiamo d'accordo.
6. Quando _____ l'esame?	Faccio l'esame mercoledì.
7. Perché non fai attenzione quando parlo?	Scusa, non _____ attenzione perché sono stanco (*tired*).
8. Ragazzi, come _____ ?	Stiamo bene, e tu?

2-29. La giornata tipica di Stefania. Complete with the verbs indicated.

Stefania (1. frequentare) _____ l'Università Federico II a Napoli e (2. studiare) _____ Informatica. Quando la lezione (3. cominciare) _____ lei e gli altri studenti (4. ascoltare) _____ e il professore (5. spiegare) _____ la lezione. Dopo le lezioni lei (6. tornare) _____ a casa. Lei e le amiche che (*who*) (7. abitare) _____ con lei (8. mangiare) _____ e poi (9. fare) _____ i compiti. A volte lei (10. andare) _____ in biblioteca a studiare. Ma spesso lei e le amiche (11. stare) _____ a casa e (12. guardare) _____ la televisione.

Comunichiamo!

2-30. E la tua giornata tipica? In pairs, ask each other questions using the following expressions.

Esempio: *ascoltare la musica*

S1: Ascolti la musica?

S2: Sì, ascolto la musica *or* No, non ascolto la musica.

1. guardare la televisione
2. preparare il pranzo / la cena (*prepare lunch/dinner*)
3. studiare a casa / in biblioteca (*home/ at the library*)
4. lavorare
5. giocare al computer
6. fare i compiti
7. stare a casa o andare a casa di amici

2-31. Cosa fai nel tempo libero (*in your free time*)? Circulate and ask as many people as possible, including your professor, if they do the following things. Add more in the empty space if you want. Then report to the class.

Esempio *John, fai una passeggiata?*

Professore/Professoressa, Lei festeggia il compleanno questo mese?

	Nome	Nome	Nome	Nome
fare i compiti tutti i giorni				
fare lunghe passeggiate				
stare attento/-a in classe				
andare d'accordo con il compagno/la compagna di stanza (*roommate*).				
ascoltare la musica classica (pop, rock)				

LINGUA DAL VIVO

🔊 Piani per il fine settimana

Listen to and/or read the conversation and respond to the questions that follow.

It is Friday and after her classes, Stefania meets her friends Paolo and Marta, who are visiting from Puglia. They are in Piazza San Domenico Maggiore.

Stefania: Ragazzi, sono stanca. Finalmente è venerdì! Facciamo qualcosa domani? **In** Campania ci sono tanti bei posti[1]. Andiamo **in** treno o **con** l'autobus.

Marta: Sì, andiamo **a** Sorrento, ma **in** macchina. La macchina **di** Paolo è nuova e veloce. **Tra** Napoli e Sorrento ci sono solo 50 chilometri[2].

Stefania: È una bell'idea. **In** macchina impieghiamo[3] circa 40 minuti **per** andare **da** qui[4] **a** Sorrento. Facciamo una bella gita!

Paolo: **Per** me non ci sono problemi! Ma la prossima volta che vai **in** Puglia, vieni[5] **con** noi **a** visitare[6] i trulli pugliesi. Cerco **su** Internet informazioni **su** cosa fare **in** un giorno **a** Sorrento. Tutti d'accordo allora! Sorrento, arriviamo!!!

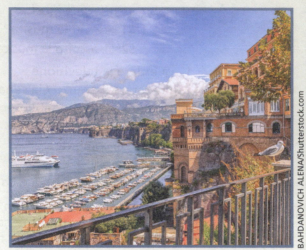

Sorrento is a city in Campania and is on one of the most beautiful coasts in Italy.

[1]*places* [2]*(31 miles)* [3]*we take* [4]*here* [5]*you come* [6]*to visit / to see*

Comprensione

È vero o è falso? Indicate whether the following statements are true (**vero**) or false (**falso**). When a statement is false, correct it.

1. Stefania incontra Marta e Paolo all'università.   V   F
2. In Campania ci sono bei posti da visitare.   V   F
3. Marta vuole[5] andare a Pompei.   V   F
4. Tra Napoli e Sorrento ci sono 40 chilometri.   V   F
5. I trulli sono in Campania.   V   F
6. Gli amici vanno in macchina.   V   F

Osserviamo la struttura!

Observe the words in bold and complete the following activities:

1. Try to determine the meaning of the prepositions in bold by selecting one of the options:
   a. Andiamo **a** Sorrento…   *to / by / with*
   b. Andiamo **in** treno…   *by / for / to*
   c. La macchina **di** Paolo…   *of / for / with*
   d. **Tra** Napoli e Sorrento…   *in / between / with*
   e. Impieghiamo 40 minuti **per** andare…   *with / to / in*
2. Find the prepositions in the text that are used in the following cases:
   a. names of cities   Andiamo ___ Sorrento
   b. names of regions   Vai ____ Puglia
   c. possession   La macchina ____ Paolo
   d. means of transportation   ___ macchina / _____ l'autobus
   e. companionship   Vieni _____ noi

[5]*wants to*

Preposizioni semplici (*Simple Prepositions*)

A. Prepositions are words that link nouns, pronouns, and phrases to other words. Italian prepositions can be *simple* (**di, a, da, in, con, su, per, tra, fra**) or *compound*[6].

Preposizioni semplici (*Simple prepositions*) are invariable. The following table shows simple prepositions and their meanings.

Riccardo Piccinini / Shutterstock.com

— Paolo, andiamo **in** piazza stasera?
— No, oggi sto **a** casa **con** gli amici e guardiamo un film **in** TV.

Preposizioni semplici			
a	*at, in, to*	in	*at, in, to*
con	*with*	per	*for, in order to*
da	*from*	fra / tra	*among, between, in*
di	*of (to be from / 's)*	su	*on, about*

Paolo e Marta studiano **a** Bari. Paolo è **di** Taranto e Marta e **di** Bari. Le due città sono **in** Puglia.

Paolo and Marta study in Bari. Paolo is from Taranto and Marta is from Bari. Both cities are in Puglia.

La macchina **di** Paolo è rossa. Ogni giorno lui va **da** Taranto **a** Bari per frequentare i corsi.

Paolo's car is red. Every day he goes from Taranto to Bari by car to attend his courses.

La Campania è **tra** (*or* **fra**) il Lazio e la Calabria. Cerco la cartina **su** Internet **per** imparare i nomi delle città.

*The Campania region is located **between** Lazio and Calabria. I look for the map on the Internet to learn the names of its cities.*

Stasera Stefania sta **a** casa **con** gli amici e insieme guardano un film **in** TV **su** Domenico Modugno, il famoso cantante.

Tonight Stefania is staying home with her friends and together they are watching a movie on TV about Domenico Modugno, the famous singer.

[6]When they are joined to the definite article (**di** + **il** = *del*) See chapter 3.

ATTENZIONE!

The use of some prepositions varies according to the context.

1. The preposition **a** (*to/in/at*) is used before names of *cities* (*a Napoli, a Lecce*), **months** (*a giugno, a febbraio*) and some expressions like:

a casa	a scuola	a letto (*in bed*)
a tavola (*at the table*)	a piedi (*on foot*)	a teatro

Vivo a Lecce. Di solito vado a scuola a piedi, ma a gennaio e a febbraio fa molto freddo e prendo (I take) l'autobus. Poi torno a casa. Mangio sempre a tavola con la famiglia. La sera a volte vado a teatro e quando torno vado a letto.

2. The preposition **in** (*to/in/at/by/on*) is used before names of **regions** (*in Puglia*), **countries** (*in Italia*), **states** (*in California*), **continents** (*in Europa*), **means of transportation** (*in macchina, in treno...*) and other expressions like:

in piazza	in città / in centro (*downtown*)	in biblioteca
in palestra (*gym*)	in televisione (*on TV*)	in vacanza (*on vacation*)

Vivo in Campania. La sera vado in piazza con gli amici oppure vado in palestra. Vado in macchina perché abito lontano. Quando ho un esame vado in biblioteca a studiare. Poi torno a casa e guardo un film in tevisione. Per fortuna (luckily) fra un mese vado in vacanza.

Pratichiamo!

2-32. **Andiamo a Sorrento?** Stefania talks to her mother about her weekend. Complete the following conversation with **preposizioni semplici**.

Stefania:	Pronto?
Mamma di Stefania:	Ciao Stefania! Cosa fai oggi?
Stefania:	Ciao mamma! Oggi vado (1)____ Sorrento.
Mamma:	Da sola[7]? E come?
Stefania:	Vado (2)_____ due amici, Paolo e Marta. Andiamo (3)_____ macchina (4)____ Paolo.
Mamma:	Che bello! Fai tante foto (5)_____ il telefonino (*smart phone*). Ma quando torni (6)___ casa?
Stefania:	Arrivo (7)____ Napoli la sera tardi e vado subito (8)___ letto.
Mamma:	Va bene! Buon viaggio!

2-33. **Informazioni su Sorrento.** Paolo searches the Internet to find some information about what to do and see in Sorrento in a day. This is what he has found so far.

Sei (1)____ vacanza e fai una gita solo (2)_____ un giorno (3)_____ Sorrento. Cosa fare? Ecco qualche consiglio[8] (4)____ cosa c'è da fare (5)____ un giorno a Sorrento.

Se siete (6)____ auto, o se viaggiate (7)____ treno, il primo punto di arrivo è Piazza Lauro, la piazza più moderna. (8)_____ questa piazza poi potete continuare lungo il Corso Italia fino ad arrivare (9)_____ Piazza Tasso, la piazza principale (10)_____ Sorrento. Piazza Tasso è il posto giusto dove fermarsi (11)_____ un buon caffè o un aperitivo o (12)_____ guardare il panorama. (13)_____ Piazza Tasso continuate la vostra passeggiata (14)____ arrivare (15)____ Corso Italia, quello (*the one*) (16)_____ tanti negozi. Buon divertimento!

---

[7]By yourself

[8]some advice

2-34. Ritorno a casa!

Paolo: Finalmente torniamo (1)_____ casa. Sono un po' stanco ma contento. Stefania è molto simpatica e mi piace molto la Campania. Oh no! Domani comincia una nuova settimana!

Marta: Hai ragione! Domani è lunedì e ho un appuntamento (2)_____ il professore (3)_____ Francese. E tu?

Paolo: Io vado (4)_____ Taranto (5)____ lavoro. Ma martedì torno (6)_____ Bari (7)_____ frequentare i corsi. Poi ho bisogno (8)_____ comprare un nuovo computer. Ho paura (9)_____ non trovare un buon affare[9].

Marta: C'è un negozio (10)_____ centro che fa gli sconti. La ragazza che abita (11)_____ me lavora lì[10]. Ti do una mano (12)_____ avere un buon prezzo.

Paolo: Oh grazie! Sei molto gentile.

Comunichiamo!

2-35. Il fine settimana. In pairs, ask your partner what he/she does. Your partner has to answer with a reason why he she/does or does not do the things you ask. Use the expressions listed below:

Example: *andare in palestra*

    S1: Vai in palestra il sabato o la domenica?

    S2: No, non vado mai in palestra perché sono pigro.

1. andare a teatro con gli amici
2. fare una passeggiata con il compagno / la compagna di stanza
3. andare a una festa
4. andare a letto presto
5. dare una mano a un amico / un'amica che ha bisogno di aiuto
6. fare un giro in centro

2-36. Buone e cattive abitudini (*Good and bad habits*). In groups, ask your classmates who does or does not do the following things. Then report to the class.

	Nome	Nome	Nome	Nome
pagare un caffè a un amico				
arrivare in ritardo				
andare a letto tardi / presto				
fare sempre attenzione in classe				
fare gli auguri (*wishes*) a un amico per il suo compleanno				

[9]good deal
[10]there

Insieme in piazza

With a partner, choose one of the following scenarios and create a logical conversation or create a dialogue for your own scenario. Try to incorporate the vocabulary and the structures learned in this chapter by discussing your classes and your school day, talking about purchasing school supplies, describing people and objects, and talking about wants, needs, and physical states.

Scena 1: Il primo giorno all'università. Pretend to be at the **Università degli Studi di Napoli – Federico II** on your first day of school. You and your classmate discuss your classes and your school day.

Scena 2: Un incontro in piazza! You are supposed to meet your friend's brother (*fratello*) after school in the piazza to help him with his math. You don't know his name, where he will be in the piazza, or what he looks like. Create a dialogue between you and your friend where you ascertain the brother's name, what he looks like, and where you will meet in the piazza.

Scena 3: La visita di un amico. You are in Puglia with a study-abroad program. Your best friend comes to see you. Tell your friend about your new classmates. You can even show your friend imaginary cellphone photos of your classmates and Puglia. Describe them (nationality, physical characteristics, age, personality, etc.). Talk about what you like or don't like about Italy.

Scena 4: In giro per la Puglia. You and your friend are visiting Puglia and its beautiful piazzas. You admire the places you see (*Che bel museo! Che bella piazza!*). Then you get hungry and thirsty and decide to get something to eat. You see a pastry shop (*pasticceria*) and decide to try some of their specialties. Your friend will comment on everything he/she sees and tastes (*Che belle sfogliatelle! Che buon caffè!*).

Presentazioni orali

From the topics listed below, choose the one that intrigues you and your partner the most or choose a different topic that you learned about in the chapter. Find basic information (biographical, geographical, historical, culinary) that can be accompanied by visuals. Present the information to the class in the medium of your choice (PowerPoint, video, photos, etc.).

1. The view from Villa Rufolo in Ravello, Costiera Amalfitana, Salerno

2. There are two churches in Piazza Sant'Oronzo in Lecce: one is the small church of San Marco, and the other church is Santa Maria delle Grazie.

3. Many tourists arrive at the island of Capri through Marina Grande, where they can stay at the beach or take the funicular railway up to the piazzas, shopping, and restaurants, as well as take walks or visit landmarks.

Scriviamo!

Work in pairs to create a dialogue about your daily activities at school.

Writing Strategy: Writing a Dialogue

When writing a dialogue that reflects a typical conversation, you should keep several things in mind in order to make it sound realistic. A dialogue should:

1. Get to the point. Sometimes conversations can include a lot of unnecessary words, but in a written dialogue you want to avoid making it boring. Too many unnecessary words will make it a poor dialogue.

2. Give the sense of real speech. Work to convey emotion. In a real conversation, people often do not wait until a person stops talking to comment. In Italian, some common phrases used to affirm what is being said, or acknowledging someone's enthusiasm can be: *Che bello!* (How beautiful /nice!); *Ho capito* (I understand, I see!); *Davvero?* (Really?)

3. Don't write sentences that are too long. Break them into multiple sentences spoken by each person. If one person talks too much, it becomes a monologue.

4. Use believable language. At this point in your language development, try to use mainly the words you know. Don't look up words in the dictionary that may end up being too sophisticated.

5. Conclude your dialogue with a salutation like **a dopo** (*see you later*), **a presto** (*see you soon*), **ci vediamo presto** (*we will see each other soon*).

1. Brainstorming

You and your friend both study at the **Università degli Studi di Napoli – Federico II** and are talking about your typical school day. Write at least four different activities that you do in a day. You can talk about the classes you take, the days of the week you take them, where you eat lunch or buy a coffee, the friends you have in class, or any other activity related to your school day. Then write at least one adjective to describe these activities.

Attività	Aggettivi
Matematica	difficile
Fernando	spagnolo

2. Organizzazione

Now flesh out the content of your dialogue by dividing the information that each of you will talk about. Use the verbs **essere** and **avere** to describe your classes and friends. Answer questions like:

1. Cosa studi?
2. Con chi studi?
3. Come si chiama il tuo professore?
4. Com'è?
5. Dove mangi?
6. Conclusione: **A domani, arrivederci, a presto** (*see you soon*)

3. Scrittura libera

Write a complete rough draft of your dialogue. Practice reading the dialogue out loud to see if it sounds natural.

4. Prima correzione

Exchange your rough draft with another pair. Read the content and correct the spelling in Italian. Ask any question you might have about the content.

5. Finale

After you have finished with peer corrections, write the final dialogue. Be sure to read it for the class once your teacher has corrected it.

▶ Parliamo di scuola

Prima della visione

A. Le parole. Try to match the words with their meanings.

1. infermieristica	a. *there are some*
2. belli tosti	b. *demanding*
3. ribelle	c. *anatomy*
4. esigenti	d. *quite tough*
5. ce ne sono	e. *nursing*
6. anatomia	f. *rebellious*

B. Indovina cosa fanno (*Guess what they do*)! Write what you think these people do.

1. Lui è uno _____. 2. Lei è una _____. 3. Lei è una _____.

Durante la visione

Watch the video twice. The first time, pay attention to the overall meaning of each interview. The second time, complete the following activities.

C. Cosa dicono (*What are they saying*)? Choose all the adjectives that best complete each phrase.

1. According to Marco, the professors are:

   a. esigenti

   b. ribelli

   c. severi

   d. buoni

2. According to Gioia, the professors are:

   a. severi

   b. bravi

   c. esigenti

   d. belli tosti

3. According to the professor, the students are:

   a. bravi

   b. ribelli

   c. belli tosti

   d. severi

D. Chi lo dice (*Who says it*)? When you hear the following words or phrases, mark an **X** next to the name of the person who said it.

	Marco	Gioia	Professoressa
1. Si capisce. (*We understand.*)			
2. Odontoiatria (*Dentistry*)			
3. Ci mettono alla prova. (*They test us.*)			
4. Ho due corsi. (*I have two courses.*)			
5. Mi piace di più l'anatomia. (*I like anatomy more.*)			
6. Ci devo pensare un attimo. (*I have to think about it for a moment.*)			
7. Studio infermieristica. (*I study nursing.*)			
8. Non spiegano bene. (*They don't explain well.*)			

Dopo la visione

E. È vero o è falso? Indicate whether the following statements are true **(vero)** or false **(falso)**. When a statement is false, provide the correct answer.

1. Oggi Marco ha due corsi.   V   F
2. A Marco non piace l'infermieristica.   V   F
3. Gioia studia a Ferrara.   V   F
4. Oggi Gioia ha due corsi nel pomeriggio.   V   F
5. L'ultima persona intervistata è una studentessa.   V   F
6. La professoressa ha quindici studenti nella sua classe.   V   F

F. Facciamo un'intervista (*Let's do an interview*)! Imagine interviewing the professor. With your partner, create an interview with questions and answers, and then recite it in front of the class. Use the formal register. (*Hint:* you may need to watch one more time and pay attention to the questions!)

VOCABOLARIO

Un'aula / Una classe — *A Classroom*

un'agendina	daily planner
un banco	desk
un cancellino	board eraser
una carta geografica	map
una cartellina	folder
una cattedra	teacher's desk
un cestino	wastebasket
un computer	computer
una finestra	window
una gomma	rubber eraser
una lavagna	whiteboard or chalkboard
un libro	book
una luce	light
una matita	pencil
un orologio	clock, watch
una penna	pen
un pennarello	marker, felt-tip pen
una porta	door
un portatile	laptop
un professore	professor
una professoressa	professor
un proiettore	projector
un quaderno	notebook
uno schermo	screen
una sedia	chair, seat
uno studente	student
una studentessa	student
un televisore	television
uno zaino	backpack

Le facoltà e le materie — *Schools and Subjects*

la biologia	biology
la chimica	chemistry
l'economia	economy, economics
il giornalismo	journalism
la giurisprudenza	law
l'informatica	computer science
l'ingegneria	engineering
la letteratura	literature
le lingue straniere	foreign languages
la matematica	mathematics
la psicologia	psychology
le scienze	science
le scienze politiche	political science
la storia	history
la storia dell'arte	art history

Gli aggettivi — *Adjectives*

alto	tall
altruista	altruistic
antipatico	mean, not nice
anziano	old
basso	short
bello	beautiful
biondo	blond
bruno	dark haired, brunet
brutto	ugly
buono	good
calvo	bald
carino	cute
cattivo	bad
corto	short
difficile	difficult
divertente	funny
egoista	selfish
estroverso	outgoing
facile	easy
felice	happy
generoso	generous
giovane	young
grande	big
grasso	fat
impaziente	impatient
interessante	interesting
lungo	long
magro	thin, slim
noioso	boring
nuovo	new
ottimista	optimistic
paziente	patient
pessimista	pessimistic
piccolo	small, little
pigro	lazy
serio	serious
simpatico	nice
sportivo	athletic
timido	shy
tirchio	stingy, cheap
triste	sad
vecchio	old

I colori — Colors

arancione	orange
bianco	white
blu	blue
giallo	yellow
grigio	gray
marrone	brown
nero	black
rosa	pink
rosso	red
verde	green
viola	purple

Alcune nazionalità — Some Nationalities

americano	American
arabo	Arab
cinese	Chinese
francese	French
giapponese	Japanese
inglese	English
italiano	Italian
messicano	Mexican
spagnolo	Spanish
tedesco	German

Espressioni con avere — Expressions with to have

avere… anni	to be . . . years old
avere bisogno di	to need
avere caldo	to be hot
avere fame	to be hungry
avere freddo	to be cold
avere fretta	to be in a hurry
avere paura di	to be afraid of
avere pazienza	to be patient
avere ragione / torto	to be right / wrong
avere sete	to be thirsty
avere sonno	to be sleepy
avere voglia di	to want / to be in the mood for something

Espressioni con andare, dare, fare, stare — Expressions with to go, to give, to do / make, to be

andare bene / male	to go well / bad
andare d'accordo	to get along
dare una mano	to give a hand / help
fare attenzione	to pay attention
fare un / l'esame	to take an exam
fare una passeggiata/ un giro/una gita	to take a walk / a short trip
stare attento/-a/-i/-e	to pay attention
stare bene/male…	to be well, bad… / to look great
stare zitto/-a/-i/-e	to be silent

I giorni della settimana — Days of the Week

lunedì	Monday
martedì	Tuesday
mercoledì	Wednesday
giovedì	Thursday
venerdì	Friday
sabato	Saturday
domenica	Sunday

I verbi in -are — Verbs ending in -are

abitare	to live
aiutare	to help
andare	to go
arrivare	to arrive
ascoltare	to listen to
aspettare	to wait for
cominciare	to begin / to start
cercare	to look for
comprare	to buy
dare	to give
fare	to do / to make
frequentare	to attend
giocare	to play (a game or a sport)
guardare	to watch
iniziare	to begin
lavorare	to work
ordinare	to order
pagare	to pay
parlare	to talk
spiegare	to explain
stare	to be / to stay
studiare	to study
tornare	to return / to go back

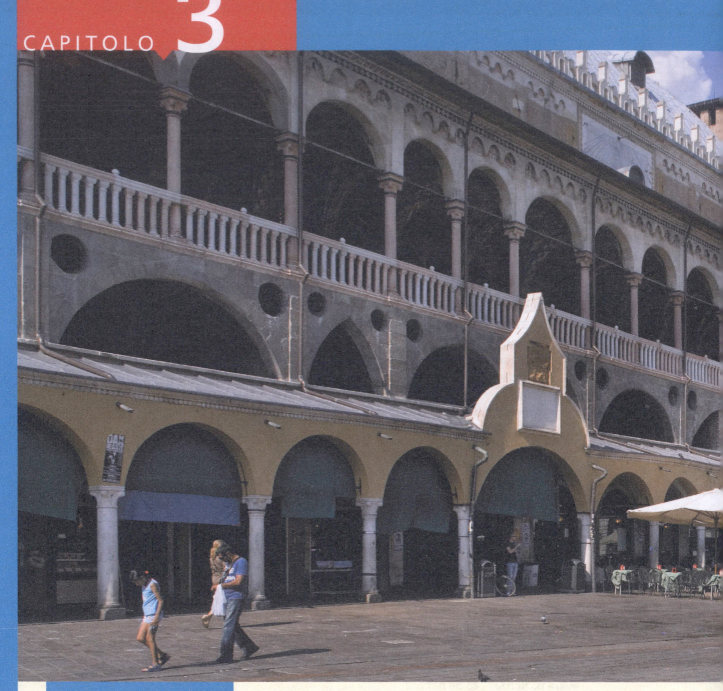

CAPITOLO 3

LEARNING STRATEGY

Learn Useful Phrases Early On

As early as possible, start learning useful expressions and groups of words that work together. This will help you to:

- commit to memory sequences, patterns, and formulas.
- learn to listen to and speak chunks of language.
- become aware of recurring patterns.
- use more idiomatic language.

Committing useful phrases to memory helps you learn language as a whole rather than as single, independent elements.

LA VITA IN PIAZZA E IN FAMIGLIA

Piazza delle Erbe hosts the largest daily fruit and vegetable market in Padova. Families, students, and tourists shop here Monday through Saturday.

COMMUNICATIVE GOALS

❯ Talk about family and family relationships

❯ Indicate ownership and possession

❯ Describe your place of residence

❯ Describe your activities in your place of residence

Risorse Audio Video ❊ MINDTAP

Il Veneto

> Venice, one of the most beautiful cities in the world, is built on an archipelago made up of 118 little islands.

> The Veneto region has many cities rich with art. Venice, Verona, and Vicenza have all been designated by UNESCO as World Heritage sites.

◀ In Venice, on any day except Sunday, you can take a gondola from the Grand Canal off **Piazza San Marco** to the iconic **Rialto Bridge**. On **Ponte di Rialto** there is a famous market that has been in operation for about 1000 years.

Boris Stroujko/Shutterstock.com

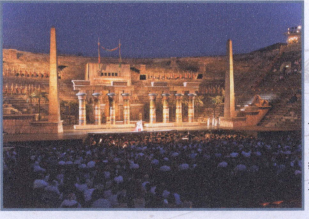

The **Arena**, a Roman amphitheatre, is located on ▶ the corner of **Piazza Bra** in Verona. Large-scale opera productions take place there every summer.

travelview/Shutterstock.com

Andiamo in piazza!

Yingjie/Shutterstock.com

◀ **Piazza San Marco** in Venice is considered the city's only true piazza and has been called "the drawing room of Europe". In this piazza, the famous Venetian carnival takes place every year.

Piazza Bra, a three-sided space, is ▶ found in the heart of Verona. The colorful palaces in the piazza, which were once owned by old Veronese families, have been transformed into elegant stores, restaurants, and cafes.

meunierd/Shutterstock.com

▶ To learn more about il Veneto, watch the cultural footage in MindTap.

La famiglia

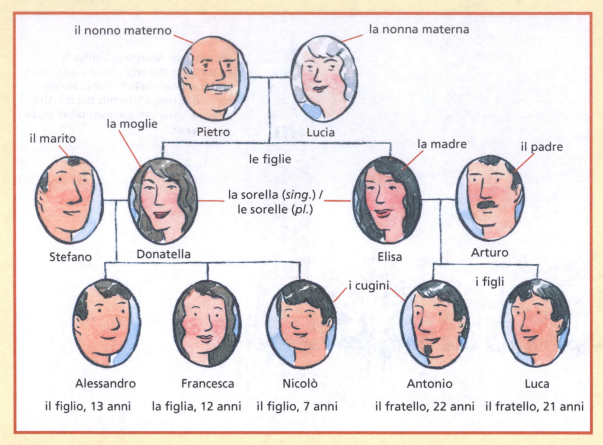

il nonno materno — Pietro
la nonna materna — Lucia
la moglie
il marito — Stefano
le figlie
la madre — Elisa
il padre — Arturo
la sorella (*sing.*) / le sorelle (*pl.*)
Donatella
i cugini
i figli

Alessandro — il figlio, 13 anni
Francesca — la figlia, 12 anni
Nicolò — il figlio, 7 anni
Antonio — il fratello, 22 anni
Luca — il fratello, 21 anni

Ecco la famiglia di Antonio.

Il nucleo familiare	The Nuclear Family	il parente/la parente	relative
i genitori	parents	il suocero/la suocera	father-in-law/
il figlio unico/	only child		mother-in-law
la figlia unica			
maggiore/minore	older / younger	lo zio/la zia	uncle/aunt
il gemello/la gemella	twin	**Relazioni**	*Relationships*
		divorziato/a	divorced
La famiglia estesa	*The Extended Family*	fidanzato/a	engaged
il cognato/la cognata	brother-in-law/	separato/a	separated
	sister-in-law	single	single
il cugino/la cugina	cousin	sposato/a	married
il nipote/la nipote	nephew/niece; grandson/ granddaughter		

Pratichiamo!

3-1. Il nucleo familiare. Look at the family tree on page 78. Then, indicate whether the following statements are true (**vero**) or false (**falso**).

1. Donatella e Elisa hanno due nipoti che si chiamano Pietro e Lucia _____.
2. Pietro e Lucia sono cognati. _____
3. Lucia ha un marito. Si chiama Luca. _____
4. Donatella ed Elisa sono sorelle. _____
5. Antonio, Luca, Alessandro, Francesca e Nicolò sono cugini. _____
6. Lucia ha una nonna. Si chiama Francesca. _____
7. Alessandro ha uno zio. Si chiama Pietro. _____
8. Elisa ha un fratello. Si chiama Arturo. _____

3-2. La famiglia estesa. Complete the following paragraph with the words below.

cugini / single / sposati / figli / nipoti / genitori

Pietro e Lucia sono _____ (1) da molti anni. Loro sono i _____ (2) di Elisa e Donatella. Hanno cinque _____ (3) che si chiamano Antonio, Luca, Alessandro, Francesca e Nicolò. Antonio e Luca non hanno una fidanzata, sono _____ (4). Loro sono i _____ (5) di Elisa e Arturo. Alessandro, Francesca e Nicolò sono i _____ (6) di Antonio e Luca.

3-3. Personaggi famosi. Indicate the relationship between the following famous people.

1. Kendall Jenner è la _____ di Kylie.
2. Chrissy Teigen è la _____ di John Legend.
3. Justin Timberlake è il _____ di Jessica Biel.
4. Reese Witherspoon è la _____ di Ava Elizabeth Phillippe.
5. Casey Affleck è il _____ di Ben Affleck.
6. Maddox, Pax, Zahara, Shiloh, Knox, Léon e Vivienne Marcheline sono _____ di Brad Pitt e Angelina Jolie.

3-4. Come si chiama? Ask your partner about whether or not he or she has the following relatives, then ask their names. You can make up answers if you like!

Esempio **S1:** *Hai fratelli?*
 S2: *Sì, ho un fratello.* OR *Sì, ho due fratelli*
 S1: *Come si chiama?* OR *Come si chiamano?*
 S2: *Si chiama Massimo.* OR *Si chiamano Massimo e Luigi.*

1. fratelli/sorelle   2. cugini   3. nonni   4. nipoti   5. zii

3-5. Il mio parente preferito? In groups, ask information about one of your classmates' favorite relatives (or family friends) that you would like to talk about. Collect the information and write a short description. Then describe your classmate's relative to the class.

The following are some sample questions: *Come si chiama? Di dov'è? Quanti anni ha? È italiano/a? È alto/a o basso/a? Ha i capelli lunghi / corti? È simpatico/a? È generoso/a?*

The following is an example of how to start your report to the class: *John ha uno zio preferito. Si chiama Mark. Lui è di New York...*

La famiglia italiana

Prima di tutto... Are you acquainted with an Italian family? Is it big or small? A common stereotype of Italian families is that they tend to be very big. At one time, Italian families were large in number but that is no longer true today. In fact, Italy currently has one of the lowest birth rates in the world. Most families now have just one child, or generally no more than two.

Image Source / Superstock

Davvero?! In Italy, family is highly valued. Children tend to live with their parents until they get married. When they do move out, they often try to live as close as possible to their parents. When one of the parents is widowed (**vedovo/vedova**), it is also common for him/her to move in with his/her children. Grandparents often take care of their grandchildren when parents are busy.

Extended family (**la famiglia estesa** or **allargata**) is becoming more and more common in Italy since divorce (**il divorzio**) became legal in 1970.

Chiacchieriamo un po'! Working in pairs, imagine that the people in the photo are your big, Italian family and that you are going to a family reunion with a friend or boyfriend/girlfriend who has never met your family before. Introduce the different members of your family, including their names (why not use Italian ones?), their relationships to you, and a few words to describe their personalities.

Un incontro a Verona

Listen to or read the following conversation between Antonio and Isabella.

Antonio is in Verona to visit some relatives. He runs into a college acquaintance near Piazza Bra, in Verona.

Kaspars Grinvalds/Shutterstock.com

Antonio: Ciao Isabella, come stai?

Isabella: Bene, grazie! E tu? Ma cosa fai qua? Vivi a Verona?

Antonio: No, io **vivo**[1] a Venezia, ma ho alcuni[2] parenti a Verona. E tu **vivi** qua?

Isabella: No, io sono di Treviso ma alcuni amici **vivono**[3] a Verona. Sono qui per un paio di giorni e poi **partiamo**[4] insieme per il Lago di Garda.

Antonio: Anch'io **parto**[5], ma vado a Marostica. Quando **partite**[6] esattamente? Se sei libera, facciamo un giro per Verona.

Isabella: Volentieri[7]! Partiamo giovedì sera.

Antonio: Guarda! C'è un bar qui vicino. **Prendiamo**[8] un caffè?

Isabella: Certo, andiamo!

[1] I live   [2] some   [3] (they) live   [4] we (will) leave   [5] I will leave   [6] you leave   [7] I'd love to   [8] Shall we get

Comprensione

È vero o è falso? Indicate whether the following statements are true (**vero**) or false (**falso**).

1. Antonio vive a Verona.   V   F
2. Anche Isabella vive a Verona.   V   F
3. Isabella ha alcuni parenti a Verona.   V   F
4. Antonio parte per Marostica.   V   F

Osserviamo la struttura!

In the dialogue above, observe the words in bold. Then, complete the following activities.

1. There are some conjugated forms of the verbs **vivere** (*to live*) and **partire** (*to leave*). Look in the dialogue for the missing forms of each verb, then complete the following table.

	io	tu	lui/lei	noi	voi	loro
vivere	viv_____	viv_____	vive	viviamo	vIvete	viv____
partire	part_____	parti	parte	part_____	part_____	part**ono**

2. Based on your findings, try to conjugate the verb **prendere** (*to take*) of which you already have one conjugated form.

   prend**ere** (*to take*):   io _____   tu _____   lui/lei _____
   noi prend**iamo**   voi _____   loro _____

3. Based on your findings, try to conjugate the verb **dormire** (*to sleep*).

   dormire (*to sleep*):   io _____   tu _____   lui/lei _____
   noi _____   voi _____   loro _____

Verbi regolari in -ere e -ire (Regular verbs ending in -ere and -ire)

A. The present tense of verbs ending in **-ere** and **-ire** is formed by dropping the **-ere/-ire** from the infinitive and replacing it with the appropriate ending as determined by the subject. The following table shows the conjugation of regular verbs ending in **-ere** and **-ire**.

	Verbi in -ere	Verbi in -ire
	vivere (*to live*)	**partire** (*to leave*)
io	vivo	parto
tu	vivi	parti
lui/lei, Lei	vive	parte
noi	viv**iamo**	part**iamo**
voi	viv**ete**	part**ite**
loro	viv**ono**	part**ono**

Io vivo a Venezia. E tu dove vivi?

Phillip Minnis/Shutterstock.com

The following table contains some regular verbs ending in **-ere** and **-ire**.

Verbi regolari in -ere			
chiedere[1]	*to ask for*	**prendere**	*to take*
conoscere	*to know*	**scrivere**	*to write*
leggere	*to read*	**spendere**	*to spend*
mettere	*to put*	**vedere**	*to see*
perdere	*to lose*	**vincere**	*to win*

Verbi regolari in -ire	
aprire	*to open*
dormire	*to sleep*
offrire	*to offer*
seguire	*to follow / to take (a course)*
sentire	*to hear*
servire	*to serve*

B. Verbs ending in **-cere** (**vincere** – *to win*), **-gere** (**leggere** – *to read*), and **-scere** (**conoscere** – *to know*) have a hard sound of **-co**, **-go** and **-sco** only in the **io** and **loro** forms.

Io **vinco** sempre premi e tu non **vinci** mai.   *I always win prizes and you never win.*
Io **leggo** un libro e tu **leggi** il giornale.   *I read a book and you read a newspaper.*
Io **conosco** Isabella e tu **conosci** Antonio.   *I know Isabella and you know Antonio.*

C. Some verbs ending in **-ire** like **finire** (*to finish*) add **-isc** to form the present tense of *io, tu, lui/lei* and *loro*. These verbs are considered regular.

Verbi in -ire (-isc)	
finire (*to finish*)	
io fin**isc**o	noi fin**iamo**
tu fin**isc**i	voi fin**ite**
lui/lei, Lei fin**isc**e	loro fin**isc**ono

[1]The verb **chiedere** (*to ask for*) is a transitive verb, which means that it can take a direct object. Therefore the preposition *for* is not used in Italian. **Esempio:** A Venezia noi **chiediamo** informazioni perché non conosciamo molto bene la città. (*In Venice, we ask for information because we don't know the city very well.*)

The list below shows some verbs that follow the same pattern as **finire**.

Verbi in -ire (-isc)	
capire *(to understand)*	**restituire** *(to return)*
preferire *(to prefer)*	**spedire** *(to send)*
pulire *(to clean)*	

Antonio **preferisce** la vita in famiglia.

Quando i corsi universitari **finiscono**, torna a casa a Venezia.

Antonio prefers family life.

When university courses end, he goes back home to Venice.

Pratichiamo!

3-6. Che cosa facciamo? Rewrite the following sentences using the indicated subjects (and then those in parentheses) and the verbs in **-ere**.

Esempio Isabella *vendere* i libri. (Isabella e Antonio / Io)

Isabella *vende i libri. Isabella e Antonio vendono i libri. Io vendo i libri.*

1. Antonio *conoscere* tutti gli eventi all'Arena perché *leggere* sempre il giornale. (Io e Antonio / Isabella e gli amici)

2. Quando fa freddo, io *mettere* un maglione pesante (*heavy sweater*) e *prendere* una buona cioccolata calda. (io e i miei amici / Isabella)

3. Io e Isabella *vedere* gli amici in piazza tutte le sere. (Tu e Isabella / Antonio e i suoi amici)

4. Se tu *vincere* la lotteria, *spendere* tutti i soldi (*money*) subito o *mettere* i soldi in banca? (la zia di Antonio / voi)

5. Se Isabella *perdere* il treno, *chiedere* informazioni per il prossimo treno. (io / io e la zia)

6. Cosa tu *prendere* al bar? *Prendere* solo un caffè o *chiedere* un cappuccino e un cornetto? (tu e gli amici / Antonio e Isabella)

3-7. In famiglia. Rewrite the following sentences using the indicated subjects (and then those in parentheses) and the verbs in **-ire**.

Esempio Isabella *finire* il libro. (io / tu)

Isabella *finisce il libro. Io finisco il libro. Tu finisci il libro.*

1. La mamma di Antonio *pulire* la casa tutti i giorni. (io / noi)

2. Il padre di Antonio *offrire* un buon caffè al bar ai parenti. (io / tu)

3. Il fratello di Antonio *dormire* fino a tardi. (tu / noi)

4. Isabella *partire* nel fine settimana. (io / io e Antonio)

5. La cugina di Antonio *seguire* un corso di computer. (io / voi)

6. Il nonno di Antonio *spedire* alcuni regali (*presents*) ai parenti. (io e Antonio / Antonio e il nonno)

7. Antonio *offrire* aiuto in casa quando è necessario. (tu / io e Antonio)

8. La nonna di Antonio *servire* una buona lasagna agli invitati (*guests*). (io / tu e Antonio)

NOTA CULTURALE

In Italy, many stores close between 1 and 4 p.m. In many cities, stores are closed on Sunday.

Alan.P/Shutterstock.com

3-8. Abitudini di famiglia. Complete the following sentences with the indicated verbs in **-ere** and **-ire**.

Il sabato Antonio (1. dormire) _____ fino a tardi. La madre di Antonio (2. mettere) _____ in ordine la casa e poi va a fare la spesa. Ogni sabato pomeriggio i genitori di Antonio (3. seguire) _____ un corso di computer. Quando i negozi (4. aprire) _____, loro vanno insieme a fare una passeggiata. Ci sono molti bar in centro dove (loro) (5. servire) _____ pasticcini (*pastries*) tradizionali del Veneto. La sorella di Antonio invece (6. preferire) _____ stare a casa e (7. leggere) _____ un buon libro.

Comunichiamo!

3-9. E tu cosa fai se... ? In pairs, ask questions to find out what your classmate does in the following situations. Create complete questions and answers, and add some details.

Esempio   *vincere la lotteria*

   S1: *Che cosa fai se* (if) *vinci la lotteria?*

   S2: *Se io vinco la lotteria, spendo tutti i soldi. E tu?*

1. non capire le lezioni di (italiano, matematica...)
2. vedere gli amici al bar
3. piovere (*to rain*) nel fine settimana
4. finire tutti i soldi
5. perdere le chiavi (*keys*) di casa

3-10. Chi fa queste cose? In groups, find out who does the following things. Take notes and then report the results to the class.

	Nome	Nome
1. conoscere una persona famosa		
2. dormire fino a tardi il sabato e/o la domenica		
3. leggere libri horror		
4. chiedere soldi ai genitori		
5. perdere spesso (*often*) il telefonino		
6. spedire regali ai parenti		

B-D-S Piotr Marcinski/Shutterstock.com

🔊 Foto di famiglia

Listen to and/or read the conversation and respond to the questions that follow.

Antonio and his friend Isabella are at a cafè in Piazza San Marco.

Isabella: Antonio, hai progetti[1] per il fine settimana[2]?

Antonio: Sì, sabato è il compleanno di **mio** fratello e nel pomeriggio c'è una festa[3] a casa con **la mia** famiglia, con la torta[4] e le candeline[5]. Poi, la sera, andiamo con **i nostri** amici al Caffè Florian. È **il suo** posto preferito, proprio qui in Piazza San Marco.

Isabella: Come si chiama **tuo** fratello e quanti anni ha?

Antonio: Si chiama Luca e ha diciannove anni. Lui è il figlio minore. Ho **la sua** foto sul cellulare. C'è tutta la famiglia. Ecco!

Isabella: Oh, che grande famiglia! Chi sono tutte queste persone?

Antonio: Questo è Luca. Lei è **mia** madre e lui è **mio** padre. Loro sono **i miei** zii, **i miei** cugini e questi sono **i miei** nonni. Questa invece è **la sua** amica Francesca.

Isabella: Complimenti! È veramente una bella famiglia!

Gordon Bell/Shutterstock.com

Caffè Florian, opened in 1720, is a Venetian icon. Many famous people have patronized this coffee shop, including Casanova, who also used it as a place to meet women because it was the only bar that admitted women at the time.

[1]*plans* [2]*weekend* [3]*party* [4]*cake* [5]*candles*

Comprensione

È vero o è falso? Indicate whether the following statements are true (**vero**) or false (**falso**). When a statement is false, correct it.

1. _____ Antonio non ha progetti per il fine settimana.
2. _____ Antonio è maggiore di Luca.
3. _____ Antonio non ha una foto della sua famiglia sul cellulare.
4. _____ Nella foto ci sono solo i genitori e il fratello di Antonio.

Osserviamo la struttura!

In the dialogue above, observe the words in bold. Then, answer the following questions.

1. Can you guess the meaning of the words in bold in the following phrases? What element determines their gender (m./f.) and number (sing./pl.)? Find more examples to support your explanation.
   a. **la mia** famiglia
   b. **il suo** compleanno
   c. **i miei** nonni
   d. **i nostri** amici

2. What differences do you notice between the following two sets of examples and how would you explain them?
   a. mio padre / mia madre / mio fratello
   b. i miei nonni / i miei zii / i miei cugini

3. What difference do you notice between the two pairs of examples below? What characteristic distinguishes the first pair from the second? How would you explain this difference?

   A

   Come si chiama **tuo** fratello?

   Lui è **mio** padre e lei è **mia** madre.

   B

   Ho **la sua** foto nello zaino.

   Questa è **la sua** amica Francesca.

Aggettivi e pronomi possessivi (Possessive adjectives and pronouns)

Ecco **la mia** famiglia.

Aggettivi possessivi

Possessive adjectives (*my*, *your*, *his*, etc.) are used to indicate possession, ownership, or relationship.

A. In Italian, **aggettivi possessivi** (*possessive adjectives*) must agree in gender (*masculine* or *feminine*) and number (*singular* or *plural*) with the nouns they describe. They are usually formed by using the definite article (**il, la, i, le**) followed by the adjective (**mio, tuo, miei, tuoi...**). The table below shows the forms of **aggettivi possessivi**.

Gli aggettivi possessivi				
	Maschile		**Femminile**	
	Singolare	Plurale	Singolare	Plurale
my	il mio	i miei	la mia	le mie
your	il tuo	i tuoi	la tua	le tue
your (formal)	il Suo[2]	i Suoi	la Sua	le Sue
his/her	il suo	i suoi	la sua	le sue
our	il nostro	i nostri	la nostra	le nostre
your (plural)	il vostro	i vostri	la vostra	le vostre
their	il loro	i loro	la loro	le loro

Antonio è **il mio** amico.
La tua famiglia è grande.
Vediamo **i nostri** amici al Caffè Florian.
Le vostre feste sono sempre fantastiche.

*Antonio is **my** friend.*
***Your** family is big.*
*We meet **our** friends at Caffè Florian.*
***Your** parties are always fantastic.*

Pratichiamo!

3-11. Aggettivi possessivi. Complete the following sentences using **aggettivi possessivi**.

    Esempio   Nicolò ha un libro. / *Il suo* libro è interessante.

1. Antonio frequenta tre corsi. _____ corsi sono difficili.
2. Isabella ha un amico francese e due amiche inglesi. _____ amico si chiama Claude e _____ amiche si chiamano Mary e Julie.
3. Tu e Isabella avete un computer. _____ computer è nuovo.
4. Il fratello di Isabella ha una macchina. _____ macchina è blu.

[2]The use of the upper case for the formal **il Suo/la Sua/i Suoi/le Sue** in writing is found only in business correspondence.

5. Gli zii di Antonio hanno una casa (*house*) a Marostica. _____ casa è molto bella.

6. I genitori di Antonio hanno molti amici. _____ amici sono simpatici.

7. Io ho uno zaino. _____ zaino è pesante.

8. Tu hai molti parenti. _____ parenti sono simpatici.

B. When referring to family members in the <u>singular</u> form (**madre, padre, fratello, sorella, zia, nonno,** etc.), **gli aggettivi possessivi** usually do not use the article. However, in the <u>plural</u> form, the definite article is always used.

Mia madre è generosa.	***My*** *mother is generous.*
Tuo padre è simpatico.	***Your*** *father is nice.*
Mia sorella è maggiore di me ma **i miei** fratelli sono minori.	***My*** *sister is older than I am but* ***my*** *brothers are younger.*
Loro sono **i miei** nonni.	*They are* ***my*** *grandparents.*

ATTENZIONE!

› A definite article is required when possessive adjectives referring to family members in the singular form are <u>modified</u> by another adjective.

    La mia zia <u>americana</u> è simpatica.   *My American aunt is nice.*

› **Loro** is invariable and always requires the definite article (**il loro/la loro, i loro/le loro**).

    La loro madre è tedesca.   *Their mother is German.*

Pronomi possessivi (*Possessive pronouns*)

Possessive pronouns (*mine, yours, his, hers,* etc.) replace the nouns they refer to. The form of **i pronomi possessivi** (*possessive pronouns*) is identical to that of **gli aggettivi possessivi** (**il mio, la mia, il tuo, la tua,** etc.). Unlike possessive adjectives, **i pronomi possessivi** are usually accompanied by a definite article.

Il mio compleanno è a febbraio, e **il tuo?**	*My birthday is in February, and* ***yours****?*
Mia madre si chiama Elisa, e **la tua?**	*My mother's name is Elisa, and* ***yours****?*
Luca incontra i suoi amici in piazza e noi incontriamo **i nostri** al bar.	*Luca meets his friends in the piazza and we meet* ***ours*** *at the coffee shop.*

ATTENZIONE!

The expression **i miei** is equivalent to **i miei genitori.** It is also common to use **i tuoi** (*your parents*) and **i suoi** (*his/her parents*).

    Come stanno **i tuoi?**   *How are* ***your parents****?*

    I miei stanno bene, grazie.   ***My parents*** *are fine, thanks.*

Come si dice "'s" (*possession / ownership*)?

- The English **'s** indicating possession or ownership is expressed in Italian by the preposition **di**, which is placed between the object and the possessor.

  Antonio's family → la famiglia **di** Antonio

  Isabella's friends → gli amici **di** Isabella

- The interrogative expression *whose* in Italian is **di chi**.

  Di chi è il compleanno oggi?   ***Whose*** *birthday is today?*

  Oggi è il compleanno **di** Luca.   *Today is Luca's birthday.*

3-12. La famiglia di Lucia (see image on page 78). Complete the following sentences using the **aggettivi possessivi** referring to family members.

Mi chiamo Lucia e ho una grande famiglia. Sono sposata e (1)_____ marito si chiama Pietro. (2) _____ figlie si chiamano Elisa e Donatella e (3)_____ nipoti sono cinque in totale. Donatella è sposata e ha tre figli. (4) _____ figli si chiamano Alessandro e Nicolò e (5) _____ figlia si chiama Francesca. Elisa è sposata con Arturo e hanno due figli. (6)_____ figlio maggiore si chiama Antonio, mentre (7) _____ fratello si chiama Luca. Sono una nonna fortunata. (8) _____ nipoti sono meravigliosi.

3-13. In altre parole (*In other words*). Complete the following sentences using **gli aggettivi possessivi**.

Esempio   Nicolò ha una sorella. / *Sua* sorella si chiama Francesca.

1. Io ho un fratello, Luca. / _____ fratello si chiama Luca.
2. Tu hai una grande famiglia. / _____ famiglia è grande.
3. Luca e Antonio hanno due nonni giovani. / _____ nonni sono giovani.
4. Donatella ha una sorella molto generosa. / _____ sorella è molto generosa.
5. Io e Isabella abbiamo amiche molto simpatiche. / _____ amiche sono molto simpatiche.
6. Tu e Antonio avete corsi molto difficili. / _____ corsi sono molto difficili.
7. Io ho un telefonino nuovo. / _____ telefonino è nuovo.
8. Tu hai due sorelle gemelle. / _____ sorelle sono gemelle.

3-14. Conversazioni. Isabella, Antonio, and their friends are taking a break between classes and they are chatting. Complete the answers to the following questions using **i pronomi possessivi**.

Esempio   Qual è il tuo corso preferito? *Il mio* è il corso di storia.

1. Ragazzi, chi è la vostra professoressa preferita?_____ è la professoressa d'italiano.
2. Paolo, i tuoi corsi sono noiosi? No, _____ sono molto interessanti.
3. Quando è l'esame di Isabella e Antonio? _____ è a febbraio.
4. Come sono le lezioni del Prof. Baldi e della Prof. Pucci? _____ sono molto difficili.
5. Antonio, la tua famiglia è di Venezia? Sì, _____ è di Venezia.
6. Qual è il bar preferito della professoressa di storia? _____ è il Caffè Florian.

3-15. Due signore sul vaporetto (*steamboat*). Complete the following dialogue with **gli aggettivi possessivi** or **i pronomi possessivi**. Use the **Lei** form of address when necessary.

Signora Fabbri: Buon giorno signora Grandi. Che bei ragazzi! Sono (1) _____ figli?

Signora Grandi: Buon giorno. Sì, questo è (2) _____ figlio Roberto e questa è (3) _____ figlia Alessandra. E (4) _____ figlio dov'è?

Signora Fabbri: (5) _____ è a casa a studiare. Domani ha un esame.

Signora Grandi: Che bravo ragazzo! Anche Roberto ha un esame ma (6) _____ è la settimana prossima. Ma (7) _____ genitori come stanno?

Signora Fabbri: (8) _____ stanno bene, grazie. Oggi è (9) _____ anniversario di matrimonio e c'è una bella festa.

Signora Grandi: Che bello! Tanti auguri! E arrivederci!

3-16. Il mio e il tuo. In pairs, ask and answer questions about the items in the list using **gli aggettivi possessivi** and **i pronomi possessivi**.

Esempio macchina **S1:** *La mia macchina è blu. E la tua?*

  S2: *La mia non è blu. È bianca.* or *Anche la mia è blu.*

1. corsi
2. compleanno
3. città
4. appartamento
5. amiche
6. professore/professoressa

3-17. La tua famiglia. In pairs, ask your partner questions about his/her family or a family that he/she knows. Then share the information with the class. For example, you can ask:

- if his/her family is small/large
- if he/she has brothers/sisters and their ages
- his/her parents' names
- what his/her brother/sister looks like

Esempio **S1:** *La tua famiglia è grande o piccola?*

  S2: *La mia famiglia e grande. …*

  S1: *La famiglia di John è grande. Ci sono sei persone: suo padre, sua madre e quattro figli. Sua sorella si chiama…, Sua sorella è alta e…*

3-18. La mia festa di compleanno. You are a student in Venezia and want to have your birthday party at Caffè Florian. Your friends want to know about it. In groups, first decide who among you is celebrating his/her birthday next. Then the other people in the group will ask questions similar to those listed below.

Quanti anni hai? Quando è la festa? Quante persone ci sono alla festa? Chi sono?

Act out your dialogues in front of the class. Then, vote for the person who is organizing the best party.

Reading Strategy: Skimming for the Gist

Skimming for the gist in Italian is the same as skimming in your own language. Do the following when trying to read an Italian text to improve comprehension:

> Look for the main idea in the introduction.
> Don't worry about every detail.
> Look at topic sentences in each paragraph.
> Find the main idea of the conclusion.

Skimming will give you some background information before you try to read the entire text.

Pre-lettura

The following selection is adapted from an Italian *Boblog*, a blog written by Micaela Romagnoli, a journalist for the *Corriere di Bologna*. In this text, you will find unfamiliar words and grammar. Instead of stopping on those words, one way to understand concepts without understanding all of the words is to skim the blog and look for associations. You should skim this article to find out in general what it is saying about grandparents (**i nonni**). What do they do? What are they like?

1. Before reading the blog, ask a partner this question: Do you or did you ever know your grandparents? If so, write down which grandparent(s) and describe their personalities and what activities you do/did with them. If you don't know your grandparents, think of an older man and/or woman you have a relationship with and describe their personality.

2. Now quickly go through the text and write down any word that you know represents a family member and the adjective or verb associated with that family member.

Esempio 1: (subject) lei e suo marito / (verb) cercano sempre di includere i nonni
Esempio 2: (subject) i nonni / (adjective) troppo vecchi

3. Having listed these words and descriptions, what did you learn about the reading?

Le mille sfumature (*shades*) di una vita da nonno

Micaela Romagnoli intervista Mariagrazia Contini, pedagogista e professoressa all'Università di Bologna. Parlano della famiglia, dell'importanza e del ruolo dei nonni nella vita dei nipoti. Micaela ha un figlio e da quando è nato lei e suo marito cercano sempre di includere i nonni nella loro vita. Nella loro famiglia ci sono quattro nonni e quattro bisnonni.

Tutti questi nonni offrono moltissimo affetto al nipote e rendono (*they make*) la sua vita più ricca. Tuttavia, gestire gli equilibri (*to find the balance*), organizzare il tempo e condividere (*share*) l'affetto e l'amore tra tutti non è facile all'inizio. Solo quando ogni nonno trova un posto e spazio nella vita del nipote, la situazione diventa più facile e gestibile (*manageable*).

Ma chi sono i nonni oggi?

Mariagrazia Contini spiega come le famiglie e i nonni sono diversi rispetto al passato e che siamo di fronte a diverse tipologie.

-Ci sono i nonni distanti, perché i genitori sono lontani dalla loro città d'origine per motivi di lavoro. Sono questi i nonni delle Festività e delle vacanze al mare.

-Ecco poi i nonni inesistenti. Sono i nonni dei bimbi stranieri (*foreign*) rimasti in paesi lontani, che non si vedono mai.

-Ci sono i nonni "troppo" vecchi, padri e madri di neo-papà ultracinquantenni (*over fifty*).

-Ci sono i nonni "in eccesso", risultato di famiglie ricostruite (*blended families*) dopo le separazioni.

-Ci sono anche i nonni impegnati (*busy*). Sono nonni ancora giovani che lavorano e che devono controllare l'agenda per decidere quando possono passare il tempo con i loro nipotini. Questi nonni hanno una vita piena e simile a quella dei genitori, senza discontinuità tra l'una e l'altra generazione.

La professoressa Contini osserva anche come il ruolo dei nonni è diverso da quello del passato e oltre ad essere nonni sono anche un po' genitori. «Si dice che i nonni vizino (*spoil*) i nipoti e che i genitori diano le regole (*make the rules*). Oggi, ci sono nonni che corrono (*run*) per andare a prendere i nipoti a scuola, portarli a nuoto, a calcio e allo stesso tempo devono dare le regole, perché i genitori non hanno il tempo di farlo. È un paradosso che i nonni oggi sono un po' baby sitter, un po' sostituti (*substitutes*) dei genitori, e non hanno il piacere di rilassarsi (*to relax*) con i nipoti».

Quando i bambini e i loro nonni passano momenti rilassanti insieme fuori dalle regole è molto positivo. La ricchezza (*richness*) del rapporto tra nonno e nipote sta nei lunghi discorsi, nelle lunghe camminate, nei giochi insieme. Dice Micaela: "Come quando mio figlio con i nonni gioca per ore con il trenino. E se tra una chiacchiera (*small talk*) e un «ciuf ciuf» (*choo-choo*) ottiene un biscotto in più prima della cena, faccio finta (*I pretend*) di non vedere. Amorevoli (*loving*) trasgressioni che fanno di loro dei nonni nonni, dei "nonni veri".

Dopo la lettura

1. **Comprensione.** Determine whether each of the following statements is true (**vero**) or false (**falso**).

	Vero	Falso
a. Il figlio di Micaela ha quattro nonni e quattro bisnonni.	_____	_____
b. Non è facile trovare tempo per tutti i nonni.	_____	_____
c. Il ruolo del nonno non cambia mai.	_____	_____
d. Dare al nipote un biscotto in più è una trasgressione amorevole.	_____	_____

2. **Oggi o Ieri?** Leggi le seguenti frasi e decidi se secondo il blog descrivono i nonni di oggi o i

 nonni di ieri (del passato), o tutti e due. Sei d'accordo? Perché sì o no?

a. I nonni non hanno nipoti nel loro paese.

b. I nonni non danno le regole.

c. I nonni non hanno tempo libero.

d. I nonni sono "in eccesso" dopo una separazione.

e. I nonni giocano con i nipoti per ore con il trenino.

Il nonno ideale. Now write a short description of your idea of a "*nonno/nonna ideale*". Describe him/her and tell what do you do with him/her.

La casa

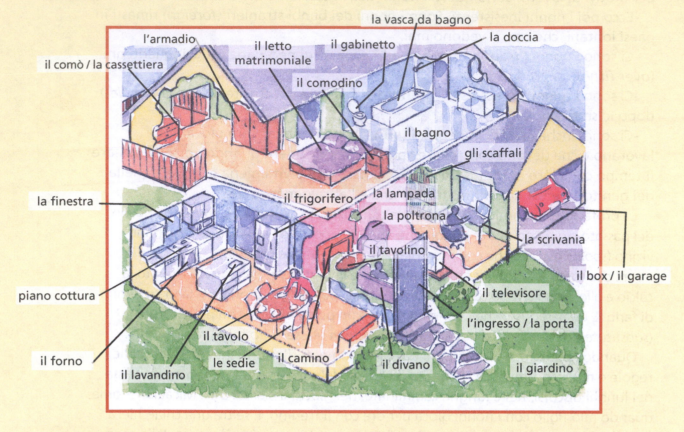

l'armadio

il comò / la cassettiera

il letto matrimoniale

il comodino

la vasca da bagno

il gabinetto

la doccia

il bagno

gli scaffali

la finestra

il frigorifero

la lampada

la poltrona

la scrivania

il box / il garage

piano cottura

il tavolino

il televisore

l'ingresso / la porta

il forno

il tavolo

il camino

il divano

il giardino

il lavandino

le sedie

Per gli italiani, la cucina è il luogo della casa dove la famiglia passa molto tempo insieme.

Gli edifici — Buildings

l'appartamento	apartment
l'ascensore (m.)	elevator
il monolocale	studio apartment
il palazzo	building / palace
il pianoterra / il pianterreno	ground floor
il primo piano	first floor
il secondo piano	second floor
l'ultimo piano	last floor

Luoghi della casa — Places in the House

Il bagno	bathroom
la camera da letto	bedroom
la cantina / lo scantinato	basement
la cucina	kitchen
il soggiorno	living room
lo studio	study / office
il terrazzo (or la terrazza)	terrace

Altre parole utili — Other Useful Words

l'affitto	rent
l'arredamento	furnishings / furniture
arredato	furnished
comodo	comfortable
il dentifricio	toothpaste
il pettine	comb
lo spazzolino da denti	toothbrush
il forno a microonde	microwave
in centro	in town
in periferia	in the outskirts
la lavastoviglie	dishwasher
luminoso	bright
i mobili	furniture
il padrone/la padrona di casa	landlord
il pavimento	floor
la sedia	chair
lo specchio	mirror
la sveglia	alarm clock
la lavatrice	washing machine

Pratichiamo!

3-19. Associazioni. List the names of pieces of furniture that you associate with the rooms listed below. Some pieces of furniture can be used more than once.

Soggiorno	**Studio**	**Cucina**	**Camera da letto**

3-20. Il nuovo appartamento. Antonio is on his way to pick up Isabella and asks about her new apartment in Mestre, near Venice. Complete the following dialogue using the vocabulary words listed.

> centro / piano / numero / ascensore / luminoso / periferia

Antonio: Passo a prenderti alle 3.00. A quale (1) _____ di via Adda abiti?

Isabella: Al 380.

Antonio: E a quale (2) _____ abiti?

Isabella: Al quarto (*fourth*).

Antonio: C'è un (3) _____?

Isabella: Certo ma Antonio, quanto sei pigro!

Antonio: Sono tante scale (*stairs*)! Com'è il nuovo appartamento?

Isabella: È molto comodo e (4) _____ perché entra il sole e mi piace abitare in (5)_____, lontano dalla città e in mezzo alla natura.

Antonio: È vero, in (6) _____ la vita è più caotica. A presto!

3-21. Affittiamo un appartamento. You and your roommate need to find a new apartment. Read the following announcement and decide whether this apartment is acceptable. Then explain why it is acceptable or not. The following are some sample questions: *Ci sono abbastanza* (enough) *camere da letto / bagni? È troppo piccolo? C'è posto per la macchina? C'è un terrazzo? Avete animali? Quanto costa? Ci sono mobili nell'appartamento?*

€650 Venezia DORSODURO - CALLE LUNGA SAN BARNABA					
Bagni:	1	**Superficie:**	80 mq (metri quadrati/ *square meters*)	**Camere:**	2
Cucina:	angolo cottura*	**Terrazzo:**	sì	**Piano:**	2
Totale Piani:	3	**Box:**	sì, singolo	**Giardino:**	No
Arredamento:	Parzialmente arredato				
kitchenette or small cooking area					

3-22. La vostra casa. In groups, interview two classmates to find out some information about their houses. Write their answers on a separate piece of paper.

1. Dove abiti?
2. A quale piano abiti? C'è un ascensore?
3. In quale stanza passi più tempo?
4. La tua casa è in affitto?
5. Ci sono mobili? Quali?
6. Con quante persone abiti?
7. Quante camere da letto ci sono?
8. C'è un balcone o un giardino?

Le abitazioni degli italiani

Prima di tutto... Do you live in a house or in an apartment? Did you know that many Italians prefer to live in apartments located in the city? Have you ever been the guest of a family in Italy? If so, can you describe their house?

Jan S./Shutterstock.com

Davvero?! Venice is a unique city with no cars, no motorcycles, and very limited use of other means of transportation, such as bicycles. Venetians get around on foot, by boat, and by **vaporetto**, the water bus that navigates the Grand Canal. Many things in Venice are done differently when compared to how things work on the "mainland", and the construction of houses is one of them. On the mainland, most Italians live in apartment buildings in the city. They like living as close as possible to the center of town. They refer to their apartments as **la casa**. It is common for Italians to have a single family home, **la villa**, near the beach, the mountains, or in the countryside where they spend their vacations.

Chiacchieriamo un po'! **Come sono le abitazioni nel tuo Paese?** With a partner, describe where you live, in the city or in the suburbs, and what kind of building you live in (apartment, house, etc.). Take turns describing the inside of your homes (the rooms, the furniture, the colors, etc.). What are the benefits of living in the city, like Italians do?

La villa sul lago di Garda

Read or listen to the description of Isabella's grandparents' home on Lago di Garda.

I nonni di Isabella hanno una villa **sul** lago di Garda.

Spesso tutta la sua famiglia va **dai** nonni **nel** fine settimana o durante le feste e tutti restano a dormire perché **nella** villa c'è spazio per tutti. A volte Isabella sta a casa **dei** nonni **dal** venerdì **alla** domenica. Le camere da letto sono **al** primo piano mentre la cucina, il salotto, il soggiorno e lo studio sono **al** pianterreno.

Il nonno passa molto tempo **nello** studio a leggere, ma quando c'è tutta la famiglia, stanno spesso tutti insieme **nel** giardino che dà **sul** lago. La vista **del** panorama è bellissima. La villa non è lontana **dalla** città, quindi è facile andare in centro.

Mariia Golovianko/Shutterstock.com

Comprensione

È vero o è falso? Indicate whether the following statements are true **(vero)** or false **(falso)**. When a statement is false, correct it.

1. I nonni di Isabella hanno una villa sul lago di Garda.   V   F
2. Isabella e la sua famiglia non restano mai a casa dei nonni a dormire.   V   F
3. Il soggiorno e lo studio sono al primo piano.   V   F
4. Al nonno piace leggere nello studio.   V   F
5. La città non è lontana dalla villa.   V   F

Osserviamo la struttura!

In the dialogue above, observe the words in bold. Then, answer the following questions.

1. Fill in the following blanks with the preposition preceding each of these nouns from the text. Then try to determine how each "compound" preposition is formed.

   a. _____ giardino   b. _____ studio   c. _____ villa

2. What determines the different forms of the preposition **da** in the following cases?

   a. **dal** venerdì   b. **dai** nonni   c. **dalla** città

3. Based on the following examples, try to determine the compound prepositions for the following nouns:

   a. **sul** lago   ____ letto   _____ scrivania   _____ scaffale

   b. **dei** nonni   ____ amici   _____ sorelle   _____ zio

Preposizioni articolate (Compound prepositions)

A. The prepositions **a**, **da**, **di**, **in**, and **su**, when combined with a definite article, form a **preposizione articolata** (*compound preposition*).

Preposizioni articolate							
	il	**lo**	**l'**	**la**	**i**	**gli**	**le**
a	al	allo	all'	alla	ai	agli	alle
da	dal	dallo	dall'	dalla	dai	dagli	dalle
di	del	dello	dell'	della	dei	degli	delle
in	nel	nello	nell'	nella	nei	negli	nelle
su	sul	sullo	sull'	sulla	sui	sugli	sulle

I nonni di Isabella hanno una villa **sul** lago.	Isabella's grandparents have a house **by the** lake.
Isabella sta a casa dei nonni **dal** venerdì **alla** domenica.	Isabella stays at her grandparents' house **from** Friday **to** Sunday.
Il nonno passa molto tempo **nello** studio a leggere.	The grandfather spends a lot of time **in** his studio reading.
La villa non è lontana **dalla** città.	The house is not far **from the** city.

B. In Capitolo 2, we learned that certain places take a simple preposition: **a** (*a teatro*) or **in** (*in biblioteca*, *in palestra*, *in Veneto*, *in Italia*). However, in these cases, when the object of the prepositions **a** or **in** is modified or specified, simple prepositions become compound.

Vado **in** Italia.	→	Vado **nell'**Italia <u>del nord</u>.
I am going to Italy.	→	*I'm going to <u>northern</u> Italy.*
Studio **in** biblioteca.	→	Studio **nella** biblioteca <u>nazionale</u>.
I study in the library.	→	*I study in the <u>national</u> library.*
Vado **a** teatro.	→	Vado **al** Teatro La Fenice a Venezia.
I am going to the theater.	→	*I'm going to La Fenice Theater in Venice.*

NOTA CULTURALE

Il Carnevale di Venezia is one of the most famous carnival celebrations in Italy. It is celebrated on **martedì grasso** (*Fat Tuesday*) before la **Quaresima** (*Lent*). During this event people wear **maschere** (*masks*) and **costumi** (*costumes*).

RoCe / Shutterstock.com

Pratichiamo!

3-23. Di chi è (Whose is it)? While cleaning out a closet, Isabella's grandmother finds a box full of old things belonging to the family. While they go through each item, Isabella asks to whom each item belongs. Complete each phrase with **di + articolo**.

1. Di chi è la maschera di Carnevale?   È _____ nonno.
2. Di chi è la gondola?   È _____ zia Teresa.
3. Di chi sono le fotografie?   Sono _____ zii paterni.
4. Di chi è la palla (*ball*)?   È _____ zio Alberto.
5. Di chi sono le bambole (*dolls*)?   Sono _____ sorelle del nonno.
6. Di chi è lo specchio?   È _____ sorella del nonno.
7. Di chi sono i libri?   Sono _____ genitori del nonno.
8. Di chi sono gli occhiali da sole (*sunglasses*)?   Sono _____ nonna materna.

3-24. Dov'è (Where is it)? Complete each sentence with a **preposizione articolata**.

1. I libri sono (*su + art.*) _____ scaffali
2. Il computer è (*in + art.*) _____ zaino.
3. La casa (*di + art.*) _____ nonni è fuori città.
4. Il dentifricio è (*in + art.*) _____ bagno.
5. Le camere da letto sono (*a + art.*) _____ secondo piano.
6. La mia casa è lontana (*da + art.*) _____ centro.
7. La stanza preferita (*di + art.*) _____ nonna è la cucina.
8. La domenica Isabella va (*da + art.*) _____ nonni in campagna.

3-25. Cosa fa Isabella nel fine settimana quando è nella sua città (What does Isabella do when she is in her city)? Complete the following paragraph using le **preposizioni articolate**.

Nel fine settimana mi piace incontrare i miei amici (1)_____ piazza principale (*main*) della città. Insieme andiamo (2) _____ bar per prendere un caffè o un dolce. Se fa bel tempo (*If the weather is nice*), io e gli amici andiamo (3) _____ parco o (4) _____ zoo. A volte facciamo una gita (*a short trip*) (5) _____ venerdì (6) _____ domenica e andiamo a casa (7) _____ nonni che vivono vicino (8) _____ lago.

Comunichiamo!

3-26. Descrivi la tua stanza e la tua casa. Ask your partner to describe his/her room or house. You can use the following questions or create your own.

Com'è la tua casa?

Cosa c'è al primo piano/al secondo piano?

Cosa c'è sul muro (*wall*) della tua stanza?

Che mobili ci sono nel soggiorno?

Cosa c'è nel garage?

3-27. Dove preferisci fare queste cose? In groups, ask your classmates if they prefer to do the following things in the places indicated. Present your results to your class.

Tu preferisci...	Nome	Nome	Nome
ascoltare la musica nella tua camera sul tuo letto.			
guardare la TV sul divano nel soggiorno.			
leggere un libro sulla poltrona nel giardino.			
fare i compiti al computer nello studio.			

🔊 A Marostica, a casa degli zii

Listen to and/or read the conversation, then respond to the questions that follow.

Antonio goes to Marostica where his zio Stefano and zia Donatella live. Zia Donatella cooked **risi e bisi,** *a traditional dish from Veneto, and they are having lunch.*

m.bonotto/Shutterstock.com

Piazza degli Scacchi is located in the medieval walled town of Marostica in the province of Vicenza, in Veneto. In this piazza, chess is played with people instead of chess pieces on an enormous chessboard laid into the pavement.

Zio Stefano: Antonio, cosa preferisci **bere**[1]?

Antonio: **Bevo**[2] solo acqua a pranzo. Grazie. Zia, questi risi e bisi sono ottimi. **Dico**[3] sempre a tutti che sei una bravissima cuoca.

Zia Donatella: Grazie, ma non è vero.

Zio Stefano: **Sai**[4], la zia **dice**[5] così perché è modesta. Tutti **sappiamo**[6] che è brava.

Zia Donatella: Antonio, nel pomeriggio cosa fai? Io devo **uscire**[7] per fare delle commissioni in centro. Perché non **vieni**[8] con me?

Antonio: Non **so**[9]. Quando **esci**[10]?

Zia Donatella: Esco fra un'ora. **Usciamo**[11] insieme. E poi facciamo una bella passeggiata in Piazza degli Scacchi.

Antonio: Sì, è una buon'idea.

Zio Stefano: Allora **vengo**[12] anch'io! Però prima di uscire **beviamo**[13] un buon caffè.

[1]*to drink* [2]*I drink* [3]*I say* [4]*You know* [5]*says* [6]*we know* [7]*to go out* [8]*you come*
[9]*I know* [10]*you go out* [11]*We go out* [12]*I come* [13]*we drink*

Comprensione

È vero o è falso? Indicate whether the following statements are true (vero) or false (falso). When a statement is false, correct it.

1. Antonio e i suoi zii mangiano in un ristorante.   V   F
2. Zio Stefano dice che zia Donatella è modesta.   V   F
3. Antonio non beve acqua a pranzo.   V   F
4. Zia Donatella e Antonio vanno in centro insieme.   V   F

Osserviamo la struttura!

In the dialogue above, observe the words in bold. Then, complete the following activities.

1. The verbs **bere** (*to drink*) and **sapere** (*to know*) listed in the table are **irregular verbs** in -ere. Complete the table with the missing verb forms from the dialogue, then indicate where they differ from the infinitive form.

bere (*to drink*)		sapere (*to know*)	
io _____	noi _____	io ____	noi _____
tu bevi	voi bevete	tu ____	voi sapete
lui/lei beve	loro bevono	lui/lei sa	loro sanno

2. The verbs **dire** (*to say*), **uscire** (*to go out*), and **venire** (*to come*) are **irregular verbs** in -ire. Complete the table with the missing forms from the dialogue, then indicate where they differ from the infinitive form.

	dire (*to say*)	uscire (*to go out*)	venire (*to come*)
io	_____	_____	_____
tu	dici	_____	_____
lui/lei	_____	esce	viene
noi	diciamo	usciamo	veniamo
voi	dite	uscite	venite
loro	dicono	escono	vengono

3. The following examples are simple strategies to help you memorize the conjugation of the verbs **bere** and **dire**. Complete strategies a and b. Then, try to come up with some strategies to help you memorize the other irregular verbs.

   a. The verb **bere** changes the "r" into a "___"
   b. The verb **dire** changes the "r" into a "___"
   c. _____   e. _____
   d. _____   f. _____

Verbi irregolari in -ere e in -ire

Some verbs ending in **-ere** and **-ire** are **irregolari** (*irregular*) in the present tense. This means that their conjugation follows a different pattern from regular verbs.

A. **Verbi irregolari in -ere**

The following table shows some common **verbi irregolari in -ere**.

	bere (to drink)	sapere (to know)	scegliere (to choose)
Verbi irregolari in -ere			
io	bevo	so	scelgo
tu	bevi	sai	scegli
lui/lei, Lei	beve	sa	sceglie
noi	beviamo	sappiamo	scegliamo
voi	bevete	sapete	scegliete
loro	bevono	sanno	scelgono

Antonio, cosa preferisci **bere**?	Antonio, what do you **prefer** to drink?
Bevo solo acqua a pranzo.	I only **drink** water at lunch.
Zio Stefano **sceglie** sempre "risi e bisi" al ristorante. È il suo piatto preferito.	Zio Stefano always **chooses** "risi e bisi" at the restaurant. It is his favorite dish.

B. **Sapere vs. conoscere**

The verb **to know** in Italian can be expressed using **sapere** or **conoscere**.

- **Sapere** is used to to express knowlege of facts and/or information. It is generally followed by **chi** (*who*), **che cosa** (*what*), **quale** (*which*), **dove** (*when*), **come** (*how*), **quando** (*when*), **quanto/a** (*how much*), **quanti/e** (*how many*), **perché** (*why*), **se** (*if*), etc. It is also used to express "can/to know how to do something" when followed by an infinitive.

- **Conoscere** is used to express *to be familiar* or *to be acquainted* with people, places, and things (such as works of music, literature, and art).

So dov'è Treviso ma non **conosco** la città.	I **know** where Treviso is but I do not **know** (I **am not familiar with**) the city.
Isabella **conosce** Antonio ma non **sa** dove abita.	Isabella **knows** Antonio but she **does not know** where he lives.
Zia Donatella **sa** cucinare molto bene e **sa** fare risi e bisi.	Zia Donatella **can cook** very well and **knows how to make** risi e bisi.
Conosco molto bene *Romeo e Giulietta* di William Shakespeare.	I **know** Romeo and Juliet by William Shakespeare very well.

C. Verbi irregolari in -ire

The following table shows some common **verbi irregolari in -ire**.

Verbi irregolari in -ire				
	dire *(to say / to tell)*	**salire** *(to go up)*	**uscire** *(to go out)*	**venire** *(to come)*
io	dico	salgo	esco	vengo
tu	dici	sali	esci	vieni
lui/lei, Lei	dice	sale	esce	viene
noi	diciamo	saliamo	usciamo	veniamo
voi	dite	salite	uscite	venite
loro	dicono	salgono	escono	vengono

NOTA CULTURALE

The Veronese identify a particular balcony as the one that separated the lovers Romeo and Juliet in Shakespeare's play. Thousands of tourists and couples in love visit the **Casa di Giulietta** every year to see this legendary balcony.

kavalenkau/Shutterstock.com

Tu **dici** sempre la verità o **dici** le bugie?	*Do you always **tell** the truth or do you **tell** lies?*
Io e i miei amici **usciamo** tutte le sere.	*My friends and I **go out** every night.*
A che ora **vengono** i tuoi amici?	*At what time **are** your friends **coming**?*
Molti turisti **salgono** al primo piano per vedere il balcone di Giulietta.	*Many tourists go up the first floor to see Juliet's balcony.*

Pratichiamo!

3-28. Cosa bevete con i pasti (*What do you drink with your meals*)? Complete the following paragraph with the conjugated forms of the verb **bere**.

Io (1)_____ l'acqua con il ghiaccio (*ice*) ma mia moglie (2)_____ l'acqua senza (*without*) ghiaccio, invece (*instead*) i miei figli (3)_____ la limonata. Dopo pranzo però tutti noi (4)_____ il caffè. E tu cosa (5)____ con i pasti (*meals*)?

3-29. Sapere, conoscere, scegliere. Complete the following sentences by matching the items from each column.

1.	Isabella sa	a.	Treviso perché lui vive a Venezia.
2.	Zio Stefano	b.	scegliamo il dessert al ristorante.
3.	Zia Donatella sa	c.	sceglie sempre il gelato alla frutta.
4.	Antonio non conosce bene	d.	dov'è Marostica.
5.	Io e Isabella	e.	fare bene risi e bisi.
6.	I nonni di Isabella conoscono	f.	bene il lago di Garda perché vivono là.

3-30. Bere, sapere e scegliere. Create complete sentences or questions with the elements provided.

> **Esempio** (Zio Stefano / Io / Tu) – *conoscere* bene Venezia.
> *Zio Stefano conosce bene Venezia. / Io conosco bene Venezia. Tu conosci bene Venezia.*

1. (Io / Io e Isabella / Tu e Antonio) – *bere* il caffè dopo pranzo.
2. (Tu / Antonio / Antonio e Isabella) – *sapere* dov'è Marostica.
3. Quale maschera (tu / Isabella / i tuoi amici) – *scegliere* a Carnevale?

3-31. Che cosa dicono le persone del Veneto e delle sue tradizioni (*What do people say about the Veneto region and its traditions*)? Complete the following paragraph with the conjugated forms of the verb **dire**.

1. Isabella _____ che il Carnevale è una festa molto bella.
2. Antonio e lo zio Stefano _____ che Marostica è veramente unica.
3. Io e i miei amici _____ che Venezia è una città molto romantica.
4. E voi cosa _____ del lago di Garda?
5. Io _____ che è bellissimo! E tu cosa _____?
   - Sono d'accordo!

3-32. Abitudini varie (*Miscellaneous habits*). Complete the following sentences with the conjugated forms of the verbs from the list.

> dire / salire / uscire / venire

1. Io non sono pigro. Non prendo mai l'ascensore ma _____ a piedi[3].
2. Quando c'è il Carnevale molti turisti _____ a Venezia a vedere le celebrazioni.
3. Quando Antonio torna a casa dall'università, lui chiama sempre gli amici e insieme _____ per andare al cinema o passare un po' di tempo in piazza.
4. Quando tu e la tua famiglia _____ a trovarci (*visit us*), noi prepariamo sempre un buon piatto tradizionale del Veneto.
5. Un famoso proverbio veneto _____: *Mangia e bevi che la vita è breve.*

3-33. Tutti insieme. Create complete sentences by matching the elements from each column.

1. Antonio
2. Tu e gli amici
3. Io
4. I nonni di Isabella
5. La mia famiglia
6. Io e i miei parenti
7. Tu

a. bere un buon caffé al bar
b. sapere tutte le feste del Veneto
c. scegliere una bella maschera a Carnevale
d. dire sempre la verità (*truth*) / dire le bugie (*lies*)
e. salire sempre (o mai) con l'ascensore
f. uscire nel fine settimana
d. venire a casa mia per il compleanno

NOTA CULTURALE

Le maschere veneziane (*Venetian masks*) were used to conceal their wearers' identities during promiscuous or decadent activities. Made for centuries in Venice, these distinctive masks were made out of papier-mâché and wildly decorated with fur, fabric, gems, or feathers.

Netfalls Remy Musser/Shutterstock.com

[3]salire a piedi: *take the stairs*

Comunichiamo!

3-34. Conosciamoci meglio. In pairs, ask your partner information about what he/she does with his/her family and friends when at home. Start with the prompts below and add more to try and include all the verbs you have learned so far.

Esempio *bere il caffè a colazione*

    S1: Bevi (*or* Bevete tutti) il caffè a colazione?

    S2: I miei genitori bevono il caffè. Io invece bevo il tè.

bere il caffè a colazione

sapere usare la lavastoviglie/lavatrice

dire barzellette (*jokes*)

uscire durante la settimana o solo nel fine settimana

3-35. E voi cosa fate? In groups, find classmates that do the following things with their families and friends when at home. Add more **attività** if you wish to include all the verbs you have learned so far. Then, report your results to the class.

Attività	Nome	Nome	Nome
scegliere il ristorante (il cinema)			
uscire con la famiglia (con gli amici)			
dire sempre "buongiorno/buonanotte"			
sapere sempre quando è il compleanno del familiari			

Insieme in Piazza

With a partner, choose one of the following scenarios and create a logical conversation. Alternately, create your own scenario and an accompanying dialogue. Try to incorporate the vocabulary and structures that you learned in this chapter.

Scena 1: La vita in Piazza Bra. You meet some friends in the piazza. Act out the conversation with your friends. (Talk about your family, a trip you all are planning, or things you do together during the weekend.)

Scena 2: Una giornata in Piazza degli Scacchi. You and some friends are in Marostica for the weekend. Talk about your plans. (Where do you want to have breakfast? What do you plan to do that day? Do you have plans for the evening?) Discuss the possibilities.

Scena 3: La tua casa a Venezia. You and some friends are exchange students in Venezia. You are in Piazza San Marco drinking coffee and eating **cornetti** (*croissants*). Talk about the apartment assigned to you, the roommates you have, and your daily routine.

Presentazioni orali

From the topics listed below, choose the one that intrigues you and your partner the most. Alternatively, come up with your own topic based on something you learned in this chapter. Find basic information (biographical, geographical, historical, culinary) that can be accompanied by visuals. Present the information to the class in the medium of your choice (PowerPoint, Prezi, video, photos, etc.).

travelview/Shutterstock.com

1. **Il Teatro Olimpico** (*The Olympic Theatre*) in Vicenza, designed by Andrea Palladio

Claudio Giovanni Colombo/Shutterstock.com

2. The **Università di Padova** (*University of Padua*), one of the oldest universities in Europe

Cutcaster

3. Tiziano Vecelli (or Vecellio), considered the greatest Venetian artist of the 16th century

Scriviamo!

Create a simple family tree of either your real family or one that you invent.

Writing Strategy: Using Photographs to Develop a Narrative
Photographs of families and friends often remind us of important people and moments in our lives. To complete this writing assignment, bring in some photographs of your family and/or friends that have special meaning. You will need these photos to create your family tree: Indicate the people in the picture on the family tree, establish relationships between different members of your family, and write descriptions of them.

L'albero genealogico

1. Brainstorming

In two columns, list the verbs and adjectives you will use to describe your family.

Verbi   **Aggettivi**

2. Organizzazione

Choose 3–4 family members or friends and describe them on a separate piece of paper, using the categories below.

Chi abita vicino e chi abita lontano? Chi lavora? Chi studia? Dove?

3. Scrittura libera

Now write a complete rough draft about your real or invented family or friends. Write a minimum of 75 words.

Esempio: *Nella mia famiglia ci sono quattro persone: mio padre Remo, mia madre Franca, mio fratello Davide e io, Maria. Mio fratello studia a Ca' Foscari... ecc.*

4. Prima correzione

Exchange your rough draft with a partner. Comment on content. Correct errors only if you are sure of an error. Some useful phrases are:

- Mi piace molto quest'idea. Puoi elaborare? (*I like this idea. Can you elaborate?*)
- Non capisco questa frase. (*I don't understand this sentence.*)
- Questo è divertente! (*This is fun!*)
- Cosa significa questa parola / questa frase? (*What does this word / sentence mean?*)

5. Finale

After you have finished with peer corrections, write your final composition at home. If possible, include photos.

▶ Dove festeggi le feste di famiglia?

Prima della visione

A. Le parole. Match the Italian words or expressions to their English equivalents.

1. in periferia	a. *we go to dinner*
2. studiolo	b. *in the center, downtown*
3. tante scale	c. *the ancient walls*
4. le mura antiche	d. *on the outskirts (of town)*
5. andiamo a cena	e. *small study*
6. in centro	f. *many stairs*

 B. Il tuo compleanno. With a partner, write a list of questions that you would expect to hear in this video about celebrating birthdays. Then compare your questions to those written by other students.

Durante la visione

Watch the video twice. The first time, pay attention to the overall meaning of each interview. The second time, complete the following activities.

C. Cosa dicono (*What are they saying*)? Listen to the answers to the interview questions and fill in the blanks with the missing word.

1. La mia famiglia non è né _____ né piccola.

2. Il mio compleanno è il ventisei _____.

3. Nella mia _____ siamo in quattro.

4. Ho un _____ gemello.

5. Il mio compleanno è il _____ di maggio.

6. Mentre la sera esco con le mie _____ o con il mio fidanzato.

D. Com'è la loro casa? Write how the following people describe their homes.

1. _____.   2. _____.   3. _____.

Dopo la visione

E. È vero o è falso? Indicate whether the following statements are true (**vero**) or false (**falso**). When a statement is false, correct it.

	V	F
1. Clara ha due sorelle.	V	F
2. Di solito Filippo va con gli amici in macchina.	V	F
3. La signora Annamaria ha una casa piccolina.	V	F
4. Il signor Gianfranco ha una grande famiglia.	V	F
5. La signora Cristina abita in periferia.	V	F
6. Per le feste la famiglia della signora Cristina va al ristorante.	V	F

 F. Una conversazione tra Cristina e Clara (*A conversation between Cristina and Clara*). Imagine a conversation where Cristina and Clara meet each other for the first time. Each talks about where she lives and her family. Because they are meeting for the first time, they use the formal register.

Clara

La signora Cristina

VOCABOLARIO

Il nucleo familiare — The Nuclear Family

il figlio/la figlia	son / daughter
il figlio unico	only child
i figli	children
il fratello	brother
il fratello maggiore / minore	older brother / younger brother
il gemello / la gemella	twin
i genitori	parents
la madre	mother
il marito	husband
la moglie	wife
il nonno / la nonna	grandfather / grandmother
il padre	father
la sorella	sister
la sorella maggiore / minore	older sister / younger sister
il cugino / la cugina	cousin
il/la nipote	nephew / niece; grandson / granddaughter
il/la parente	relative
lo zio / la zia	uncle / aunt

Relazioni — Relationships

divorziato/a	divorced
fidanzato/a	engaged
materno/a	maternal
paterno/a	paternal
separato/a	separated
single	single
sposato/a	married

Gli edifici — Buildings

l'appartamento	apartment
il box / il garage	garage
la casa	house, home
il monolocale	studio apartment
il palazzo	building / palace
il pianoterra / il pianterreno	ground floor
il primo piano	first floor
il secondo piano	second floor
l'ultimo piano	last floor

Il bagno — Bathroom

la doccia	shower
il dentifricio	toothpaste
il gabinetto	toilet
il lavandino	sink
il pettine	comb
lo spazzolino da denti	toothbrush
lo specchio	mirror
la vasca da bagno	bathtub

La camera da letto — Bedroom

l'armadio	closet
il comò / la cassettiera	dresser
il comodino	night stand
il letto	bed
il letto matrimoniale	queen / king-sized bed
il pavimento	floor
la sveglia	alarm clock

Lo studio — Study

il computer	computer
gli scaffali	bookshelves
la scrivania	desk
la sedia	chair

La cucina — Kitchen

la cucina	stove, range
il forno	oven
il frigorifero	refrigerator
la lavastoviglie	dishwasher
la lavatrice	washing machine
il microonde (il forno a microonde)	microwave (microwave oven)
la tavola / il tavolo	table (dining)

Il salotto / Il soggiorno — Living Room

il camino	fireplace
il divano	couch, sofa
la lampada	lamp
la poltrona	armchair
il tavolino	coffee table
il televisore	television

Altri luoghi della casa	*Other Places in the House*
il balcone	*balcony*
la cantina / lo scantinato	*basement*
il giardino	*yard*
l'ingresso	*entrance*
la porta	*door*
il terrazzo/la terrazza	*terrace*

Altre parole utili	*Other Useful Words*
l'affitto	*rent*
l'arredamento	*furnishings / furniture*
arredato	*furnished*
l'ascensore	*elevator*
in centro	*in town*
comodo	*comfortable*
la finestra	*window*
luminoso	*bright*
i mobili	*furniture*
il padrone / la padrona di casa	*landlord*
in periferia	*in the outskirts*

I verbi	*Verbs*
aprire	*to open*
bere	*to drink*
capire	*to understand*

conoscere	*to know*
dire	*to say, to tell*
dormire	*to sleep*
finire	*to finish*
leggere	*to read*
mettere	*to put, to place*
offrire	*to offer*
partire	*to leave*
perdere	*to lose*
preferire	*to prefer*
prendere	*to take*
pulire	*to clean*
restituire	*to return (give back)*
salire	*to go up*
sapere	*to know*
scegliere	*to choose*
scrivere	*to write*
seguire	*to follow*
sentire	*to hear*
servire	*to serve*
spedire	*to send*
spendere	*to spend*
uscire	*to go out*
vedere	*to see*
venire	*to come*
vincere	*to win*
vivere	*to live*

CAPITOLO 4

LEARNING STRATEGY

Listening to Instructions

Listening comprehension can be a difficult task when you learn a new language. There are several things that will make it easier:

› Pay attention to repeated directions.

› Learn the language for instructions, such as: "open your book, take out a pencil and paper, and form pairs and groups". You will then recognize them immediately.

› Realize that you will not understand everything at first.

› When listening, as when reading, aim at getting the gist of the message.

› If you still don't understand an instruction, don't be afraid to ask!

LO SPORT IN PIAZZA

Piazza Solferino, una grande piazza a Torino, è stata una pista di pattinaggio sul ghiaccio e uno Sponsor Village per i giochi olimpici del 2006.

iStock.com/Art-Of-Photo

COMMUNICATIVE GOALS

> Talk about seasons and weather

> Talk about clothing items

> Talk about sports

> Talk about daily routines, obligations and errands to run in town, and leisure-time activities

> Talk about what you can do, what you have to do, and what you want to do

Risorse Audio Video  MINDTAP

Il Piemonte e la Valle d'Aosta

> Nel Piemonte ("piede del monte", literally, *"foot of the mountain"*), la regione della Fiat, della Juventus e del Torino, della Nutella e dello spumante, il vecchio e il nuovo coesistono in perfetta armonia.

> La Valle d'Aosta è la regione più piccola d'Italia. La regione è anche conosciuta perché ha più di 100 castelli, tra cui il Castel Savoia.

Roberto Caucino / Shutterstock.com

◄ La regione della Valle d'Aosta vanta (*boasts*) il **Monte Bianco**, la montagna più alta d'Europa. È anche un posto meraviglioso per sciare.

La Venaria Reale, un palazzo reale ► con giardini bellissimi nella Provincia di Torino, è considerata la Versailles italiana.

©DeAgostini / SuperStock

Andiamo in piazza!

Claudio Divizia/Shutterstock.com

▲
Piazza Castello è una delle piazze principali di Torino. È conosciuta per i palazzi storici da cui è circondata (*surrounded*) come il Palazzo Reale (*Royal Palace*), dove abitava la nobiltà franco-italiana dei Savoia. La piazza è anche vicina al Duomo, dove si trova la Sacra Sindone (*the Holy Shroud*).

Le Alpi svizzere e francesi fanno da cornice (*frame*) a **Piazza Chanoux** ad Aosta. La piazza diventa un luogo per giochi ed eventi sportivi. ▶

David Keith Jones/Alamy Stock Photo

VOCABOLARIO

Il tempo, le stagioni e le attività sportive

L'INVERNO
- il cappello
- gli occhiali da sole
- la giacca
- i guanti
- i pantaloni da neve
- gli sci
- gli scarponi

LA PRIMAVERA
- la maglietta
- la racchetta da tennis
- i pantaloncini
- i calzini
- le scarpe da tennis

1. Sabrina **va a sciare. Fa freddo,** ma **c'è il sole.**

2. Marco ed Erica **giocano a tennis. Fa bel tempo.**

L'ESTATE
- il costume da bagno
- il berretto
- i sandali

L'AUTUNNO
- l'ombrello
- il maglione
- l'impermeabile
- gli stivali da pioggia

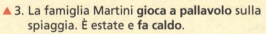

▲ 3. La famiglia Martini **gioca a pallavolo** sulla spiaggia. È estate e **fa caldo.**

▶ 4. Marco e i suoi amici **fanno una passeggiata. Piove** ma non fa freddo.

L'abbigliamento	Clothing	Il tempo	Weather
l'abito	suit	c'è (la) nebbia	it's foggy
la camicia	(dress) shirt	c'è (la) neve	it's snowy
la borsa	purse	è sereno	it's clear
la felpa	sweatshirt	è afoso / c'è afa	it's humid / muggy
la giacca	jacket	è nuvoloso	it's cloudy
la giacca a vento	windbreaker	fa bel tempo	it's nice weather
la gonna	skirt	fa brutto tempo	it's bad weather
la maglia	shirt, jersey	fa fresco / freddo	it's cool / cold
la sciarpa	scarf	nevica	it's snowing
le scarpe da ginnastica	gym shoes, sneakers	c'è vento / tira vento	it's windy
il vestito	dress		

Sport e attrezzatura	Sports and Equipment	fare sport / praticare uno sport	to play a sport
andare in barca (a vela)	to go boating / sailing	giocare a baseball (*m.*)	to play baseball
andare in bicicletta	to ride a bike	giocare a calcio (a pallone)	to play soccer
correre / fare una corsa	to run	giocare a pallacanestro (*f.*)	to play basketball
fare alpinismo	to mountain climb	giocare a tennis	to play tennis
fare il bagno (nel mare / in piscina)	to swim (in the sea / pool)	nuotare	to swim
fare ciclismo	to cycle	la partita	game / match
fare una gara	to race	pattinare (sul ghiaccio)	to skate (ice skate)
fare ginnastica / fare attività fisica	to exercise / to work out	sciare	to ski
		la squadra	team

Pratichiamo!

4-1. Le stagioni e i mesi. Nel **Capitolo 1** abbiamo imparato (*we learned*) i mesi dell'anno. Elenca i mesi per ogni stagione nelle colonne qui sotto.

inverno	primavera	estate	autunno
1. *dicembre*	1. _____	1. _____	1. *settembre*
2. _____	2. _____	2. *luglio*	2. _____
3. _____	3. *maggio*	3. _____	3. _____

4-2. Abbigliamento. Scrivi i capi d'abbigliamento (*clothing items*) adatti alle seguenti situazioni.

1. Nevica: _____
2. Fa caldo: _____
3. Tira vento: _____
4. Piove: _____

4-3. L'intruso. Cancella la parola che non appartiene alla categoria.

1. **lo sci**	i guanti	il cappello	i sandali	i pantaloni da neve
2. **l'hockey**	i calzini	i pantaloni	la maglia	le scarpe da ginnastica
3. **il tennis**	i pantaloncini	il costume da bagno	la maglietta	le scarpe da tennis
4. **la vela**	l'impermeabile	la giacca	la gonna	la felpa
5. **il ciclismo**	la maglia	il cappello	i guanti	i sandali

4-4. Qual è la tua stagione preferita? A coppie, chiedete a turno quale stagione dell'anno preferite e cosa vi piace fare. Ecco alcune domande che potete fare:

1. Quale stagione ti piace di più? Perché?
2. Che tempo fa durante la tua stagione preferita?
3. Quali sport pratichi nella tua stagione preferita?
4. Cosa indossi (*wear*) per praticare il tuo sport preferito?

4-5. Mi piace / Non mi piace. Ognuno di voi elenca i propri sport e gli atleti preferiti in ordine di preferenza. Poi fate la stessa cosa per gli sport e gli atleti che non vi piacciono. Alla fine, paragonate i risultati con i compagni e spiegate la vostra scelta.

Mi piace...		Non mi piace...	
1. _____	3. _____	1. _____	3. _____
2. _____	4. _____	2. _____	4. _____

Lo sport in Italia

Prima di tutto... Cosa sai dello sport in Italia? Conosci uno sport famoso in Italia o una squadra famosa?

Valerio Pennicino/Getty Images Sport/Getty Images

Davvero?!

Lo sport più seguito dagli italiani è il calcio. Il sabato e la domenica i tifosi (*fans*) affollano gli stadi oppure guardano le partite in televisione. Molto seguiti sono anche l'automobilismo, con la Formula 1, e la pallacanestro. Però lo sport più praticato in Italia è il nuoto.

Il Piemonte ha tre squadre di calcio di rilievo: la Juventus, il Torino e il Novara. La squadra della Juventus ha vinto (*won*) il campionato nazionale detto anche (*also called*) **lo scudetto** per tre anni consecutivi, dal 2012 al 2014 e poi anche nel 2018.

Sharaf Maksumov/Shutterstock.com

La **Gazzetta dello Sport** è un quotidiano (*newspaper*) che si occupa solo di sport. Si compra in edicola (*newsstand*) e si può leggere su Internet.

Sebastian Edwards/Alamy Stock Photo

Il **Totocalcio** è una lotteria settimanale legata al calcio. Chi gioca deve prevedere (*predict*) i risultati di 14 partite di calcio. La somma vinta è molto alta. Per un lungo periodo le previsioni erano solo per 13 partite. Così l'espressione *fare tredici* equivale a dire vincere la lotteria.

Chiacchieriamo un po'! Quali sono gli sport più seguiti nel tuo Paese? Ci sono lotterie legate ad uno sport come il Tototocalcio?

Ci prepariamo alla maratona.

Ascolta e/o leggi il dialogo e rispondi alle domande.

*Sabrina e Roberto sono due amici che vivono a Torino. **Si preparano**[1] per fare una maratona famosa che si chiama **Tutta Dritta**. Parlano al telefono dei preparativi.*

Roberto Zilli / Shutterstock.com

Roberto: Allora, stasera andiamo a dormire presto così domani mattina **ci alziamo**[2] presto, **ci vestiamo**[3] e andiamo alla maratona.

Sabrina: Io **mi alzo**[4] sempre presto, tu e Giulio invece non **vi alzate**[5] mai prima di mezzogiorno.

Roberto: Sei sempre esagerata! Giulio **si alza**[6] sempre dopo di me! Ma… tu cosa **ti metti**[7] per la corsa?

Sabrina: Io **mi metto**[8] la maglietta, i pantaloncini e un maglione pesante se fa freddo.

Roberto: Certo, le solite cose. Allora noi **ci vediamo** domani mattina a casa tua e con gli altri che **ci incontriamo**[9] in Piazza San Carlo.

Sabrina: Sì, non vedo l'ora. **Ci divertiamo**[10] sempre a questa maratona. Ciao!

Tutta Dritta è una famosa maratona che si tiene (*takes place*) a Torino ogni anno in primavera. La maratona parte da Piazza San Carlo e attraversa le piazze e le strade di Torino per un percorso lungo 10 chilometri ma è anche un'occasione per fare sport in compagnia e apprezzare (*appreciate*) la città di Torino.

[1]*They get ready* [2]*we get up* [3]*we get dressed* [4]*I get up* [5]*you (pl.) get up* [6]*gets up* [7]*you wear* [8]*I wear* [9]*we meet each other* [10]*We have fun*

Comprensione

È vero o è falso? Indica se le seguenti frasi sono vere (**V**) o false (**F**). Correggi le frasi false.

1. Sabrina e Roberto si preparano per una gita al mare. V F
2. Sabrina e Roberto si alzano sempre presto la mattina. V F
3. Sabrina si mette un maglione pesante per andare alla maratona. V F
4. Roberto e Sabrina si incontrano in Piazza San Carlo. V F
5. Sabrina e gli amici si divertono sempre alla maratona. V F

Osserviamo la struttura!

Nel dialogo sopra, osserva le parole in grassetto (*bold*) e completa le seguenti attività.

1. Complete the missing elements from the expressions taken from the dialogue.
   a. io _____ alzo
   b. tu _____ metti
   c. lui _____ alza
   d. noi _____ divertiamo
   e. voi _____ alzate
   f. loro _____ preparano

2. The words you inserted are **reflexive pronouns** corresponding to the English *myself, yourself, himself*, etc. Now, select the correct answer:
   a. Reflexive pronouns in Italian are placed
      before the verb. / after the verb.
   b. If an action is reflexive, then
      verb forms are conjugated as usual. / verb forms are <u>not</u> conjugated as usual.

3. Which of the following expressions indicates a <u>reflexive</u> action (*an action that you do to yourself, such as "look at yourself"*) and which indicates a <u>reciprocal</u> action (*an action that you do to one another or with each other, such as "talk to each other"*)?
   a. **ci** prepariamo
   b. **ci** incontriamo

Verbi riflessivi e azioni reciproche (*Reflexive verbs and reciprocal actions*)

Verbi riflessivi

Sabrina è nel bagno, **si guarda** allo specchio, **si pettina**, **si veste** e **si prepara** per uscire. Più tardi lei e i suoi amici **si incontrano** in piazza.

A. Verbi riflessivi (*Reflexive verbs*) are verbs whose actions refer back to the subject. This means that the subject not only performs the action but also receives it (for example, *I wash my hands, she combs her hair, we enjoy ourselves*). Whereas English often uses -*self* / -*selves* or possessive adjectives (*my, your,* etc.) to convey a reflexive meaning, Italian reflexive verbs use **pronomi riflessivi** (*reflexive pronouns*) (**mi, ti, si, ci, vi, si**) before their conjugated verb forms.

Io **mi metto** un maglione pesante.	*I put on (myself) a heavy sweater.*
Noi **ci divertiamo** sempre quando andiamo in montagna.	*We always enjoy ourselves when we go to the mountains.*

B. The following table shows the **present indicative** of the reflexive verbs **alzarsi** (*to get up*), **mettersi** (*to put something on, to wear*), and **divertirsi** (*to have fun, to enjoy oneself*). The verbs are conjugated as usual but the verb form is preceded by the reflexive pronoun (**mi, ti, si, ci, vi, si**).

	alzarsi *(to get up)*	mettersi *(to put on)*	divertirsi *(to enjoy onelself)*
io	**mi** alzo	**mi** metto	**mi** diverto
tu	**ti** alzi	**ti** metti	**ti** diverti
lui/lei, Lei	**si** alza	**si** mette	**si** diverte
noi	**ci** alziamo	**ci** mettiamo	**ci** divertiamo
voi	**vi** alzate	**vi** mettete	**vi** divertite
loro	**si** alzano	**si** mettono	**si** divertono

C. Notice that many verbs can also have a reflexive form[1]. The infinitive form of a reflexive verb contains the pronoun **si** at the end after deleting the final vowel -**e**.

Non-reflexive	Reflexive
lavare: *to wash (something / somebody)*	**lavarsi:** *to wash oneself*
mettere: *to put*	**mettersi:** *to put something on (oneself), to wear*
vestire: *to dress*	**vestirsi:** to get dressed (*to dress oneself*)
Noi laviamo la macchina.	Noi **ci** laviamo le mani.
We wash the car.	*We wash **our** hands.*
Sabrina mette la giacca a vento in valigia.	Sabrina **si** mette un maglione pesante.
Sabrina puts her jacket in the suitcase.	*Sabrina puts on (wears) a heavy sweater.*
La mamma veste i suoi bambini per uscire.	La mamma **si** veste per uscire.
The mother dresses her children to go out.	*The mother gets dressed to go out.*

[1]Only transitive verbs can also be reflexive.

D. When a sentence is negative, **non** precedes the reflexive pronoun.

Ti svegli tardi la mattina?	*Do you wake up late in the morning?*
No, **non** mi sveglio tardi, mi sveglio presto.	*No, I don't wake up late, I wake up early.*

E. The following is a list of the most common reflexive verbs of the three conjugations (verbs in **-are**, **-ere** and **-ire**). They are paired by opposites whenever possible. Practice the conjugation of these verbs and their meanings before you start the **Pratichiamo!** Section.

Verbi riflessivi in -are / -ere / -ire	
addormentarsi *to fall asleep, to go to sleep*	**svegliarsi** *to wake up*
allenarsi *to practice a sport*	
alzarsi *to get up*	**sedersi** *to sit down*
annoiarsi *to get bored*	**divertirsi** *to have fun / to enjoy oneself*
chiamarsi *to call oneself*	
sentirsi bene *to feel well / good*	**sentirsi male** *to feel sick / bad*
stancarsi *to get tired*	**riposarsi** *to rest*
vestirsi *to get dressed*	**svestirsi / spogliarsi** *to get undressed*

Azioni reciproche

A. Azioni reciproche (*Reciprocal actions*) express an action that you do to one another or with each other (*we call each other, they see one another,* etc.). Therefore, reciprocal actions can only be expressed with plural subjects (**noi, voi, loro**). In order to express a reciprocal action in the present indicative, the reciprocal pronouns (**ci, vi, si**) precede the conjugated verb.

Azioni reciproche			
	incontrarsi (*to meet each other*)	**vedersi** (*to see each other*)	**riunirsi** (*to meet up, to gather*)
noi	**ci** incontriamo	**ci** vediamo	**ci** riuniamo
voi	**vi** incontrate	**vi** vedete	**vi** riunite
loro	**si** incontrano	**si** vedono	**si** riuniscono

B. Like reflexive verbs, infinitive forms of **azioni reciproche** have the pronoun **si** attached to the end of the verb after deleting the final **-e**. See the verbs **incontrare** (*non-reciprocal*) and **incontrarsi** (*reciprocal*) in the following examples.

Non-reciprocal	Reciprocal
incontrare: *to meet*	**incontrarsi**: *to meet each other*
vedere: *to see*	**vedersi**: *to meet, to see each other*
riunire: *to reunite*	**riunirsi**: *to meet up, to gather*
Io incontro gli amici in Piazza San Carlo.	Noi **ci** incontriamo in Piazza San Carlo.
I meet my friends in Piazza San Carlo.	*We meet each other in Piazza San Carlo.*
Io vedo Sabrina al cinema.	Io e Sabrina ci vediamo al bar per colazione.
I see Sabrina at the movie theater.	*Sabrina and I see each other at the coffee shop for breakfast.*
Roberto riunisce tutti i suoi amici a casa sua per una festa.	Sabrina e Roberto **si** riuniscono con gli amici per una settimana bianca.
Roberto reunites all his friends at his house for a party.	*Sabrina and Roberto meet up with their friends for a ski trip.*

C. The following is a list of the most common **azioni reciproche**. Practice the conjugation of these verbs and their meanings by yourself or with a partner before you start the **Pratichiamo!** section.

abbracciarsi	*to hug each other*
aiutarsi	*to help each other*
incontrarsi	*to meet each other*
salutarsi	*to greet (take leave of) each other*
vedersi	*to see each other*
riunirsi	*to meet each other / to reunite*

Pratichiamo!

4-6. **Una giornata tipica a casa di Sabrina.** Completa le frasi con i **verbi riflessivi**.

Ciao, io sono Sabrina è questa è una giornata tipica a casa mia. Di solito io (1. *svegliarsi*) molto presto la mattina e vado a correre. Mia sorella invece (2. *alzarsi*) più tardi. I miei genitori (3. *prepararsi*) e vanno al lavoro. Quando torno a casa, (4. *farsi la doccia = take a shower*), (5. *vestirsi*) ed esco per andare all'università. Quando fa freddo (6. *mettersi*) una giacca pesante. La sera vedo gli amici in Piazza Vittorio Veneto e noi (7. *divertirsi*) molto insieme. Poi torno a casa, ceno (*I have dinner*) con la famiglia e insieme guardiamo un po' la televisione. Poi andiamo tutti a dormire e (8. *addormentarsi*) prima di mezzanotte (*midnight*).

In Italia, quando amici o parenti si incontrano, si abbracciano e si baciano (*kiss each other*) su entrambe le guance (*on both cheeks*).

4-7. Amici e parenti. Completa le frasi con un'**azione reciproca** per sapere cosa fanno le seguenti persone.

1. Quando io incontro Sabrina, noi (*salutarsi*) _____ e (*abbracciarsi*) _____.

2. Quando è festa (*holiday*) gli amici e i parenti (*farsi*) _____ gli auguri.

3. Roberto e Sabrina sono molto altruisti e (*aiutarsi*) _____ l'un l'altro quando hanno bisogno.

4. Io e i miei amici (*vedersi*) _____ spesso in Piazza Vittorio Veneto.

Piazza Vittorio Veneto, nel centro di Torino, è una tra le più grandi piazze d'Europa.

5. Quando tu e i tuoi genitori andate a dormire, voi (*dirsi*) _____ "buonanotte".

4-8. A te la decisione. Completa le frasi con i verbi indicati (regolari, riflessivi, o reciproci).

1. La mamma di Roberto (*svegliare / svegliarsi*) presto la domenica e poi (*svegliare / svegliarsi*) suo marito.

2. Roberto (*incontrare / incontrarsi*) Sabrina al bar per fare colazione. Poi loro e altri amici (*incontrare / incontrarsi*) al cinema.

3. La madre di Roberto prima (*chiamare / chiamarsi*) suo figlio, poi parla con un'amica che (*chiamare / chiamarsi*) Paola.

4. Sabrina (*lavare / lavarsi*) la sua macchina e poi (*lavare / lavarsi*) le mani.

5. Io e mia sorella (*organizzarsi / organizzare*) per andare al mercato. Mio fratello non (*organizzarsi / organizzare*) mai niente perché è pigro!

4-9. Parliamo di te. A coppie, fate le seguenti domande e rispondete per trovare informazioni sul compagno/sulla compagna.

1. Come ti chiami?

2. Ti svegli presto o tardi durante la settimana?

3. Ti alzi subito quando ti svegli o stai a letto un po' di tempo?

4. Cosa ti metti quando fa freddo? E quando fa caldo?

5. Tu e tuoi amici vi riunite spesso? Dove? E cosa fate insieme?

4-10. Che tipo sei? In gruppo, fate le seguenti domande con i verbi **riflessivi** o **reciproci**. Secondo le risposte che ricevete, decidete se il vostro compagno/la vostra compagna di classe è estroverso/a (*outgoing*), sportivo/a, se preferisce attività all'aperto (*outdoor*), ecc.

1. Cosa fai per divertirti?

2. Tu e gli amici vi incontrate spesso? Dove?

3. Cosa ti metti se vai ad una festa?

4. Se vai ad una partita, ti diverti o ti annoi?

5. Quando ti riposi?

🔊 A che ora arrivi?

Ascolta e/o leggi il dialogo e rispondi alle domande.

Sabrina va ad Asti per passare qualche[1] giorno con una sua amica, Rossella, in occasione di **Lo Sport in piazza**. Sabrina chiama Rossella.

Sabrina: Ciao Rossella! Sono Sabrina. Come stai?

Rossella: Benissimo! Ma sei ancora[2] a Torino? A che ora parti?

Sabrina: **Sono le nove**[3], il treno parte **alle dieci e un quarto**[4] e arrivo **a mezzogiorno**[5].

Rossella: Perfetto! Così pranziamo insieme **all'una**[6] e poi andiamo a vedere **Lo Sport in piazza**. Inizia **alle due**[7] del pomeriggio. Ci sono attività sportive molto belle per le famiglie, adulti e bambini.

Sabrina: A che ora finiscono le attività?

Rossella: Il programma dice che finiscono **alle 18:30** (diciotto e trenta), quindi **alle sei e mezzo**[8], forse alle **sette meno un quarto**[9]. Poi ci riposiamo e andiamo in un piccolo caffè dove fanno dei buonissimi baci di dama[10].

Sabrina: Che bello! Non vedo l'ora. Ci vediamo **alle dodici**[11] alla stazione. Ciao!

Ogni anno ad Asti (in Piemonte), Piazza Alfieri e Piazza Libertà ospitano **Lo Sport in Piazza**, un evento che offre la possibilità di partecipare a tante specialità sportive come pattinaggio, judo, atletica, mountain bike, tennis, football americano, pallavolo, rugby, basket/pallacanestro, scacchi, karate, fitness, danza, calcio a 5, ginnastica e tanti altri. È una giornata di sport e divertimento per tutti.

[1]*a few*   [2]*still*   [3]*It is 9 o'clock*   [4]*at 10:15*   [5]*at noon*
[6]*at 1 o'clock*   [7]*at 2 o'clock*   [8]*at half past six (6:30)*
[9]*quarter to seven*   [10]*Vedi nota culturale*   [11]*at twelve*

Comprensione

È vero o è falso? Indica se le seguenti frasi sono vere **(V)** o false **(F)**. Correggi le frasi false.

1. Sabrina va a trovare Rossella a Cuneo.   V   F
2. Sabrina parte alle nove.   V   F
3. **Lo Sport in Piazza** inizia nel pomeriggio.   V   F
4. Le attività finiscono dopo le sette di sera.   V   F
5. Le due amiche si incontrano a mezzogiorno.   V   F

Osserviamo la struttura!

Nel dialogo sopra, osserva le parole in grassetto (*bold*) e completa le seguenti attività.

1. Complete the phrase with the missing word. Then, indicate what it is (definite or indefinite article, gender, and number). How does the entire phrase differ from the English equivalent?
   Sono _____ nove.   *It's nine o'clock.*

2. Complete the following phrases with the missing words and try to determine the reason why the compound preposition is different in each case.
   a. Così pranziamo insieme _____.   b. Inizia _____ del pomeriggio.

3. Complete the following phrases with the missing words and determine whether they indicate the same time or not.
   a. Arriva a _____   b. Ci vediamo alle _____.

L'ora (Time)

A. In Italian, the following expressions are equivalent and correspond to the English *"What time is it?"*

Che ora è? / Che ore sono?   *What time is it?*

In the examples below, notice that the verb form **è** and the definite article **l'** are only used for the one o'clock time frame (1:00–1:59). Otherwise, the verb form **sono** and the definite article **le** are used.

È l'una.	*It is 1 o'clock.*
È l'una e cinque.	*It is 1:05 pm.*
Sono le nove.	*It is 9 o'clock[2].*

The verb form **è** is also used for the expressions **mezzogiorno** (*noon*) and **mezzanotte** (*midnight*) but the definite article is omitted.

It is very common to use the 12-hour clock for informal situations such as talking with family and friends. In order to avoid confusion, people specify **mattina** (*morning*), **pomeriggio** (*afternoon*), **sera** (*evening*), **notte** (*late night*).

 Sono le nove <u>di mattina</u> (*in the morning*).

 Sono le dodici. / È mezzogiorno (*noon*).

 È l'una <u>di pomeriggio</u> (*in the afternoon*).

 Sono le dodici. / È mezzanotte (*midnight*).

B. The expressions **e un quarto** (*and a quarter [of an hour] = fifteen minutes*), **e mezzo** (*and a half [hour] = and thirty minutes*), **meno un quarto** (*minus a quarter [of an hour] = a quarter to*) are commonly used. The conjunction **e** is used to add up to forty minutes to the hour. **Meno** is used to express the time that is twenty minutes or less to the hour.

 Sono le otto **e quaranta** di sera. Sono le nove **meno venti** di sera.

 Sono le due **e un quarto** (*a quarter*). Sono le due **e quindici**.

 Sono le tre **e mezzo** di notte. Sono le tre **e trenta** di notte.

 Sono le cinque **meno un quarto**. Sono le quattro **e quarantacinque**.

[2]The expression "o'clock" is never used in Italian.

C. The expression "(At) what time..." in Italian corresponds to "**A che ora...**". A compound preposition (**all'** or **alle**) is used to indicate the time when an action/event starts/ends. The simple preposition **a** is used before the expressions **mezzogiorno** and **mezzanotte**.

A che ora è il pranzo?	*(At) What time is lunch?*
Il pranzo è **alle** dodici (*or* **a** mezzogiorno).	*Lunch is at 12 (noon).*
A che ora inizia la partita?	*(At) What time does the game start?*
La partita inizia **all'**una e finisce **alle** due e quarantacinque.	*The game starts at 1:00 and ends at 2:45.*

ATTENZIONE!

The 24-hour clock is used in Italian for formal situations, official schedules such as train schedules, and in conversation when referring to appointments.

Il treno arriva alle **9:00**. (*The train arrives at 9:00 am.*)
Il treno arriva alle **21:00**. (*The train arrives at 9:00 pm.*)

Come si dice "*How much time / How many hours*" e "*...a lot of time...*" in italiano?

The expression "*how much time*" corresponds to the Italian **quanto tempo**.

Quanto tempo studi ogni giorno? *How much time do you spend studying every day?*

The expression "*a lot of time*" corresponds to the Italian **molto tempo**.

Roberto passa **molto tempo** in palestra. *Roberto spends a lot of time at the gym.*
Sabrina resta a letto **molto tempo** prima di alzarsi. *Sabrina stays in bed for a long time before the gets up.*

The Italian **Quante ore...?** (*How many hours...?*) can be used to elicit more detailed information.

Quante ore ti alleni in palestra? *How many hours do you work out at the gym?*
Mi alleno un'ora (*or* molte ore) al giorno. *I work out for an hour (or many hours) a day.*

Pratichiamo!

4-11. Che ora è? Scrivi una frase intera per ogni orario indicato ma usa le parole e non i numeri. Includi il verbo **essere** (È.../ Sono...) e l'articolo se è necessario.

1. 1:15 pm _____
2. 12:25 pm _____
3. 8:40 am _____
4. 3:50 am _____
5. 12:00 am _____
6. 7:45 pm _____

4-12. In partenza per Asti. Scrivi cosa fa oggi Sabrina prima di arrivare ad Asti. Indica a che ora, o, da che ora a che ora, fa le seguenti cose.

Esempio   7:10-7:20 Sabrina – *farsi la doccia*
        Dalle sette e dieci alle sette e venti Sabrina si fa la doccia.

1. 7:05 Sabrina – *svegliarsi*
2. 8:10 Sabrina e sua sorella – *fare colazione*
3. 8:30- 8:50 Sabrina – *aspettare il treno*
4. 9:00 Sabrina – *partire per Asti*
5. 9:15-4:45 Sabrina – *leggere un libro*
6. 12:10 Sabrina e Rossella – *incontrarsi*

Comunichiamo!

4-13. Una tua giornata tipica. In coppia, chiedi al tuo compagno o alla tua compagna a che ora fa le seguenti cose in una giornata tipica di scuola/lavoro. Scrivi le risposte e poi riferisci i risultati alla classe.

a. alzarsi
b. fare colazione
c. studiare/lavorare
d. riposarsi
e. vedere gli amici
f. addormentarsi

4-14. Indagine: Cosa fai di solito a quest'ora? In gruppo, chiedete ai vostri compagni o al vostro/alla vostra insegnante cosa fanno di solito alle ore indicate nella tabella. Poi riferite i risultati alla classe.

Ora	Nome	Nome	Nome
10:00 di mattina			
5:00 di pomeriggio			
11:00 di sera			
2:00 di notte			

Pre-lettura

1. **I miei giochi preferiti.** Indica le tue preferenze da 1–4 per i seguenti tipi di giochi. Poi paragona le tue preferenze con quelle dei tuoi compagni. Scrivi anche il nome del tuo gioco preferito.

_____ giochi di società (*board games*)

_____ giochi di improvvisazione (*improvisational games*)

_____ giochi di carte (*card games*)

_____ giochi di narrazione (*story-telling games*)

Gioco preferito: _____

2. **Informazioni importanti.** Scorri (*Scan*) il seguente articolo per trovare le seguenti informazioni su GiocAosta.

a. mese: _____

b. ore: _____

c. luogo: _____

d. partecipanti: _____

e. costo: _____

GiocAosta

Courtesy of Aosta Iacta Est

Grandi e piccoli, vecchi e giovani, tutti partecipano a GiocAosta.

GiocAosta è una festa di giochi in città ad agosto, per due giorni interi. Piazza Chanoux si trasforma in un'enorme ludoteca° a cielo aperto. Non solo per bambini, questa è una giornata che ricorda anche agli adulti, il valore e il piacere del gioco. È organizzata da un gruppo di giovani appassionati° del mondo ludico° che si occupano del gioco intelligente.

Dalle 10.00 alle 21.00, la piazza è piena° di giochi in scatola°,

recreation center, game room

impassioned, enthusiastic

play (world of play)

full / box

di carte, di interpretazione, di strategia, di ruolo, di improvvisazione, di narrazione. Il cuore della manifestazione è la ludoteca che, con i suoi 200 giochi in scatola, mette, intorno ai tavoli°, giocatori di ogni età. Ci sono molti volontari che spiegano le regole dei giochi e delle partite.

Gli spazi della piazza sono divisi in diverse aree tematiche°: il calcio in miniatura, i piccoli eserciti° di figurine storiche, i giochi per bambini e le riproduzioni di armi bianche°. Altri eventi speciali in Piazza Chanoux sono tornei, cacce al tesoro°, giochi di movimento, laboratori di pittura°, appuntamenti speciali per i più piccoli e gare° di ogni tipo.

Tutte le iniziative legate a GiocAosta sono gratuite° e organizzate in maniera volontaria. Informazioni sui diversi elementi del progetto sono disponibili sul Web.

Courtesy of Aosta Iacta Est

GiocAosta (*Game Aosta*) è un evento che include più di 200 giochi di società, di attività divertenti e di sport, tra cui anche la scherma (*fencing*). Chi non ha voglia di giocare, può sedersi a un caffè e osservare la gente. Adesso, leggi l'annuncio che parla dei giochi previsti per l'estate ad Aosta.

around the tables

subject categories

armies

war weapons

treasure hunts

painting / contests / free

Dopo la lettura

1. È vero o è falso? Indica se le seguenti frasi sono vere **(V)** o false **(F)**. Correggi le frasi false.

	V	F
1. Lo scopo della festa del gioco è vivere i valori del gioco.	V	F
2. La giornata è organizzata dagli anziani della zona.	V	F
3. La giornata dei giochi dura 10 ore.	V	F
4. La piazza è divisa in due: uno spazio per i bambini e uno per gli adulti.	V	F
5. Ci sono molti tipi di gare.	V	F
6. Non costa niente partecipare a GiocAosta.	V	F

2. Una giornata di giochi. Organizzate una giornata di giochi alla vostra università. Decidete la data, la durata (*duration*), il costo e i giochi che preferite. Chi partecipa? Ci sono gare? Ci sono premi? Quali?

Il centro della città

La mattina molti italiani comprano un giornale all'edicola e mentre prendono un caffè al bar, leggono le notizie.

Indicazioni	Directions
diritto / dritto	*straight ahead*
indietro	*back*
a sinistra (di)	*to/on the left (of)*
a destra (di)	*to/on the right (of)*
all'angolo (di)	*at the corner (of)*

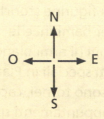

I luoghi	Places	Preposizioni	Prepositions
il barbiere	*barber shop*	**accanto a**	*next to*
il campo da tennis	*tennis court*	**davanti a**	*in front of*
la discoteca / il club	*discotheque / club*	**dentro**	*inside*
l'edicola	*newsstand*	**dietro**	*behind*
l'Internet Point	*Internet business*	**di fronte (a)**	*opposite*
la palestra	*gym*	**fuori (da)**	*outside*
la piscina	*pool*	**lontano (da)**	*far*
la questura	*police station*	**sopra**	*above*
la stazione dei treni	*train station*	**sotto**	*under / underneath*
il supermercato	*supermarket*	**vicino (a)**	*near*
la tabaccheria	*tobacco shop*		

Pratichiamo!

4-15. Che giornata! Il sabato Roberto e Sabrina fanno tutte le faccende (*errands*). Completa il dialogo con i nomi dei posti dove devono andare.

Roberto: Sabrina, stamattina vado presto dal _____ (1) a tagliare i capelli. Tu vai al _____ (2) per fare la spesa?

Sabrina: Sì, ma prima vado all' _____ (3) per spedire un pacco (*mail a package*).

Roberto: Perfetto. Poi vado in _____ (4) e prendo dei soldi così stasera quando andiamo allo _____ (5) per vedere la partita non abbiamo problemi.

Sabrina: D'accordo, io vado all' _____ (6) per comprare biglietti per il treno per domani.

Roberto: Perfetto. Insieme, facciamo tutto!

4-16. Dov'è? Roberto deve andare nei luoghi indicati sotto e guarda la piantina della città su Internet. Scrivi dove si trovano i seguenti luoghi usando la piantina accanto.

Esempio la banca

La banca è all'angolo di via Mazzini e via Cavour.

1. la farmacia
2. il barbiere
3. il Bancomat
4. il cinema
5. l'ufficio postale
6. la tabaccheria

4-17. La giornata di Roberto. Leggete qui sotto i piani di Roberto per sabato. A turno, uno di voi fa la parte di Roberto e l'altro fa domande sulla sua giornata usando le informazioni elencate qui sotto. Rispondete con frasi complete aggiungendo informazioni a vostra scelta.

Esempio edicola / giornale e…

S1: *Perché vai all'edicola?*

S2: *Vado all'edicola per comprare il giornale e una rivista.*

1. bar / fare colazione e…
2. Internet Point / leggere e …
3. Bancomat / prendere soldi e…
4. farmacia / prendere le medicine e…
5. Caffè San Carlo / prendere un caffè con gli amici e…
6. casa / prepararsi e…
7. stadio / vedere una partita di calcio e…
8. discoteca / incontrare gli amici e…

4-18. La vostra giornata. A turno, fate domande per sapere i piani del vostro compagno/della vostra compagna per il fine settimana e scrivete gli impegni della giornata nell'agendina (*daily planner*). Indicate l'attività e il posto. Quando avete finito, controllate con il vostro compagno/la vostra compagna per vedere se avete scritto le informazioni giuste.

4-19. Che giorno? In gruppo, fate domande per sapere che giorno fate le seguenti cose.

Esempio giocare a tennis

S1: *Che giorno giochi a tennis?*

S2: *Gioco a tennis il lunedì.*

	Nome	Nome	Nome
1. andare in palestra			
2. fare colazione			
3. fare sport			
4. correre			
5. vedersi con gli amici			

NOTA CULTURALE

La tabaccheria (o il tabacchino) non vende solo sigarette! Potete comprare molte cose utili come i francobolli (*stamps*), le schede telefoniche (*phone cards*), le ricariche per i cellulari, le cartoline (*postcards*), i biglietti della lotteria, le schedine del Totocalcio, penne, matite, ecc.

Mirco Vacca/Shutterstock.com

In montagna

Prima di tutto... Ti piace andare in montagna? Dove vai di solito? Sai quali montagne o catene montuose ci sono in Italia?

Paolo Gianti/Shutterstock.com

Davvero?! In Italia, le catene montuose più famose sono le Alpi e gli Appennini. Molti italiani fanno la "settimana bianca" (*ski trip*), che significa una vacanza sulla neve. È un'occasione per sciare e fare altre attività invernali, ma anche per rilassarsi e divertirsi.

Il Piemonte e la Valle d'Aosta condividono il Parco Nazionale Gran Paradiso, un bellissimo parco naturale protetto e il più antico in Italia. Il parco offre tante possibilità per ammirare la natura e fare attività sportive e culturali.

Oltre agli sport invernali, le Alpi sono famose anche per i deliziosi prodotti tipici che si trovano in queste zone e che sono famosi in tutto il mondo come il formaggio, il tartufo, l'olio e infine, il cioccolato, soprattutto quello di Alba, terra del cioccolato per eccellenza.

iStock.com/fotoVoyager

 Chiacchieriamo un po'! Lavorate a coppie. Guardate le foto qui sopra. Discutete le varie attività che potete fare in montagna durante le diverse stagioni, il clima (*weather / climate*) e quale abbigliamento è più adatto per queste attività e condizioni meteorologiche.

🔊 Vuoi passare un fine settimana ad Aosta?

Ascolta e/o leggi il messaggio e rispondi alle domande.

Sabrina invita Roberto ad andare a passare qualche giorno ad Aosta. Questa è la mail che Sabrina scrive a Roberto.

Ciao Roberto, ho un'idea fantastica! **Vuoi**[1] passare un fine settimana qua ad Aosta? Il prossimo fine settimana c'è il famoso *Torneo di calcio a 5* in Piazza Chanoux e tu sei appassionato di calcio. È facile arrivare in treno se non **vuoi** viaggiare in macchina. **Devi**[2] andare alla stazione o su Internet per vedere gli orari delle partenze. **Puoi**[3] stare a casa mia. I miei genitori **vogliono**[4] conoscerti. Mia madre **sa** cucinare[5] molto bene e **vuole**[6] preparare per te le sue specialità. A proposito, anche se è estate, qua fa molto freddo. **Devi** portare una giacca pesante e qualche[7] maglione.

Pensaci![8] Se vieni, **puoi** riposarti e ci **possiamo**[9] divertire insieme.

A presto,

Sabrina

Aosta è stata città nominata **Città Europea dello Sport 2017**.

Piazza Chanoux è un suggestivo luogo dove tutti gli abitanti si ritrovano per fare una passeggiata. Ogni anno, a giugno, la piazza ospita il **Torneo di calcio a 5** dove ogni squadra ha cinque giocatori. Per l'occasione, Piazza Chanoux si trasforma in un campo di calcio.

[1](Do) You want [2]You have to [3]You can [4](they) want [5]to cook
[6]wants [7]some [8]Think about it! [9]we can

Comprensione

È vero o è falso? Indica se le seguenti frasi sono vere (**V**) o false (**F**). Correggi le frasi false.

		V	F
1.	Sabrina invita Roberto a passare un fine settimana ad Aosta.	V	F
2.	Non ci sono treni per andare ad Aosta.	V	F
3.	Roberto deve (*must*) dormire in albergo.	V	F
4.	Roberto non conosce i genitori di Sabrina.	V	F
5.	La madre di Sabrina non è una brava cuoca (*cook*).	V	F

Osserviamo la struttura!

Nel dialogo sopra, osserva le parole in grassetto e rispondi alle seguenti domande.

1. What form of the verb follows the words **vuoi, devi, puoi, vogliono, sa,** etc.?
2. From what you learned in Capitolo 3 and from the context, what does the verb **sa** mean in the following sentence?
   Mia madre **sa** cucinare molto bene.
3. Complete the following phrases with the missing words and try to explain what they are.
   Se vieni, puoi riposar____ e ___ possiamo divertire insieme.

Verbi modali (*Modal verbs*): dovere, potere, volere

A. Dovere (*must, to have to*), **potere** (*can, to be able to*), and **volere** (*to want to*) are **verbi modali** (*modal verbs*) because they express the modality (necessity, ability, desire) in which an action occurs. The verb **sapere** (see Capitolo 3) is also considered a *modal verb* when it expresses *to know how to do something*.

Verbi modali are usually followed by an infinitive. The verbs **dovere, potere**, and **volere** are irregular in their conjugations.

Vuoi andare alla partita stasera?

Non posso, ho un esame domani e devo studiare.

©Pixtal / SuperStock

	dovere (*must, to have to*)	**potere** (*can, to be able to*)	**volere** (*to want to*)
io	devo	posso	voglio
tu	devi	puoi	vuoi
lui/lei, Lei	deve	può	vuole
noi	dobbiamo	possiamo	vogliamo
voi	dovete	potete	volete
loro	devono	possono	vogliono

Devi andare alla stazione.	*You must go to the train station.*
Puoi stare a casa mia.	*You can stay at my house.*
I miei genitori **vogliono** conoscerti.	*My parents want to meet you.*
Mia madre **sa** cucinare molto bene.	*My mother can cook very well.*

B. When **verbi modali** accompany a reflexive or reciprocal verb, the reflexive or reciprocal pronoun can be placed before the modal verb or attached to the infinitive.

Se vieni, **puoi** riposar**ti** e **ci possiamo** divertire insieme.	*If you come, you can rest and we can have fun together.*

C. The verbs **volere** and **dovere** can also be followed by a noun. In this case, their meanings are different: **volere** (*to want something*) and **dovere** (*to owe something*).

Voglio un nuovo impermeabile per l'autunno.	*I want a new raincoat for the fall.*
Devo andare in banca perché **devo** 100 euro al mio compagno di stanza.	*I have to go to the bank because I owe my roommate 100 euros.*

Pratichiamo!

4-20. Volere, dovere e potere. Completa le seguenti frasi con i verbi indicati.

1. Roberto va all'agenzia di viaggi perché (*volere*) _____ sapere se ci sono delle buone offerte per una settimana bianca.

2. Roberto non (*potere*) _____ andare ad Aosta questo fine settimana con gli amici perché (*dovere*) _____ andare allo stadio con Giulio.

3. Noi (*dovere*) _____ andare all'edicola perché (*volere*) _____ comprare la Gazzetta dello Sport.

4. Io non ho più contanti (*cash*) e (*dovere*) _____ andare in banca.

5. Roberto e gli amici (*volere*) _____ andare insieme a trovare Sabrina ad Aosta.

6. Se tu perdi la patente (*driver's license*), (*dovere*) _____ andare in questura.

7. Se abbiamo bisogno di un'aspirina, (*dovere*) _____ andare in farmacia.

8. Sabrina invita Roberto e i suoi amici a cena e va al supermercato perché (*dovere*) _____ comprare gli ingredienti per fare la Carbonade (*see nota culturale*).

4-21. La risposta di Roberto. Completa la risposta di Roberto con i **verbi modali.**

Cara Sabrina, grazie per l'invito e accetto molto volentieri. Purtroppo non (1. *potere*)_____ partire questo fine settimana perché ho tante cose da fare. Prima di tutto (2. *dovere*) _____ andare in questura perché non trovo più la patente (*driver's license*) e non (3. *volere*) _____ partire senza documenti. Poi io e il mio amico Giulio (4. *dovere*) andare allo stadio per vedere la partita della Juve. La prossima volta che andiamo, anche tu (5. *potere*) _____ venire con noi, se (6. *volere*) _____ . E infine io (7. *dovere*) _____ andare in banca per prendere dei contanti (*cash*). A proposito, anche Giulio, Stefano e Pietro (8. *volere*) _____ venire ad Aosta, ma prenotiamo un albergo. Ci sentiamo presto!

4-22. Preparativi. Roberto va ad Aosta con alcuni amici. Devono prepararsi per partire ma non tutti sono d'accordo su quello che devono, possono e vogliono fare. Completa il seguente dialogo con i verbi modali **dovere, volere, potere** e **sapere.**

Roberto: Allora ragazzi a che ora ci svegliamo domani? Va bene alle sei?

Pietro: Eh no! Io non mi (1. *volere*) _____ svegliare alle 6. Se (2. *noi - dovere*) _____ partire alle 9 ci (3. *potere*) _____ svegliare alle 7.

Stefano: Va bene, ma se partiamo alle 9, io (4. *dovere*) _____ chiamare l'albergo per dire a che ora arriviamo. E poi Roberto (5. *dovere*) _____ guidare (*to drive*) perché conosce la strada.

Pietro: Mi dispiace, guido io. Roberto non (6. *sapere*) _____ guidare bene la mia macchina, e poi è nuova, guido io.

Roberto: D'accordo. Allora se voi (7. *volere*) _____ partire alle nove, quando ci vediamo con Sabrina?

Pietro: Ci (8. *potere*) _____ incontrare prima di mezzogiorno e così andiamo a pranzo insieme.

Roberto: Bene! Siamo finalmente d'accordo.

4-23. **In un negozio di articoli sportivi.** Roberto prima di partire va in un negozio di articoli sportivi.

Commesso: Buongiorno! Cosa desidera? (1. *io - potere*) _____ aiutarla (*help you*)?

Roberto: Buongiorno! Vorrei (*I would like*) un paio di guanti da neve.

Commesso: Certo! (2. *Lei – volere*) _____ vedere i guanti che sono in vetrina (*window*)? (3. *Lei - potere*) _____ provare questi (*these ones*) intanto (*in the meanwhile*) per vedere la misura.

Roberto: Sì, (4. *io – volere*) _____ vedere quei (*those*) guanti in vetrina, mi piacciono molto. (*Roberto prova i guanti*).
La misura va benissimo, ma compro quelli che sono in vetrina. Quanto costano?

Commesso: 35 euro ma noi (5. *potere*) _____ fare un piccolo sconto (*discount*). 30 euro.

Roberto: (6. *io – dovere*) _____ pagare con la carta di credito, non ho abbastanza (*enough*) contanti.

Commesso: Non c'è problema. (7. *noi – volere*) _____ andare alla cassa?

4-24. **Voglio ma non posso perché devo...** Ci sono molte cose (sport, attività, passatempi) che noi vogliamo fare ma non possiamo perché dobbiamo fare qualcos'altro. A coppie, discutete su cosa volete fare in futuro (oggi, questa settimana o la prossima estate), ma non potete perché dovete fare qualcos'altro. Poi riferite i risulati alla classe.

Esempio   *Oggi voglio vedere la partita in TV ma non posso perché devo studiare per l'esame.*

4-25. **La settimana bianca.** Leggete i seguenti annunci di vacanze sulla neve. In gruppo, discutete su ogni annuncio e votate quale, secondo voi, è la settimana bianca migliore (*best*). Giustificate la vostra scelta con le cose che volete, potete e dovete fare nella località. Poi riferite alla classe il pacchetto che il gruppo preferisce e spiegate il perché.

Esempio   *Preferiamo il pacchetto... perché vogliamo... e possiamo fare..., non dobbiamo... ecc.*

NOTA CULTURALE

In Italia gli alberghi sono classificati con **le stelle** (*stars*), da una stella a cinque stelle. Un albergo a cinque stelle è molto bello ma anche molto costoso. Un albergo a una stella è economico ma offre pochi comfort.

Otto Kartoffel/Alamy Stock Photo

Grand Hotel Billia★★★★

albergo di lusso / vicino alle piste sciistiche alpine per lo sci e lo snowboarding / paradiso naturale con parchi nazionali / parcheggio con garage / tre ristoranti con cucina locale / casinò / vista panoramica e TV satellitare / camera standard per due persone / colazione compresa / €248 notte

Arsenie Krasnevsky/Shutterstock.com

Hotel De Ville★★★★

situato in Piazza Chanoux / elegante strada pedonale / TV via cavo, TV satellitare, Pay TV / 200 mt. Dal Casinò / minibar / prodotti da bagno / comfort moderni / parcheggio privato €5 / balcone o terrazzo / connessione Internet gratuita / camere per ospiti disabili / camere anallergiche / trasporto alle piste / camera matrimoniale €142

Mi piacciono quel[1] cappello e questa[2] maglietta.

Ascolta e/o leggi il dialogo e rispondi alle domande.

Rossella raggiunge Sabrina ad Asti. Fanno una passeggiata in centro e si fermano a guardare le vetrine[3] di un nuovo negozio che vende abbigliamento, scarpe e accessori[4].

Rossella: Sabrina, conosci **questo** negozio?

Sabrina: Sì, vende cose molto carine. Per esempio, mi piacciono **quel** cappello in fondo[5] alla vetrina e anche **questa** maglietta, **questa** bianca vicino a me.

Rossella: Belli anche **quei** pantaloni e **quelle** scarpe, là[5], dietro lo zaino.

Sabrina: (*indica un paio di sandali*) Voglio provare[7] **questi** sandali, **quelli**[8] dell'anno scorso sono scomodi[9]. E **quello** zaino a destra è perfetto per fare una gita al lago.

Rossella: Ci sono anche gli sconti. Guarda![10] Dentro c'è **quell'**impermeabile rosso che posso comprare per l'autunno. C'è il 40% (*per cento*) di sconto. Dai[11], entriamo!

[1]*that* [2]*this* [3]*window* [4]*accessories* [5]*in the back of* [6]*over there* [7]*try on* [8]*those* [9]*uncomfortable* [10]*Look!* [11]*Come on!*

Comprensione

È vero o è falso? Indica se le seguenti frasi sono vere **(V)** o false **(F)**. Correggi le frasi false.

	V	F
1. Sabrina non conosce il negozio.	V	F
2. A Sabrina piacciono un cappello e una maglietta.	V	F
3. Sabrina vuole sostituire (*replace*) i sandali dell'anno scorso.	V	F
4. A Rossella piace una giacca nel negozio.	V	F
5. Sabrina e Rossella non entrano nel negozio.	V	F

Osserviamo la struttura!

Nel dialogo sopra, osserva le parole in grassetto e rispondi alle seguenti domande.

1. Observe the use of **questo** (or **questa, questi**) and **quello** (or **quel, quell', quegli,** etc.). Can you determine which one indicates when an object is close to (*this / these*) or far from (*that / those*) the speaker? Provide some examples.

2. Try to explain what determines the different uses of **quel, quei, quello,** etc., in the following examples. Do you notice any similarities with other structures already learned?

   quel cappello   **quella** maglietta   **quell'**impermeabile

   quei pantaloni   **quelle** scarpe   **quello** zaino

3. Sometimes **questo** and **quello** (and their variations) are followed by a noun and sometimes they are not. Can you explain why? Provide some examples.

Aggettivi e pronomi dimostrativi (*Demonstrative adjectives and pronouns*)

Aggettivi dimostrativi

A. Aggettivi dimostrativi (*Demonstrative adjectives*) are used to refer to specific objects or people and are the equivalent of the English *this / these* and *that / those*. They generally indicate whether the object is close to or far from the speaker. Demonstrative adjectives precede the noun they refer to and, as with all adjectives, they agree in gender and number with it.

B. Questo / Questi *(This / These)*

- The table below shows the forms of the demonstrative adjectives *this* and *these*, which vary in gender (*m./f.*) and number (*sing./pl.*).

This	These
(*sing., m.*) quest**o** negozio	(*pl., m.*) quest**i** sandali
(*sing., f.*) quest**a** maglietta	(*pl., f.*) quest**e** scarpe

Conosci **questo** negozio?	*Do you know this store?*
Voglio provare **questi** sandali.	*I want to try on these sandals.*
Mi piace **questa** maglietta.	*I like this T-shirt.*
Queste scarpe sono molto belle.	*These shoes are very nice!*

- The singular form of the adjective **questo/questa** can be elided (**quest'**) if followed by a noun starting with a vowel:

Quest'estate fa molto caldo.	*This summer is very hot.*
Mi piace **quest'**impermeabile.	*I like this raincoat.*

C. Quel / Quei *(That / Those)*

- The forms of demonstrative adjectives **quel, quell', quella,** etc. (*that / those*) vary according to the noun they precede. They follow the same rules learned for **articoli determinativi** (see **Capitolo 1**).

	Aggettivi dimostrativi		
articolo determinativo (*sing.*)	***That***	**articolo determinativo (*pl.*)**	***Those***
il negozio	**quel** cappello	**i** cappelli	**quei** cappelli
lo zaino	**quello** zaino	**gli** zaini	**quegli** zaini
l'impermeabile	**quell'**impermeabile	**gli** impermeabili	**quegli** impermeabili
l'agenzia	**quell'**agenzia	**le** agenzie	**quelle** agenzie
la maglietta	**quella** maglietta	**le** magliette	**quelle** magliette

Io voglio andare in **quel** negozio.	*I want to go to that store.*
Quello zaino è perfetto.	*That backpack is perfect.*
Mi piacciono **quelle** scarpe.	*I like those shoes.*

Pronomi dimostrativi

Pronomi dimostrativi (*Demonstrative pronouns*) replace nouns (names of people or things) that have been mentioned already and that can be understood from the context. As the following table shows, demonstrative pronouns vary in gender (*m./f.*) and number (*sing./pl.*).

Pronomi dimostrativi					
this (one)	questo	questa	*that* (one)	quello	quella
these (ones)	questi	queste	*those* (ones)	quelli	quelle

Mi piace questa maglietta, **questa** vicino a me.

Voglio questi sandali. **Quelli** dell'anno scorso sono scomodi.

Quale negozio preferisci?

   Quello in Piazza Chanoux.

*I like this T-shirt, **this one** near me.*

*I want these sandals. **Those** from last year are uncomfortable.*

Which store do you prefer?

   ***That one** in Piazza Chanoux.*

Pratichiamo!

4-26. **Oh no! L'armadio è troppo pieno.** L'armadio di Sabrina è troppo pieno e deve decidere cosa eliminare. Completa l'esercizio con le forme dell'aggettivo dimostrativo **questo**.

Elimino (1) _____ sandali perché sono scomodi. (2) _____ giacca è vecchia. Posso dare (3) _____ magliette a mia sorella. Non ho più bisogno di (4) _____ cappello e di (5) _____ pantaloncini. (6) _____ impermeabile è nuovo ma non mi piace molto e nemmeno (7) _____ costume da bagno. Non mi sta bene (*It does not fit me well*). Ecco fatto (*All done*)!

4-27. **Che cosa comprano?** Sabrina e Rossella entrano nel negozio di abbigliamento. Completa le seguenti frasi con le forme dell'aggettivo dimostrativo **quello**.

Commesso: Buongiorno signorine! Posso aiutarvi?

Sabrina: Sì, vorrei vedere (1)_____ cappello che è in vetrina, (2) _____ pantaloni con (3) _____ maglietta bianca.

Commesso: Certo! È tutto su (4) _____ tavolo al centro del negozio. Può prendere la sua taglia e provare tutto in (5)_____ camerino (*fitting room*) là, vicino allo specchio.

Commesso: (a Rossella) E Lei signorina, vuole provare qualcosa?

Rossella: Sì, vorrei provare (6) _____ impermeabile rosso e i sandali blu in vetrina.

Commesso: Certo! (7)_____ sandali sono in svendita. Un vero affare!

4-28. **Andiamo a fare spese (*Let's go shopping*)!** A coppie, create un dialogo con il commesso/ la commessa. Prima, fate una lista di cose da comprare. Usate i verbi modali quando è necessario. Poi, indicate al commesso/alla commessa quello che volete vedere, chiedete se potete vedere o provare un articolo. Usate l'esercizio **4-27** come modello.

4-29. **Questo o quello?** In gruppo, scegliete uno degli argomenti di questo capitolo (stagioni, sport, attività, città, regioni) e formate due squadre per gruppo dove ogni squadra deve difendere la sua scelta (questo vs. quello). Incorporate l'uso dei verbi modali, dei verbi riflessivi e delle azioni reciproche.

Esempio   *Squadra 1: Noi preferiamo il calcio perché questo sport permette di....*

               Squadra 2: È vero, ma non potete fare quello sport se piove. Noi invece preferiamo…

Insieme in Piazza

Scegliete una delle seguenti situazioni e create una conversazione con il compagno/la compagna. Ricordate di usare le strutture imparate nel capitolo, ma non limitatevi solo a quelle.

Scena 1: La nostra giornata. Immaginate di essere in Piazza Castello a Torino. Incontrate alcuni amici e parlate della vostra giornata, di quello che dovete e volete fare. Purtroppo ci sono cose che non potete fare.

Scena 2: Come ci organizziamo? Immaginate di essere in Piazza Chanoux (o un'altra piazza che abbiamo visitato) a gustare una buona cioccolata calda e decidete di andare a vedere o di partecipare a un evento sportivo. Come vi organizzate? Come andate? Andate in albergo? Che cosa portate con voi? Ci sono cose che volete o dovete fare prima di partire?

Scena 3: Create la vostra situazione in uno dei posti visitati nel capitolo.

Presentazioni orali

A coppie o in gruppo, preparate una breve presentazione orale. Potete scegliere uno degli argomenti (*subjects*) menzionati nel capitolo, o un particolare che vi ha interessato, qualcosa che avete letto (*read*) **Nel cuore della regione** o nelle note culturali e volete approfondire (*study in depth*). Oppure potete fare una ricerca su una città in particolare o un monumento, o un personaggio famoso di queste regioni oppure sulla cucina. Lavorate insieme e preparate una presentazione in PowerPoint con musica e immagini da presentare alla classe. Ecco alcuni suggerimenti, oppure decidete voi su cosa volete fare la ricerca.

1. La Juventus e i suoi legami con la Fiat

2. La storia della Nutella

3. Carlo Levi (29/11/1902–4/1/1975), l'autore, il libro e il film

Scriviamo!

A coppie o in gruppo, scrivete un dialogo insieme. Parlate dei vostri passatempi preferiti che potete fare, quando li potete fare, dove e a che ora.

> **Writing Strategy: Learning to Converse by Writing Dialogues**
>
> Learning to create dialogues will help you to converse better in Italian. A dialogue is one way to express thoughts and feelings, ask questions, and receive and give information. Before writing a dialogue:
>
> ❭ create a sense of place (location),
>
> ❭ create a sense of time,
>
> ❭ use the most interesting and emotional words to convey your message.
>
> Remember that the role of the listener is as important as the role of the speaker. Create a dialogue that will interest your classmates.

1. Brainstorming

a. Prima di scrivere il vostro dialogo, provate a trasformare la seguente storia in un dialogo. Nel dialogo non è necessario includere frasi come "dice" o "chiede", ecc. Scrivete tre righe per Cristina e tre righe per Gianluca. Poi leggete il vostro dialogo a un'altra coppia.

> Cristina chiede a Gianluca se lui vuole andare alla partita di calcio della Juventus. Gianluca non ama il calcio. Cristina chiede se lui non fa il tifo per la Juve. Gianluca preferisce fare dello sport, non fare lo spettatore. Infatti, Gianluca gioca spesso a tennis. Cristina è d'accordo che è bello giocare e propone un compromesso. Prima loro vanno alla partita e poi giocano a tennis. Gianluca è contento del compromesso e dice che è una buon'idea. Vuole sapere l'ora della partita.

b. A coppie, fatevi domande a turno per completare la tabella. Scrivete le attività che potete fare insieme, quando le potete fare, dove, e a che ora.

STUDENTE/STUDENTESSA A			STUDENTE/STUDENTESSA B		
Attività	Luogo	Ora	Attività	Luogo	Ora

2. Organizzazione

Lavorate insieme per scrivere alcune domande e risposte che potete usare in questo dialogo.

3. Scrittura libera

Scrivete un dialogo insieme con almeno sei domande e sei risposte. Quando finite il dialogo, leggetelo (*read it*) ad alta voce per vedere se funziona (*it works*).

4. Prima correzione

Scambiate il vostro dialogo con un'altra coppia e fate correzioni, se necessario. Ecco alcune domande:

- Tutte le domande hanno una risposta?
- I personaggi sono interessanti?
- Capite tutto?
- Ci sono errori da correggere?

5. Finale

Scrivete la stesura finale e poi recitate la conversazione alla classe.

● Tempo libero e sport

Prima della visione

A. La risposta giusta. Abbina le domande della colonna A alle risposte della colonna B.

A	B
1. Cosa fai nel tempo libero?	a. Sì, è un po' fuori dal centro.
2. Quali sport ti piacciono?	b. Sì, abbastanza bene.
3. Segui lo sport?	c. Faccio un giro con gli amici.
4. Conosce bene questa città?	d. Seguo solamente le partite di calcio.
5. Sa dov'è lo stadio?	e. Mi piace molto nuotare e andare a correre.

B. Sono sportivi? Secondo te, queste persone sono sportive o no? Se sono sportive, quale o quali sport praticano?

1. Gioia è
   (*sportiva / non sportiva*).
   Sport: _____

2. Filippo è
   (*sportiva / non sportiva*).
   Sport: _____

3. Il signor Alberto è
   (*sportiva / non sportiva*).
   Sport: _____

Durante la visione

Guarda il video due volte. La prima volta, fai attenzione al significato generale. La seconda volta, completa le seguenti attività.

C. Cosa fanno nel tempo libero? Scegli tutte le risposte che si riferiscono a ogni persona.

1. Gioia:

   a. esce con gli amici.　　b. fa lunghe passeggiate.　　c. legge un libro.

2. Filippo:

   a. guarda un film.　　b. fa un giro con gli amici.　　c. gioca a calcio con gli amici.

3. Il signor Alberto:

   a. va allo stadio.　　b. guarda le partite in TV.　　c. segue l'automobilismo.

D. Chi lo dice? Indica con una **X** le persone che dicono le seguenti cose.

	Gioia	Filippo	Il signor Gianfranco	Il signor Alberto
1. Esco con il mio ragazzo.				
2. È molto vicino a casa mia.				
3. Preferisco guardarle in TV.				
4. Ascolto musica.				
5. Seguo l'hockey sul ghiaccio.				
6. Stare comunque in compagnia.				

Dopo la visione

E. È vero o è falso? Indica se le seguenti frasi sono vere **(V)** o false **(F)**. Correggi le frasi false.

1. A Gioia non piacciono gli sport sulla sabbia (*sand*).   V   F

2. Filippo non pratica sport ma segue il calcio.   V   F

3. Il signor Alberto pratica molti sport.   V   F

4. Il signor Alberto va sempre allo stadio.   V   F

5. Il signor Gianfranco abita vicino allo stadio.   V   F

6. Il signor Gianfranco segue il ciclismo.   V   F

F. Facciamo un'intervista (*Let's do an interview*)! Immaginate di intervistare il signor Gianfranco che è appassionato di diversi sport. Con un compagno/una compagna, fate un'intervista con domande e risposte sugli sport che piacciono a lui. Usate il formale.

VOCABOLARIO

L'abbigliamento — *Clothing*

l'abito	*suit*
i calzini	*socks*
la camicia	*dress shirt*
il cappello	*hat*
il berretto	*cap*
il costume da bagno	*bathing suit*
la felpa	*sweatshirt*
la giacca	*jacket (parka)*
la giacca a vento	*windbreaker*
la gonna	*skirt*
i guanti	*gloves*
l'impermeabile (*m.*)	*raincoat*
la maglia	*shirt / jersey*
la maglietta	*T-shirt*
il maglione	*pullover sweater*
gli occhiali da sole	*sunglasses*
i pantaloncini	*shorts*
i pantaloni	*pants*
i pantaloni da neve	*snowpants*
i sandali	*sandals*
le scarpe da ginnastica	*gym shoes, sneakers*
le scarpe da tennis	*tennis shoes*
gli scarponi	*ski boots*
gli stivali da pioggia	*rain boots*
il vestito	*dress*

Il tempo — *Weather*

c'è afa	*it's muggy*
c'è (la) nebbia	*it's foggy*
c'è (la) neve	*it's snowy*
c'è il sole	*it's sunny*
c'è vento	*it's windy*
è afoso	*it's humid / muggy*
è nuvoloso	*it's cloudy*
è sereno	*it's clear*
fa bel tempo	*it's nice weather*
fa brutto tempo	*it's bad weather*
fa caldo	*it's hot*
fa freddo	*it's cold*
fa fresco	*it's cool*
nevica	*it's snowing*
piove	*it's raining*
tira vento	*it's windy*

Le stagioni — *The Seasons*

la primavera	*spring*
l'estate (*f.*)	*summer*
l'autunno	*fall*
l'inverno	*winter*

Sport e attrezzatura — *Sports and Equipment*

andare in barca (a vela)	*to go boating / sailing*
andare in bicicletta	*to ride a bike*
correre / fare una corsa	*to run*
fare alpinismo	*to hike / to mountain climb*
fare il bagno (nel mare / in piscina)	*to swim (in the sea / in a pool)*
fare ciclismo	*to cycle*
fare una gara	*to race*
fare ginnastica / fare attività fisica	*to exercise / to work out*
fare una passeggiata	*to take a walk*
fare sport / praticare uno sport	*to play a sport*
giocare a baseball (*m.*)	*to play baseball*
giocare a calcio / giocare a pallone	*to play soccer*
giocare a pallacanestro (*f.*)	*to play basketball*
giocare a pallavolo	*to play volleyball*
giocare a tennis (*m.*)	*to play tennis*
nuotare	*to swim*
il nuoto	*swimming*
la palla / il pallone	*ball / soccer ball*
la pallacanestro (*f.*) / il basket (*m.*)	*basketball*
la partita	*game / match*
il pattinaggio	*skating*
pattinare (sul ghiaccio)	*to skate (ice skate)*
la racchetta da tennis	*tennis racquet*
gli sci	*skis*
lo sci	*skiing*
sciare	*to ski*
la squadra	*team*

I luoghi — *Places*

l'agenzia di viaggi	*travel agency*
la banca	*bank*
il Bancomat	*automatic teller (ATM)*
il bar	*coffee / snack bar*
il barbiere	*barber shop*
il cinema	*movie theater*
la discoteca	*discotheque / club*
l'edicola	*newsstand*
la farmacia	*pharmacy*
la fermata dell'autobus	*bus stop*
il negozio di alimentari	*grocery store*

l'Internet Point	Internet business	dentro	inside
la macelleria	butcher	dietro	behind
la palestra	gym	di fronte (a)	opposite
il parrucchiere	hair dresser	lontano (da)	far
la piscina	pool	sopra	above
la questura	police station	sotto	under / underneath
la spiaggia	beach	vicino (a)	near
lo stadio	stadium		
la stazione dei treni	train station	**Indicazioni**	*Directions*
il supermercato	supermarket	all'angolo (di)	at the corner (of)
il tabacchino / la tabaccheria	tobacco shop	a destra (di)	to/on the right (of)
		a sinistra (di)	to/on the left (of)
l'ufficio postale	post office	diritto / dritto	straight ahead
Le preposizioni	*Prepositions*	indietro	back
a casa	at home	**I verbi**	*Verbs*
a letto	in bed	abbracciarsi	to hug each other
a lezione	in class	addormentarsi	to fall asleep
a piedi	walk / on foot	allenarsi	to practice a sport
a tavola	at the table	alzarsi	to get up
a teatro	at the theater	annoiarsi	to get bored
in aereo	in the airplane / by airplane	aiutarsi	to help each other
		chiamarsi	to call oneself
in autobus	on the bus	divertirsi	to have fun / to enjoy oneself
in biblioteca	in the library		
in bicicletta	on a bike / by bike	dovere	must / to have to / to owe
in campagna	in the country		
in centro	downtown	incontrarsi	to meet each other
in macchina	in the car / by car	potere	can, to be able to
in montagna	in the mountains	salutarsi	to greet or take leave of each other
in moto	on a motorcycle / by motorcycle		
		sedersi	to sit down
in palestra	at the gym	sentirsi (bene / male)	to feel (well / badly)
in piscina	in the pool	stancarsi	to get tired
in treno	on the train / by train	svegliarsi	to wake up
in ufficio	in the office	svestirsi / spogliarsi	to get undressed
in vacanza	on vacation	vedersi	to see each other
Altre preposizioni	*Other Prepositions*	vestirsi	to get dressed
		volere	to want to
accanto a	next to	riunirsi	to meet each other / to reunite
davanti a	in front of		

CAPITOLO 5

LEARNING STRATEGY

Retaining Information

As you study another language, you will build on what you have already learned. Before absorbing new information, make sure that you understand what has already been covered. You can do this by:

- prioritizing the information you've learned in order to retrieve what's most relevant.
- continuing to review what you've studied before.
- participating in all activities. your retention is directly affected by the amount of practice you've had while learning.
- talking to your instructor if you still have questions.

Your ability to build on your previous experiences and knowledge will help you continue your progress toward fluency.

CHE BELLO SPETTACOLO IN PIAZZA!

Ogni estate a Pesaro, in Piazza del Popolo, c'è la Mostra Internazionale del Nuovo Cinema. È uno dei più importanti festival cinematografici italiani.

cristian ghisla/Shutterstock.com

COMMUNICATIVE GOALS

> Talk about music, theater, and cinema

> Talk about leisure activities

> Talk about past events

> Refer to people and things that have already been mentioned

Risorse Audio Video  MINDTAP

L'Umbria e le Marche

> L'Umbria non ha accesso al mare e questa caratteristica geografica sicuramente influisce su tante cose, tra cui la sua gastronomia che non è cambiata nel corso dei secoli.

> Le Marche, terra di grandi musicisti, artisti e letterati, è anche famosa per le sue spiagge sull'Adriatico che coprono 180 chilometri di costa.

Il fondatore, Gian Carlo Menotti, ha creato il **Festival dei Due Mondi** per facilitare un incontro culturale tra il mondo americano e quello europeo. I vari teatri di Spoleto ospitano spettacoli di musica, teatro e danza. Nella città gemella, Charleston, nella Carolina del Sud, ha luogo lo Spoleto Festival USA.

MARKA/Alamy Stock Photo

Le Marche sono note come la "regione dei cento teatri" per i numerosi teatri storici che oggi costituiscono un prezioso patrimonio culturale per la regione. Il **Teatro Flora**, in provincia di Macerata, è noto per il suo stile barocco, per le sue originali decorazioni e per la rara bellezza rimasta intatta nei secoli.

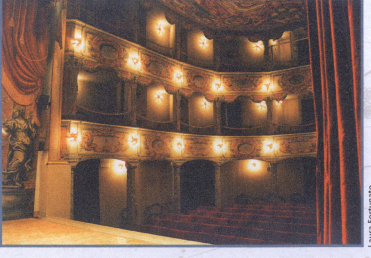

Laura Fortunato

Andiamo in piazza!

Ogni anno a Perugia ci sono molti concerti (spesso gratuiti) di jazz, R&B e rock, soprattutto durante il famoso festival musicale, **Umbria Jazz**, che si tiene ogni estate. Musicisti di fama internazionale arrivano da tutto il mondo per suonare in **Piazza IV Novembre**.

Piazza del Plebiscito è anche conosciuta come "Piazza del Papa" per la statua di Papa Clemente XII. È una delle quattro piazze centrali di Ancona ed è anche il centro principale della vita sociale della città.

La musica

il violino · IL GRUPPO · il flauto · il trombone · la chitarra · il sassofono · il pianoforte · la batteria · la cantante · il cantante

I musicisti suonano il jazz a un concerto di Umbria Jazz.

La musica	Music
l'artista	artist
la banda	concert / marching band
il baritono	baritone
il basso	bass (voice)
la biglietteria	ticket office
il cantautore (m.)/ la cantautrice (f.)	singer-songwriter
la canzone	song
il concerto	concert
il direttore	conductor
il gruppo	the band (rock, jazz, etc.)
il/la musicista	musician
il palco(scenico)	stage
la prenotazione	reservation
il pubblico	audience
il soprano	soprano
lo spartito	score / sheet music
lo spettacolo	performance
il tenore	tenor
il testo	lyrics

Gli strumenti	Instruments
il contrabbasso	string bass
la fisarmonica	accordion
l'organo	organ
la tromba	trumpet

la tuba	tuba
il violoncello	cello
la voce	voice

I generi musicali	Types of music
il blues	blues
l'hip-hop	Hip-hop
il jazz	jazz
la musica (leggera / classica / rock)	contemporary / classical / rock
il pop	pop
il rap	rap
lo ska	ska
la techno	techno

I verbi	Verbs
applaudire	to applaud
cantare	to sing
dirigere	to conduct / to direct
esercitarsi / praticare	to practice
esibirsi	to perform
fare le prove / provare	to rehearse
fischiare	to whistle / to hiss / to boo
prenotare	to reserve
suonare	to play (a musical instrument)

Pratichiamo!

5-1. Strumenti a fiato (wind), a corda (string) o a tastiera (keyboard)? Metti gli strumenti nella categoria corretta.

chitarra / sassofono / organo / flauto / trombone / fisarmonica / violoncello / piano / violino

A fiato	A corda	A tastiera
_____	_____	_____
_____	_____	_____
_____	_____	_____

5-2. Cosa fanno? Abbina gli elementi della colonna A con quelli della colonna B per formare una frase completa.

A

1. _____ Il giorno prima di esibirsi i musicisti…
2. _____ Il concerto non è bello e il pubblico…
3. _____ Cecilia Bartoli è un famoso mezzosoprano. Lei…
4. _____ Prima di andare al concerto noi…
5. _____ Il direttore d'orchestra non suona, lui…
6. _____ Giulia vuole diventare una musicista famosa. Lei…

B

a. si esercita molte ore al giorno.
b. fanno le prove.
c. dobbiamo comprare i biglietti.
d. dirige i musicisti.
e. canta molto bene.
f. fischia.

5-3. Cosa significa? Abbina le parole della colonna A alle definizioni della colonna B.

A

1. _____ il cantautore
2. _____ il concerto
3. _____ il palcoscenico
4. _____ la biglietteria
5. _____ il pubblico
6. _____ il testo

B

a. il luogo dove comprare i biglietti
b. la gente che assiste a uno spettacolo
c. le parole di una canzone
d. uno che scrive e canta le sue canzoni
e. il luogo dove si esibiscono musicisti o attori
f. uno spettacolo musicale

5-4. Un invito a un concerto. Avete due biglietti per un concerto e decidete di invitare un amico. Invitate un vostro amico/una vostra amica al concerto. Usate anche i verbi **volere, potere** e **dovere** per formulare le domande e le risposte. Indicate chi è l'artista / il gruppo, che tipo di musica suona, il luogo e l'ora del concerto. Recitate la vostra conversazione in classe.

5-5. In cerca di artisti! In gruppo, fate domande per sapere se i vostri compagni hanno una passione per la musica, per il cinema o per il teatro. Forse tra di voi c'è un artista come un cantante, un attore o un regista (movie director). Le seguenti domande sono alcuni esempi. Poi riferite i risultati alla classe.

	Nome	Nome	Nome
1. Sai suonare uno strumento? Quale?			
2. Quante ore al giorno suoni?			
3. Sai recitare? Sai cantare? Che cosa?			
4. Chi è il tuo/la tua cantante preferito/a?			
5. Chi è il tuo attore/la tua attrice preferito/a?			

La musica in Italia

Prima di tutto... Che cosa guardi in televisione? Ti piacciono i programmi come *American Idol*, *X Factor* e *America's Got Talent*? Perché sì o perché no? Conosci una canzone italiana famosa in tutto il mondo?

Marco Piraccini/Mondadori Portfolio/Getty Images

Davvero?!

I concorsi canori (*singing contests*) sono popolari anche in Italia. Per esempio, il più famoso, il Festival di Sanremo (o il Festival della Canzone Italiana di Sanremo), si svolge ogni anno durante il periodo invernale. In questa occasione, molti cantanti italiani propongono canzoni nuove (mai sentite o cantate prima davanti a un pubblico) e una giuria vota la migliore canzone dell'anno. Per i nuovi talenti ci sono programmi come *X Factor* che è iniziato in Italia nel 2008 e che finora ha avuto molto successo.

SFM Press Reporter/Alamy Stock Photo

Chiacchieriamo un po'! Lavorate a coppie. Siete due concorrenti (*competitors*) di *X Factor Italia*. Decidete quali canzoni volete cantare, perché le avete scelte (*you chose them*), cosa rappresentano queste canzoni per voi a livello personale. Come vi vestite per lo spettacolo e cosa fate se vincete il concorso?

Li vedo, sono sul palco!

Ascolta e/o leggi la conversazione e rispondi alle domande.

*Marisa ha appuntamento con Dario e altri amici in Piazza IV Novembre, a Perugia, per vedere un concerto dei P-Funking band. Non vede Dario e **lo** chiama al cellulare.*

In **Piazza IV Novembre**, in estate ci sono molti concerti.

Marisa: Dario, dove siete tu e gli altri? Non **vi** vedo. Io sono qui in piazza vicino alla fontana. **Mi** vedi?

Dario: Oh, sì **ti** vedo. Arrivo subito! (*Finalmente si incontrano.*)

Marisa: Oh, finalmente sei qui. Ma Roberta e Giovanna dove sono? Non **le** vedo. **Le** chiamo?

Dario: No, Roberta non viene al concerto. Lei preferisce guardar**lo** dal balcone di casa sua che dà sulla[1] piazza. E Giovanna? **La** chiamo? Forse non **ci** vede con tutta questa confusione.

Marisa: Oh, ecco**la**[2], **la** vedo. Viene verso di noi.

Giovanna: Ciao ragazzi! Scusate il ritardo.

Dario: Ciao Giovanna! Oh, ecco i P-Funking! Voi **li** vedete? Sono lì!

Marisa: Sì, ecco**li**, **li** vedo, sono sul palco. Dai! Godiamo**ci**[3] lo spettacolo!

[1]*looks on*   [2]*there she is*   [3]*Come on! Let's enjoy*

Comprensione

È vero o è falso? Indica se le seguenti affermazioni sono vere (**V**) o false (**F**). Correggi le affermazioni false.

1. Marisa e Dario arrivano insieme in Piazza IV Novembre.	V	F
2. Roberta non va al concerto.	V	F
3. Giovanna non trova Dario e Marisa.	V	F
4. Marisa e Dario vedono i P-Funking sul palco.	V	F

Osserviamo la struttura!

Nel dialogo sopra, osserva le parole in grassetto e completa le seguenti attività.

1. Based on the examples, what is the equivalent in English of the words in bold and what do they refer to? Follow the example
   a. Marisa non vede Dario e **lo** chiama al cellulare.   lo = *him → refers to Dario*
   b. E Giovanna? **La** chiamo?   la = _____
   c. Ecco i P-Funking! Tu **li** vedi?   li = _____
   d. Ma Roberta e Giovanna dove sono? Non **le** vedo.   le = _____
2. Find the words in bold listed below in the dialogue and try to indicate their equivalents in English.
   mi: _____   ti: _____   ci: _____   vi: _____
3. Where are the words in boldface usually placed in the sentence structure? Provide an example for each different case.

Pronomi oggetto diretto (Direct object pronouns)

A. In this chapter you will learn about **oggetti diretti** (direct objects) and **pronomi oggetto diretto** (direct object pronouns). A direct object *receives* the action of the verb. It answers the questions **Che cosa?** (*What?*) or **Chi?** (*Whom?*).

Soggetto	Verbo	Oggetto diretto (*What? Whom?*)
Dario	suona	la chitarra.
Dario	*plays*	*the guitar.*
Marisa	vede	Dario.
Marisa	*sees*	*Dario.*

Ecco la mia chitarra. **La suono nel tempo libero.**

B. **I pronomi** (pronouns) are words used in place of one or more nouns (people or things). **I pronomi oggetto diretto** (*me, you, him, her, it, us, them*) refer to objects (people or things) already mentioned and that receive the action expressed by the verb. They make speech less repetitive.

Suoni <u>la chitarra</u>?	*Do you play <u>guitar</u>?*
Sì, **la** suono.	*Yes, I play **it**.*
Quando vedi <u>i tuoi amici</u>?	*When do you see <u>your friends</u>?*
Li vedo ogni giorno.	*I see **them** every day.*

The table below shows the Italian **pronomi oggetto diretto**.

Pronomi oggetto diretto			
Singolare		**Plurale**	
mi	*me*	ci	*us*
ti La	*you* *you (form.)*	vi	*you (pl., form. and inform.)*
la	*her / it*	le	*them (f.)*
lo	*him / it*	li	*them (m.)*

Posizione dei pronomi oggetto diretto (Placement of direct object pronouns)

A. In Italian, direct object pronouns usually precede the verb.

Suoni **il pianoforte** tutti i giorni?	*Do you play **the piano** every day?*
Sì, **lo** suono tutti i giorni.	*Yes, I play **it** every day.*
Quando vedi **gli amici**?	*When do you see **your friends**?*
Li vedo la sera in piazza.	*I see **them** at night in the piazza.*

B. With modal verbs (**potere, volere, dovere**) or other verbs followed by an infinitive, the position of the direct object pronoun may vary. It can be placed before the conjugated verb or attached to the infinitive after dropping the final **-e**.

Vuoi vedere **il concerto**?	*Do you want to see* **the concert**?
Sì, **lo** voglio vedere. *or* Sì, voglio veder**lo**.	*Yes, I want to see* **it**.
Passo a prender**ti** più tardi. *or*	*I (will) come to pick* **you** *up later*.
Ti passo a prendere più tardi.	

C. Italian direct object pronouns can also be attached to the end of the expression **ecco** (*here it is, here they are, here I am . . .*).

Marisa, dove sei?	Ecco**mi**!
Dove sono i musicisti?	Ecco**li**!

Pratichiamo!

5-6. Nuovi talenti. Dario e il suo gruppo vogliono partecipare a un concorso per nuovi talenti. Per fare i provini (*auditions*) loro devono iscriversi (*register*). Si dividono i compiti (*tasks*). Rispondi alle seguenti domande con il verbo opportuno e il **pronome oggetto diretto** corrispondente alla parola sottolineata.

> **Esempio** Quando *facciamo* <u>le iscrizioni</u> (*registration*) al concorso?
> ***Le facciamo*** subito!

1. Dove *troviamo* <u>le informazioni</u> per partecipare?   (Noi) _____ su Internet.
2. Chi *fa* <u>i documenti</u> per l'iscrizione?   Giorgio _____ appena possibile.
3. Chi *paga* <u>la quota</u> (*fee*) di partecipazione?   Noi tutti _____.
4. Chi *suona* <u>il sassofono</u>?   Roberto _____, come al solito.
5. Chi <u>mi</u> *aiuta* a portare gli strumenti al provino?   Marisa _____. Lei ha la macchina.
6. Marisa, <u>ci</u> *accompagni* tu la sera del provino?   Ma certo, io _____ volentieri.

5-7. Al Chocohotel. Dario porta alcuni amici al famoso Etruscan Chocohotel di Perugia. Tutti fanno domande. Completa le risposte con la forma corretta del **verbo modale (dovere, volere, potere)** al presente indicativo e il **pronome oggetto diretto**, prima del verbo modale o attaccato (*attached*) all'infinito.

> **Esempio** Marisa, vuoi ordinare <u>la torta al cioccolato</u>?
> *Sì, **la** voglio ordinare.* o *Sì, voglio ordinar**la**.*

1. Possiamo prendere <u>una cioccolata calda</u>?
2. Devo chiedere <u>un menù</u>?
3. Volete ordinare <u>le paste al cioccolato</u>?
4. Dobbiamo prenotare (*reserve*) <u>il pranzo</u>?
5. Volete vedere <u>il Chocostore</u>?
6. Posso assaggiare <u>i cioccolatini</u>?

NOTA CULTURALE

L'**Etruscan Chocohotel**, a Perugia, è l'unico hotel al mondo dedicato al cioccolato. Gli ospiti possono gustare una buona cioccolata calda a qualsiasi ora e la sera trovano dei cioccolatini sparsi sul letto. Per i più golosi, c'è il chocostore con dei deliziosi choco gadget.

Courtesy Apice Hotels

5-8. Andiamo a Umbria Jazz Winter. Marisa e gli amici si organizzano per andare a Orvieto per vedere un concerto di Umbria Jazz Winter, la versione invernale del famoso evento. Maria scrive una mail a Roberta. Completa il seguente messaggio con i **pronomi oggetto diretto**.

Ciao Roberta,

Io e Dario andiamo al concerto di Umbria Jazz Winter a Orvieto. Dario non ha la macchina e io _____ (1) accompagno con la mia. Se vuoi venire anche tu, passiamo a prender _____ (2). So che anche Gianni vuole venire. _____ (3) chiamo domani e se dice che viene anche lui, andiamo tutti insieme. Io e Dario passiamo da casa tua verso le cinque. Se non _____ (4) vedi arrivare, forse siamo bloccati nel traffico. Per il viaggio, portiamo dei panini. _____ (5) preparo io. Per dormire, invece, prenotiamo una pensione in centro dove io e la mia famiglia andiamo spesso. È bella, _____ (6) conosco molto bene e non è costosa. Per confermare con te e Gianni, _____ (7) chiamo fra un paio di giorni. Fammi sapere (*Let me know*) appena possibile per le prenotazioni. Dobbiamo far _____ (8) subito.

Marisa

5-9. Quando lo facciamo? A coppie, immaginate di essere in Umbria. Formulate delle domande e risposte con gli elementi forniti. Rispondete con un **pronome oggetto diretto**. Se conoscete altre informazioni, aggiungetele.

> **Esempio** visitare la Basilica di San Francesco ad Assisi
> **S1:** *Visitiamo la Basilica di San Francesco ad Assisi?*
> **S2:** *Sì, la visitiamo domani.* O *No, non la visitiamo perché non abbiamo tempo.*

1. comprare le famose ceramiche di Deruta
2. vedere il Gran Premio Mongolfieristico di Todi
3. vedere gli spettacoli al Festival dei Due Mondi di Spoleto
4. filmare il Carnevalandia di Todi
5. fotografare il palazzo dei Priori, in Piazza IV Novembre a Perugia
6. mangiare le salsicce di cinghiale (*wild boar*) di Norcia

NOTA CULTURALE

I **Baci Perugina** sono cioccolatini fatti a Perugia e famosi in tutto il mondo. In ogni incarto (*wrapper*) c'è un messaggio romantico scritto in diverse lingue.

5-10. Lo sai? A coppie e a turno, fate le seguenti domande e poi riferite i risultati alla classe. Rispondete con un **pronome oggetto diretto**.

1. Sai suonare la chitarra? La suoni da molto tempo?
2. Conosci le opere liriche? Quali?
3. Riesci (*Are you able to*) a imparare a memoria le canzoni che ti piacciono?
4. Sai riconoscere tutti gli strumenti musicali?
5. Scrivi pezzi musicali? Come sono?
6. Sai riconoscere i vari tipi di musica, jazz, blues, pop…?

5-11. Chi lo fa? In gruppo, chiedete ai vostri compagni se fanno le cose elencate (*listed*) qui sotto. Rispondete con il **pronome oggetto diretto**. Seguite l'esempio e fate una lista delle persone. Poi riferite i risultati alla classe.

> **Esempio** ascoltare la musica classica
> *Tu ascolti la musica classica? Io l'ascolto sempre.* O *No, io non l'ascolto mai.*

1. suonare il piano
2. mangiare il tartufo di Norcia
3. ballare l'hip-hop
4. cantare la lirica
5. vedere film stranieri
6. mangiare i Baci Perugina

Ho comprato i biglietti per il Festival dei Due Mondi!

Ascolta e/o leggi il seguente brano e rispondi alle domande.

*Marisa è contenta perché **ha comprato** i biglietti per il Festival dei Due Mondi. Scrive un messaggio sul suo blog ai suoi amici.*

DeAgostini/Superstock

Evviva! Oggi **ho ricevuto** nella posta i biglietti per il Festival di Spoleto. Non ci posso credere! La settimana scorsa io e Dario **abbiamo sentito** che è possibile fare i biglietti su Internet. Appena[1] lui **ha trovato** le informazioni, **abbiamo comprato** i biglietti. Che bello! Andiamo[2] a Spoleto! E voi **avete comprato** i biglietti? Chi viene con noi?

[1]*As soon as*   [2]*We are going*

Piazza della Libertà, a Spoleto, ospita alcuni eventi del famoso Festival dei Due Mondi. Qui si trova anche la biglietteria per il festival. È anche possibile acquistare i biglietti online.

Comprensione

È vero o è falso? Indica se le seguenti affermazioni sono vere (**V**) o false (**F**). Correggi le affermazioni false.

1. Marisa non vuole andare a Spoleto.   V   F
2. Marisa va a Spoleto per comprare i biglietti per il festival. V   F
3. Dario ha trovato le informazioni su Internet.   V   F
4. Marisa va a Spoleto da sola.   V   F

Osserviamo la struttura!

Nel brano sopra, osserva le parole in grassetto e completa le seguenti attività.

1. Below are some examples of the Italian **passato prossimo**, which is used to talk about past events. Look at them, then answer the following questions.

   Abbiamo comprato   Abbiamo ricevuto   Abbiamo sentito

   a. How many words are used to form this tense in Italian? Do you recognize the first word in each example?

   b. The second word of this tense is called the **participio passato** (past participle). Can you determine the infinitive of each verb?

2. Based on your answers to the questions above and the examples provided, can you guess the **participio passato** (*pp*) of the following verbs?

   ballare   (*pp*) ballato   cantare   (*pp*) _____
   ricevere   (*pp*) ricevuto   credere   (*pp*) _____
   finire   (*pp*) finito   applaudire (*pp*) _____

NOTA CULTURALE

Il **Festival dei due Mondi** si svolge ogni estate a Spoleto. Per assistere a questo evento è possibile acquistare la Festival Card, uno speciale abbonamento (*pass*) a tutti gli spettacoli del Festival dei Due Mondi per un giorno, un fine settimana o per l'intera durata.

Antonelli/AGF/SIPA/Newscom

Il passato prossimo con *avere* (Simple past / Present perfect with avere)

In this chapter, you will learn the **passato prossimo**, which corresponds to both the English *present perfect* (*I have eaten*) and simple past (*I ate, I did eat*). It is used to express an action that occurred and was completed in the past within a precise time frame.

Ieri Dario **ha mangiato** a casa e **ha guardato** un concerto in televisione.

A. The **passato prossimo** is a compound tense because it is formed by combining:

1. the present indicative of the auxiliary verb (**avere** or **essere**) and

2. the past participle of the main verb.

> Yesterday   *I bought*   the tickets for the festival.
>
> Ieri   **ho**   **comprato**   i biglietti per il festival.
>
> presente di *avere*   participio passato

B. The **participio passato** (past participle) is generally formed by replacing the endings of the infinitive verbs (**-are, -ere, -ire**) as indicated below.

Formazione del participio passato		
-are → -ato	-ere → -uto	-ire → -ito
comprare → comprato	ricevere → ricevuto	sentire → sentito

C. The following table shows the **passato prossimo** of the verbs **comprare, ricevere**, and **sentire**.

Il passato prossimo con *avere*		
	comprare (*to buy*)	**ricevere** (*to receive*)	**sentire** (*to hear*)
io	**ho** comprato	**ho** ricevuto	**ho** sentito
tu	**hai** comprato	**hai** ricevuto	**hai** sentito
lui/lei, Lei	**ha** comprato	**ha** ricevuto	**ha** sentito
noi	**abbiamo** comprato	**abbiamo** ricevuto	**abbiamo** sentito
voi	**avete** comprato	**avete** ricevuto	**avete** sentito
loro	**hanno** comprato	**hanno** ricevuto	**hanno** sentito

Many verbs[1] form the **passato prossimo** with the auxiliary verb **avere** and the **participio passato**, which is invariable. In **Struttura 3**, we will identify those verbs that use the auxiliary verb **essere** to form the **passato prossimo**.

La settimana scorsa Marisa **ha comprato** i biglietti per il festival.	*Last week Marisa **bought** the tickets for the festival.*
Oggi **ho ricevuto** i biglietti.	*Today I **received** the tickets.*
Noi **abbiamo sentito** che è possibile comprare i biglietti su Internet.	*We **heard** it is possible to buy the tickets on the Internet.*

[1]All **transitive** verbs (those that can have a direct object) and many **intransitive** verbs (those that cannot have a direct object) use the auxiliary **avere** to form the **passato prossimo**.

D. Participi passati irregolari (*Irregular past participles*)

Some verbs have an irregular past participle. The following table shows the most common irregular past participles. They have been grouped by similar formation to facilitate memorization.

accendere (*to turn on*):	acceso
chiudere (*to close*):	chiuso
decidere (*to decide*):	deciso
prendere (*to take*):	preso
spendere (*to spend*):	speso
correggere (*to correct*):	corretto
dire (*to say / to tell*):	detto
fare (*to do / to make*):	fatto
leggere (*to read*):	letto
scrivere (*to write*):	scritto
chiedere (*to ask*):	chiesto
rispondere (*to answer*):	risposto
vedere (*to see*):	visto
aprire (*to open*):	aperto
offrire (*to offer*):	offerto
soffrire (*to suffer*):	sofferto
discutere (*to discuss*):	discusso
mettere (*to put*):	messo
promettere (*to promise*):	promesso
spegnere (*to turn off*):	spento
vincere (*to win*):	vinto
bere (*to drink*):	bevuto
conoscere (*to know*):	conosciuto
scegliere (*to choose*):	scelto

> **ATTENZIONE!**
>
> Adverbs such as **già** (already), **appena** (just), **sempre** (always), **solo** (only) are placed between the auxiliary and the past participle. With negative adverbs such as **non … mai** (never) or **non … ancora** (not . . . yet), the negative **non** is placed before the auxiliary.
>
> Ho **già** comprato i biglietti per il concerto.   *I **already** bought the tickets for the concert.*
>
> Marisa **non** ha **mai** ballato il tango.   *Marisa has **never** danced tango.*

Espressioni di tempo al passato

The following expressions are commonly used when narrating events in the past.

ieri	*yesterday*
l'altro ieri (o avantieri)	*the day before yesterday*
fa	*ago*
un giorno / due giorni fa	*one day / two days ago*
un mese / un anno fa	*a month / a year ago*
la scorsa settimana / la settimana scorsa	*last week*
lo scorso mese / il mese scorso	*last month*
lo scorso anno / l'anno scorso	*last year*
la scorsa estate / l'estate scorsa	*last summer*

Pratichiamo!

5-12. Preparativi per andare al Festival di Spoleto. Marisa, tu e gli amici siete andati insieme al Festival di Spoleto. Trasforma le frasi dal presente al **passato prossimo** per raccontare quello che ognuno di voi ha fatto prima della partenza e durante il viaggio.

> **Esempio** Marisa *prepara* i panini per il viaggio.
> Marisa **ha preparato** i panini per il viaggio.

1. Io e Giovanna *compriamo* le bevande (*beverages*).
2. Tu *finisci* di preparare le valigie.
3. Io *ricevo* una mail da Marisa per sapere l'ora della partenza.
4. Dario *guida* la macchina.
5. Giovanna e Roberta *portano* la loro macchina fotografica.
6. Tu e Dario *sentite* le condizioni del traffico alla radio.
7. Io *chiamo* l'albergo per confermare la prenotazione.
8. Tu e Roberta *dormite* in macchina durante il viaggio.

5-13. A Nocera Umbra. Dario ha fatto una sorpresa a Marisa e la porta al Palio dei Quartieri. Lei è contenta e chiede a Dario quando ha programmato questa piccola gita. Completa il seguente dialogo con il **passato prossimo**.

Dario: La settimana scorsa _____ (1. io / leggere) il giornale locale e _____ (2. vedere) un articolo sul Palio. So che ti piacciono queste cose e...

Marisa: Ma Dario, perché non _____ (3. dire) niente?

Dario: Perché io _____ (4. decidere) di farti una bella sorpresa. Allora _____ (5. io / chiedere) alcune informazioni a un amico che vive qui e lui _____ (6. promettere) di aiutarmi. Tu e io non _____ (7. fare) ancora una vacanza quest'anno ed eccoci qua.

Marisa: _____ (8. tu / avere) una bellissima idea. Grazie!

5-14. Veramente... (*Actually*...) Rispondi alle seguenti domande con il **passato prossimo** e le espressioni indicate in parentesi.

> **Esempio** Quando *suonano* i P-Funking? (già)
> *Veramente i P-Funking* **hanno già suonato**.

1. Tu *applaudi* ai concerti? (sempre)
2. Il pubblico *fischia* durante gli spettacoli? (non... mai)
3. Raphael Gualazzi *canta* sempre dal vivo? (sì, sempre)
4. Voi *suonate* la tuba? (no, mai)
5. Quando *provano* i musicisti? (già)
6. Quel (*That*) cantautore *scrive* testi per altri cantanti? (non... mai)
7. Voi *seguite* sempre il vostro gruppo preferito sui blog? (sì, sempre)
8. Che bravo soprano! *Ha* sempre tutto questo successo ai suoi concerti? (sì, sempre)

NOTA CULTURALE

A Nocera Umbra, ogni anno ad agosto, si celebra il **Palio dei Quartieri**. La città diventa un vero e proprio teatro vivente. Il centro storico si trasforma in un teatro vivente con antiche botteghe di arti e mestieri. Ci sono cortei e sfilate in abiti d'epoca, mostre d'arte e di fotografia.

5-15. L'ultimo concerto (o spettacolo) che hai visto. A coppie, fate domande al vostro compagno/alla vostra compagna sull'ultimo concerto che ha visto. Ecco alcuni esempi di domande che puoi fare.

Esempio S1: *Quando hai visto l'ultimo concerto?*
S2: *L'ho visto l'anno scorso a Perugia.*
S1: *Chi ha cantato al concerto?*
S2: *Ha cantato Raphael Gualazzi.*

- Dove hai trovato le informazioni per il concerto?
- Dove hai comprato i biglietti?
- Con chi hai visto il concerto?
- Chi ha cantato / suonato / ballato?
- Hai incontrato altri amici?
- Hai conosciuto (*met*) qualcuno (*anyone*)?

NOTA CULTURALE

Raphael Gualazzi, nato a Urbino, è un famoso cantautore italiano. Fa anche concerti in giro per il mondo. La sua musica è un misto di ragtime, blues, soul e jazz. Nel 2011 ha vinto, nella categoria dei "Giovani", il Festival di Sanremo, la più importante manifestazione di musica leggera in Italia.

Marka/Superstock

5-16. Quando è stata l'ultima volta che hai fatto queste cose? A coppie, chiedete al vostro compagno/alla vostra compagna se ha fatto le seguenti cose. Per ogni risposta che ricevete, fate altre domande per sapere di più. Il vostro compagno/La vostra compagna riferisce le vostre informazioni alla classe. Usate le espressioni di tempo (**ieri, l'altro ieri, tre giorni fa, la settimana scorsa**, eccetera).

Esempio scrivere una mail
S1: *Quando è stata l'ultima volta che hai scritto una mail?*
S2: *Ho scritto una mail stamattina.*
S1: *A chi? Perché? Hai ricevuto una risposta?*

1. leggere un libro
2. dormire fino a tardi
3. fare la spesa
4. fare le spese
5. studiare per un esame
6. finire tutti i compiti per il giorno dopo
7. dire una bugia a un amico o un'amica (o altri)
8. ricevere un regalo

5-17. La giuria (*The jury*). In gruppo, immaginate di fare le selezioni per il prossimo programma di *X Factor*. Alcuni di voi (due o tre) fanno parte della giuria e intervistano il candidato prima del provino (*audition*). La giuria vuole sapere dove il candidato ha imparato a suonare/cantare, se il candidato ha mai scritto un pezzo musicale, se ha mai cantato o ballato in pubblico, se ha mai vinto un premio, eccetera. Riferite poi alla classe chi avete scelto per il provino e perché.

Reading Strategy: Building Vocabulary

Rather than memorizing lists of words, try some of these strategies to help you remember new words and build your vocabulary.

❭ Read words aloud. Sometimes the pronunciation of a word that doesn't look familiar might help you recognize it or identify it as a cognate.

❭ Construct mental images representing the idea of the word.

❭ As you come across undefined words that you don't know, words that interest you, or repeated words, write them in a special notebook and look up the meanings later.

❭ Color code masculine and feminine words that are hard to remember, such as words that end in **-e**.

❭ Note words built on a common root (for example: **ribelle, ribellione, ribellare**).

Don't look up every unfamiliar word, unless it prevents you from getting the gist. A dictionary can be helpful, especially when a word arouses your curiosity, but pausing to look up every word can disrupt your reading experience.

Pre-lettura

1. **Capire il vocabolario** (*Vocabulary Building*)

 a. Leggete ad alta voce la parola **im-pla-ca-bi-le**. Assomiglia ad una parola in inglese? Secondo voi, cosa significa?

b. **La salute** in inglese significa "*health*" or "*well-being*". Quali immagini vi suggerisce la parola **salute**? Le immagini possono aiutarvi a ricordare le parole.

c. Usando due colori diversi, dividete in categorie le seguenti parole a seconda del genere e poi aggiungete l'articolo. Alcune parole sono irregolari e dovete cercare il genere nel dizionario.

Il giovane favoloso (2014) è un film ispirato alla vita del famoso poeta e filosofo italiano, Giacomo Leopardi (1798–1837), nato a Recanati, nelle Marche.

1. mura (*walls*)
2. mente (*mind*)
3. poeta (*poet*)
4. clima (*climate/weather*)

d. Paragonate il verbo / la forma del verbo **raggiungi** (*you achieve / you arrive at*) e l'aggettivo **(ir)raggiungibile**. Che cosa hanno in comune? Potete indovinare il significato di **irraggiungibile**?

2. **Un film biografico.** Il film *Il giovane favoloso* è un film biografico. Pensate a un film biografico che conoscete e indicate se gli elementi elencati qui sotto sono caratteristici del film che ricordate. Indicate sì e no.

Come si chiama il film? _____

i. la vita di uno scrittore
ii. la malattia
iii. l'ipocrisia della società
iv. la vita giornaliera

v. il trasloco
vi. un conflitto di amore
vii. l'amicizia
viii. gli amici si aiutano molto

Il giovane favoloso

Nicku/Shutterstock.com

Giacomo, Graf Leopardi.

Giacomo Leopardi è un bambino veramente speciale, cresciuto nella casa di Recanati con il padre, il conte Monaldo. Il piccolo Giacomo, che non esce quasi mai di casa perché è malato, legge di tutto nella sua grandissima biblioteca che ha in casa. Tuttavia (*nevertheless*), nei libri lui vede l'intero universo, l'universo che è fuori, lontano, irraggiungibile (*unattainable*) e la sua mente vuole viaggiare al di fuori delle mura paterne (*walls of his father's home*). In questo periodo, attraverso le poesie, Giacomo esprime il suo sentimento immenso e sofferente che in futuro definisce come il suo pensiero: un pensiero laico (*secular*), lucido (*alert*), una capacità implacabile (*merciless*) di vedere tutte le ipocrisie della società che ha intorno mentre il mondo cambia.

Quando compie ventiquattro anni, Giacomo lascia finalmente Recanati e va alla scoperta del "mondo". Non riesce facilmente ad adattarsi (*adapt*) a causa del suo spirito ribelle. Quindi, con Antonio Ranieri, il suo amico napoletano, va a Firenze per vivere un'esistenza *bohemian*. Ranieri lo aiuta con devozione e mette su carta i versi che il poeta gli detta. Leopardi, infatti, diventa sempre più malato. La difficoltà di vedere e le sue deformazioni non gli impediscono (*prevent*) di lavorare. Poi Giacomo si innamora della fiorentina Fanny Targioni-Tozzetti, che però a sua volta è innamorata di Ranieri. Dopo un periodo a Roma, Ranieri ritorna a Napoli con Giacomo, dove l'aria è pulita e il clima migliore per la sua salute. Allo scoppio del colera (*outbreak of cholera*), i due si trasferiscono in una villa in campagna alle pendici (*hillside*) del Vesuvio. È qui che Leopardi scrive "La ginestra", la lunga poesia in cui racchiude (*contains*) il suo pensiero.

Dopo la lettura

1. **Comprensione.** Rispondete alle seguenti domande con una frase completa.

  a. Chi è il protagonista?

  b. Perché non esce mai di casa?

  c. Come passa le sue giornate Giacomo?

  d. Che cosa scrive?

  e. Che rapporto c'è tra Giacomo e Ranieri?

  f. Cosa fa Ranieri per aiutare Giacomo a scrivere?

  g. Perché decidono di andare a Napoli?

  h. Quale poesia famosa scrive in campagna alle pendici di Vesuvio?

2. *Il giovane favoloso.* Riguardate le caratteristiche di un film biografico (page 160). Elencate le caratteristiche che sembrano presenti nel film *Il giovane favoloso*. Vi sembra un bel film?

Il cinema e il teatro

LA SCENA

l'attore

il regista

l'attrice

il copione

Gli attori recitano scena di una nuova commedia.

Il cinema e il teatro	**Cinema and Theater**
il cinema all'aperto	outdoor cinema
la colonna sonora	soundtrack
il film	film, movie
il premio	prize, award
il/la protagonista	protagonist
il/la regista	director
il ruolo	role
lo scenario	scenery, set
lo sceneggiatore	screenwriter
la sceneggiatura	script
lo schermo	screen
lo spettacolo	play
la stella (del cinema)	(film) star
la trama	plot
Il genere	**Genre**
l'avventura	adventure

i cartoni animati	cartoons
la commedia	comedy
il documentario	documentary
il dramma	drama
gli effetti speciali	special effects
la fantascienza	science fiction
il giallo	mystery
l'orrore	horror
I verbi	**Verbs**
dare (un film al cinema)	to show (a film)
girare	to film
interpretare	to play a role
recitare	to act
vincere	to win

Pratichiamo!

5-18. Che genere di film danno (*is showing*) stasera? Leggi il titolo del film e cerca di indovinare (*guess*) il genere del film. Scegli tra quelli offerti.

> avventura / cartone animato / commedia / documentario / fantascienza / giallo

1. *Life of the Party*: _____
2. *Papa Francesco: un uomo, la sua parola*: _____
3. *Assassinio sull'Orient Express*: _____
4. *Gli incredibili 2*: _____
5. *Black Panther*: _____
6. *Tomb Raider*: _____

5-19. Definizioni. Trova la parola tra quelle offerte per ogni definizione data. Ci sono due parole in più.

> il giallo / la sceneggiatura / il documentario / il regista / lo spettacolo / la protagonista

1. _____: attrice con il ruolo più importante nel film o nel dramma
2. _____: film basato sulla realtà a scopo (*purpose*) informativo
3. _____: rappresentazione teatrale
4. _____: la persona che dirige un film

5-20. Quante stelle date al film? A coppie, leggete la descrizione del seguente film e rispondete alle domande. Poi decidete quante stelle dare al film.

Manuale d'amore 3 – Terzo capitolo del franchise sentimentale di De Laurentiis.

Regia: Giovanni Veronesi. **Attori:** Robert De Niro, Carlo Verdone, Riccardo Scamarcio, Monica Bellucci, Michele Placido.

Genere: Commedia, produzione Italia, 2011. **Durata:** 100 minuti circa.

Roberto e Sara sono fidanzati e tra breve si sposano. Pochi giorni prima del matrimonio Roberto va in Toscana, dove incontra la bella e dolce Micol e si innamora di lei.

Eliana, una giovane e bella donna che vive nello stesso palazzo di Sara, conosce Fabio, un uomo sposato che fa l'anchorman televisivo. I due hanno una relazione molto turbolenta.

Nel palazzo vive anche un vecchio professore americano, Adrian (Robert de Niro). Adrian incontra Viola (Monica Bellucci) e scopre che la passione non invecchia mai con l'età.

1. Chi è il regista?
2. Di che genere è il film?
3. Quante storie d'amore nascono nel film?
4. Come si chiamano gli amanti?
5. Perché, secondo voi, ha solo 2 stelle?
6. Quante stelle date voi al film?

5-21. Le vostre preferenze cinematografiche. Chiedete informazioni ai vostri compagni sulle loro preferenze cinematografiche. Riferite le risposte alla classe.

1. Ti piace andare al cinema? Quante volte al mese vai al cinema?
2. Che tipo di film ti piace di più?
3. Chi è il tuo attore preferito / la tua attrice preferita?
4. Qual è il tuo film preferito?
5. Conosci qualche film / attore italiano?

Il cinema italiano

Prima di tutto... Cosa sai del cinema italiano? Hai mai visto un film italiano? Conosci attori/attrici o registi italiani?

Davvero?! Molti film italiani hanno vinto l'Oscar, alcuni tra i più recenti sono *La vita è bella* (Oscar, 1999) e *La grande bellezza* (Oscar, 2014). Durante il periodo di Natale in Italia, ogni anno esce un nuovo film divertente noto come "cinepanettone", un genere che prende il nome dal tipico dolce natalizio. Ogni anno, questi film propongono più o meno il tema delle vacanze. Alcuni titoli sono *Poveri ma ricchissimi* (2017) e *Cosa fai a Capodanno?* (2018).

Maximus256/Shutterstock.com

istock.com/MarkGillow

Chiacchieriamo un po'! Lavorate a gruppi di tre o quattro. Dovete creare un "cinepanettone" per il prossimo Natale, Hannukah o un'altra festa dello stesso periodo. Decidete la trama, i personaggi, il luogo, gli attori e il/la regista. Scrivete una conversazione del film e fate la rappresentazione ai vostri compagni di classe.

🔊 Siamo andati a teatro.

Ascolta e/o leggi il seguente brano e rispondi alle domande.

Courtesy Comune di Ancona

Piazza della Repubblica è una delle più belle piazze di Ancona. Qui si trova il famoso Teatro delle Muse.

*Dario è **andato** ad Ancona con sua madre per vedere Il Barbiere di Siviglia di Rossini a teatro. Tra i cantanti c'è anche il cugino di Dario, Alberto. Alla fine della serata Dario scrive sul suo blog:*

Ieri **siamo andati** al Teatro delle Muse a vedere *Il Barbiere di Siviglia*. **Siamo arrivati** al teatro alle 8:00. Mia madre e mio cugino **si sono incontrati** prima dello spettacolo. Lui ha interpretato un piccolo ruolo nell'opera. Che emozione! Lo spettacolo **è iniziato** alle 9:00 ed **è stato** un grande successo. **Ci siamo divertiti** tanto! Dopo lo spettacolo, io, mia madre e mio cugino **siamo usciti** dal teatro e **siamo andati** a festeggiare in un ristorante in Piazza della Repubblica. Ecco le foto! E voi **siete andati** da qualche parte? Marisa, tu **sei uscita** con le tue amiche? A presto!

Comprensione

È vero o è falso? Indica se le seguenti affermazioni sono vere (**V**) o false (**F**). Correggi le affermazioni false.

1. Dario e la madre hanno visto *Il Barbiere di Siviglia* in TV.   V   F
2. Il cugino di Dario ha avuto un piccolo ruolo nell'opera.   V   F
3. Il pubblico ha fischiato dopo lo spettacolo.   V   F
4. Dario ha raccontato la sua esperienza al telefono.   V   F

Osserviamo la struttura!

Nel brano sopra, osserva le parole in grassetto e completa le seguenti attività.

1. What difference do you notice between the formation of the past tense used in Dario's message and what we learned in **Struttura 2**?
2. Find a reflexive verb and a reciprocal action in the dialogue and explain the formation of the past tense.
3. Is the past participle invariable, as we learned in **Struttura 2**? If not, what word does it agree with?

NOTA CULTURALE

Il **Teatro delle Muse** di Ancona è un teatro di grande importanza storica e si trova in Piazza della Repubblica. È stato inaugurato nel 1827 con due opere del grande compositore marchigiano Gioacchino Rossini (1772–1868). Ogni anno qui si svolge una stagione operistica e di balletto, una di musica sinfonica, una concertistica, una di prosa, oltre a una rassegna di jazz.

Giovanni Guarino/Glow Images

Il passato prossimo con *essere*
(*Simple past / Present perfect with essere*)

Benvenuti nella casa di essere dove la famiglia Rossi è vissuta per molti anni! Ieri mattina il signor Rossi è uscito presto ed è andato al lavoro. I suoi figli Sandro e Giovanna sono rimasti a casa perché oggi la scuola è chiusa. Sandro è stato a letto a leggere tutta la mattina. La madre è scesa al pianoterra perché la nonna è appena arrivata a casa. Lei è venuta a vedere la nipotina che è nata due mesi fa. Lo zio Marco è salito al piano superiore per salutare i nipoti. Quando il signor Rossi è tornato a casa dal lavoro, tutti si sono riuniti per festeggiare Giulio che si è appena laureato ed è diventato ingegnere. Stamattina la nonna e lo zio sono partiti per tornare a casa loro.

La pianta vicino alla finestra è cresciuta molto. L'altra pianta invece è caduta e senza acqua, è morta*. Che peccato!

A. Some verbs use the auxiliary verb **essere** to form the **passato prossimo**. In this case the **participio passato** has to agree in gender and number with the verb's subject. The table below shows a verb that takes **essere** in the **passato prossimo** and the variable **participio passato**.

Passato prossimo dei verbi in -are: andare (*to go*)			
io	**sono** and**ato/a**	noi	**siamo** and**ati/e**
tu	**sei** and**ato/a**	voi	**siete** and**ati/e**
lui, Lei (*m.*)	**è** and**ato**	loro	**sono** and**ati/e**
lei, Lei (*f.*)	**è** and**ata**		

Ieri noi **siamo andati** a teatro a vedere *Il Barbiere di Siviglia*.

Yesterday we went to the theater to see The Barber of Seville.

B. The auxiliary verb **essere** is used in the **passato prossimo** in the following cases:

- Verbs that express movement (*to/from* somewhere, *in / out, up / down*) take **essere**.

andare (*to go*) → p.p. **andato**	venire (*to come*) → p.p. **venuto**
partire (*to leave*) → p.p. **partito**	
(ri)tornare (*to go back / to come back*) → p.p. **(ri)tornato**	arrivare (*to arrive*) → p.p. **arrivato**
entrare (*to enter / to go in*) → p.p. **entrato**	uscire (*to leave / to go out*) → p.p. **uscito**
salire[1] (*to go up*) → p.p. **salito**	scendere (*to go down*) → p.p. **sceso**

Dario e sua madre **sono partiti** da Perugia e **sono arrivati** a Pesaro.	*Dario and his mother **left** from Perugia and **arrived** in Pesaro.*
Il pubblico ha applaudito quando l'attrice **è salita** sul palco.	*The audience applauded when the actress **went** on stage.*

- Verbs that describe states of being *and* changes in status take **essere**.

essere (*to be*) → p.p. **stato**	stare (*to stay*) → p.p. **stato**
restare (*to stay / to remain*) → p.p. **restato**	rimanere (*to remain / to stay*) → p.p. **rimasto**
nascere (*to be born*) → p.p. **nato**	morire (*to die*) → p.p. **morto**
vivere[2] (*to live*) → p.p. **vissuto**	
crescere (*to grow*) → p.p. **cresciuto**	diventare (*to become*) → p.p. **diventato**
Iniziare (*to begin*) → p.p. **iniziato**	finire (*to end*) → p.p. **finito**

Lo spettacolo **è stato** un grande successo.	*The show **was** a great success.*
Marisa **è rimasta** a casa tutta la settimana.	*Marisa **stayed** home all week.*
Gioacchino Rossini **è nato** nel 1772 ed **è morto** nel 1868.	*Gioacchino Rossini **was born** in 1772 and **died** in 1868.*
Il concerto **è iniziato** alle nove ed **è finito** a mezzanotte.	*The concert **began** at 9:00 and **ended** at midnight.*
L'attore ha studiato molto ed **è diventato** bravissimo.	*The actor studied hard and **became** very good.*

ATTENZIONE!

Verbs like **cominciare, iniziare** and **finire** take **avere** when they are transitive, which means that they can take a direct object. Otherwise these verbs take **essere** in **passato prossimo** when they are **intransitive** (they cannot take a direct object).

Io **ho iniziato** a fare i compiti alle sei e **ho finito** alle otto.	Il film **è iniziato** alle sette ed **è finito** alle otto e mezzo.
I started doing my homework at six and I finished at eight.	*The movie started at seven and finished at eight thirty.*
La RAI **ha iniziato** la programmazione nel 1954.	La programmazione della RAI **è iniziata** nel 1954.
RAI started broadcasting in 1954.	*RAI's broadcasting started in 1954.*

- All <u>reflexive</u> verbs and <u>reciprocal</u> actions take **essere**.

Oggi Dario **si è alzato** alle sette.	*Today Dario got up at seven.*
Dario e Marisa **si sono incontrati** a teatro.	*Dario and Marisa met at the theater.*

[1]The verbs **salire** and **scendere** take **essere** when they are followed by a preposition: **Paolo è salito** *sul* **palco. Maria è scesa** *dal* **letto.** Otherwise both verbs take **avere:** Oggi **ho salito** le scale a piedi.

[2]The verb **vivere**, along with a few other Italian verbs, such as **piovere** (*to rain*) and **nevicare** (*to snow*), can take either **essere** or **avere** to form the **passato prossimo: Ho vissuto** (*or* **Sono vissuto**) in Italia per un mese. (*I lived in Italy for a month.*) **L'anno scorso ha piovuto** (*or* **è piovuto**) **e ha nevicato** (*or* **è nevicato**) **molto.** (*Last year it rained and snowed a lot.*)

Pratichiamo!

5-22. Quante domande! Marisa è rimasta a Perugia mentre Dario è nelle Marche con sua madre. Quando Dario telefona o scrive, Marisa fa tante domande. Crea le domande per le seguenti risposte di Dario. Le parti sottolineate (*underlined*) sono le informazioni che vuoi sapere.

> **Esempio**   Io e mia madre siamo partiti da Perugia <u>alle quattro del pomeriggio</u>.
>
>   *A che ora siete partiti?*

1. Ci siamo fermati <u>in un piccolo ristorante</u> per mangiare qualcosa.
2. Sono arrivato ad Ancona <u>verso le sei</u>.
3. Certo, mia madre si è riposata <u>in albergo</u>.
4. Lo spettacolo è iniziato <u>alle otto</u>.
5. Io e mio cugino ci siamo incontrati <u>dopo lo spettacolo</u>.
6. Mio cugino e mia madre sono usciti insieme <u>il giorno dopo</u>.
7. No, <u>io non sono andato con loro</u> e sono rimasto in albergo.
8. Ci siamo divertiti <u>molto</u>.

5-23. A casa di Gioacchino Rossini. Questo è un nuovo messaggio di Dario sul suo blog. Completa il seguente brano con il **passato prossimo** dei verbi della lista.

> andare / diventare / entrare / incontrarsi / nascere
> rimanere / salire / scendere / svegliarsi

Source: Rossini Opera Festival

Sì, avete capito proprio bene! Ieri io, mia madre e mio cugino (1) _____ a Pesaro, a visitare la casa di Gioacchino Rossini. Ieri mattina, io (2) _____ alle otto e ho fatto colazione. Mia madre (3) _____ a letto fino a tardi. Verso mezzogiorno noi (4) _____ in Piazza del Popolo con Alberto e poi abbiamo fatto una passeggiata insieme. Lungo via G. Rossini ho visto un cartello con la scritta "La casa di Rossini". Sì, proprio la casa dove Rossini (5) _____. Naturalmente noi (6) _____ per visitarla. In realtà la casa (7) _____ un bellissimo museo in un palazzo di quattro piani e un sotterraneo underground. Mia madre, che adora Rossini, (8) _____ fino al quarto piano ed (9) _____ anche giù nel sotterraneo. Una grande fatica, ma anche una bella esperienza.

5-24. La festa degli innamorati. Marisa ha conservato questo articolo dell'anno scorso perché durante questo evento ha conosciuto Dario. Lo ha ritrovato tra le sue cose. Completa l'articolo con il **passato prossimo** dei verbi in parentesi. Fai attenzione all'uso dell'ausiliare (**essere** o **avere**)!

La scorsa settimana, la città di Perugia _____ (1. regalare) a tutti gli innamorati due giorni di arte e di cultura. Il 13 e 14 febbraio, ogni coppia _____ (2. entrare) in tutti i musei per il prezzo di un solo biglietto. Inoltre, più di 2.000 persone _____ (3. riunirsi) in Piazza della Repubblica e _____ (4. scrivere) messaggi d'amore su un **cartiglio** lungo 200 metri.

> **NOTA CULTURALE**
>
>
>
> Per la **Festa di San Valentino,** i cittadini di Perugia fanno il **cartiglio** (*roll of paper*) più lungo del mondo, dove migliaia di innamorati scrivono messaggi d'amore e poi lo aprono (*lay it down*) lungo una strada principale della città.
>
> Courtesy of Colavita

Alle 17.30 gli organizzatori _____ (5. aprire) il cartiglio da Corso Vannucci fino a Piazza IV Novembre. Con questi messaggi tutti i partecipanti _____ (6. mostrare) il loro amore. Poi, alla fine della serata, tutti i presenti _____ (7. ricevere) i Baci Perugina. Gli innamorati _____ (8. tornare) a casa felici e soddisfatti.

5-25. Cosa hai fatto ieri? A coppie, fate le seguenti domande per scoprire come il vostro compagno/la vostra compagna ha passato la giornata di ieri. Scrivete le informazioni per poi riferirle alla classe.

Esempio **S1:** *Cosa hai fatto ieri?*
S2: *Sono rimasto a casa a guardare la televisione.*
S1: *Cos'hai visto?*
S2: *Ho visto un documentario su Assaggi di Cinema sul Travel Channel.*

1. A che ora ti sei svegliato/a?
2. Sei rimasto/a a casa la mattina?
3. Che cosa hai fatto nel pomeriggio?
4. Sei uscito/a con gli amici?
5. Sei andato/a al cinema? A che ora è cominciato il film?
6. Vi siete divertiti?
7. A che ora sei andato/a a dormire ieri?

5-26. Conosciamoci meglio! A coppie, fate le seguenti domande per scoprire (*find out*) informazioni sul vostro compagno o sulla vostra compagna.

1. Dove e quando sei nato/a?
2. Dove sei cresciuto/a?
3. Sei sempre vissuto nella stessa casa o hai traslocato?
4. Ti sei mai trasferito/a in un'altra città?
5. Sei mai andato/a all'estero (*abroad*)?
6. Ti sei mai innamorato/a?
7. Dove vi siete conosciuti tu e il tuo migliore amico/la tua migliore amica?

5-27. Sondaggio. In gruppo, fate un sondaggio per trovare persone che hanno fatto le seguenti cose. Ricordate di formulare le domande con il verbo al **passato prossimo**. Le seguenti domande sono alcuni esempi e potete fare anche altre domande a vostra scelta.

	Nome	Nome	Nome
1. alzarsi alle 7.00 stamattina			
2. andare al cinema venerdì sera			
3. tornare a casa dopo le due ieri notte			
4. guardare un video di un concerto			
5. arrivare all'università in autobus / a piedi oggi			
6. fare un corso di ballo			
7. ...			

Quando li hai conosciuti?

Ascolta e/o leggi la conversazione e rispondi alle domande.

Dario è a casa di Marisa e insieme guardano alcune foto.

Piazza della Repubblica nel cuore di Urbino ospita la Chiesa di San Francesco.

Andre Jenny/Alamy Stock Photo

Dario: Che bella foto! **L'**hai fatt**a** tu? E dov'è?

Marisa: Sì, **l'**ho fatt**a** io. Questa è Piazza della Repubblica, a Urbino, durante la Notte Bianca. È stata una bellissima serata di concerti e spettacoli. Ho anche altre foto di quella sera. Dove **le** ho mess**e**? Ah, eccole! In quest'altra foto c'è Paola e vicino a lei c'è Sergio. Tu non **l'**hai mai conosciut**o**, vero?

Dario: Sergio no, non **l'**ho mai incontrat**o**. Ma tu, dove **li** hai conosciut**i**?

Marisa: **Li** ho conosciut**i** l'anno scorso, proprio quella sera a casa di amici e poi siamo andati in piazza.

Dario: La prossima volta che c'è la Notte Bianca, andiamo a Urbino così rivediamo Paola e io conosco Sergio.

Marisa: Buon'idea!

Comprensione

Rispondi alle seguenti domande con frasi complete.

1. Dove sono Dario e Marisa e cosa fanno?
2. Chi ha fatto la foto in Piazza della Repubblica?
3. Dario conosce Paola?
4. Marisa dove ha conosciuto Sergio e Paola?

Osserviamo la struttura!

Nel dialogo sopra, osserva le parole in grassetto e completa le seguenti attività.

1. In the following examples, indicate what the direct object pronouns refer to.
   a. Sì, **l'**ho fatta io.
   b. Non **l'**ho mai incontrato.
   c. Dove **le** ho messe?
   d. Dove **li** hai conosciuti?
2. In **Struttura 2** we learned that when **passato prossimo** is formed with **avere**, the past participle ends in **-o** and is invariable. However, in the examples above, the past participle varies. Based on what you have observed, what determines this change? Find other examples that support your findings.
3. Which direct object pronouns (**lo, la, li, le**) elide (**l'**) in front of the auxiliary verb **avere**?

Accordo tra participio passato e pronomi oggetto diretto (*Agreement between past participle and direct object pronouns*)

When the direct object pronouns **lo, la, li, le** precede a verb in **passato prossimo**, the past participle has to agree in gender and number with them. **Lo** and **la** elide to become **l'** before all forms of **avere**. The pronouns **li** and **le** never elide.

Che bella foto! L'hai fatta tu?

Sì, le ho fatte io.

Che bella foto! **L'**hai fatt**a** tu?	*What a beautiful picture! Did you take it?*
Sergio? No, non **l'**ho mai conosciut**o**.	*Sergio? No, I have never met him.*
Ho altre foto. Dove **le** ho mess**e**?	*I have other pictures. Where did I put them?*
E tu, dove **li** hai conosciut**i**?	*And you, where did you meet them?*

ATTENZIONE!

The agreement with the pronouns **mi / ti / ci / vi** is optional.

Marisa, Dario ti ha aiutat**a** (*or* aiutat**o**) a imparare il testo della canzone?
Marisa, did Dario help you learn the lyrics of the song?

Sì, Dario **mi** ha aiutat**a** (*or* aiutat**o**) molto.
Yes, Dario helped me a lot.

Come si dice *how long did you / have you been doing...*?

- In Capitolo 4, we saw the expression **quanto tempo** when expressing *how much time*. However, when **quanto tempo** is expressing *how long*, the expression may vary according to the context:

Quanto tempo al giorno pratichi la chitarra?	*How long do you practice guitar each day?*
Da quanto **tempo** studi il piano?	*(For) How long have you been studying piano?*
Lo studio **da** due mesi.	*I have been studying it for two months.*
Per quanto **tempo** hai vissuto in Italia?	*(For) How long did you live in Italy?*
Ho vissuto in Italia **per** tre anni.	*I lived in Italy for three years.*
Quanto tempo fa hai comprato la chitarra?	*How long ago did you buy your guitar?*
L'ho comprat**a** un anno **fa**.	*I bought it a year ago.*

- Notice that the expression **da quanto tempo** is followed by a *present tense* verb because the action is still current. The expressions **quanto tempo fa** and **per quanto tempo** are followed by the **passato prossimo** because the action is complete. In the answers above, notice the use of the prepositions **da, per,** and **fa**.

Pratichiamo!

5-28. L'hai fatto o no? Rispondi alle seguenti domande con il **pronome oggetto diretto** e il **passato prossimo**. Fai attenzione all'accordo del participio passato.

> **Esempio**   Hai visto il concerto di Andrea Bocelli? (sì, l'estate scorsa)
> *Sì, **l'ho visto** l'estate scorsa.*

1. Hai visto il film *Up*? (sì, due volte)
2. Avete incontrato i vostri amici al cinema? (sì, ieri sera alle 8:00)
3. Per quanto tempo avete aspettato le amiche a teatro? (per 20 minuti)
4. Quanto tempo fa hai conosciuto Marisa? (l'anno scorso)
5. Hai sentito la nuova canzone di Raphael Gualazzi? (non ancora)
6. Marisa e Dario hanno visitato la casa di Rossini? (Dario sì, Marisa no)
7. Avete fatto le foto durante la Notte Bianca? (sì, Eccole)
8. In che anno Mario Fiore ha vinto l'Oscar per il film *Avatar*? (nel 2010)

NOTA CULTURALE

L'italiano **Mario Fiore** ha ricevuto l'Oscar nel 2010 per la miglior fotografia nel film *Avatar*. Nello stesso anno l'italo-americano Michael Giacchino ha vinto l'Oscar per la miglior colonna sonora con il film *UP*.

Ian West/PA Images/Getty Images

5-29. Allo spettacolo. Dario e alcuni amici hanno visto uno spettacolo bellissimo a teatro. Per sapere della serata, crea domande e risposte al **passato prossimo** e usa i **pronomi oggetto diretto**.

> **Esempio**   Dario, *(tu) comprare* i biglietti su Internet?
> *Dario, **hai comprato** i biglietti su Internet?*
> *Sì, **li** ho comprati su Internet.*

1. (*Voi*) *leggere* le recensioni prima dello spettacolo? (sì)
2. Dario, (*tu*) *portare* la macchina fotografica? (sì)
3. (*Tu*) *incontrare* gli amici a teatro? (no, a casa)
4. Sabina e Marco *fare* le fotografie? (sì)
5. Marco *vedere* tutto lo spettacolo senza addormentarsi? (sì)
6. Ragazzi, (*voi*) *chiedere* l'autografo agli attori dopo lo spettacolo? (no)
7. Dario, *accompagnare* tutti i tuoi amici a casa? (no)
8. (*Voi*) *mettere* già le foto sul blog? (non ancora)

5-30. A domanda, risposta. Completa le seguenti risposte con i **pronomi oggetto diretto** e il tempo verbale opportuno.

> **Esempio**   Sai chi ha scritto questa canzone?
> ***L'ha scritta** Laura Pausini.*

1. Suoni ancora la chitarra?   No. _____ per tre anni, ma ora non più.
2. Da quanto tempo non vedete Paola e Sergio?   _____ tre mesi fa ad Ancona.
3. Per quanto tempo hai studiato danza?   _____ per molti anni.
4. Quanto tempo fa Dario ha visto i P-Funking?   _____ la settimana scorsa.
5. Perché Michael Giacchino ha vinto l'Oscar?   _____ per la miglior colonna sonora di *UP*.
6. Dario, sai dove Luchino Visconti ha girato il film *Ossessione*?   _____ ad Ancona.
7. Chi ha scritto *Il Barbiere di Siviglia*?   _____ Gioacchino Rossini.
8. Chi ha interpretato il ruolo da protagonista nel film *Malena*?   _____ Monica Bellucci

5-31. Cosa hai fatto? A coppie, fate domande in cui potete usare il **passato prossimo** con **avere** e i **pronomi oggetto diretto**. Usate i suggerimenti indicati sotto o fate altre domande a vostra scelta. Per ogni risposta, chiedete altri dettagli per saperne di più.

> **Esempio** mangiare le olive ascolane
> **S1:** *Hai mai mangiato le olive ascolane?*
> **S2:** *Sì, le ho mangiate. Sono buonissime.*
> **S1:** *Dove le hai mangiate?*
> **S2:** …

1. vedere l'ultimo film che ha vinto l'Oscar
2. vedere Monica Bellucci in un film
3. assaggiare i Baci Perugina
4. ascoltare un'opera intera
5. dare lezioni di musica o canto
6. seguire lezioni di ballo

5-32. Quanto tempo? A coppie, fate domande usando le espressioni **da quanto tempo, per quanto tempo** e **quanto tempo fa**, e i pronomi oggetto diretto quando è possibile. Usate i suggerimenti indicati sotto o fate domande a vostra scelta. Fate attenzione all'uso dei tempi verbali.

> **Esempio** studiare italiano
> **S1:** *Per quanto tempo hai studiato italiano ieri?*
> **S2:** *L'ho studiato per due ore.*

1. guardare la televisione
2. ascoltare la musica
3. leggere un libro
4. parlare con gli amici
5. lavorare
6. riposarsi

5-33. Chi vince il record? In gruppo, fate un sondaggio per trovare chi ha fatto o non ha mai fatto le seguenti cose. Poi riferite i risultati alla classe.

NOTA CULTURALE

Le **olive ascolane** sono una specialità delle Marche ma in particolare della città di Ascoli Piceno. Sono olive verdi, ripiene con carne o pesce, impanate (*breaded*) e fritte. Sono una vera delizia!

Marka/Superstock

	Nome	Nome	Nome
1. Ha visto un'opera a teatro o in TV?			
2. Ha visto un concerto dal vivo?			
3. Ha scritto musica (o una canzone)?			
4. Ha incontrato un attore / cantante famoso?			
5. Ha visto un film italiano?			

Insieme in Piazza

Scegliete una delle seguenti situazioni e create una conversazione con il compagno/la compagna. Ricordate di usare le strutture imparate nel capitolo, ma non limitatevi solo a quelle.

Scena 1: Che bel concerto! Immaginate di essere in Piazza IV Novembre, a Perugia, con un amico/un'amica e di raccontare di un concerto che avete appena visto. Descrivete l'intera giornata prima del concerto e poi parlate del concerto.

Scena 2: Lo scorso fine settimana. Immaginate di essere in Piazza del Popolo a Pesaro e di raccontare a un amico quello che avete fatto durante il fine settimana. Tra le tante cose, siete anche andati al cinema a vedere un film e avete incontrato alcuni amici.

Scena 3: Create la vostra situazione in una delle piazze visitate nel capitolo.

Presentazioni orali

A coppie o in gruppo, preparate una breve presentazione orale. Potete scegliere uno degli argomenti (*topics*) menzionati nel capitolo, o un particolare che vi ha interessati (qualcosa che avete letto **Nel cuore della regione** o nelle **Note culturali**) e che volete approfondire (*study in depth*). Oppure potete fare una ricerca su una città in particolare o un monumento, o un personaggio famoso di queste regioni oppure sulla cucina. Per l'argomento che scegliete, cercate di fare dei paragoni con la vostra cultura. Per esempio, se parlate di cinema, parlate anche del cinema nel vostro Paese e fate dei paragoni. Se scegliete la cucina, parlate anche della cucina del vostro Paese. Organizzate la presentazione come meglio credete. Lavorate insieme e preparate una presentazione in PowerPoint con musica e immagini da presentare alla classe. Ecco alcuni suggerimenti oppure decidete voi l'argomento su cui volete fare la ricerca.

2. Monica Bellucci, attrice

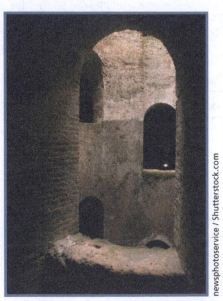

1. Orvieto, luogo dell'antica civiltà etrusca

3. Il teatro Sferisterio a Macerata

Scriviamo!

Scegli sei foto, immagini o altri disegni che raccontano una storia e poi scrivi la storia.

> **Writing Strategy: Creating a Story through Images**
> Images offer opportunities to work with culture, vocabulary, grammar, voice, and characterization in the specific context of the image. You can use images to:
>
> ❭ be an inspiration for narrative writing.
> ❭ illustrate a sequence of events that move the plot forward.
> ❭ increase ability to discuss processes taking place.

1. Brainstorming

Le immagini sopra mostrano una storia della sera precedente. Narra la storia e descrivi quello che è successo. Prima di narrare la storia, leggi i seguenti suggerimenti:

a. Guarda tutte le immagini e decidi l'inizio, il corpo e la conclusione della storia.
b. Descrivi non solo le immagini ma anche le azioni. Dai tutti i dettagli possibili.
c. Includi informazioni che possono essere sottintese (*implied*).
d. Dai un nome a ogni personaggio.
e. Dove possibile, indica l'ora del giorno.
f. Usa le seguenti parole per aiutarti nella narrazione:
   prima / poi / dopo / più tardi / alla fine

2. Organizzazione

Con le tue foto o immagini, crea la tua storia. Con un foglio di carta, fai sei riquadri (*frames*) e metti un'immagine in ogni riquadro. Poi scrivi le seguenti informazioni per ogni immagine.
   personaggio / luogo / azione / ora / giorno / altro?

3. Scrittura libera

Con le informazioni nella sezione *Organizzazione*, e seguendo l'esempio nel *Brainstorming*, scrivi una prima stesura di 100 parole per descrivere le immagini e le azioni. Ricorda di usare il **passato prossimo**.

4. Prima correzione

Scambiate la vostra narrazione con un compagno/una compagna e fate commenti.

a. C'è l'inizio, il corpo, e la conclusione?
b. Le immagini comunicano gli eventi?
c. Ci sono abbastanza dettagli? Hai domande?

d. Sappiamo qualcosa dei personaggi?
e. C'è una buona conclusione?

5. Finale

Fai le correzioni necessarie e scrivi la storia.

▶ Il cinema e la musica

Prima della visione

A. La parola giusta. Completa le seguenti frasi con la parola giusta.

> spiazzato (*disarmed / surprised*) / geniale (*ingenius / clever*) / simbolista / le storie / guerra / entrambi (*both*)

1. Mi piacciono _____ d'amore in un film d'azione.
2. Ritrae bene un clima medioevale molto _____.
3. Ascolto _____ i generi.
4. Mi è piaciuto tantissimo perché l'ho trovato _____.
5. Insomma, mi ha proprio _____.
6. Non amo i film di _____.

B. Quali film hanno visto? Indovina chi ha visto i seguenti film: *Holy Motors, Iron Man 3, Settimo sigillo*. Abbina il film alla persona giusta, poi indovina se è piaciuto.

Gaia

Film: _____
È piaciuto? Sì ___   No ___

Filippo

Film: _____
È piaciuto? Sì ___   No ___

La signora Annamaria

Film: _____
È piaciuto? Sì ___   No ___

Durante la visione

Guarda il video due volte. La prima volta, fai attenzione al significato generale. La seconda volta, completa la seguente attività.

C. Chi lo dice? Indica con una **X** le persone che dicono le seguenti cose.

	Gaia	Filippo	Il signor Alberto	La signora Annamaria
1. È un film francese.				
2. È stato un concerto di Lou Reed.				
3. L'ho ritenuto un film molto interessante.				
4. Preferisco andare a un concerto.				
5. Con dei miei amici.				
6. Mi piacciono un po' tutti i generi.				
7. Mi è piaciuto molto.				
8. Decisamente quattro su cinque.				

Dopo la visione

D. È vero o è falso? Indica se le seguenti affermazioni sono vere (**V**) o false (**F**). Correggi le affermazioni false.

1.	Gaia è andata al cinema con l'università.	V	F
2.	Filippo ha dato cinque stelle su cinque al film.	V	F
3.	Al signor Alberto piace solo la musica classica.	V	F
4.	Il signor Alberto è andato a un concerto una settimana fa.	V	F
5.	Alla signora Annamaria piace moltissimo andare ai concerti.	V	F
6.	Alla signora Annamaria piacciono tutti i generi di film.	V	F

 E. Una conversazione! Immaginate una conversazione tra la signora Annamaria e il signor Alberto. Lui vuole andare al concerto e lei al cinema. Dove decidono di andare alla fine? Usate l'informale e recitate la conversazione alla classe.

La musica — *Music*

l'artista	*artist*
la banda	*concert / marching band*
il baritono	*baritone*
il basso	*bass (voice)*
la biglietteria	*ticket office*
il/la cantante	*singer*
il cantautore (*m.*)/ la cantautrice (*f.*)	*singer-songwriter*
la canzone	*song*
il concerto	*concert*
il direttore	*conductor*
il gruppo	*band (rock, jazz, etc.)*
il/la musicista	*musician*
il palco(scenico)	*stage*
la prenotazione	*reservation*
il pubblico	*audience*
il soprano	*soprano*
lo spartito	*score*
lo spettacolo	*performance*
il tenore	*tenor*
il testo	*lyrics*

Gli strumenti — *Instruments*

la batteria	*drums*
la chitarra	*guitar*
il contrabbasso	*string bass*
la fisarmonica	*accordion*
il flauto	*flute*
l'organo	*organ*
il pianoforte	*piano*
il sassofono	*saxophone*
la tromba	*trumpet*
il trombone	*trombone*
la tuba	*tuba*
il violoncello	*cello*
il violino	*violin*
la voce	*voice*

I generi musicali — *Types of Music*

il blues	*blues*
l'hip-hop	*Hip-hop*
il jazz	*jazz*
la musica (leggera / classica / rock)	*Contemporary / classical / rock music*
il pop	*pop*
il rap	*rap*
lo ska	*ska*
la musica tecno	*techno*

Il cinema e il teatro — *Cinema and Theater*

l'attore (*m.*)/l'attrice (*f.*)	*actor / actress*
il cinema all'aperto	*outdoor cinema*
la colonna sonora	*soundtrack*
il film	*film, movie*
il premio	*prize, award*
il/la protagonista	*protagonist*
il/la regista	*director*
il ruolo	*role*
la scena	*scene*
lo scenario	*scenery, set*
lo sceneggiatore	*screenwriter*
la sceneggiatura / il copione	*script*
lo schermo	*screen*
lo spettacolo	*play*
la stella (del cinema)	*(film) star*
la trama	*plot*

Il genere — *Genre*

l'avventura	*adventure*
i cartoni animati	*cartoons*
la commedia	*comedy*
il documentario	*documentary*
il dramma	*drama*
gli effetti speciali	*special effects*
la fantascienza	*science fiction*
il giallo	*mystery*
l'orrore	*horror*

Espressioni di tempo al passato — *Past Time Expressions*

ieri	*yesterday*
l'altro ieri / avantieri	*the other day / the day before yesterday*
un giorno / due giorni fa	*one day / two days ago*
la settimana scorsa / la scorsa settimana	*last week*
un mese fa	*a month ago*
il mese scorso / lo scorso mese	*last month*
un anno fa / l'anno scorso / lo scorso anno	*last year*

I verbi — *Verbs*

accendere	*to turn on / to light*
andare	*to go*
applaudire	*to applaud*
aprire	*to open*
arrivare	*to arrive*
bere	*to drink*
cadere	*to fall*
cantare	*to sing*
chiedere	*to ask (for)*
chiudere	*to close*
conoscere	*to know*
correggere	*to correct*

corrisere	to run		recitare	to act
costare	to cost		restare	to stay / to remain
crescere	to grow		rimanere	to remain / to stay
dare (un film al cinema)	to show (a film)		rispondere	to answer
decidere	to decide		ritornare	to return / to go back / to come back
dire	to say / to tell		salire	to go / climb up (or in)
dirigere	to direct / to conduct		scegliere	to choose
discutere	to discuss		scendere	to go down
diventare	to become		scrivere	to write
entrare	to enter / to go in		soffrire	to suffer
esercitarsi / praticare	to practice		spegnere	to turn off
esibirsi	to perform		spendere	to spend (money, energy)
fare le prove / provare	to rehearse		stare	to stay / to be
finire	to end / to finish		succedere	to happen
fischiare	to hiss, boo or whistle		suonare	to play (a musical instrument)
girare	to film		tornare	to go back / to come back / to return
iniziare	to begin		uscire	to go out / to leave
interpretare	to play a role		vedere	to see
leggere	to read		venire	to come
morire	to die		vincere	to win
nascere	to be born		vivere	to live
offrire	to offer			
partire	to leave (for a destination)			
perdere	to lose			
prendere	to take			
prenotare	to reserve			
promettere	to promise			

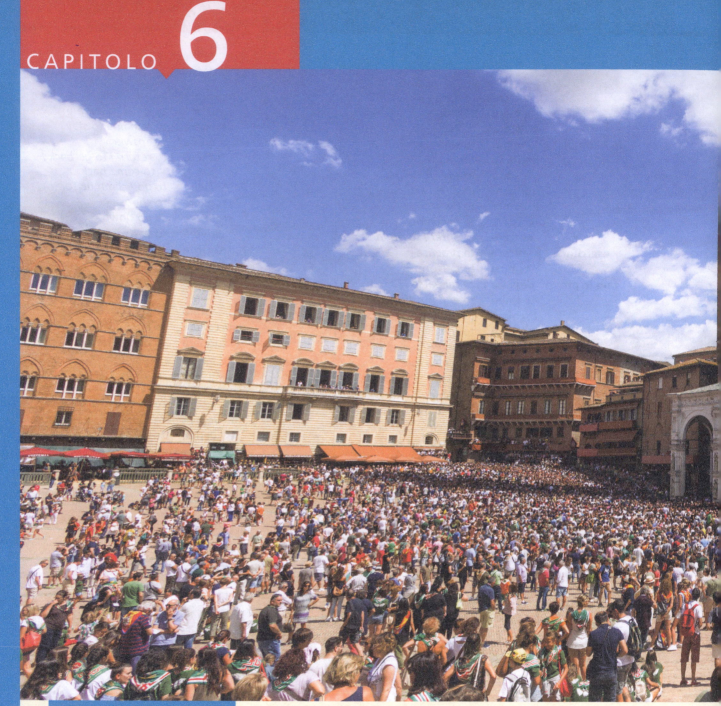

CAPITOLO 6

Using Circumlocution

When speaking, sometimes you can't find the word you need to convey your message and it is not possible to consult a dictionary. Circumlocution can be helpful when you can't recall or don't know a word. In that case, use other words to get your idea across, describing what an object or action looks like, what it's made of, etc. These tips can help:

- Use synonyms.
- Offer details: explain who, what, why, when, or where.
- Try negatives: explain what an object is not.
- Use gestures, actions, and sounds.

FESTE IN PIAZZA

Piazza del Campo, a forma di conchiglia (*shell*), è la piazza principale di Siena. È conosciuta per la sua straordinaria bellezza e per il Palio delle Contrade che ha luogo ogni anno il 2 luglio e il 16 agosto. La Torre del Mangia del Palazzo Comunale è tra le torri antiche più alte d'Italia.

JD Photograph/Shutterstock.com

COMMUNICATIVE GOALS

> Narrate and describe memories of events

> Talk about holidays, traditions, and celebrations

> Recount childhood and adolescent experiences

> Talk about social and cultural events

Risorse Audio Video  MINDTAP

La Toscana

> La Toscana è una regione piena di natura con il mare, le montagne, la campagna e le terme (*hot springs*). La Toscana è anche famosa per il marmo (*marble*) di Carrara esportato in tutto il mondo.

> Firenze è la culla del Rinascimento e la Toscana è la patria dei più grandi artisti rinascimentali.

Alice Peretti

◀ **San Gimignano** è conosciuta come la città delle belle torri. Alcuni la definiscono la Manhattan del Medioevo. La torre del comune si chiama la Rognosa, detta anche la "Torre dell'Orologio". È la più alta torre della città. Ogni Capodanno, sotto le torri in Piazza del Duomo, si celebra la fine dell'anno con musica, spumante, dolci e poi, a mezzanotte, lo spettacolo dei fuochi d'artificio (*fireworks*) per inaugurare il nuovo anno.

Monteriggioni è un piccolo borgo ▶ medievale fortificato da un muro che lo circonda completamente. Ogni anno, a luglio, qui c'è un festival medievale con personaggi in costumi d'epoca che suonano strumenti medievali. Dante ha descritto Monteriggioni nell'*Inferno*, canto XXXI.

Bertl123 / Shutterstock.com

Andiamo in piazza!

Evgeniapp / Shutterstock.com

▲ **Piazza Santa Croce** a Firenze è nota anche per la presenza dominante della Basilica di Santa Croce. La piazza è stata ed è ancora oggi luogo di molte feste, celebrazioni, concerti, partite di calcio storico ed eventi moderni come la fiera del cioccolato che si tiene durante il Carnevale fiorentino.

Piazza dell'Anfiteatro oggi si chiama anche ▶ "Piazza del Mercato". In questa piazza, nel mese di aprile, si festeggia la santa patrona di Lucca, Santa Zita, protettrice delle casalinghe (*housewives*) e delle domestiche (*maids*). Per l'occasione, si fa il mercato dei fiori primaverili. Ogni primavera c'è anche la festa nazionale dei fumetti e la piazza si trasforma in uno spazio dedicato ai fumetti, ai giochi e alla fantasia in tutte le sue forme.

franc100/fotolia

🔊 Le feste

l'albero di Natale
le luci
le palline
Babbo Natale
il regalo
le decorazioni

Buon Natale!

il candelabro

Felice Chanukah!

le caramelle / i cioccolatini
la calza
il carbone

La Befana

la maschera
la sfilata
il carro

Il Carnevale di Viareggio

Le tradizioni italiane possono variare a seconda della regione o della provincia.

Le feste	Holidays
(il) Capodanno (1/1)	New Year's Day
la vigilia di Capodanno / San Silvestro (31/12)	New Year's Eve / St. Sylvester's Day
l'Epifania/ La Befana (6/1)	Epiphany / old, ugly, but good, witch
San Valentino (14/2)	Valentine's Day
Pasqua	Easter
la Pasqua ebraica	Passover
la Festa del papà / San Giuseppe (19/3)	Father's Day / St. Joseph's Day
la Festa della donna (8/3)	International Women's Day
la Festa della Liberazione (25/4)	Liberation Day
la Festa del Lavoro (1/5)	Labor Day
la Festa della mamma	Mother's Day
la Festa della Repubblica (2/6)	Republic Day
il Palio di Siena (2/7, 16/8)	horse race in Siena
il Ferragosto (15/8)	Feast of the Assumption
la Festa di Ognissanti (1/11)	All Saints' Day
la vigilia di Natale	Christmas Eve
Natale (m.)	Christmas
la Festa della Chanukah (Festa delle luci)	Hanukkah (Festival of Lights)
la sagra gastronomica	food festival
la festa del patrono	feast of the patron saint
la Festa di San Giovanni Battista (24/6)	St. John's Day (Patron Saint of Florence)

Le tradizioni e i cibi tradizionali
Traditions and Traditional Foods

Capodanno

il brindisi	celebratory toast

il cenone	dinner for Christmas Eve / New Year's Eve
il cotechino	spiced Italian sausage
le lenticchie	lentils
lo spumante	sparkling white wine

Festa della donna

le mimose	mimosas (flowers)

Festa di San Giuseppe

le frittelle di riso	sweet rice fritters

Pasqua

la colomba	dove-shaped Easter cake
l'uovo (*pl.* le uova) di Pasqua	Easter egg (eggs)

Natale

le castagne	chestnuts
il pandoro	Christmas cake (topped with powdered sugar)
il panettone	Christmas cake with candied fruit
il panforte	Sienese fruit and nut cake
il pesce	fish
la tombola	type of bingo
il torrone	nougat candy

I verbi
Verbs

addobbare	to adorn / to decorate
augurare	to wish
benedire	to bless
brindare	to make a toast
celebrare	to celebrate
decorare	to decorate
incartare	to wrap
regalare	to give a gift
scambiarsi	to exchange

Note: The numbers in parentheses refer to the day and month the holiday occurs.

Pratichiamo!

6-1. Cosa si fa per questa festa? Abbina l'attività con la festa e poi forma una frase completa, coniugando il verbo alla terza persona plurale usando il soggetto "molti" (*many people*).

> **Esempio**   Festa del Ringraziamento (*Thanksgiving*) → mangiare il tacchino (*turkey*)
> *Per la Festa del Ringraziamento molti **mangiano** il tacchino.*

Festa

1. _____ la Festa della donna
2. _____ la Pasqua
3. _____ la Pasqua ebraica
4. _____ la sagra gastronomica
5. _____ San Valentino
6. _____ l'Epifania

Attività

a. ricordare la liberazione del popolo israelita
b. assaggiare tante pietanze locali (*local food specialities*)
c. regalare un mazzo di mimose
d. scambiare regali tra persone innamorate
e. aspettare l'arrivo della Befana
f. dare un uovo di cioccolato

6-2. Le specialità tradizionali. Completa le frasi con il piatto tradizionale o la bevanda tradizionale associati alla festa.

> pesce / lenticchie / spumante / panforte / frittelle di riso / colomba

1. Per il cenone di Capodanno la mia nonna toscana prepara sempre le _____.
2. La cena della vigilia di Natale è tradizionalmente a base di _____.
3. Quando si avvicinano le feste, i senesi (*people of Siena*) comprano, mangiano e regalano il _____.
4. Beviamo dello _____ per inaugurare l'anno nuovo!
5. A San Donato, in provincia di Firenze, c'è una sagra delle _____ per la Festa di San Giuseppe. È un dolce tipico toscano, sono fritte e sono squisite.
6. A Pasqua, il dolce tipico che si mangia è la _____.

6-3. Scopri l'artista. Scrivi il verbo che completa la definizione. Poi, con le lettere scritte nelle caselle, scopri il cognome di un famoso artista fiorentino. Dove c'è "2 v.", bisogna scrivere la lettera due volte nella "Risposta".

> addobbare / augurare / benedire / brindare / celebrare / incartare / regalare / scambiarsi

1. Fare un brindisi: [ ] _ _ _ _ _ _
2. Decorare un albero di natale: _ _ _ [ ] _ _ _ _
3. Mettere un pacco o un regalo nella carta: _ _ _ _ _ [ ] _ _ _ (2 v.)
4. Dare la benedizione: _ _ _ _ [ ] _ _
5. Festeggiare con solennità: [ ] _ _ _ _ _ _ _
6. Esprimere un augurio: _ _ _ _ _ _ [ ] _
7. Dare qualcosa in regalo: _ _ _ _ [ ] _ _ _ (2 v.)
8. Dare e prendere qualcosa in cambio: _ _ _ _ _ _ _ _ [ ]

Risposta: _ _ _ _ _ _ _ _ _ _

6-4. Adotta una festa. A coppie, scegliete la festa italiana che vi piacerebbe aggiungere al vostro calendario. Spiegate perché avete scelto questa festa e organizzate una celebrazione con tutti i particolari: come, dove e quando potete festeggiare. Raccontate la vostra idea alla classe che voterà (*will vote for*) la festa più interessante. Poi festeggiate!

Feste e tradizioni italiane

Prima di tutto... Pensa alle tue esperienze con diverse feste locali in tutto il mondo. Qual è la festa più strana che tu abbia mai visto (*that you have ever seen*) di persona o in TV o sul giornale, ecc.? La più divertente?

Angela Ravaioli/Dreamstime.com

Davvero?! Tutte le città italiane hanno un santo patrono che protegge il luogo e per ogni santo c'è un giorno di festa nel calendario ecclesiastico. Per esempio, il santo patrono di Firenze è San Giovanni Battista e si celebra il 24 giugno. Quello di Prato è Santo Stefano, che viene festeggiato il 26 dicembre, e a Pisa si festeggia San Ranieri il 17 giugno. Quando si festeggia il patrono della città, di solito le scuole chiudono e non si lavora. Alcune città festeggiano anche con parate, processioni, fuochi d'artificio e tanti mercatini e bancarelle con le specialità gastronomiche del luogo.

Chiacchieriamo un po'! Lavorate a coppie. Immaginate di essere stati alla festa del santo patrono di una città come Firenze, Prato, Pisa o un'altra città a vostra scelta. Raccontate la vostra esperienza al vostro compagno/alla vostra compagna.

🔊 Qual era la tua festa preferita?

Ascolta e/o leggi la conversazione e rispondi alle domande.

Fabio e Tiziana sono a Firenze e passeggiano in Piazza Santa Croce. È il periodo delle feste natalizie.

Tiziana: Ah, quanti ricordi ho di questa piazza! Questo mercatino, la giostra[1], il profumo dei dolci natalizi. Quando **ero** piccola, **venivo** spesso qui con i miei genitori, soprattutto in questo periodo.

Fabio: Davvero? Ed **era** tutto com'è adesso?

Tiziana: Oh sì. Ricordo che **c'era** tanta gente, **faceva** sempre tanto freddo ma Firenze **era** più bella del solito. Tutto **sembrava** così magico e io **ero** felicissima. Sai, da bambina **abitavo** in una casa qui vicino. Tutti gli anni, quando **c'erano** i mercatini, io **chiedevo** sempre a mio padre di portarmi qui. Però la mia festa preferita **era** la Befana perché ci **portava** non solo i giocattoli, ma **metteva** anche tanti cioccolatini nella calza che **lasciavo** sul mio lettino. E da bambino, qual **era** la tua festa preferita?

Fabio: La mia festa preferita **era** Natale perché la mia famiglia e i nostri parenti si **riunivano** tutti gli anni. Insieme **giocavamo** a carte o a tombola mentre **mangiavamo** una buona fetta di panettone. E la sera della vigilia **aprivamo** i regali che **erano** sotto l'albero.

Tiziana: Eh sì, che bei ricordi!

I mercati natalizi in Toscana sono tanti ma quello in **Piazza Santa Croce**, a Firenze, ha un sapore tedesco. Ogni anno c'è un mercatino tradizionale: il Weihnachtsmarkt. Ci sono prodotti dell'artigianato tedesco di Heidelberger, una giostra per i bambini e specialità gastronomiche tedesche per tutti.

[1]*merry-go-round*

Comprensione

Rispondete alle seguenti domande con frasi complete.

1. Dove abitava Tiziana da bambina?
2. Dove andavano Tiziana e i suoi genitori nel periodo natalizio?
3. Qual era la festa preferita di Tiziana e perché?
4. Fabio come passava il Natale?

Osserviamo la struttura!

Nel dialogo sopra, osserva le parole in grassetto e completa le seguenti attività.

1. Overall, how would you define the content of the dialogue between Fabio and Tiziana? Select as many as apply.
   a. Description of past events
   b. Descriptions of people, places, and weather in the past
   c. Recurring actions in the past
   d. Two ongoing and simultaneous actions in the past
   e. Completed actions in the past
2. Provide an example from the dialogue for each item you selected in the previous question.
3. In the dialogue above, the words in bold are forms of a verb tense that you are about to learn, the **imperfetto**. Look at the dialogue and note all the verb forms. Try to find verbs from each conjugation (-are, -ere, -ire) and determine their infinitive forms.

Esempio	Imperfetto	Infinito
-are	*sembrava*	*sembrare*

NOTA CULTURALE

La **Befana**, termine che deriva da "Epifania", è una vecchia donna che vola su una scopa (*broom*). La notte del 6 gennaio, porta giocattoli e caramelle ai bambini buoni e carbone (*charcoal*) ai bambini cattivi. Le sue origini sono molto antiche.

L'imperfetto (*Imperfect tense*)

The **imperfetto** (*imperfect tense*) is a verb tense used to express habitual, recurring, and ongoing actions that took place in the past.

Characteristically, the beginning and ending times of these events are not defined. In English, the **imperfetto** is usually expressed by *used to* (or *would*[1]) + verb or *was / were + -ing* verb.

Quando **ero** bambina, ogni anno, i miei zii **venivano** a Firenze per passare le vacanze natalizie con noi.

*When I **was** a child, my aunt and uncle **used to come** to Florence every year to spend the Christmas holidays with us.*

Giocavamo a carte mentre **mangiavamo** una buona fetta di panettone.

*We **used to (would) play** cards while we **were eating** a delicious slice of panettone.*

Era l'anno 2012. **Eravamo** in Piazza Napoleone e **aspettavamo** il nuovo anno.

Verbi regolari nell'imperfetto

The following table shows the three conjugations of regular verbs in the **imperfetto**.

Imperfetto Verbi regolari			
	gioc<u>a</u>re (*to play*)	**viv<u>e</u>re** (*to live*)	**usc<u>i</u>re** (*to go out*)
io	gioc<u>a</u>vo	viv<u>e</u>vo	usc<u>i</u>vo
tu	gioc<u>a</u>vi	viv<u>e</u>vi	usc<u>i</u>vi
lui/lei, Lei	gioc<u>a</u>va	viv<u>e</u>va	usc<u>i</u>va
noi	gioc<u>a</u>vamo	viv<u>e</u>vamo	usc<u>i</u>vamo
voi	gioc<u>a</u>vate	viv<u>e</u>vate	usc<u>i</u>vate
loro	gioc<u>a</u>vano	viv<u>e</u>vano	usc<u>i</u>vano

Usi dell'imperfetto

A. The **imperfetto** is generally used to express descriptions in the past of places, people (age, physical characteristics), physical and emotional states, likes and dislikes, weather conditions, and time of day. The expressions **da bambino** (*when I was a child*) and **da giovane** (*when I was young*) often require the **imperfetto**.

Quando **avevo** sei anni, **abitavo** in una casa qui vicino.

When I was six years old, I used to live in a house nearby.

Da bambina, le feste natalizie **erano** le mie preferite.

When I was a child, Christmas holidays were my favorite.

Tutto **sembrava** magico e io **ero** felicissima.

Everything seemed magical and I was very happy.

[1]In English, the imperfect tense can also be expressed with *would* + verb, but it should not be confused with the conditional mode.

Ricordo che **c'era** tanta gente in piazza, **faceva** tanto freddo e a volte **nevicava**.	*I remember that there were a lot of people in the piazza, it was very cold, and it snowed at times.*	
Era mezzanotte quando Babbo Natale **portava** i regali ed erano le due quando tutti **andavamo** a dormire.	*It was midnight when Santa Claus would bring our presents, and it was 2 (a.m.) when we would go to sleep.*	

B. In order to convey the idea of being habitual, certain expressions of time, such as **ogni** (*every*), **tutti gli anni / tutti i mesi** (*every year / month*), **sempre** (*always*), **di solito** (*usually*), **spesso** (*often*), etc., are used with the **imperfetto**.

Da bambino, <u>tutti i giorni</u> (or <u>ogni giorno</u>) **andavo** al parco con gli amici.	*When I was a child, **I used to go** to the park with friends <u>every day</u> (or <u>each day</u>).*
Nelle feste natalizie **giocavamo** <u>sempre</u> a tombola con la famiglia.	*During the Christmas holidays, we <u>always</u> **played** tombola with my family.*

C. When two or more ongoing actions are happening at the same time in the past, they are connected by the adverb **mentre** (*while*).

Io **addobbavo** l'albero di Natale <u>mentre</u> Fabio **incartava** i regali e i bambini **dormivano**.	*I **was decorating** the Christmas tree <u>while</u> Fabio **was wrapping** the presents and the kids **were sleeping**.*

Verbi irregolari nell'imperfetto

The following verbs are *irregular* in the formation of the **imperfetto**.

Verbi irregolari nell'imperfetto				
	essere	**bere**	**dire**	**fare**
io	ero	bevevo	dicevo	facevo
tu	eri	bevevi	dicevi	facevi
lui/lei, Lei	era	beveva	diceva	faceva
noi	eravamo	bevevamo	dicevamo	facevamo
voi	eravate	bevevate	dicevate	facevate
loro	erano	bevevano	dicevano	facevano

Da bambino, la sera della vigilia di Capodanno, **stavamo** svegli fino a tardi. A mezzanotte gli adulti **bevevano** lo spumante, **dicevamo** tutti "Buon anno"! e ci **davamo** baci e abbracci. Poi, anche se **faceva** freddo, uscivamo per vedere i fuochi d'artificio. Ricordo che **eravamo** tutti felici.	*When I was a child, on the night of New Year's Eve, we used to stay up late. At midnight the adults would drink spumante, we would all say "Happy New Year"! and we would kiss and hug each other. Then, even if it was cold, we would go out to watch the fireworks. I remember we were all happy.*

Pratichiamo!

6-5. La sera della vigilia. Abbina gli elementi della colonna A con quelli della colonna B per vedere come Fabio, da bambino, trascorreva la sera della vigilia. Poi indovina di quale vigilia si tratta.

A

1. _____ La sera verso le 7.00, i nostri zii e cugini
2. _____ Ogni anno io
3. _____ Prima della cena tu e i cugini
4. _____ Tu

5. _____ Verso le 9.00 nostra madre
6. _____ La cena
7. _____ Alle 11 di sera noi tutti
8. _____ Dopo la messa, io a casa

B

a. uscivamo per andare in chiesa.
b. ricevevo molti regali.
c. portava la cena in tavola.
d. arrivavano a casa mia per la cena della vigilia.
e. vincevi sempre a tombola.
f. giocavate a tombola.
g. potevo finalmente aprire i miei regali.
h. terminava sempre con il panettone.

Quale vigilia è? _____

6-6. La Festa della Befana in piazza. Tiziana ha appena trovato una foto della "Festa della Befana in piazza" a Pistoia, dove era andata l'anno scorso con Fabio. Tiziana mette la foto su Facebook e scrive questo messaggio a Fabio. Completa il seguente messaggio con l'**imperfetto** dei verbi in parentesi.

Ciao Fabio, ho trovato questa foto dell'anno scorso. Ti ricordi la Festa della Befana a Pistoia? Quel giorno _____ (1. fare) un freddo incredibile ma io _____ (2. volere) andare lo stesso. Tu _____ (3. avere) un cappotto (*coat*), una sciarpa (*scarf*) e il naso rosso. Nella piazza _____ (4. esserci) tante persone che _____ (5. addobbare) la piazza con cento calze. Noi non _____ (6. capire) il motivo di tutti quei giocattoli in piazza, ma poi abbiamo capito che con il "Girogioco" i bambini _____ (7. scambiare) i giocattoli usati con altri bambini. E mi ricordo la tua faccia sorpresa mentre la Befana _____ (8. scendere) dal campanile del Duomo! Che bella giornata!

6-7. Aspettando il nuovo anno a Lucca. Fabio, che è di Lucca, racconta a Tiziana come passava la vigilia di Capodanno nella sua città. Completa il seguente brano con l'**imperfetto** dei verbi della lista.

> uscire / trasformarsi / dire / fare / bere / mettersi / esserci / darsi

Ogni anno, la sera del 31 dicembre, dopo cena, io e la mia famiglia _____ (1) per andare in Piazza Napoleone dove _____ (2) sempre una festa fino al mattino con musica e balli. Io _____ (3) sempre una maglia rossa per portafortuna. Ogni volta la piazza _____ (4) in una grande discoteca per tutta la città. Al momento della mezzanotte, con il tradizionale brindisi in piazza, tutti _____ (5) lo spumante e io e i miei genitori _____ (6) gli auguri. Tutti _____ (7): Buon anno! Ma a Lucca, dopo circa diciotto minuti dalla mezzanotte, la gente _____ (8) un secondo brindisi per celebrare la "mezzanotte di Lucca". Lucca è proprio una città unica!

NOTA CULTURALE

A Lucca, in **Piazza Napoleone**, ogni anno si celebra la mezzanotte due volte. La prima volta che si brinda coincide con la mezzanotte italiana. Però la meridiana (*sundial*) che si trova sulla Torre delle Ore segna la mezzanotte dopo quasi 18 minuti e si brinda una seconda volta per la "mezzanotte di Lucca".

iStock.com/miralex

6-8. Le tue feste e tradizioni preferite da bambino/a. A coppie, prima descrivete al vostro compagno/alla vostra compagna una tradizione del vostro Paese che vi piaceva (o no) da bambini. Poi il vostro compagno/la vostra compagna vi fa alcune domande per conoscere i dettagli. Ecco alcuni esempi di domande.

1. Dove vivevi quando eri piccolo/a?
2. Qual era la tua tradizione preferita?
3. Che cosa facevi durante questa festa?
4. Perché (non) ti piaceva questa festa?
5. In che periodo dell'anno era?
6. Che cosa si mangiava?
7. A Halloween, come ti mascheravi?
8. …

Poi fate un resoconto alla classe con le informazioni raccolte.

NOTA CULTURALE

Il **Carnevale** è una festa che precede la Quaresima (*Lent*) e si conclude con il martedì grasso. In Toscana è famoso il Carnevale di Viareggio, un evento spettacolare tra i più belli e grandiosi del mondo, con sfilate di carri di cartapesta (*paper-mâché*) e maschere per festeggiare in piazza, fra la gente.

LongJon/Shutterstock.com

6-9. La foto di una festa. Portate in classe una foto di una festa passata in famiglia o con gli amici. A coppie, il vostro compagno/la vostra compagna deve chiedere informazioni.

Esempio *Che festa era? Chi c'era alla festa? Dove eravate? Che cosa facevate?*

6-10. E adesso parliamo di regali. Durante le feste, amici e familiari si scambiano regali. Chiedete ad almeno tre compagni di classe se, da bambini, di solito, ricevevano molti o pochi regali, da chi, che tipo di regali, se piacevano o no e cosa facevano con i regali che non gli/le piacevano. Poi riferite i risultati alla classe.

	Nome	Nome	Nome	Nome
1. Da chi ricevevi i regali?				
2. Ricevevi pochi regali?				
3. Che tipo di regali ricevevi di solito?				
4. Ti piacevano i regali che ricevevi?				
5. Cosa facevi con i regali che non ti piacevano?				

Quando siamo arrivati in piazza, il tempo era bellissimo.

Ascolta e/o leggi il seguente brano e rispondi alle domande.

*Fabio e i suoi amici **sono andati** a vedere lo Scoppio del carro a Firenze. Ma Tiziana non **è andata** perché **era** malata. Fabio le racconta sul suo blog la sua esperienza.*

Ieri io e alcuni amici **siamo andati** a vedere lo Scoppio del carro. Quando **siamo arrivati** in piazza, il tempo **era** bellissimo e la piazza **era** piena di gente. Mentre noi tutti **aspettavamo** l'inizio della cerimonia, i bambini **giocavano** e **si divertivano**. Poi, all'improvviso, **ha cominciato** a piovere. Io **volevo** fare alcune foto ma **avevo** paura di rovinare la macchina fotografica. A un certo punto, **abbiamo visto** la colomba volare[1], poi il fuoco e subito dopo il carro **è scoppiato**[2]. Mentre tutti **dicevamo** "Evviva! Auguri!", all'improvviso **ha smesso** di piovere e subito dopo un arcobaleno[3] **è apparso**[4] nel cielo. Che bello spettacolo!

La Festa dello Scoppio del carro in **Piazza Duomo**, a Firenze.

[1]*dove flying* [2]*exploded* [3]*rainbow*
[4]*appeared*

Comprensione

Rispondi alle seguenti domande con frasi complete.

1. Dove sono andati Fabio e i suoi amici? Tiziana era con loro?
2. Com'era il tempo durante tutta la celebrazione?
3. Fabio ha fatto le foto? Perché (sì / no)?
4. Che cosa è apparso nel cielo e quando?

Osserviamo la struttura!

Nel brano sopra, osserva le parole in grassetto e completa le seguenti attività.

1. In the blog that Fabio wrote, there are verbs in the **passato prossimo** and verbs in the **imperfetto**. Make a list for each tense and try to explain when to use these two tenses based on what you have already learned.
2. Can you explain the reason why in sentence (a) below the **imperfetto** is the only tense used and in (b) both the **imperfetto** and the **passato prossimo** are used?
   a. Mentre tutti **aspettavano** l'inizio della cerimonia, i bambini **giocavano** e **si divertivano**.
   b. Mentre tutti **dicevamo** "Evviva! Auguri!", all'improvviso **ha smesso** di piovere e subito dopo un arcobaleno **è apparso** nel cielo.

NOTA CULTURALE

Lo **Scoppio del carro** (*The Explosion of the Cart*) in Piazza Duomo a Firenze è un evento di antiche origini. Il sabato di Pasqua, una "colomba" (*dove-shaped rocket*) deve raggiungere un carro, il "Brindellone", che si trova in Piazza Duomo e farlo esplodere. Così si accendono numerosi fuochi d'artificio. Se il carro scoppia (*explodes*), per Firenze si prevede un anno ricco e positivo.

Passato prossimo e imperfetto (*Simple past / Present perfect and imperfect*)

Siamo andati a vedere l'uovo di cioccolato più grande del mondo. **Era** davvero grande e tutti **volevano** fare una foto.

In **Capitolo 5** we covered the **passato prossimo** and earlier in this chapter you learned about the **imperfetto**.

A. Although both the **passato prossimo** and **imperfetto** are tenses used to talk about past events, each of them has a different function.

Imperfetto	Passato prossimo
Use the **imperfetto** to express: • descriptions of people, places, weather, emotions. • habitual or ongoing actions in the past where the beginning and ending times are not specified.	Use the **passato prossimo** to express: • completed actions that happened at a specific point in time. • a sequence of completed events in the past.

Fabio e i suoi amici **sono andati** a vedere lo Scoppio del Carro a Firenze. Ma Tiziana non **è andata** perché **era** malata.

Fabio and his friends went to see the Scoppio del Carro in Florence. But Tiziana did not go because she was sick.

Quando **siamo arrivati** in piazza, il tempo **era** bellissimo e la piazza **era** piena di gente. Poi, all'improvviso, **ha cominciato** a piovere.

When we arrived in the piazza, the weather was very beautiful and the piazza was crowded with people. Then, all of a sudden, it started to rain (it started raining).

B. Both tenses can also be found in the same sentence when a description or an ongoing action in the past (**imperfetto**) is interrupted by a sudden action (**passato prossimo**).

Mentre tutti noi **dicevamo** "Evviva!", all'improvviso **ha smesso** di piovere e subito dopo un arcobaleno **è apparso** nel cielo.

While we were all saying "Hurray!", suddenly it stopped raining and immediately afterwards a rainbow appeared in the sky.

Imperfetto con i verbi modali (*Imperfect with modal verbs*)

With modal verbs (**volere, potere, dovere**), whether to use the **imperfetto** or the **passato prossimo** depends on the information the speaker wants to convey. The **imperfetto** is used when the <u>intention</u> (of the subject) is expressed but it is uncertain whether the action was carried out or not. The **passato prossimo** is used when the action actually happened.

Uncertain outcome:	L'anno scorso Tiziana **voleva** passare la vigilia di Capodanno a Lucca. *Last year Tiziana wanted (intended) to spend New Year's Eve in Lucca.*
Certain outcome:	L'anno scorso **ho voluto** passare la vigilia di capodanno a Lucca. *Last year I wanted to spend New Year's Eve in Lucca. (implied: I did it.)*
Uncertain outcome:	A Natale **dovevo** andare dalla mia famiglia perché loro non **potevano** viaggiare. *At Christmas I was supposed to go see my family because they were not able to travel.*
Certain outcome:	Però la mia macchina si è rotta e non **sono**[2] più **potuto** andare. *But my car broke down and I wasn't able to go.*

[2]When the **passato prossimo** is formed with a modal verb (**volere, potere, dovere**) the auxiliary **avere** can always be used. However, the auxiliary **essere** can be used when the infinitive that follows the modal verb would normally take **essere**. Both forms are correct.

Pratichiamo!

6-11. L'uovo di cioccolato più grande del mondo. Tiziana invita Fabio ad andare a Marina di Massa a vedere l'uovo di cioccolato più grande del mondo. Gli racconta in una e-mail quello che ha visto l'anno scorso. Decidi, dal contesto, se il verbo va all'**imperfetto** o al **passato prossimo**.

Ciao Fabio,

Vuoi venire con me a Marina di Massa a vedere l'uovo di cioccolato in Piazza Betti? Da bambina ci (1. *andavo / sono andata*) sempre con i miei genitori e l'anno scorso (2. *sono ritornata / ritornavo*) con i miei amici. (3. *Faceva / Ha fatto*) un po' freddo ma (4. *mi sono divertita / mi divertivo*) molto. Appena (5. *siamo arrivati / arrivavamo*), io (6. *vedevo / ho visto*) quest'uovo gigante. (7. *Abbiamo fatto / Facevamo*) tante fotografie. C'erano molti bambini che (8. *volevano / hanno voluto*) fare le foto vicino all'uovo. (9. *C'era / C'è stata*) gente da tutta Marina di Massa. Noi (10. *abbiamo incontrato / incontravamo*) anche alcuni nostri amici di Firenze. Mentre noi (11. *andavamo / siamo andati*) via dalla piazza, (12. *ci siamo fermati / fermavamo*) in un bel ristorante per pranzare. (13. *Siamo rimasti / Rimanevamo*) a Marina di Massa fino a tardi e (14. *eravamo / siamo stati*) stanchissimi. Quando (15. *sono arrivata / arrivavo*) a Firenze (16. *erano / sono state*) le due del mattino.

Fammi sapere se puoi venire, così ci organizziamo.

Ciao, Tiziana

6-12. Come sta Tiziana? Completa il seguente racconto di Fabio con il **passato prossimo** o l'**imperfetto**. Leggi tutto attentamente prima di scrivere la risposta.

Oggi io _____ (1. telefonare) a Tiziana per sapere se lei _____ (2. volere) venire con me e con Roberta a vedere la partita di calcio storico. Quando lei _____ (3. rispondere), io _____ (4. capire) subito che lei _____ (5. essere) malata. Infatti lei _____ (6. dire) che non _____ (7. sentirsi) bene. Così io e Roberta _____ (8. andare) a casa sua. Prima di andare noi _____ (9. sapere) che lei _____ (10. avere) bisogno di aiuto. E così noi _____ (11. preparare) qualcosa di caldo da mangiare. Dopo pranzo, lei _____ (12. mettersi) a letto a dormire e noi _____ (13. andare) via. Fra un po' la chiamo e vedo come sta.

6-13. Il calcio storico in Piazza Santa Croce. Il seguente brano è la cronaca in diretta (*live play-by-play*) di una partita finale di calcio storico. La cronaca è al presente e devi riscriverla al passato perché deve essere pubblicata sul giornale. Trasforma i verbi in corsivo (*italics*) dal presente al **passato prossimo** o all'**imperfetto**. Leggi molto attentamente tutto il testo prima di trasformare i verbi.

Firenze, giugno 2013 – Partita di calcio storico fiorentino: Bianchi contro Azzurri nel giorno di San Giovanni, in Piazza Santa Croce.

Ecco che Piazza Santa Croce *si trasforma* (1), per l'occasione, in una vera e propria "arena" di gioco. Il tempo *è* (2) bellissimo. Mentre fiorentini e turisti *arrivano* (3) da tutte le parti della città per tifare (*cheer*) per una o l'altra squadra, i "calciatori" *si preparano* (4) alla grande partita con i loro costumi storici. *È* (5) l'una del pomeriggio quando le squadre *entrano* (6) in campo. *Vediamo* (7) uno spettacolo assolutamente bellissimo. La partita *finisce* (8) con la vittoria degli Azzurri contro i Bianchi. Arrivederci al prossimo anno!

Ieri Piazza Santa Croce _____

6-14. La scorsa vigilia di Capodanno. A coppie e a turno, fate domande su come avete trascorso la scorsa vigilia di Capodanno. Nelle domande e nelle risposte dovete usare l'**imperfetto** o il **passato prossimo**. Ecco alcuni esempi di domande.

- Dove hai passato la scorsa vigilia di Capodanno?
- Chi c'era con te?
- Com'era il tempo?
- Avevi desideri particolari per il nuovo anno?
- Mi descrivi il posto?
- Come ti sei vestito/a?
- Cosa hai mangiato / bevuto?
- Dov'eri quando è arrivata la mezzanotte?

6-15. Che bella festa! Succede a tutti di passare una festa particolarmente bella. A coppie, raccontate al vostro compagno/ alla vostra compagna di una festa che vi è piaciuta particolarmente. Ricordate di descrivere prima la scena (tempo / luogo / persone / posti) usando l'**imperfetto** e poi spiegate quello che ha reso (*made*) la festa così bella, usando il **passato prossimo** o l'**imperfetto**.

6-16. Piani realizzati (*Plans fulfilled*) o no? Quando inizia un nuovo anno, tutti guardiamo indietro per ricordare:

- quello che volevamo avere / fare
- quello che potevamo fare ma non abbiamo fatto
- quello che abbiamo avuto / fatto
- quello che dovevamo fare ma non abbiamo potuto fare

In gruppi, fate una lista di tutte queste cose e poi fate un resoconto alla classe. Chi ha realizzato più piani? Quali non si sono realizzati?

Esempi
1. *L'anno scorso Joshua voleva una nuova macchina e l'ha comprata.*
2. *Amy doveva trovare un nuovo appartamento ma non ha potuto perché i prezzi erano troppo alti.*

LEGGIAMO!

Pre-lettura

1. **Associazioni.** Prova a indovinare quale verbo è associato con l'oggetto. (Ci sono varie possibilità.) Dopo aver letto l'articolo, scoprirai le risposte.

   a. _____ accendevamo
   b. _____ aspettavamo
   c. _____ cantavamo
   d. _____ facevamo
   e. _____ preparavamo
   f. _____ recitavamo

   1. le benedizioni
   2. il dolce
   3. i salmi (*psalms*)
   4. la pasta
   5. le sorprese
   6. le candele

2. **Domande.** A coppie, rispondete alle seguenti domande.

   a. Celebrate una festa in cui si accendono le candele? Chi le accende? Qual è il significato delle candele? Quante candele si accendono?

   b. C'è un dolce o un piatto in particolare associato alla festa? Come si chiama? Ti piace? Sai quali sono gli ingredienti del piatto? Lo sai preparare?

   c. Adesso racconta i risultati della domanda **a** o della domanda **b** usando almeno quattro delle parole presentate nella strategia.

Martin Froyda / Shutterstock.com

Pitigliano è un piccolo paese noto come la "Piccola Gerusalemme" per la presenza della comunità ebraica che ci ha vissuto per mezzo millennio. **La sinagoga di Pitigliano**, costruita nel sedicesimo secolo (*16th century*), si trova nel centro storico della città. È stata restaurata più volte e, tutti i giorni tranne (*except*) il sabato e altre feste ebraiche, si possono visitare la sinagoga e il museo che si trova accanto.

La Festa di Chanukah

La Festa di Chanukah era molto sentita a Pitigliano. Io ricordo, —continua la signora Elena Servi,— che nella sinagoga° a Pitigliano il rabbino accendeva la channucchia° d'argento. Recitavamo le benedizioni della festa, ed erano tre la prima sera e due per ogni giorno seguente. Dopo le benedizioni tutti insieme cantavamo i salmi° in sinagoga.

La sinagoga di Pitigliano

synagogue

menorah

psalms

Alla conclusione della cerimonia andavamo a casa e noi bambini eravamo particolarmente felici perché, per la Festa della Chanukah, era uso fare doni° ai piccoli, e noi aspettavamo la sorpresa. Ogni famiglia accendeva la propria lampada°. Io ero la più giovane e spettava a me° il compito di accendere lo shammash (la luce evidenziata nella channucchia è la prima che deve essere accesa°). A casa mia, come in tutte le case degli ebrei di Pitigliano era consuetudine° preparare un dolce speciale per la festa, le donne di casa lo facevano con la pasta del pane, l'olio, l'anice° e l'uva passa°. Tagliavano il dolce a fette a forma di rombi° che poi ricoprivano° di miele e zucchero.

gift

light / it was my job

lit

custom

anise / raisins

diamonds / covered

Dopo la lettura

1. **Comprensione.** Metti in ordine da *1* a *8* le seguenti azioni.

_____ a. Dopo la cerimonia andavamo a casa.

_____ b. I bambini aspettavano una sorpresa.

_____ c. I bambini erano particolarmente felici.

_____ d. Il rabbino accendeva la channucchia.

_____ e. Le donne preparavano i dolci.

_____ f. Recitavamo le benedizioni.

_____ g. Spettava alla più giovane accendere la prima candela.

_____ h. Tutti insieme cantavano i salmi.

2. **Tocca a voi.** A coppie, fate il racconto di una festa che celebravate da piccoli, seguendo l'esempio della Signora Servi dove possibile.

VOCABOLARIO

◀)) **I ricordi dell'infanzia e dell'adolescenza**

la scuola elementare

la maestra

il mio amico del cuore

contrastwerkstatt/fotolia

Una foto dei compagni di classe e la maestra della terza elementare in una scuola a Larciano, provincia di Pistoia.

Il passato	*The Past*
l'adolescenza	*adolescence*
l'amico del cuore	*best friend*
l'infanzia	*childhood*
la malinconia	*melancholy, sadness*
la nostalgia	*nostalgia*
un ricordo	*a memory / a souvenir*
un vecchio amico	*an old friend*

La scuola	*School*
il cestino (del pranzo)	*lunch box*
il diario	*diary*
l'esame	*exam*
l'esame di maturità	*high school exit exam*
la gara	*competition*
la gita scolastica	*field trip*
la laurea	*college degree*

un professore indimenticabile	*an unforgettable professor*
la recita	*a play, a performance*
la scuola media	*middle school*
la scuola superiore / il liceo	*high school*

Gli altri ricordi	*Other Memories*
andare a cavallo	*to go horseback riding*
il circo	*circus*
essere entusiasta/e/i	*to be excited*
(fare) uno scherzo	*(to play) a prank / joke*
i fumetti	*comics*
fuochi d'artificio	*fireworks*
giocare a carte / tombola	*to play cards / bingo*
le giostre	*amusement park / rides*
la parata	*parade*
la processione	*procession*
lo zucchero filato	*cotton candy*

Pratichiamo!

6-17. La parola intrusa. Cancella la parola che non appartiene, per contesto, alla categoria indicata.

1. L'infanzia: amico del cuore, un vecchio amico, i fumetti, la scuola elementare
2. La nostalgia: l'infanzia, un professore indimenticabile, un vecchio amico, un esame
3. La scuola: fuochi d'artificio, una recita, una gara, uno scherzo
4. L'adolescenza: giocare a carte, una gita scolastica, l'esame di maturità, la laurea

6-18. Definizioni. Abbina la definizione con la parola giusta.

A	B
1. _____ parata	a. una donna che insegna
2. _____ zucchero filato	b. contiene cibo e bevande
3. _____ il cestino	c. rappresentazione teatrale
4. _____ la recita	d. divertimento al luna park
5. _____ la giostra	e. un dolce
6. _____ la maestra	f. una processione con carri

6-19. Saluti dalla Maremma. Scegli otto delle parole date e completa la cartolina di Luciana con la parola corretta.

> andiamo a cavallo / la gara / diario / gita / facciamo uno scherzo / nostalgia / l'esame di maturità / esami / amica del cuore / ricordi / entusiasta

Cara Isabella,

Ti scrivo dalla Maremma dove stiamo facendo una _____ (1) con la scuola. Oggi sono molto _____ (2) perché noi _____ (3) proprio come i butteri (*cowboys*). Ho tanti bei _____ (4) dell'infanzia, quando i nonni ci portavano qui in vacanza. Che _____ (5)! È anche bello perché oggi non abbiamo né compiti né _____ (6). Dobbiamo solo scrivere una cartolina all' _____ (7) e scrivere nel _____ (8) della nostra esperienza. Ti chiamo al mio ritorno.

Baci,

Luciana

Solidano/fotolia

6-20. Una gita scolastica. A coppie, parlate di una gita scolastica che ricordate con nostalgia. Descrivete dove siete andati, cosa avete fatto e perché vi è piaciuto.

6-21. La vita scolastica. Scambiatevi idee sulla vostra vita scolastica di oggi e del passato. Cosa vi piaceva di più o vi piace di più oggi? Parlate di esperienze positive o negative, se ce ne sono. Avete bei ricordi di esperienze particolari che avete avuto? Cosa insegnavano allora che non insegnano più oggi? La scuola è cambiata molto? Date esempi e motivate le vostre risposte.

Le feste acquisite

Prima di tutto... Descrivi le seguenti immagini. Secondo te, che cosa si festeggia in queste foto? Come si festeggia?

Davvero?! Anche se la festa di Halloween fino a qualche anno fa non veniva festeggiata in Italia, oggi è molto diffusa l'usanza di festeggiare questa "notte delle streghe" (*night of witches*). Si tratta di un secondo carnevale, ma a differenza del primo, dove i costumi e le maschere sono divertenti e colorate, le maschere di Halloween rappresentano streghe (*witches*), diavoli (*devils*) e personaggi che fanno paura. Mentre i bambini bussano (*knock*) alle case e dicono "Dolcetto o scherzetto"? (*Trick or treat?*), gli adulti si preparano per andare alle feste in discoteca. Halloween sta diventando molto popolare in Italia ma le tradizioni carnevalesche rimangono sempre più importanti.

Alice Peretti

Nicolò M. Shapiro

Chiacchieriamo un po'! A coppie, raccontate i ricordi delle vostre tradizioni ed esperienze di Halloween. Alla scuola elementare, quale costume indossavate? Andavate a fare dolcetto o scherzetto? Vi divertivate? Cosa mangiavate? C'erano delle tradizioni speciali nel tuo Paese o nella tua scuola? E alla scuola media? Alla scuola superiore? Indossate ancora dei costumi a Halloween? Come festeggiate questa tradizione "da grandi"?

🔊 Fortunatamente ci sono le gite scolastiche.

Ascolta e/o leggi il seguente brano e rispondi alle domande.

Tiziana ha trovato un suo vecchio diario dei tempi della scuola. Lo sfoglia[1] e si ferma su questa pagina.

Ci sono tanti posti bellissimi in Italia ma, anche se con la mia famiglia viaggiamo **sempre** in estate, **solitamente**[2] non abbiamo molto tempo per vedere tutto. **Fortunatamente**[3] ci sono le gite scolastiche e posso girare la Toscana. Per esempio, con la mia famiglia vado **spesso** a Pisa e la conosco **bene** ma non conoscevo Arezzo. **Oggi** l'ho visitata durante la gita e **finalmente** ho visto la famosa Giostra del Saracino. È bellissima! Questa è una foto di Piazza Grande. La professoressa ha spiegato molto **chiaramente**[4] la storia della città e dei posti che abbiamo visto. Vorrei vedere altri posti. Per esempio, **non** ho **mai** visto Siena e non vedo l'ora di visitarla, **specialmente**[5] perché voglio vedere il famoso Palio. E **non** ho **ancora** visto Sondrio e Lucca. Forse durante la prossima gita? Speriamo!

Piazza Grande ad Arezzo è una delle più belle piazze medievali della Toscana.

[1]*skims* [2]*usually* [3]*Luckily* [4]*clearly* [5]*especially*

Comprensione

Rispondete alle seguenti domande con frasi complete.

1. Tiziana conosce bene tutta la Toscana? Perché?
2. Perché dice "fortunatamente ci sono le gite scolastiche"?
3. Tiziana ha imparato molto durante la visita ad Arezzo? Perché?
4. Cosa vuole vedere Tiziana a Siena?

Osserviamo la struttura!

Nel brano sopra, osserva le parole in grassetto e completa le seguenti attività.

1. Where are the Italian adverbs **spesso** and **sempre** placed in the sentence?
2. How are the adverbs **non... mai** (*never*) and **non... ancora** (*not . . . yet*) placed in the sentence?
3. List some of the adverbs ending in **-mente**. What is the common characteristic of these adverbs? Can you recognize the word they derive from? And what is the equivalent of **-mente** in English?

La **Giostra del Saracino** è una rievocazione storica in costume di origine medievale della lotta tra il mondo cristiano e quelli che allora erano considerati "infedeli".

Gli avverbi (*Adverbs*)

A. An **avverbio** (*adverb*) is a word that modifies or qualifies verbs, adjectives, or other adverbs, usually in relation to time, manner, and degree. They are invariable. The most common adverbs are:

sempre (*always*)
prima (*first*)
spesso (*often*)
presto (*early*)
già (*already*)
molto (*very*)
ancora (*still*)
bene (*well*)
non... mai (*never*)
dopo (*after*)
qualche volta / a volte (*sometimes*)
tardi (*late*)
non... ancora (*not yet*)
poco (*not much*)
non... più (*not anymore*)
male (*badly*)

Puoi parlare **lentamente**? Non capisco!

iStock.com/georgeclerk

B. In Italian, adverbs usually follow the verb, especially when the verb is in the present tense. With compound tenses, some adverbs (**mai, già, ancora**) are placed between the auxiliary verb and the past participle.

La mia famiglia viaggia **sempre** in estate.	*My family always travels in the summer.*
Vado **spesso** a Pisa e la conosco **bene**.	*I often go to Pisa and I know it well.*
Tiziana **non** è **mai** stata a Siena.	*Tiziana has never been to Siena.*

Avverbi che finiscono in -*mente* (*Adverbs ending in* -mente)

Most English adverbs ending in -*ly* have an Italian equivalent ending in -**mente**. To form these kinds of adverbs in English, -*ly* is attached to the adjective (*usual / usually, general / generally, etc.*).

- In Italian, the suffix -**mente** is attached to the adjective, which must first be changed to the feminine form:

  solit**o** → solit**a** → **solitamente** (*usually*)

  rar**o** → rar**a** → **raramente** (*rarely*)

- Most adjectives ending in -**e** form the adverb by attaching the suffix -**mente**:

  felice → **felicemente** (*happily*)

  veloce → **velocemente** (*quickly or rapidly*)

- One exception to the previous rule is adjectives ending in **-le** or **-re**, which drop the "e" before attaching the suffix **-mente**.

> generale → **generalmente** (*generally*)
> regolare → **regolarmente** (*regularly*)

Fortunatamente ci sono le gite scolastiche e posso girare la Toscana.	*Fortunately, there are field trips and I can travel around Tuscany.*
La professoressa ha spiegato molto **chiaramente** la storia della città.	*The professor explained the history of the city very clearly.*
Generalmente viaggiamo in macchina quando andiamo in vacanza.	*We generally travel by car when we go on vacation.*

Come si dice *time / times*?

- The word "time" in Italian can have different meanings according to the context.

Che **ora** è?	*What time is it?*
Quante **volte** sei stata a Pisa e Arezzo?	*How many times have you been to Pisa and Arezzo?*
Sono stata a Pisa molte **volte**, ad Arezzo solo una volta.	*I have been to Pisa several times, to Arezzo only one time (once).*
Lei guarda le foto una **alla volta**.	*She looks at the pictures one at a time.*

- "To have a good time", in Italian, is expressed by the verb **divertirsi**.

Ci siamo divertiti durante la gita scolastica.	*We had a good time during the field trip.*

Christine Cervoni

Vado spesso a Pisa e mi diverto sempre.

Christine Cervoni

Piazza Santa Maria Novella è una delle principali piazze di Firenze. La Basilica di Santa Maria Novella domina la piazza.

Pratichiamo!

6-22. Invece... Completa le seguenti frasi con il verbo opportuno e l'avverbio opposto a quello indicato in corsivo. Usa i pronomi oggetto diretto quando è necessario.

Esempio L'anno scorso vedevo *spesso* Tiziana.
Quest'anno invece <u>non</u> la vedo <u>mai</u> (o, la vedo <u>qualche volta</u>).

1. Da bambina Tiziana mangiava *sempre* le verdure. Sua sorella invece...
2. Quando Fabio è in vacanza si alza *tardi*. Quando lavora invece...
3. Io vado *spesso* al cinema con i miei amici di scuola. Al teatro noi invece...
4. Tu, da bambino, studiavi sempre *molto*. Tuo fratello invece...
5. Mio fratello *non* frequenta *più* la scuola elementare. Io invece ho dieci anni e...
6. Io *non* ho *ancora* visto il Palio di Siena. Tu invece...
7. Per fortuna oggi sto *bene*, non ho più l'influenza. La settimana scorsa invece...
8. Io finisco di lavorare alle tre e arrivo a casa *prima*. Fabio invece...

6-23. In che modo? Completa le frasi con l'avverbio formato dall'aggettivo in parentesi.

Esempio I bambini parlano (semplice) *semplicemente*.

1. Loro parlano (allegro) _____.
2. Lui saluta sempre (amichevole) _____.
3. Concludo molto (breve) _____.
4. La lettera è scritta (chiaro) _____.
5. Tiziana guida molto (lento) _____.
6. La mia maestra trattava i bambini (gentile) _____.
7. I professori oggi spiegano le lezioni (veloce) _____.
8. Da bambino andavo al circo (frequente) _____.

6-24. Per essere precisi. Completa le seguenti frasi con l'avverbio opportuno.

Esempio Mia nonna era una brava cuoca. Infatti lei cucinava proprio *bene*.

1. Da bambino Fabio era un po' stonato (*tone-deaf*). Infatti cantava proprio _____.
2. Da piccola, Tiziana non aveva difficoltà a imparare. Infatti imparava molto _____.
3. Tiziana ogni anno andava al circo perché si divertiva. Infatti le piaceva _____.
4. Gli anni dell'infanzia non passano lentamente. Infatti passano molto _____.
5. Devo correre, non ho molto tempo. Infatti è proprio _____.
6. Non vado spesso al cinema. Infatti vado _____.
7. Sei molto stanco perché lavori tutto il giorno e non dormi molte ore. Infatti dormi _____.
8. Non è facile per me ricordare i nomi degli amici d'infanzia. Infatti li ricordo tutti _____.

NOTA CULTURALE

Il circo... in piazza è un evento che si tiene nelle piazze della Toscana. È organizzato da varie scuole di "circo per bambini" e ha lo scopo di creare momenti per conoscersi, socializzare e collaborare reciprocamente.

Patrick Pinchon

6-25. Da bambino/Da bambina. A coppie e a turno, fate le seguenti domande o altre a vostra scelta e rispondete con gli **avverbi** e il corretto uso dei tempi.

1. Da bambino facevi spesso gite scolastiche? Dove? / Quando? / Con chi?
2. Chi leggeva sempre le favole quando andavi a dormire?
3. Mangiavi le verdure spesso o raramente?
4. Generalmente facevi tutti i compiti o a volte non li facevi?
5. Trattavi tutti i compagni di classe amichevolmente?
6. La mattina ti svegliavi presto per andare a scuola?

NOTA CULTURALE

Ferragosto è una festa di antiche origini e si celebra il 15 agosto in tutta Italia per indicare la fine delle vacanze estive. A Grosseto ci sono feste e concerti anche il giorno dopo per celebrare San Rotto, il santo protettore della città. La sera del 16 agosto si conclude con spettacolari fuochi d'artificio.

Riccardo Meloni/Fotolia

6-26. Passato e presente. A coppie e a turno, fate le seguenti domande, o altre a vostra scelta, per sapere le seguenti informazioni sul passato e sul presente del vostro compagno/della vostra compagna. Rispondete usando gli avverbi. Poi riferite i risultati alla classe.

1. Come, dove e con chi passavi l'estate da bambino/a? E adesso?
2. C'erano feste con i fuochi d'artificio nella tua città? Tu andavi a vederli? E adesso?
3. Quali giochi facevi durante le feste? E adesso?
4. Provi nostalgia dei tempi passati? Quando succede (*happens*)?
5. Rivedi spesso le foto di un vecchio amore?
6. Riesci a mantenere regolarmente contatti con i vecchi amici?

6-27. Con quale frequenza? In gruppo, fate domande per sapere quante persone fanno, facevano o hanno fatto le seguenti cose o altre a vostra scelta. Fate attenzione all'uso dei tempi verbali.

	Frequentemente	Raramente	Una volta	Mai
1. essere entusiasta della scuola (da bambino / adesso)				
2. andare a cavallo				
3. fare uno scherzo				
4. mangiare lo zucchero filato				
5. andare alle giostre				
6. praticare sport				

Che cosa ti ha detto?

Ascolta e/o leggi la conversazione e rispondi alle domande.

Fabio e un suo amico d'infanzia, Alberto, sono in Piazza dell'Anfiteatro per vedere Lucca Comics and Games. Prima di incontrare Alberto, Fabio ha visto la sua maestra delle elementari.

In **Piazza dell'Anfiteatro**, a Lucca, ogni anno si svolge Lucca Comics and Games, evento in cui si riuniscono gli amanti di fumetti per partecipare a giochi, disegnare fumetti e divertirsi in compagnia.

Fabio: Sai che ho appena incontrato la maestra delle elementari?

Alberto: Davvero? E cosa **ti** ha detto? Ricorda ancora tutti gli scherzi che **le** facevamo?

Fabio: "Noi" **le** facevamo? Solo tu **le** facevi gli scherzi. **Mi** ha detto che insegna ancora. **Mi** ha chiesto cosa faccio adesso e io **le** ho detto che adesso disegno fumetti per professione. È stata molto contenta. Ah, e **ti** manda i saluti.

Alberto: Oh grazie! Era molto brava. Ricordo che **ci** dava sempre dei premi quando eravamo bravi in classe. E poi, c'era Giorgio... lui adorava leggere, e la maestra **gli** regalava sempre libri. A proposito di Giorgio, da quanto tempo non lo senti?

Fabio: **Gli** ho telefonato proprio ieri. Vuole sapere se andiamo con lui a vedere il Palio di Siena.

Alberto: Mah... non so, forse. La settimana prossima **vi** posso dire con sicurezza se vengo o no.

Fabio: Va bene! Adesso godiamoci Lucca Comics and Games.

Comprensione

Rispondete alle seguenti domande con frasi complete.

1. Secondo te, come si sono conosciuti Fabio e Alberto?
2. Chi faceva scherzi alla maestra?
3. Chi era Giorgio e perché la maestra gli dava sempre libri?
4. Che cosa ha chiesto Giorgio a Fabio?

Osserviamo la struttura!

Nel dialogo sopra, osserva le parole in grassetto e completa le seguenti attività.

1. List all the words in bold as they appear in the dialogue. Can you guess what they are and whom they refer to in each sentence? For example, in the following sentences, what do **ti** and **mi** mean and what words do they replace?
   a. Cosa **ti** ha detto?   b. **Mi** ha chiesto cosa faccio adesso.

2. Based on the examples provided, try to guess whom the words in bold refer to in **c** and **d**.
   a. **Mi** ha detto che insegna ancora.   A chi ha detto che insegna? *a me*
   b. **Ti** manda i saluti.   A chi manda i saluti? *a te*
   c. Tu **le** facevi scherzi.   A chi faceva gli scherzi? ___
   d. La maestra **gli** regalava sempre libri. A chi la maestra regalava libri? ___

3. What do you think is the difference between these pronouns and the direct object pronouns learned in **Capitolo 5**?

Pronomi oggetto indiretto (*Indirect object pronouns*)

In this chapter we study indirect objects and their pronouns (*to / for* me, you, him, her, it, us, them). An indirect object answers the questions **A / Per chi?** (*To / For whom?*).

A. The table below shows the **pronomi oggetto indiretto**.

La maestra delle **elementari** ci dava sempre buoni voti.

Pronomi oggetto indiretto			
Singolare		**Plurale**	
mi	*to / for me*	ci	*to / for us*
ti	*to / for you* (inform.)	vi	*to / for you* (form. and inform.)
Le	*to / for you* (form.)		
le	*to / for her*	gli (a loro)	*to / for them (m./f.)*[3]
gli	*to / for him*		

B. As seen in **Capitolo 5** with direct object pronouns, indirect object pronouns often precede the verb. However, when modal verbs like **potere**, **volere**, and **dovere** are followed by an infinitive, the position of the indirect object pronoun may vary. It can be placed before the conjugated verb or attached to the infinitive after dropping the final **-e**.

Da bambino, mia madre **ci** comprava sempre lo zucchero filato.

When I was a child, my mother always bought cotton candy for us.

La settimana prossima **vi** posso dire (*or* posso dir**vi**) se vengo o no.

Next week I can tell you whether or not I'll come.

C. Unlike with direct object pronouns, the past participle does not change to agree with the indirect object pronoun.

Cosa **ti** ha detto la maestra?

What did the teacher say to you?

Mi ha detto che insegna ancora.

She told me she is still teaching.

Verbi seguiti dalla preposizione *a* o *per*

The following Italian verbs often require the preposition **a** or **per** + *noun* (indicating people) to complete a sentence and therefore take an indirect object.

dare *qualcosa* **a**	mandare *qualcosa* **a**
chiedere **a** (*to ask*)	preparare *qualcosa* **per**
dire **a**	scrivere *qualcosa* **a**
fare *qualcosa* **a**	rispondere **a** (*to answer / to reply*)
fare *qualcosa* **per**	telefonare **a** (*to call by phone*)

[3]The pronoun **gli** is often used in spoken Italian to say *to / for them*. However, the traditional form is **a loro** and is placed after the verb.

Dai le mimose **a** Tiziana per la Festa della donna?	*Do you give mimosas to Tiziana for Women's Day?*
Certo, **le** do le mimose tutti gli anni.	*Certainly, I give her mimosas every year.*
Cosa fai **per** tuo padre per la Festa del papà?	*What do you do for your father for Father's Day?*
Di solito **gli** faccio una sorpresa.	*Usually, I surprise him.*

> **ATTENZIONE!**
>
> When a pronoun follows the preposition **a** or **per**, it becomes **me, te, lui, lei, noi, voi, loro**.
>
> Quando ero piccolo, mia nonna preparava sempre qualcosa di buono **per me** e per mio fratello.
>
> *When I was little, my grandmother always prepared something good for me and my brother.*
>
> **A me** piaceva la cioccolata calda e **a lui** la torta di fragole.
>
> *I liked hot chocolate and he (liked) strawberry cake.*

Pratichiamo!

6-28. A chi ti riferisci (*To whom are you referring*)? Trova l'**oggetto indiretto** nella colonna a destra corrispondente al **pronome** di ogni frase della colonna a sinistra.

1. _____ La maestra *gli* manda sempre i saluti. Erano i suoi studenti.
2. _____ La maestra *ci* dava i premi quando eravamo buoni.
3. _____ Domani *vi* dico se vengo con voi.
4. _____ Andiamo al bar, *ti* offro un caffè!
5. _____ *Le* ho fatto gli auguri.
6. _____ La maestra *gli* dava sempre libri da leggere.

a. alla maestra
b. a te
c. a me e a Fabio
d. a Giorgio
e. a te e a Giorgio
f. a Giorgio e a Fabio

6-29. Quando eravamo piccoli... Fabio e Alberto parlano dei vecchi tempi dell'infanzia. Completa le seguenti risposte con i **pronomi oggetto indiretto**.

Esempio Tu leggevi le favole *a tua sorella*? Sì, **le** leggevo sempre la favola di Pinocchio.

1. Facevi gli scherzi *al tuo migliore amico*?

   No, non ___ facevo mai scherzi.

2. Dicevi le bugie *a tua madre*?

   No, ___ dicevo sempre la verità.

3. Che cosa *ti* regalavano gli amici per le feste?

   ___ regalavano libri e CD.

4. A volte la maestra non dava buoni voti *a me e a lui*.

   Cosa? Lei ___ dava sempre voti alti.

5. La maestra telefonava *ai genitori* se c'erano problemi?

   ___ ha telefonato solo una volta.

6. Chi preparava la merenda *per te e tua sorella*?

   Mia madre ___ preparava sempre la merenda.

7. Prima tutti *mi* scrivevano lettere, ora non più.

   Sì, ma ora molti ___ scrivono su Facebook.

> **NOTA CULTURALE**
>
> *Le avventure di Pinocchio: Storia di un burattino* è un libro scritto dal fiorentino Carlo Lorenzini (1826–1890), in arte (*pen name*) Carlo Collodi. Questo libro è stato uno dei libri per bambini più tradotti al mondo.
>
> Donatella Melucci

6-30. Al bar. Tiziana, Fabio e una vecchia amica di scuola vanno al bar per prendere qualcosa. Al momento dell'ordinazione, Fabio e l'amica si allontanano un attimo e Tiziana deve ordinare anche per loro. Completa il seguente dialogo usando i **pronomi oggetto indiretto.**

Cameriere: Buon giorno signorina. Cosa _____ (1) porto da bere?

Tiziana: _____ (2) può portare un caffè?

Cameriere: Certo. E al signore che è con Lei? Che cosa _____ (3) porto?

Tiziana: Ma, veramente devo chieder _____ (4) cosa prende da mangiare. Però intanto, per me e per lui, può portar _____ (5) due caffè. Per la mia amica invece, so cosa vuole. _____ (6) può portare una cioccolata calda e un cornetto?

Cameriere: Va bene! E da bere _____ (7) porto dell'acqua minerale per tutti e tre?

Tiziana: Sì, per ora dell'acqua minerale va bene. Quando gli altri arrivano _____ (8) possiamo chiedere se vogliono altro. Grazie!

6-31. I prossimi regali. Avete bisogno di idee per i prossimi regali. A coppie, fate una lista di persone a cui di solito fate regali. Poi chiedete al vostro compagno/alla vostra compagna quello che intende regalare a ogni persona della sua lista nelle prossime occasioni (compleanno, anniversario, festa, ecc.). Poi chiedete cosa ha regalato a questa persona lo scorso anno e cosa questa persona ha regalato al vostro compagno/alla vostra compagna. Potete scegliere i regali dalla lista indicata. Usate i **pronomi oggetto indiretto** come nell'esempio. Riferite i risultati del compagno/della compagna alla classe.

> borsa / navigatore / lettore di e-book / un bel libro / dei fiori / uno smart phone / un buono (*gift card*) per un massaggio

Esempio **S1:** *Cosa regali <u>a tua madre</u> per il suo compleanno?*
S2: ***Le** regalo una borsa.*
S1: *E che cosa **le** hai regalato l'anno scorso?*
S2: ***Le** ho regalato un bel libro.*
S1: *E lei cosa **ti** ha regalato?*
S2: *Lei **mi** ha regalato un cellulare.*

NOTA CULTURALE

Buon Onomastico!

L'**onomastico** indica il giorno dell'anno in cui una persona festeggia il santo di cui porta il nome, o la ricorrenza alla quale il proprio nome è ispirato. Anche in questa occasione molti italiani festeggiano in famiglia e la persona che celebra l'onomastico riceve dei regali.

6-32. Mi fai un favore? A coppie e a turno, chiedete al vostro compagno/alla vostra compagna se può fare le seguenti cose (o altre a vostra scelta) per voi. Usate **potere** nelle domande, e i verbi modali (**potere, volere, dovere**) anche nelle risposte. Giustificate perché potete fare o no determinate cose.

Esempio **S1:** *Puoi preparar**mi** la colazione? (o **Mi** puoi preparare la colazione?)*
S2: *No, non **posso** preparar**ti** la colazione stamattina perché…*

1. dare un passaggio ai miei amici in discoteca
2. prestare (*lend*) soldi a me e al mio compagno di stanza
3. fare un favore alla professoressa
4. telefonare ai miei genitori con il tuo cellulare
5. preparare una festa di compleanno per me

Insieme in piazza

Scegliete una delle seguenti situazioni e create una conversazione con il compagno/la compagna. Ricordate di usare le strutture imparate nel capitolo ma non limitatevi solo a quelle.

Scena 1: La festa in piazza. Immagina di mostrare a un amico una tua foto che hai fatto in una delle piazze visitate in questo capitolo durante una festività.

Scena 2: La mia infanzia. Sei in piazza con alcuni amici e parlate della vostra infanzia, della scuola, dei vostri maestri, degli amici, ecc. Condividete i vostri ricordi, ma non dimenticate di ordinare qualcosa da bere o da mangiare.

Scena 3: Create una situazione a vostra scelta.

Presentazioni orali

A coppie, preparate una breve presentazione orale sulla Toscana. Potete anche creare un video. Ecco alcuni suggerimenti oppure decidete voi cosa volete ricercare.

Nayashkova Olga / Shutterstock.com

wjarek/fotolia

1. La Toscana è una regione rinomata per le ricette semplici fatte con il pane. Parla di una ricetta, degli ingredienti e come prepararla.

2. Programmate una giornata a Forte dei Marmi.

Luciano Mortula / Shutterstock.com

3. L'isola d'Elba

Scriviamo!

Scrivi di una festa o di una tradizione che hai festeggiato in passato.

> **Writing Strategy: Writing a Narrative Essay**
>
> A narrative essay expresses your point of view, your thoughts, memories, and personal experiences about a specific subject. It is generally written in the past tense and in the first or third person. A narrative essay is a personal story and can usually be done without research. It should include real-life details and must come to some meaningful conclusion. Your narrative essay must include:
>
> ❭ an introduction that clearly indicates what kind of narrative essay it is
>
> ❭ details about a personal experience or an observation
>
> ❭ detailed descriptions of people, scenes, or events
>
> ❭ descriptions that lead the reader to reflect on your experience
>
> ❭ a conclusion

1. Brainstorming

a. Pensa alle seguenti domande e scrivi le parole che ti vengono in mente: Quale festa celebravi? Hai un ricordo particolare? Qual è l'origine della festa? Qual è il significato (religioso, sociale, nazionale, familiare)? Quando, dove e con chi la festeggiavi? Cosa mangiavi, cosa facevi? Come ti vestivi?

b. Scrivi una lista di verbi e aggettivi che possono essere usati per descrivere la festa.

2. Organizzazione

Ora, scrivi risposte brevi alle seguenti domande.

a. Che festa celebravi? Quale tipo di festa è? Qual è l'origine? Ha dei significati particolari? Ti piaceva o non ti piaceva? C'è una data particolare in cui è celebrata? Perché?

b. Con chi festeggiavi? Come e dove la festeggiavate?

c. Che cosa mangiavate alla festa? Il cibo è associato alla festa? Il cibo ha qualche significato? Avevate dei piatti tradizionali in famiglia?

d. Quali vestiti indossavi alla festa? Il colore era importante? Ti mettevi maschere o costumi? Ti vestivi in modo elegante?

e. Come finiva la celebrazione?

3. Scrittura libera

Scrivi 12–14 frasi complete che elaborano le risposte alle domande e poi leggile per accuratezza grammaticale. Includi un'introduzione, qualche paragrafo che descrive la festa, le attività e i tuoi ricordi, e una conclusione.

4. Prima correzione

Scambiate le frasi con un compagno/una compagna.

a. L'argomento e il punto di vista sono chiari? É ben organizzata?

b. I dettagli descrivono bene la festa, le persone, le attività?

c. L'hai trovata interessante? Come può essere migliorata la storia?

5. Finale

Scrivi la versione finale a casa.

● Ricordi di infanzia

Prima della visione

A. La coppia giusta. Abbina le parole alle definizioni.

1. chiacchierona	a. decorazioni
2. curiosa	b. calma, non esuberante
3. tranquilla	c. persona che fa tante domande
4. un sacco di cose	d. lettere che i bambini scrivono per fare gli auguri
5. lucine	e. molte cose
6. letterine	f. persona che parla molto

B. Com'era da bambina? Secondo te, com'era Clara da bambina nell'aspetto fisico e nel carattere? Che cosa le piaceva fare? Prepara una breve descrizione, poi la confronterai (*you will compare it*) con quello che Clara dice nell'intervista.

Durante la visione

Guarda il video due volte. La prima volta, fai attenzione al significato generale. La seconda volta, completa le seguenti attività.

C. Com'erano? Scegli tutte le risposte che si riferiscono a ogni persona.

Clara:

1. a. aveva i capelli corti	b. aveva i capelli biondi	c. aveva i capelli rossi
2. a. era timida	b. era una chiacchierona	c. era calma

La signora Marina:

3. a. era curiosa	b. era calma	c. era tranquilla
4. a. era pigra	b. era creativa	c. era viziata

D. Chi lo dice? Indica con una **X** le persone che dicono le seguenti cose.

	Clara	La signora Marina
1. Ero molto chiacchierona.		
2. Ero una bambina calma e tranquilla.		
3. Mi piaceva la musica.		
4. Vivevo a Marina di Romea.		
5. Ho vissuto sempre girando per varie città.		
6. Facevo sempre un sacco di domande.		
7. Non mi leggevano libri.		
8. Scrivevo le letterine.		

Dopo la visione

E. È vero o è falso? Indica se le seguenti affermazioni sono vere (**V**) o false (**F**). Quando un'affermazione è falsa, fornisci la risposta giusta.

1. Clara non ha sempre vissuto nella stessa città.   V   F

2. A Clara non piacevano le bambole.   V   F

3. La mamma leggeva le storie a Clara.   V   F

4. Natale era la festa preferita della signora Marina.   V   F

5. Alla signora Marina non piacevano le decorazioni della città. V   F

6. La signora Marina comprava i regali per la sua famiglia.   V   F

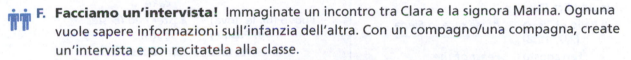

F. Facciamo un'intervista! Immaginate un incontro tra Clara e la signora Marina. Ognuna vuole sapere informazioni sull'infanzia dell'altra. Con un compagno/una compagna, create un'intervista e poi recitatela alla classe.

VOCABOLARIO

Le feste — *Holidays*

Capodanno (1/1)	*New Year's Day*
la vigilia di Capodanno / San Silvestro (31/12)	*New Year's Eve / St. Sylvester's Day*
l'Epifania / la Befana (6/1)	*Epiphany / old, ugly, but good, witch*
San Valentino (14/2)	*Valentine's Day*
Carnevale	*Carnival*
Pasqua	*Easter*
la Pasqua ebraica (Festa di Pessach)	*Passover*
la Festa del papà / San Giuseppe (19/3)	*Father's Day / St. Joseph's Day*
la Festa della donna (8/3)	*International Women's Day*
la Festa della Liberazione (25/4)	*Liberation Day*
la Festa del lavoro (1/5)	*Labor Day*
la Festa della mamma	*Mother's Day*
la Festa della Repubblica (2/6)	*Republic Day*
il Palio di Siena (2/7, 16/8)	*horse race in Siena*
Ferragosto (15/8)	*Feast of the Assumption*
la Festa di Ognissanti (1/11)	*All Saints' Day*
la vigilia di Natale	*Christmas Eve*
Natale (m.) (25/12)	*Christmas Day*
la Festa della Chanukah (Festa delle luci)	*Hanukkah (Festival of Lights)*
la sagra gastronomica	*food festival*
la festa del patrono	*feast of the patron saint*
la Festa di San Giovanni Battista (24/6)	*St. John's Day (Patron Saint of Florence)*

I verbi — *Verbs*

addobbare	*to adorn / to decorate*
augurare	*to wish*
benedire	*to bless*
brindare	*to make a toast*
celebrare	*to celebrate*
decorare	*to decorate*
incartare	*to wrap*
regalare	*to give a gift*
scambiarsi (auguri / regali)	*to exchange (wishes / presents)*

Le tradizioni e i cibi tradizionali — *Traditions and Traditional Foods*

Capodanno (e la vigilia)	*New Year's Day (and New Year's Eve)*
il brindisi	*celebratory toast*
il cenone	*dinner for Christmas Eve / New Year's Eve*
il cotechino	*spiced Italian sausage*
le lenticchie	*lentils*
lo spumante	*sparkling white wine*
la Festa della donna	*International Women's Day*
le mimose	*mimosas*
la Festa di San Giuseppe	*St. Joseph's Day / Father's Day*
le frittelle di riso	*sweet rice fritters*
Pasqua	*Easter*
la colomba	*dove-shaped Easter cake*
l'uovo (pl. le uova) di Pasqua	*Easter egg (Easter eggs)*
Natale	*Christmas*
le castagne	*chestnuts*
il pandoro	*Christmas cake (topped with powdered sugar)*
il panettone	*Christmas cake with candied fruit*
il panforte	*Sienese fruit and nut cake*
il pesce	*fish*
la tombola	*type of bingo*
il torrone	*nougat candy*

Altre parole — *Other Words*

l'albero di Natale	*Christmas tree*
Babbo Natale	*Santa Claus*
Buon Natale!	*Merry Christmas!*
Buon anno! / Felice Anno Nuovo!	*Happy New Year!*
la calza	*stocking*
il candelabro	*menorah*
le caramelle	*candies*
il carbone	*coal*

il carro	float	la gita scolastica	field trip
i cioccolatini	little chocolates	la laurea	college degree
le decorazioni	ornaments	la maestra	teacher
Felice Chanukah!	Happy Hanukah!	un professore indimenticabile	an unforgettable professor
le luci	lights	la recita	a play, a performance
la maschera	mask		
le palline	Christmas ball decorations	la scuola elementare	elementary school
		la scuola media	middle school
il regalo	gift	la scuola superiore	high school
la sfilata	parade		

Il passato — *The Past*

Gli altri ricordi — *Other Memories*

l'adolescenza	adolescence	amici del cuore	best friends
l'infanzia	childhood	andare a cavallo	to go horseback riding
la malinconia	melancholy, sadness		
la nostalgia	nostalgia	il circo	circus
un ricordo	memory / remembrance, a souvenir	essere entusiasta/e/i	to be excited
		(fare) uno scherzo	(to play) a prank / joke
un vecchio amico	an old friend	i fumetti	comics
		i fuochi d'artificio	fireworks

La scuola — *School*

Il cestino (del pranzo)	lunch box	giocare a carte / tombola	to play cards / bingo
il diario	diary	le giostre	amusement park / rides
l'esame	exam		
l'esame di maturità	high school exit exam	la parata	parade
la gara	competition	la processione	procession
		lo zucchero filato	cotton candy

Grammar Rules

Grammar is an essential part of learning any language. Italian and English have some similar grammatical structures, as you will learn in this chapter. While it may be helpful at times to compare with and refer to your native language, it is important to learn the new language without directly translating, so that you learn to think in Italian. Especially when writing, be sure to write your first draft in Italian.

AL RISTORANTE DELLA PIAZZA CON I COLLEGHI

Piazza del Duomo è il cuore e il centro religioso di Parma con la cattedrale in stile romanico e il battistero in stile gotico.

Lorenzo Safa/Shutterstock.com

COMMUNICATIVE GOALS

› Talk about ordering a meal in a restaurant

› Talk about grocery shopping, quantities, preparing meals

› Talk about likes and dislikes

› Talk about professions and internships

› Talk about things you had done

Risorse Audio ▶ Video ❖ MINDTAP

L'Emilia-Romagna

> L'Emilia-Romagna è una regione rinomata per i suoi prodotti alimentari.

> È divisa in nove province e le sue città sono importantissime dal punto di vista culturale, storico ed economico.

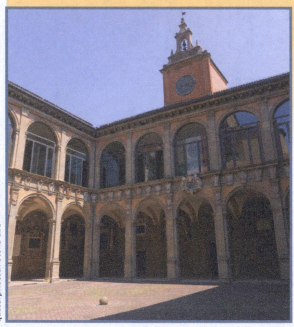

quasarphotos/Fotolia LLC

◄ **Il palazzo dell'Archiginnasio** fu (*was*) la prima sede dell'Università di Bologna che è considerata l'università più vecchia del mondo occidentale. Ci sono sedi anche a Forlì, Cesena, Ravenna e Rimini.

Ferrara, città circondata ▶ da nove chilometri di mura (*walls*) e Patrimonio Mondiale dell'Umanità (UNESCO), nel Rinascimento è stata trasformata in un centro artistico dalla famiglia degli Este. **Il Castello Estense** è al centro della città.

Claudio Giovanni Colombo/Shutterstock.com

Andiamo in piazza!

Duccio/Dreamstime.com

◄ **Piazza Maggiore** è considerata il cuore della città di Bologna. Ogni anno la piazza è luogo di molti eventi tra cui sagre gastronomiche, feste del lavoro (*job fairs*) e manifestazioni per il volontariato. Al centro della piazza c'è la fontana di Nettuno, uno dei simboli della città.

Piazza Grande, la piazza ► principale di Modena, si trasforma spesso in palcoscenico per concerti e altri spettacoli. La città offre concerti di musica classica e leggera. Il grande Luciano Pavarotti, nato in questa città, aveva spesso cantato proprio in questa piazza.

milosk50/Shutterstock.Com

▶ To learn more about **l'Emilia-Romagna,** watch the cultural footage in MindTap

Al ristorante

Ristorante da Anna

Gli antipasti	Appetizers	Il prezzo (*Price*)
affettati misti	mixed sliced cured meats	€ 12,00
bruschette al pomodoro	toasted bread with chopped tomatoes	€ 8,00
crostini al fegato di pollo	toasted and crispy bread with chicken liver	€ 8,00
parmigiano reggiano	chunks of parmesan cheese	€ 7,00
piadina romagnola	typical regional flat bread	€ 10,00
prosciutto e melone	prosciutto and canteloupe	€ 13,00

I primi piatti	First Dishes	
cappellacci di zucca	pasta pockets shaped like hats filled with pumpkin	€ 12,00
lasagne alla bolognese	lasagna bolognese (meat sauce)	€ 11,00
minestrone	vegetable soup with pasta	€ 8,00
risotto con funghi	Italian rice dish with mushrooms	€ 11,00
tortellini in brodo	pasta rings filled with cheese or meat in broth	€ 13,00
zuppa di asparagi	creamed asparagus soup	€ 8,00

Le pizze	Pizzas	
pizza margherita	pizza with mozzarella, tomato, and basil	€ 10,00
pizza quattro stagioni (mozzarella, funghi, carciofi, prosciutto cotto)	pizza "four seasons" (four parts: mozzarella, mushrooms, artichokes, ham)	€ 11,00

I secondi	Second (*Main*) Dishes	
bistecca ai ferri	steak	€ 22,00
cotoletta alla bolognese	cutlet	€ 18,00
grigliata mista di carne	mixed grilled meats	€ 20,00
pesce alla griglia	grilled fish	€ 20,00
pollo arrosto	roasted chicken	€ 14,00

I contorni	Side Dishes	
fagliolini lessi	boiled green beans	€ 5,00
insalata mista	mixed green salad	€ 6,00
patatine fritte	french fries	€ 5,00
verdure alla griglia	grilled vegetables	€ 6,00
spinaci al burro	spinach prepared in butter	€ 6,00

I dolci	Desserts	
crostata di frutta	fruit tart	€ 8,00
frutta fresca (fragole, mirtilli, lamponi)	fresh fruit (strawberries, blueberries, raspberries)	€ 6,00
gelato	ice cream	€ 6,00
macedonia	fruit salad	€ 9,00
torta	cake	€ 8,00
zuppa inglese	custard type dessert	€ 7,00

Coperto e pane	Cover charge and bread	€ 3,00

iStock.com/Eugene Vinitski

Alimenti vari	Various Foods	la mela	apple
l'aglio	garlic	la noce	walnut
le arachidi	peanuts	il pane	bread
l'aragosta	lobster	la pasta	pasta
cibo biologico	organic	il peperone	bell pepper
i broccoli	broccoli	il prosciutto crudo	cured ham
la carne	meat	il riso	rice
la cipolla	onion	l'uovo / le uova*	egg / eggs
il formaggio	cheese	l'uva	grapes
il grano / i cereali	grain / cereal	le zucchine	zucchini

*The word **uovo** is singular and masculine. The plural form becomes feminine and plural, **le uova**.

Pratichiamo!

7-1. La frutta e la verdura. Studia il menù del Ristorante da Anna e cerca tutta la frutta e la verdura. Mettile nella categoria corretta.

Esempio Bruschetta al **pomodoro**

Frutta	Verdura
	funghi

7-2. Fare la spesa (*To go grocery shopping*). Per una settimana il macellaio (*butcher*) è stato chiuso. Adesso al Ristorante da Anna, non hanno la carne per nessun piatto sul menù. Lo chef ti manda a comprare tutta la carne necessaria per i primi e i secondi. Fai riferimento al menù per scoprire la carne che devi comprare per ogni categoria e poi scrivila nella categoria corretta.

7-3. Cosa prendiamo? Vittoria e Dina vogliono pranzare insieme tra una lezione e l'altra. Completa la seguente conversazione con le parole date.

zuppa di verdure / panino / panini / pizze / tortellini / Trattoria

Vittoria: Ho fame. Mangiamo un _____ (1) insieme al bar?

Dina: Io preferisco andare alla mensa e mangiare una _____ (2).

Vittoria: Ma i _____ (3) al bar sono buoni.

Dina: Va bene, ma non voglio andare al bar. Preferisco mangiare con calma.

Vittoria: Alla _____ (4) del Rosso, in centro, hanno i _____ (5) in brodo e anche le _____ (6) sono buonissime. Vuoi mangiare una pizza?

Dina: Sì, buon'idea. Lì si mangia bene e non costa tanto. Andiamo!

7-4. Parliamo di alimentazione. Fate a turno domande sul vostro tipo d'alimentazione. Ad esempio: Fate sempre colazione? Cosa mangiate / bevete per colazione? Qual è la vostra cucina preferita? Vi piace la cucina italiana? Quale piatto in particolare? Mangiate spesso fast food o no? Perché? Quando mangiate fuori, dove preferite mangiare? Ci sono alimenti che non mangiate? Credete alle diete? Perché?

La cucina italiana

Prima di tutto... Nella tua città o nella tua regione, c'è una cucina particolare? C'è un piatto o un prodotto alimentare famoso che è tipico della tua città?

HLPhoto/Shutterstock.com

Willy Deganello/Shutterstock.com

iStock.com/ppi09

Davvero?! Tutte le regioni italiane hanno le proprie specialità locali e la regione dell'Emilia-Romagna in particolare produce alcuni dei prodotti noti non solo in Italia ma anche all'estero. Nelle foto, riesci a identificare i prodotti tipici della città di Parma? Di Bologna? Di Modena? Conosci anche altri piatti o prodotti tipici di questa regione?

 Chiacchieriamo un po'! Lavorate a coppie. Guardate il menù del Ristorante di Anna (p. 220) e fate un paragone tra questo menù e un menù tipico del vostro Paese. Quali piatti sono simili e quali sono diversi?

Al ristorante

Ascolta e/o leggi la conversazione e rispondi alle domande.

*Marcello è in un ristorante in Piazza Maggiore con **alcuni** colleghi per festeggiare la promozione[1] sul lavoro. Arriva il cameriere.*

Ci sono **dei** buoni ristoranti in **Piazza Maggiore.**

Cameriere: Buona sera, cosa ordinate?

Marcello: Io vorrei cominciare con **degli** antipasti. Cosa ci consiglia[2]?

Cameriere: Vi consiglio **dei** salumi e **dei** formaggi misti, oppure **delle** piadine miste. **Alcune** piadine sono farcite[3] con **del** prosciutto e formaggio. Possiamo anche fare **delle** piadine vegetariane. Come primi piatti vi consiglio **degli** spaghetti alla bolognese, o **dei** tortellini in brodo. Tra i secondi, stasera abbiamo **del** filetto con i funghi porcini, una vera delizia.

Marcello: Bene, per antipasto prendiamo **qualche** piadina mista. Poi, per primo prendiamo i tortellini. Ragazzi, per voi va bene?

Ilaria: Sì, e come secondo piatto prendiamo il filetto e **dell'**insalata come contorno.

Cameriere: E da bere cosa prendete?

Marcello: **Dell'**acqua gassata e **del** vino della casa. Poi prendiamo anche **del** tiramisù. Ah, anche **dello** spumante. Stasera brindiamo alla mia promozione sul lavoro.

Cameriere: Auguri allora! Bene, torno fra **qualche** minuto con gli antipasti.

[1]*promotion* [2]*recommend* [3]*filled*

Comprensione

Rispondete alle seguenti domande con frasi complete.

1. Dove sono Marcello e i colleghi e cosa festeggiano?
2. Cosa vuole ordinare Marcello per prima cosa?
3. Che cosa consiglia il cameriere tra gli antipasti, i primi e i secondi?
4. Cosa ordinano da mangiare come primo e come secondo? E da bere?

Osserviamo la struttura!

Nel dialogo sopra, osserva le parole in grassetto e completa le seguenti attività.

1. In the text there are many instances of the preposition **di** + *definite article*. Refer to the dialogue to fill in the following blanks. Can you guess the meaning of these expressions?

   _____ vino   _____ piadine   _____ insalata   _____ dessert
   _____ spumante   _____ tortellini   _____ spaghetti   _____ acqua

2. Both the expressions **qualche** and **alcune/alcuni** mean *some* but they are used differently. What differences do you observe?

   qualche piadina = **alcune** piadine   **qualche** minuto = **alcuni** minuti

3. In Italian, we can express the same concept in the following three ways:

   qualche bottiglia   **alcune** bottiglie   **delle** bottiglie

   However, with some nouns, we can only use **di** + *definite article*. Look at the examples and try to explain the reason why this happens and provide some more examples.

   del vino   **dell'**insalata   **del** vitello

NOTA CULTURALE

La **piadina romagnola** è una classica specialità dell'Emilia-Romagna. Si mangia ripiena di formaggi, salumi o verdure, in base alle tradizioni e alla cultura di ogni città romagnola.

I partitivi (*Partitives*)

Cosa devo comprare per la cena?

Dell'olio, del pane, della pasta, dei pomodori e... degli spinaci.

Partitivi (*Partitives*) are expressions that indicate quantities that are not exactly quantifiable (*some, a little*). The English partitive *some* can generally/usually be expressed in Italian by the preposition **di** + *definite article*. The forms vary **(del, dell', dello, dei, degli, della, delle)** according to the number and gender of the noun they precede.

Per antipasto vi consiglio **dei** salumi e **dei** formaggi misti, oppure **delle** piadine.	*For an appetizer, I recommend some mixed cured meats and cheeses, or some piadinas.*

Qualche vs. *alcuni/alcune*

The English partitive *some* can also be expressed in Italian with the indefinite adjectives **qualche** and **alcuni/alcune**. They are interchangeable and are used only with countable items. They are equivalent to **di** + *definite article*, but notice that:

- **qualche** is invariable and it is always followed by a noun in the singular form.
- **alcuni** (*m. pl.*) / **alcune** (*f. pl.*) is always followed by a noun in the plural form.

Io compro <u>delle</u> bottiglie di aranciata. = → **qualche** bottiglia di aranciata.

I'll buy some bottles of orange soda. → **alcune** bottiglie di aranciata.

Un po'/poco di...

Un po' di (or **un poco di**) (*a little, a little bit of*) is an invariable expression that indicates a small quantity.

Metto **un po' di** zucchero nel caffè.	*I put a little sugar in my coffee.*
Io mangio **un po' di** pasta tutti i giorni.	*I eat a little pasta every day.*

> **ATTENZIONE!**
>
> Partitives are not used in negative sentences.
>
> | | |
> |---|---|
> | C'è del latte nel frigorifero? | *Is there some milk in the refrigerator?* |
> | No, non c'è latte nel frigorifero. | *No, there is no milk in the refrigerator.* |

The following table summarizes the use of partitives with countable and uncountable items.

Partitivi con "oggetti" numerabili (*Partitives with countable items*)	Partitivi con "oggetti" non numerabili (*Partitives with uncountable items*)
di + *definite article:* **dei** pomodori, **delle** mele **qualche** + *sing. noun:* **qualche** pomodoro / mela **alcuni** (*m.*) + *pl. noun:* **alcuni** pomodori **alcune** (*f.*) + *pl. noun:* **alcune** mele	di + *definite article:* **dell'**acqua, **degli** spinaci **un poco (po')** di: **un po'** di pane / riso

ATTENZIONE!

The adjectives **molto** (*a lot of*) and **poco** (*a little* or *a little bit of*) can also be used to express non-quantifiable amounts. They are variable (**molta / molti / molte** and **poca / pochi / poche**) because they must agree in gender and number with the noun they modify.

Marcello beve **molto** (*o* **poco**) caffè.	*Marcello drinks a lot of (or little) coffee.*
Ilaria beve **molta** (*o* **poca**) acqua.	*Ilaria drinks a lot of (or little) water.*

Pratichiamo!

7-5. La lista della spesa. Ilaria vuole fare una cena per gli amici. Dà a Marcello la lista delle cose che deve comprare. Purtroppo però non gli dà delle quantità precise. Ricostruite la lista della spesa accoppiando (*pairing*) i partitivi della bolla (*bubble*) B con le parole della bolla A.

A

> pane, acqua minerale, pomodori, fragole, spinaci, mozzarella, gelato

B

> dell', del, degli, delle, del, della, dei

La spesa

1. *del pane*
2. _____

7-6. Apparecchiamo la tavola per la cena. Ilaria e Marcello apparecchiano la tavola per una cena con gli amici. Accoppia i partitivi **qualche, alcuni** e **alcune** con gli elementi elencati qui sotto. Che cosa vuoi aggiungere tu?

Per apparecchiare la tavola, Marcello e Ilaria mettono:

1. _____ piatti
2. _____ forchette
3. _____ bottiglia di vino
4. _____ piadina vegetariana
5. _____ coltelli
6. _____ bicchieri
7. _____ cestino (*basket*) di pane
8. _____ bottiglie di acqua minerale

Io voglio aggiungere _____ .

7-7. Gli avanzi (*Leftovers*)! Dopo la cena a casa di Ilaria, ci sono molti avanzi e lei non vuole conservare tutto. Allora divide gli avanzi con gli amici. Completa il paragrafo con i partitivi appropriati: *di +* **articolo determinativo, qualche, alcuni, alcune** e **un po' di.** Non usare sempre lo stesso partitivo.

Stefano porta a casa _____ (1) gelato al cioccolato, _____ (2) bottiglia di aranciata e _____ (3) vitello tonnato. Ilaria dà a Massimo _____ (4) piadine vegetariane, _____ (5) piatti di antipasti e _____ (6) spinaci. Marcello e Ilaria tengono (*keep*) _____ (7) torta e _____ (8) tortellini in brodo.

7-8. Che cosa hai mangiato ieri? A coppie, fate domande per sapere che cosa il vostro compagno/la vostra compagna ha mangiato ieri. Poi giudicate se il vostro compagno/la vostra compagna ha una dieta equilibrata (*balanced diet*) o no. Rispondete con i **partitivi.** Riferite i risultati alla classe.

Colazione (*Breakfast*)
Pranzo (*Lunch*)
Cena (*Dinner*)
Spuntini (*Snacks*)

7-9. Che cosa preparo per cena? Non sapete cosa preparare per cena e chiedete consiglio a un amico/un'amica. Lui/Lei ti aiuta, ma ha bisogno di sapere cosa hai nel frigorifero e nella dispensa (*pantry*). A coppie, fate domande per sapere cosa il vostro compagno/la vostra compagna ha nella dispensa e nel frigorifero. Fate una lista degli alimenti e, in base alle risposte, scambiatevi (*exchange*) dei consigli su cosa preparare per cena. Riferite i risultati alla classe.

7-10. *La prova del cuoco.* Partecipate a un programma televisivo in cui dovete dimostrare le vostre capacità culinarie. In gruppo, scegliete una ricetta e indicate gli ingredienti (usate i partitivi), indicate i tempi di preparazione, di cottura (*cooking time*) e il costo. Poi fate finta (*pretend*) di preparare questo piatto in classe e ognuno di voi indica i propri compiti (*tasks*): chi ha fatto la spesa, chi ha cucinato, chi ha aiutato. La classe deve votare il cuoco migliore.

Esempio *La ricetta che presentiamo si chiama tiramisù.*

Gli ingredienti sono: dei savoiardi (ladyfingers), del caffè, dello zucchero, delle uova, del mascarpone e del rhum.

Il tempo di preparazione è 20–30 minuti.

Il costo di questo dolce è di € 20 (sei porzioni).

Per preparare questo dolce, bagniamo dei savoiardi nel caffè e li mettiamo in fila in un contenitore… Per la crema, mescoliamo del mascarpone con lo zucchero…

NOTA CULTURALE

I **tortellini** sono un piatto tipico di Bologna. Sono un tipo di pasta ripiena spesso di carne o prosciutto crudo e formaggio. Si possono mangiare in brodo o con altri condimenti. Una leggenda racconta che l'inventore dei tortellini si ispirò all'ombelico (*belly button*) della dea Venere, per questo vengono anche chiamati "Ombelico di Venere".

lorenzo-graph/Shutterstock.com

Da bere?

Per me, vino rosso—preferibilmente Sangiovese.

Acqua minerale gassata.

l'olio
l'aceto
il bicchiere
il pepe
la forchetta
il tovagliolo
il piatto
il coltello
il piatto fondo
il cucchiaio
il sale
la tavola
la tovaglia

Espressioni utili	Useful Phrases
Cosa desidera? (*formal*)	*What would you like?*
Gradirei… / Vorrei*…	*I would like*
Mi può portare (*formal*)… ?	*Can you bring me . . . ?*
Cosa prende? (*formal*) / **Cosa prendi?** (*informal*)	*What are you having?*
fare la dieta / essere a dieta	*to go / to be on a diet*
Io prendo… / Prenderei*…	*I'll have . . .*
Hai voglia di… ?	*Would you like . . . ? / Are you in the mood for . . . ?*
Sì, ho voglia di…	*Yes, I would like . . . / I am in the mood for . . .*

7-11. Trattoria Verdi. Dopo il lavoro, andate a mangiare in una trattoria in piazza. Uno/Una di voi fa il cameriere/la cameriera e gli altri due ordinano da mangiare. Quando arriva il cameriere, c'è un problema. Qual è il problema? Come lo risolvete? Create una conversazione e poi recitatela alla classe.

*Gradirei, Vorrei, and Prenderei are used in the conditional form to express politeness. You will learn about this in detail in Capitolo 10.

Ti piace?

Ascolta e/o leggi la conversazione e rispondi alle domande.

Ilaria e Marcello sono a Parma a CibusInCittà. Ilaria lavora per una ditta che organizza questa manifestazione. Marcello è andato a trovarla e durante una pausa si incontrano.

Ilaria: Allora, cosa mi dici, **ti piace** CibusInCittà?

Marcello: Mi piace moltissimo! Poi, lo sai che **mi piace** molto questa città in generale. Mentre tu lavoravi, ho fatto un giro e ho mangiato tanto. **Mi è piaciuto** tutto, ma **mi sono piaciuti** soprattutto i dolci.

Ilaria: E lo credo, sei così goloso[1]. Io a pranzo ho assaggiato delle tagliatelle e **mi sono piaciute** moltissimo. Erano proprio la fine del mondo[2]. Che strano! Da piccola non **mi piacevano** le tagliatelle e adesso le adoro.

Marcello: Invece **a me**, da piccolo, **non piaceva** il formaggio e adesso **mi piacciono** tutti i tipi di formaggio. Oh, guarda che coincidenza, lì ci sono degli assaggi[3] di vari formaggi. Andiamo? **A te** piacciono?

Ilaria: A me piacciono, ma non ho più fame. Ma **a te** cosa non piace? E comunque io devo tornare al lavoro. Si è fatto tardi. Vai da solo e poi mi dici se **ti sono piaciuti**.

Piazza Garibaldi, a Parma, rappresenta il centro della vita cittadina e ospita molti eventi tra i quali CibusInCittà.

[1]*you have a sweet tooth* [2]*very good (lit. out of this world)* [3]*samples to taste*

Comprensione

Rispondete alle seguenti domande con frasi complete.

1. Dove sono Ilaria e Marcello e perché?
2. Cosa dice Marcello dei dolci che ha mangiato?
3. A Ilaria piacevano le tagliatelle quando era piccola? E adesso?
4. Marcello mangiava il formaggio da piccolo? E adesso?

Osserviamo la struttura!

Nel dialogo sopra, osserva le parole in grassetto e completa le seguenti attività.

1. In the previous chapters we used some forms of the verb **piacere.** What are the most frequently used forms of **piacere** in the present tense? Find a few examples from the dialogue.

2. What do the words **mi** and **ti** preceding the forms of **piacere** mean in the two examples below? Why do you think the forms **a me** and **a te** are sometimes used? Find some examples to support your explanation.
   a. **Ti** piace CibusInCittà?   b. Sì, **mi** piace molto.

3. How is the verb **piacere** formed in the **imperfetto** and in the **passato prossimo**? Provide some examples from the dialogue.

NOTA CULTURALE

CIBUS
19TH INTERNATIONAL FOOD EXHIBITION

PARMA.ITALY.7|10MAY.2018

CibusInCittà: Cucina Italiana in Piazza, manifestazione internazionale dedicata al cibo, si tiene ogni anno nelle piazze e nelle strade di Parma. Molte aziende presentano ai cittadini e ai turisti i loro prodotti, con dimostrazioni, degustazioni e animazioni.

Piacere (To like)

A. The verb **piacere** means *to like* and it is formed differently than most verbs. It literally means *to be pleasing*. Most often, the forms **piace** (+ singular nouns or an infinitive) and **piacciono** (+ plural nouns) are used in the **presente indicativo**. They are usually preceded by an indirect object pronoun (**mi, ti, gli, le, ci, vi, gli**).

Cosa **ti piace** della cucina emiliana? Oh, **mi piace** tutto, ma soprattutto **mi piacciono** i tortellini.

	Piacere + sostantivo al singolare o verbo	*Piacere* + sostantivo al plurale
I like	**Mi** piace il caffè.	**Mi** piacciono i tortellini.
you like	**Ti** piace andare a CibusInCittà?	**Ti** piacciono le tagliatelle?
he likes	**Gli** piace leggere le ricette sul giornale.	**Gli** piacciono i funghi fritti.
she likes	**Le** piace il cappuccino.	**Le** piacciono i libri di cucina.
we like	**Ci** piace fare la spesa.	**Ci** piacciono i film italiani.
you like	**Vi** piace il vostro lavoro?	**Vi** piacciono le macchine sportive?
they like	**Gli** piace uscire con gli amici.	**Gli** piacciono le motociclette.

B. It is not necessary to use the indirect object pronoun when using the proper name of the person who is pleased. In this case the name is preceded by the preposition **a** and followed by **piace / piacciono**. If a noun is used instead of the person's name, the preposition **a** forms a compound preposition (**al, alla, ai, ecc.**) with the article accompanying the noun.

A Maria piace il caffè. — *Maria likes coffee.*
Agli italiani piace andare in piazza. — *Italians like to go to the piazza.*
Ai miei amici piacciono i tortellini. — *My friends like tortellini.*

> **ATTENZIONE!**
>
> The preposition **a** precedes the pronouns **me, te, lui, lei, noi, voi,** or **loro** + **piace / piacciono** when more emphasis is needed.
>
> **A me** piace molto il prosciutto, e **a te**?
> *I like prosciutto a lot, and you?*
> Oh, sì, anche **a me** piace molto.
> *Oh yes, I like it a lot, too.*

Piacere nel passato

A. When **piacere** is used in the **passato prossimo**, it takes the auxiliary **essere** in the third person singular **è** or plural **sono**. The past participle must agree in gender and number with what pleases the person: **piaciuto** (sing., m.), **piaciuta** (sing., f.), **piaciuti** (pl., m.), and **piaciute** (pl., f.).

Ho mangiato tanto e mi è piaciut**o** tutto. — *I ate a lot and I liked everything.*
Ti è piaciut**a** la manifestazione di CibusInCittà? — *Did you like the CibusInCittà event?*
Ci **sono** piaciut**e** le tagliatelle che abbiamo assaggiato. — *We like the tagliatelle that we tasted.*
Gli **sono** piaciut**i** i nuovi colleghi che ha appena conosciuto. — *He liked the new colleagues he just met.*

B. In the **imperfetto,** the forms **piaceva** (+ singular noun or infinitive) and **piacevano** (+ a plural noun or infinitive) are used.

> Da piccolo, non mi **piaceva** il formaggio e non mi **piacevano** nemmeno le verdure.

> *When I was little, I did not like cheese and I did not like vegetables either.*

Come si dice *which?*

- In Italian, the interrogative *which* is expressed with **quale** (sing., m./f.) and **quali** (pl., m./f.). **Quale** and **quali** are used to distinguish specific things or people, the same as *which does* in English.

  Quale piatto del menù preferisci?   *Which entree on the menu do you prefer?*
  Non so **quale**. Mi piace tutto.   *I don't know which one. I like everything.*

- When the pronoun **quale** precedes the verb **è,** it drops the **-e** and changes to **qual**:

  Qual è il tuo film preferito?   *Which is your favorite movie?*

- **Che** (*What*) is used instead of **quale** to inquire more generally about things or people.

  Quale film ti piace?   *Which (specific) movie do you like?*
  Che film ti piace vedere?   *What (genre of) movies do you like to see?*

Pratichiamo!

7-12. Parma e dintorni (*surrounding areas*). Ilaria, Marcello, tu e altri amici siete a Parma per una gita della città e della sua provincia. Leggi i commenti di ogni persona e completa le frasi con le forme del verbo **piacere.** Fai attenzione all'uso dei tempi tra **presente** e **passato prossimo.**

Esempio   Voglio andare a Cioccolandia perché *mi piace* la cioccolata.

1. Ilaria dice che Parma è una bella città. Le _____ molto.
2. Il concerto di Verdi che ho visto ieri è stato molto bello. Mi _____ molto.
3. Marcello, cosa pensi dei monumenti nel centro di Parma? Ti _____?
4. A Cioccolandia abbiamo mangiato dei cioccolatini al pepe. Non ci _____ affatto.
5. Ieri Marcello ha ordinato delle tagliatelle squisite. Gli _____ davvero molto.
6. Marcello e Ilaria, ieri siete andati a Busseto a vedere la casa di Verdi. Vi _____?
7. Marcello e Ilaria visitano tutti i musei e le chiese dei dintorni perché a loro _____ l'arte.
8. Noi tutti siamo d'accordo che il viaggio a Parma è stato fantastico. Ci _____ molto.

7-13. I gusti cambiano. Completa il seguente brano con l'**imperfetto** e il **passato prossimo** del verbo **piacere** e i pronomi indiretti necessari.

I gusti cambiano con l'età. Da piccolo non _____ (1) i formaggi. Poi, una volta, ho assaggiato dei formaggi di Parma e _____ (2) tanto. Mia sorella invece non mangiava le verdure perché non _____ (3). Una volta la nonna ha fatto una ricetta bolognese, le verdure fritte, e _____ (4) tantissimo. Anche a scuola i miei gusti sono cambiati. A mio fratello, da piccolo non _____ (5) la matematica. Poi ha avuto un professore straordinario e grazie a lui, da allora in poi, _____ (6) la matematica. I miei genitori andavano sempre a teatro perché _____ (7) l'opera, ma io e i miei fratelli ci lamentavamo sempre perché dicevamo che era noiosa. Ieri io ho visto Il Rigoletto e _____ (8) moltissimo.

7-14. Cosa vi piace? Rispondi alle seguenti domande usando il **passato prossimo** del verbo **piacere** e gli elementi indicati. Fai attenzione all'accordo del participio passato.

Esempio   A Marcello piace l'opera italiana? (sì, sempre)
            Sì, gli è sempre piaciuta.

1. Ai tuoi amici piace visitare posti nuovi? (no, mai)
2. Al tuo compagno di stanza piacciono i tuoi amici? (sì, sempre)
3. A Ilaria piacciono i tortellini? (sì, sempre)
4. A tuo padre piace il sugo alla bolognese? (no, mai)
5. Ti piace il vitello? (sì, sempre)
6. A Marcello e ai suoi amici piace l'Emilia-Romagna? (sì, sempre)
7. A te e a Ilaria piacciono le lasagne? (no, mai)
8. A Ilaria e a Marcello piace la cioccolata? (sì, sempre)

7-15. Un viaggio indimenticabile. A coppie, raccontate di un viaggio che avete fatto e che vi è piaciuto molto o che non vi è piaciuto affatto (*at all*). Descrivete luoghi e specialità gastronomiche. Spiegate perché questo viaggio è stato così indimenticabile.

7-16. Come sono cambiati i tuoi gusti? A coppie, chiedete al vostro compagno/alla vostra compagna come sono cambiati i suoi gusti sulle cose indicate (o altre scelte da voi) durante gli anni e il motivo del cambiamento. Usate **quale** o **quali** quando è necessario.

libri / alimenti / film / andare a scuola / città / festa tradizionale

Esempio   **S1:** *Quali libri ti piacevano da piccola/o?*
            S2: *Mi piacevano i libri di... ma adesso non mi piacciono più perché...*

7-17. Hai gusti stravaganti (*Do you have extravagant tastes*)? In gruppo, scoprite i gusti stravaganti dei vostri compagni. Poi riferite i risultati alla classe che alla fine voterà il gusto più stravagante. I seguenti sono alcuni esempi per la vostra discussione.

in cucina / nell'abbigliamento / nei viaggi / nei libri / nella musica

NOTA CULTURALE

Il **Parmigiano Reggiano,** un formaggio di antiche tradizioni, si produce solo nella parte emiliana della regione. È esportato in tutto il mondo.

Pinosub/Shutterstock.com

Pre-lettura

1. Prima di leggere l'articolo, completa la seguente attività.

   The selection that you will read comes from the weekly magazine *Il Venerdì* published by the newspaper *La Repubblica*. It talks about high enrollment at the **Università del Gelato Carpigiani** in Anzola, in the province of Bologna, due in part to worldwide loss of employment. The title of the selection you will read is: **"Dimmi cosa scegli e ti dirò chi sei"**, a reference to matching gelato types with personalities. This title is a play on a famous Italian proverb: **"Dimmi con chi vai e ti dirò chi sei"**. Can you figure out the meaning of the proverb? Can you explain why the writer of the article might have chosen to reference this proverb?

2. Abbina le parole alle definizioni. Poi decidi quale termine ti descrive meglio.

   a. _____ voglioso   1. di breve durata
   b. _____ effimero   2. esprime gusto della modernità
   c. _____ bambino   3. (*fig.*) persona ingenua, senza esperienza e poco matura
   d. _____ controllato 4. che mostra o esprime voglia, desiderio
   e. _____ insicuro   5. misurato, domina gli impulsi
   f. _____ moderno   6. rivela incertezza

3. Ora studia i seguenti tipi di gelato. Prima, indica qual è il tuo preferito. Metti le tue preferenze in ordine da *1–6*. Poi, a coppie, discuti con il tuo compagno/la tua compagna il motivo della tua scelta.

_____ il cono con la cialda   _____ lo stecco

_____ il ghiacciolo   _____ il biscotto

_____ la coppetta   _____ le praline

"Dimmi cosa scegli e ti dirò chi sei"

Il cono con la cialda
Chi sceglie il cono preferisce un'esperienza sensoriale completa: la crema e la panna° ma anche la cialda croccante°. È un gelato da consumare con calma, passeggiando. (Voglioso)

whipped cream / crunchy

Lo stecco
Chi mangia questo tipo di gelato è un individuo che ama provare i tanti gusti possibili, ma rivela anche una scarsa attitudine alla scelta personale. (Insicuro)

Il ghiacciolo
È considerato l'ideale per persone che preferiscono un piacere da gustare subito, convinte che sia° meglio non aspettare (come nel cono): persone che tollerano poco la frustrazione dell'attesa°. (Effimero)

is
of waiting

Il biscotto
Ottimo per chi ha bisogno di rassicurazioni°: ricorda la merenda preparata dalla mamma e la parte fatta di biscotto risponde bene al bisogno di un surplus di nutrimento affettivo. (Bambino)

reassurances

La coppetta
È l'unico gelato contenuto° da mangiare con il cucchiaino. È il formato preferito da chi non si lascia andare fino in fondo, teme di sporcarsi° e si preoccupa delle buone maniere°. (Controllato)

in a cup
to get dirty
good manners

Le praline
Scelta "mordi e fuggi"°. Sono delle palline di gelato per chi sceglie un piacere più piccolo, non dilagante°, ma ripetuto nel tempo. In più si possono mangiare in contesti diversi, anche lavorativi. (Moderno)

eat and run
not too much

Dopo la lettura

1. **Comprensione.** Indica se, secondo l'articolo, le seguenti affermazioni sono vere (**V**) o false (**F**).

    a. I gelati si possono associare alla personalità. _____
    b. Il cucchiaino è usato per mangiare tutti i tipi di gelato. _____
    c. Per chi ha fretta, il cono è la scelta migliore. _____
    d. Il ghiacciolo è preferito da chi ha poca pazienza. _____

2. In gruppi, parlate del gelato che avete scelto e determinate se la definizione del vostro tipo è giusta o no. Spiegate perché.

3. Con la classe, fate un sondaggio per sapere quanti studenti appartengono a ogni categoria di gelato e determinate come si descrive la maggioranza della classe.

Le professioni e i mestieri

1. Lavoro in farmacia, sono una* farmacista.

2. Lavoro in un garage, sono meccanico.

3. Lavoro in ospedale, sono infermiera.

4. Lavoro al ristorante, sono una cuoca.

5. Lavoro per una ditta di software, sono un programmatore.†

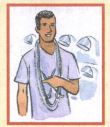

6. Lavoro in un salone di bellezza sono parrucchiere.

La professione / Il mestiere**	Profession
l'autista (*m./f.*)	bus driver
l'avvocato†	lawyer
il/la giornalista	journalist
il grafico (*m./f.*)	graphic artist
l'ingegnere (*m./f.*)	engineer
il medico / il dottore/ la dottoressa	doctor
il poliziotto†	police officer
il postino†	mail carrier
il segretario/ la segretaria	administrative assistant

Il luogo (di lavoro)	Place of Work
l'officina	workshop
l'ufficio	office
lo studio legale	law office
la redazione	editorial office
lo studio medico	doctor's office
l'ufficio postale	post office

Il lavoro	Work
l'annuncio di lavoro	job posting
assumere (*p.p.* assunto)	to hire (*p.p.* hired)
l'aumento	raise
l'azienda	company
il capo	boss
il/la collega	co-worker
il curriculum vitae	CV / resume
fare domanda	to apply
fare un colloquio	to have an interview
le ferie	days off / vacation
la lettera di presentazione	cover letter
la lettera di raccomandazione	letter of recommendation
il posto	position
il salario	salary
lo stage / il tirocinio	internship
lo stagista / il tirocinante	intern
lo stipendio	monthly pay / wages
il volontariato	volunteering

*Con il verbo **essere** e le professioni, non è necessario usare l'articolo: "Sono un/una farmacista" o "Sono farmacista".

Feminine forms exist for many professions; however, these are not always used. It is common to add the word **donna after the masculine version. For example, **il meccanico donna**.

†Though the feminine versions **l'avvocatessa, la poliziotta, la postina,** and **la programmatrice** exist, many women choose not to use these.

Pratichiamo!

7-18. **Chi sono?** Completa le seguenti frasi con la professione giusta.

1. Lavoro in ufficio. Devo rispondere al telefono e scrivere lettere al computer. Sono una _____.

2. Se la Ferrari non parte o non funziona, io posso aggiustarla (*fix it*). Io sono un _____.

3. Posso consegnare lettere, cartoline, bollette (*bills*) dal lunedì al sabato. Sono un _____.

4. Preparo e vendo i medicinali, ma non lavoro in ospedale. Sono una _____.

5. Spesso passo la giornata in tribunale (*court*) per difendere i miei clienti. Sono un _____.

7-19. **Definizioni.** Scrivi la parola e l'articolo (quando necessario) per la definizione data.

> stage / giornalista / assumere / stipendio / ferie / collega

1. _____: la paga spesso mensile per un lavoro.
2. _____: il periodo delle vacanze.
3. _____: la persona che scrive le notizie per professione.
4. _____: dare un lavoro a una persona.
5. _____: periodo di preparazione professionale.
6. _____: una persona che fa la stessa professione.

7-20. **Offerta di lavoro.** Completa il seguente annuncio di lavoro con la parola adatta.

> cuoco / curriculum vitae / dolci / lavoro / Ristorante / salumi / stipendio / verdure

Cerchiamo un _____ (1) per il _____ (2) al Canarino a Modena. Il _____ (3) richiede preparazione di piatti tipici, affettare _____ (4), lavare e pulire le _____ (5), e preparazione dei _____ (6). Lo _____ (7) è in base all'esperienza. Potete inviare (*send*) il _____ (8) via fax a Riccardo al numero 3383634879. Disponibilità immediata.

7-21. **Il colloquio di lavoro.** Il manager del Ristorante al Canarino ti ha chiamato per un colloquio per il posto di cuoco. A coppie, create la conversazione tra il manager e l'intervistato. Includete alcune di queste informazioni: perché cerchi un lavoro al ristorante, esperienza, titolo di studio (*degree*), disponibilità dell'orario, condizioni di lavoro, piatti particolari che sai preparare, stipendio, se ricevi un'offerta, se la accetti, conclusione.

7-22. **Vantaggi e svantaggi.** Chiedete a quattro persone quali sono i vantaggi e gli svantaggi delle seguenti professioni. Potete discutere orario, stipendio, preparazione, talento, creatività, utilità, titolo di studio, ecc. Scrivete il nome della persona intervistata. Dopo aver parlato con quattro persone, discutete i risultati in gruppi di tre.

> avvocato / farmacista / infermiera / ingegnere / giornalista / il grafico / segretario

Lavoro, prodotti e qualità

Prima di tutto... Che tipo di lavoro hai fatto in passato? Sei un tipo creativo o un tipo pratico? Preferisci lavorare con le mani o con la testa? Quale sarebbe il lavoro ideale per le tue capacità?

pcruciatti/Shutterstock.com

Davvero?! In Emilia-Romagna ci sono molte ditte e aziende famose in tutto il mondo. Nel campo gastronomico si produce la pasta Barilla o altri prodotti come il Parmigiano Reggiano e il prosciutto di Parma. Nel campo automobilistico ci sono la Ferrari e la Maserati e nel campo della moda femminile c'è Max Mara.

Chiacchieriamo un po'! Devi fare un colloquio di lavoro in una delle ditte citate (*mentioned*) sopra. Prima, decidi per quale ditta ti piacerebbe lavorare. Scegli un lavoro che esalti le tue capacità. Poi lavora con un compagno/una compagna per prepararti per il colloquio. Spiega al compagno/alla compagna perché vuoi fare il lavoro in questione e perché sei il miglior candidato/la miglior candidata. Il compagno/La compagna ti fa delle domande sul tuo ruolo (*role*) e i tuoi compiti (*tasks*) in questa ditta. Poi scambiate ruoli.

Ce ne sono tanti!

Ascolta e/o leggi la conversazione e rispondi alle domande.

Ilaria ha un lavoro part-time e vuole trovare un lavoro fisso. Lei ha appena finito un master in Store Management per la Ristorazione di Marca. Ha trovato degli annunci e ha spedito alcune domande. Una ditta di Ferrara l'ha chiamata per fare un colloquio. Ora è a Ferrara, in Piazza Trento e Trieste per prendere un caffè e parla al cellulare con Marcello.

Marcello: Quando vai a fare il colloquio?

Ilaria: **Ci** vado domani. Ho un appuntamento alle 11.00.

Marcello: So che hai mandato molti CV.

Ilaria: Sì, **ne** ho mandati tanti e **ne** mando ancora quando vedo degli annunci interessanti. **Ce ne** sono molti nel mio settore[1].

Marcello: Quanto tempo resti a Ferrara?

Ilaria: **Ci** resto solo due giorni. Senti, ma se sono assunta, prometti che vieni a trovarmi a Ferrara?

Marcello: **Ci** vengo, ma solo se mi porti in un buon ristorante.

Ilaria: Certo, **ce ne** sono tanti. C'è l'imbarazzo della scelta.[2] Se mi assumono, ti porto a cena nel miglior ristorante di Ferrara.

Marcello: Eh no! Se ti assumono, offro io per festeggiare e **ci** andiamo con tutti i nostri amici.

Vvoevale/Dreamstime.com

Piazza Trento e Trieste, una piazza rettangolare, è la più importante di Ferrara. È situata nel centro storico della città.

[1]*field*   [2]*There are so many to choose from.*

Comprensione

Rispondi alle seguenti domande con frasi complete.

1. Dov'è Ilaria e perché?
2. Ilaria ha fatto domanda solo per questo lavoro?
3. Quanto tempo Ilaria resta a Ferrara?
4. Che cosa succede se Ilaria è assunta a Ferrara?

Osserviamo la struttura!

Nel dialogo sopra, osserva le parole in grassetto e rispondi alle seguenti domande.

1. What do you think the word **ci** means in the following exchange? Can you find another example in the text? (*Hint:* **c'è** = *there is* / **ci** sono = *there are*)
   Quando vai a fare il colloquio?   →   **Ci** vado domani.

2. What do you think the word **ne** means in the following exchange?
   So che hai mandato molti CV.   →   Sì, **ne** ho mandati tanti e **ne** mando ancora.

3. What does the expression "**ce ne**" refer to in the following two examples?
   a. **Ce ne** sono molti nel mio settore.   b. **Ce ne** sono tanti a Ferrara.

NOTA CULTURALE

IL CIBO È CHI LO FA è il nome di un famoso mercatino di prodotti tipici regionali e nazionali che si tiene ogni anno a maggio in Piazza Trento e Trieste a Ferrara. Vede in piazza produttori appartenenti a tutte le Strade dei Vini e dei Sapori d'Italia.

Gianluca Figliola Fantini/Shutterstock.com

Ci e ne

Ci (There / About)

A. The adverb **ci** (*there*) often refers to locations and it is used to replace the name of a place that has been mentioned immediately before. It is usually placed before the verb.

> **Ha una copia del suo CV?**
>
> **Sì, ne ho una. Eccola.**

> Quando vai <u>a Ferrara</u>?
> *When are you going to Ferrara?*
> **Ci** vado mercoledì.
> *I'm going there Wednesday.*

A che ora vai <u>in ufficio</u> di solito?	*At what time do you usually go to the office?*
Di solito **ci** vado alle 8.00.	*I usually go there at 8:00.*

B. **Ci** can also substitute the prepositions **a** / **in** with verbs like **pensare a** (*to think about*) and **credere a** / **in** (*to believe in*).

Pensi <u>al tuo futuro nel lavoro</u>?	*Do you think about your future employment?*
Sì, **ci** penso spesso.	*Yes, I think about it often.*
Credi <u>nella fortuna</u>?	*Do you believe in luck?*
Credi <u>a Babbo Natale</u>?	*Do you believe in Santa Claus?*
Sì, **ci** credo.	*Yes, I believe in it.*

Ne (Of / About)

A. The Italian pronoun **ne** (*of it / of them*) is often used to replace an expression of quantity that has been specified immediately before. **Ne** usually precedes the verb.

<u>Quanti annunci di lavoro</u> leggi al giorno?	*How many job ads do you read every day?*
Ne leggo molti.	*I read many (of them).*
<u>Quante copie del CV</u> spedisci oggi?	*How many copies of your CV will you mail today?*
Ne spedisco due.	*I will mail two (of them).*

B. The pronoun **ne** can also be used to replace the object of verbs followed by the preposition **di** (*about*), like **parlare di** (*to talk about*), **dire di** (*to say about*), **pensare di** (*to think about*), and **sapere di** (*to know about*).

Marcello parla spesso <u>del suo lavoro</u>?	*Does Marcello often talk about his job?*
No, non **ne** parla mai.	*No, he never talks about it.*
Sai qualcosa <u>di quella ditta</u>?	*Do you know anything about that firm?*
No, non **ne** so niente.	*I don't know anything about it.*
Guarda quest'annuncio! Che **ne** pensi?	*Look at this job posting! What do you think about it?*

C. When **ne** precedes a **passato prossimo** (or any compound tense), the past participle agrees in gender and number with the noun replaced by **ne**.

<u>Quanti CV</u> hai spedito questa settimana?	*How many resumes did you send out this week?*
Ne ho spediti molti.	*I sent out many (of them).*
<u>Quante telefonate</u> hai fatto oggi?	*How many phone calls did you make today?*
Ne ho fatte tante.	*I made many (of them).*

D. Ne is often used in idiomatic expressions indicating the day of the month and a person's age.

Quanti **ne** abbiamo oggi?	*What's the date today?*
Oggi **ne** abbiamo dodici.	*Today is the twelfth.*
Quanti anni hai?	*How old are you?*
Ne ho ventuno.	*I am 21.*

Posizione di *ci* e *ne* (*Placement of* ci *and* ne)

The pronouns **ci** and **ne** are usually placed before the verb. However, one exception is with modal verbs **(dovere, potere, volere).** They can be placed before the verb or attached to the infinitive, which drops the final **-e.**

Quante interviste devi fare questo mese?	*How many interviews do you have to do this month?*
Ne devo fare tre. *or* Devo far**ne** tre.	*I have to do three (of them).*
Vuoi andare <u>a Ferrara</u>?	*Do you want to go to Ferrara?*
Sì, **ci** voglio andare. *or* Voglio andar**ci**.	*Yes, I want to go there.*

ATTENZIONE!

Ci + ne = Ce ne

It is possible to use **ci** and **ne** together with the same verb, in which case **ci** changes to **ce** and always precedes **ne**.

Quanti annunci di lavoro ci sono nel giornale di oggi?	*How many job ads are in today's paper?*
Ce ne sono molti.	*There are many (of them).*

CERCASI SEGRETARIA

per studio dentistico

Contratto di lavoro part-time, richiesta bella presenza e residenza zona Maglone. Inviare CV con foto a piazza@cengage.com.

Pratichiamo!

7-23. Parlando di lavoro. Leggi le domande della colonna A e trova nella colonna B la risposta opportuna.

A

1. _____ Quanti giorni di ferie hai all'anno?
2. _____ A che ora sei in ufficio?
3. _____ Sai che Roberto si è licenziato?
4. _____ Hai chiesto del salario?
5. _____ Pensi già alla pensione?
6. _____ Ci sono molti impiegati?
7. _____ Quanti giorni di ferie hai già chiesto quest'anno?
8. _____ C'è un aumento di stipendio quest'anno?

B

a. No, non ne abbiamo parlato durante il colloquio.
b. Davvero? Non ci posso credere.
c. Io non ci spero molto, con questa crisi.
d. Sono ancora giovane. Per ora non ci voglio pensare.
e. Di solito ci arrivo verso le 8.30.
f. Ne ho chiesti solo quattro per una breve vacanza.
g. Ce ne sono molti e sono tutti simpatici.
h. Ne ho solo 20 il primo anno, poi chissà.

I **giorni feriali** indicano i giorni lavorativi, mentre i **giorni festivi** indicano i giorni di festa in cui non si lavora. Le **ferie** invece indicano i giorni di riposo retribuiti (*paid vacation days*) che spettano ogni anno ai lavoratori e che spesso sono usati per andare in vacanza.

7-24. Un colloquio di lavoro. Completa il seguente dialogo con **ci, ne** e con l'accordo del **participio passato** quando è necessario.

Signor Fabbri: Vedo che Lei non è di Ferrara. Conosce la città?

Ilaria: Sì, veramente _____ (1) vengo spesso e mi piace molto.

Signor Fabbri: Bene. Ha portato una copia del CV?

Ilaria: Sì, _____ (2) ho portat_____ (3) una, eccola.

Signor Fabbri: Ha già esperienza nel campo della ristorazione?

Ilaria: Sì, _____ (4) ho un po'. Ho fatto molti lavori part-time in giro per l'Italia.

Signor Fabbri: Ha fatto degli stage?

Ilaria: Sì, _____ (5) ho fatt_____ (6) alcuni. Un paio mentre studiavo e poi uno stage a Londra.

Signor Fabbri: Ah, e quanto tempo è stata a Londra?

Ilaria: _____ (7) sono stata sei mesi e ho seguito anche dei corsi d'inglese.

Signor Fabbri: Parla altre lingue straniere?

Ilaria: Sì, _____ (8) parlo tre in tutto, l'inglese, il francese e lo spagnolo. In questo campo possono essere utili.

Signor Fabbri: Bene, il suo curriculum mi sembra interessante. La ringrazio e le faremo sapere (*we'll let you know*). Arrivederci.

7-25. Cosa ha fatto Ilaria dopo il colloquio? Ilaria scrive a Marcello una email per raccontargli cosa ha fatto dopo il colloquio. Completa il seguente messaggio con **ci, ne** o **ce ne**.

Dopo il colloquio sono uscita con una mia cara amica di Ferrara. Lei mi ha chiesto del colloquio, e _____ (1) abbiamo parlato per un po'. Lei mi ha chiesto se mi piacerebbe vivere a Ferrara. Io le ho detto che per ora non _____ (2) voglio pensare. Però, in realtà, Ferrara mi piace molto. Se mi assumono _____ (3) vado molto volentieri. Poi siamo andate al cinema. _____ (4) siamo andate verso le 7.00. Dopo il film avevamo fame e abbiamo cercato un buon ristorante. _____ (5) sono tanti qui a Ferrara che abbiamo avuto l'imbarazzo della scelta. Però _____ (6) abbiamo trovato uno che non conoscevamo e abbiamo mangiato benissimo. La prossima volta che vieni a Ferrara _____ (7) andiamo insieme. Che _____ (8) pensi?

A presto,

Ilaria

7-26. Parliamo di te. A coppie, fate a turno le seguenti domande e riferite alla classe le risposte del compagno/della compagna.

1. Pensi al tuo futuro nel mondo del lavoro?
2. Credi nel destino?
3. Parli del tuo lavoro con amici o parenti?
4. Parli spesso della tua famiglia quando sei a lavoro (o a scuola)?
5. Vai in ufficio durante il fine settimana se hai del lavoro da fare?
6. Hai mai avuto una promozione o un aumento?

7-27. La tua esperienza. A coppie, fate a turno le seguenti domande e riferite le risposte del compagno/della compagna alla classe.

1. Hai mai fatto una domanda di lavoro?
2. Quante copie del CV hai mandato con la domanda?
3. Quante risposte hai ricevuto?
4. Hai mai fatto un colloquio di lavoro?
5. Hai mai fatto del volontariato?

7-28. Il volontariato. In gruppo, fate un sondaggio per sapere le seguenti informazioni.

1. Quanti studenti ci sono nel gruppo che fanno o hanno fatto del volontariato? Cosa hanno fatto? Dove e quando?
2. Qualcuno pensa di fare del volontariato in futuro? Per fare cosa?
3. Ci sono organizzazioni che fanno attività di volontariato nella vostra università / città?
4. Ci sono vantaggi nel campo del lavoro per chi fa del volontariato? Se sì, quali?

NOTA CULTURALE

Simone Saletti, Festa del Volontariato e dello Sport 2011

In Italia ci sono molti eventi per incoraggiare i cittadini a fare attività di volontariato. In estate, in Piazza Garibaldi, a Bondeno, in provincia di Ferrara, si celebra la **Festa del Volontariato e dello Sport** per diffondere e valorizzare la cultura del volontariato.

LINGUA DAL VIVO

🔊 Avevo perso le speranze.

Ascolta e/o leggi il brano e rispondi alle domande.

*Ilaria ha appena accettato un'interessante offerta di lavoro da una ditta di Modena, dove **aveva fatto** domanda un paio di mesi prima e **aveva** anche **fatto** un colloquio prima di andare a Ferrara.*

Ora è in un bar in Piazza Duomo a Modena e manda una email a Marcello.

Piazza Duomo, a Modena

Ciao Marcello, sono a Modena e ho appena firmato il contratto. Sono così contenta. Questo è esattamente il lavoro che volevo e non devo nemmeno trasferirmi da Bologna. Modena è così vicina. Non ci posso credere! **Avevo perso** le speranze. Pensa che prima di andare a fare il colloquio a Ferrara, **avevo chiamato** questa ditta. La responsabile del personale mi **aveva detto** che i direttori non **avevano** ancora **preso** una decisione perché uno di loro **era partito** per affari e non **era** ancora **tornato**. Mi **ero** quasi **rassegnata**. E invece...

Beh, quando lavoro a Modena, ci puoi venire più spesso e puoi tornare a visitare la fabbrica Ferrari che ti piace tanto. Che ne dici?

Ci vediamo stasera e... brindiamo con gli amici!

Comprensione

Rispondi alle seguenti domande con frasi complete.

1. Dov'è Ilaria e perché?
2. Che cosa aveva fatto Ilaria prima di andare a Ferrara?
3. Che cosa le aveva detto la responsabile del personale?
4. Perché i direttori non avevano preso una decisione prima?

Osserviamo la struttura!

Nel brano sopra, osserva le parole in grassetto e completa le seguenti attività.

1. List a few of the verbs indicated in bold and indicate whether you find any similarity with other tenses you learned in the past.
2. Can you tell how this new tense is formed?
3. Can you explain the use of this new tense compared to the **passato prossimo?**

Il trapassato prossimo (*The past perfect*)

The **trapassato prossimo** (*past perfect*) is a compound tense used to express an action that took place before another past action.

A. It is formed by using the **imperfetto** of the auxiliary (**avere** or **essere**) and the past participle of the main verb.

> Prima di andare a Ferrara, **avevo chiamato** questa ditta di Modena.
>
> *Before going to Ferrara, I had called this company in Modena.*

B. For the **trapassato prossimo,** as for all compound tenses, the use of the auxiliary is determined by the main verb (see **Capitolo 5, Struttura 2** and **3**). When the **trapassato prossimo** is formed with **essere,** the **participio passato** (past participle) must agree in gender and number with the subject of the verb.

È la prima volta che vieni a Modena? No, c'ero già **stata** con la famiglia quando avevo 14 anni.

C. The following table shows the **trapassato prossimo** of the verbs **lavorare** and **andare.**

Il trapassato prossimo		
	lavorare	**andare**
io	avevo lavorato	ero andato/a
tu	avevi lavorato	eri andato/a
lui/lei, Lei	aveva lavorato	era andato/a
noi	avevamo lavorato	eravamo andati/e
voi	avevate lavorato	eravate andati/e
loro	avevano lavorato	erano andati/e

D. It is very common to use adverbs like **già** (*already*), **non... ancora** (*not yet*), **non... mai** (*never*), etc., with the **trapassato prossimo.**

> La segretaria mi ha detto che i direttori non **avevano** ancora **preso** una decisione perché uno di loro **era partito** per affari e non **era** ancora **tornato.**
>
> *The secretary told me that the managers had not yet made a decision because one of them had left for business and had not come back yet.*

STRUTTURA 4

Pratichiamo!

7-29. Ma perché? Completa le seguenti frasi usando il **trapassato prossimo** del verbo in corsivo facendo tutti i cambiamenti necessari. Fai l'accordo del participio passato con il pronome oggetto diretto quando è necessario.

Esempio Io non *ho mangiato* niente al ristorante ieri perché *avevo* già *mangiato* prima di uscire.

1. Loro non *sono andati* al cinema ieri, perché ci _____ il giorno prima.
2. Marcello non *ha chiamato* Ilaria oggi pomeriggio perché l'_____ due giorni fa.
3. Stasera tu e i tuoi amici non vi *siete incontrati* in piazza perché vi _____ già nel pomeriggio.
4. Marcello non *ha mandato* il CV alla Ferrari perché l'_____ il mese scorso.
5. Io non *ho fatto* il colloquio la settimana scorsa perché l'_____ due settimane fa.
6. Il nostro capo non *è andato* in ferie perché c'_____ due mesi fa.
7. I capi di Marcello non gli *hanno dato* un aumento perché gli _____ un aumento l'anno scorso.
8. I miei colleghi non *hanno ricevuto* una promozione perché l'_____ sei mesi fa.

7-30. Enzo Ferrari. Marcello è un grande ammiratore di Enzo Ferrari. Trova questo breve articolo sul giornale. Completa il testo con i verbi al **trapassato prossimo**.

Enzo Ferrari era molto affezionato a Modena perché _____ (1. nascere) proprio in questa città. Prima di diventare famoso, Enzo Ferrari _____ (2. fare) tante cose. Per esempio, lui _____ (3. lavorare) come giornalista, _____ (4. entrare) nell'esercito (*army*), ma ci _____ (5. rimanere) solo per poco perché _____ (6. avere) problemi di salute durante la guerra. Prima di fondare la Ferrari, _____ (7. cercare) di lavorare per la Fiat ma senza successo. Prima di diventare un imprenditore _____ (8. essere) un meccanico e anche un pilota automobilistico. Nel 1943 Enzo Ferrari aprì (*opened*) lo stabilimento di Maranello, ma qualche anno prima ne _____ (9. aprire) uno proprio a Modena. La Ferrari deve il suo successo al genio del grande Enzo, ma anche al valido aiuto di collaboratori che, fin dall'inizio, _____ (10. credere) nelle sue potenzialità.

7-31. Cos'è successo ieri? Completa il seguente brano al passato usando il **passato prossimo**, l'**imperfetto** e il **trapassato prossimo**.

Oggi io non *sono uscito* con i miei amici perché _____ (1. fare) molto freddo e io _____ (2. essere) stanchissimo. Stamattina non _____ (3. fare) colazione perché ieri _____ (4. mangiare) molto tardi. Ieri sera, prima di uscire, Ilaria mi _____ (5. chiamare) e noi _____ (6. darsi) appuntamento in piazza per le 9.00. Erano le 11.00 e Paolo ancora non _____ (7. arrivare). Poi Ilaria _____ (8. trovare) un SMS sul suo telefonino che Paolo le _____ (9. mandare) due ore prima per dirci che sua madre _____ (10. arrivare) da Ferrara e loro _____ (11. volere) passare un po' di tempo insieme. E così noi _____ (12. tornare) molto tardi e adesso sono ancora molto stanco.

7-32. Le vostre scelte. Discutete con il vostro compagno/la vostra compagna su cosa vi ha portato a fare determinate scelte.

Esempio   *Prima di scegliere questa università, avevo chiesto
consigli ad amici e parenti.*

> i corsi / l'appartamento / la macchina / il computer / il telefonino

7-33. Una giornata a ritroso (*backwards*). A coppie e a turno, ognuno di voi scrive una lista di quello che ha fatto il giorno prima, dalla mattina alla sera. Il compagno/La compagna deve riferire la giornata dell'altro ma a ritroso, cioè partendo dall'ultima cosa della lista.

Esempio   *John ieri è andato a dormire alle 11.00 ma prima aveva guardato
un film in TV. Prima del film era uscito con gli amici per andare alla
Festa della Gastronomia...*

NOTA CULTURALE

Ogni anno, in autunno, la provincia di Modena organizza la **Festa della Gastronomia,** che presenta prodotti gastronomici locali come le tigelle (*bread shaped like small pancakes*), le crescentine (*bread shaped like small rectangles*), i borlenghi (*type of crepes*), gli gnocchi fritti (*fried dough*) e l'aceto balsamico.

FPWing/Shutterstock.com

7-34. Indagine. In gruppo, chiedete ai vostri compagni che cosa avevano già fatto, o non avevano mai fatto prima delle età indicate qui sotto.

Esempio   *Prima di compiere 18 anni, non avevo ancora spedito una domanda di lavoro, ma
avevo già imparato a scrivere il CV.*

Età: 18 anni   14 anni   10 anni   5 anni

Alcuni suggerimenti:

prendere un aereo   assaggiare l'aceto balsamico

usare il computer   fare un colloquio di lavoro

mangiare un gelato italiano   guidare

Insieme in piazza

Scegliete una delle seguenti situazioni e create una conversazione con il compagno/la compagna. Ricordate di usare le strutture imparate nel capitolo ma non limitatevi solo a quelle.

Scena 1: Una cena con gli amici. Immaginate di organizzare una cena in un bel ristorante della piazza per festeggiare il nuovo lavoro di un vostro amico/una vostra amica. Dovete decidere cosa ordinare in base a quello che piace a voi e a lui/lei. Avete scelto quel particolare ristorante perché ci eravate già stati prima e vi era piaciuto. Alla fine avete scelto dal menù piatti che non avevate mai assaggiato prima.

Scena 2: Parliamo di lavoro. Immaginate di andare con un amico/un'amica a una fiera del lavoro che si tiene in piazza. Parlate di lavoro, di quello che vi piace fare per poi decidere il lavoro che volete cercare.

Scena 3: Create una situazione a vostra scelta.

Presentazioni orali

L'Italia e il tuo Paese. A coppie o in gruppo, preparate una breve presentazione orale su uno degli argomenti (*subjects*) menzionati nel capitolo o un particolare che vi ha interessati, qualcosa che avete letto (*read*) e volete approfondire (*study in depth*). Per l'argomento che scegliete, cercate di fare dei paragoni con la vostra cultura. Lavorate insieme e preparate una presentazione in PowerPoint con musica e immagini da presentare alla classe. Ecco alcuni suggerimenti oppure decidete voi la ricerca che volete fare.

1. Zucchero, cantante e cantautore dell'Emilia-Romagna

2. La riviera adriatica a Gabicce

3. Il grande regista Federico Fellini (20 gennaio 1920–31 ottobre 1993)

Scriviamo!

Compila un modulo con i dati personali per fare domanda per uno stage che ti interessa.

> **Writing Strategy: Filling out Forms and Applications**
>
> As a student, you may have the opportunity to apply for an internship, even while studying abroad. Filling out applications and forms requires knowing how to express personal information, including your abilities, motivation, education, and/or experience. Forms will most often ask you to:
>
> ❭ list your name, where you are from, your present occupation, and your goals.
>
> ❭ give details to express your interest.
>
> ❭ give evidence that you have the required skills.
>
> ❭ express why you are the best candidate.

1. Brainstorming

a. Scegli tra gli stage offerti qui sotto o cerca sul Web uno stage in Emilia-Romagna che ti interessa di più.

> **Agricoltura biologica:** stage nel marketing dei prodotti biologici.
>
> **Grafico:** Agenzia Forlì cerca un grafico per uno stage nell'ambito della produzione di una campagna pubblicitaria. Sviluppo (*development*) di un sito Web.
>
> **Cuoco:** laboratorio gastronomico. Tirocinante riceverà (*will receive*) un diploma professionale nel settore culinario. Possibilità di assunzione.
>
> **Ingegnere ambientale:** A Piacenza. Essenziale possesso di laurea. Conoscenza AutoCAD e inglese.
>
> **Parrucchiere:** Giovani per stage di formazione. Part-time 8 ore alla settimana.
>
> **Turismo:** Stage a Rimini nell'ufficio turistico. Conoscenza inglese. Mesi estivi.

b. Quando hai preso una decisione, scrivi le informazioni necessarie nelle seguenti categorie: 1) Nome e città della società; 2) Qualifiche richieste; 3) Le tue qualifiche (lingue, computer, titolo di studio); 4) Le tue motivazioni; 5) Le tue capacità.

2. Organizzazione

a. Scrivi brevi risposte alle seguenti domande.

1. Chi sei e di dove sei? Sei studente? Lavori?
2. Qual è il tuo obiettivo (*goal*)?
3. Quali sono le tue qualifiche?
4. Perché sei tu la persona giusta?

b. Completa le informazioni personali nel modulo "Domanda di tirocinio" che si trova su MindTap (Scriviamo! Organizzazione).

3. Scrittura libera

Scrivi 10–12 frasi complete che elaborano le risposte alle domande nell'*Organizzazione*.

4. Prima correzione

Con un compagno/una compagna, scambia i moduli e usa le seguenti domande per commentare.

a. L'obiettivo e il messaggio sono chiari?
b. Ci sono dettagli concreti?
c. Lo stage può rispondere ai suoi interessi?
d. Ha parlato delle sue esperienze pertinenti?

5. Finale

Scrivi la versione finale del modulo a casa.

● Al ristorante della piazza con amici e colleghi

Prima della visione

A. Le parole. Trova la traduzione giusta. Abbina la parola italiana della colonna A a quella in inglese della colonna B.

A	B
1. strati	a. *eel*
2. insipido	b. *creamy, soft mozzarella-like cheese*
3. condita	c. *rabbit*
4. burrata	d. *tasteless*
5. coniglio	e. *layers*
6. anguilla	f. *seasoned / dressed*

B. La risposta giusta. Abbina le domande della colonna A alle risposte più logiche della colonna B.

A	B
1. Avete mai lavorato in un ristorante?	a. Io vorrei diventare una chimica.
2. Quale professione vi interessa per il futuro?	b. Sì, varie volte.
3. Di solito ordina primo e secondo?	c. La carbonara che è una pasta.
4. Qual è la tua ricetta preferita?	d. La sera a cena ordino tutti e due.
5. Eravate già stati in questo ristorante?	e. Io sì, ho fatto la cameriera.

Durante la visione

Guarda il video due volte. La prima volta, fai attenzione al significato generale. La seconda volta, completa le seguenti attività.

C. Qual è la ricetta preferita? Scrivi la ricetta preferita e poi gli ingredienti delle seguenti persone.

Francesca
Ricetta: _____
Ingredienti: _____
_____

Roberta
Ricetta: _____
Ingredienti: _____
_____

Silvia
Ricetta: _____
Ingredienti: _____
_____

D. Chi lo dice? Indica con una **X** le persone che dicono le seguenti cose.

	Antonia	Il signor Lorenzo	Roberta	Giorgio	Valeria
1. Ho ordinato del coniglio.					
2. Il mio piatto preferito è la cotoletta alla bolognese.					
3. Mi piace cucinare.					
4. Mi è piaciuto abbastanza.					
5. Io faccio l'impiegata.					
6. Anche le tagliatelle al ragù.					

Dopo la visione

E. È vero o è falso? Indica se le seguenti affermazioni sono vere **(V)** o false **(F)**. Quando un'affermazione è falsa, fornisci la risposta giusta.

1. Sara non ha mai lavorato in un ristorante.   V   F
2. Antonia vuole fare l'aiuto cuoco in futuro.   V   F
3. Il signor Lorenzo ha mangiato in una trattoria vicino a Piazza Maggiore.   V   F
4. A Filippo piacciono gli spaghetti in bianco.   V   F
5. Il signor Stefano fa l'ingegnere meccanico.   V   F
6. Il signor Alberto è un matematico.   V   F

F. Continuate l'intervista! In gruppi di tre, immaginate di continuare l'intervista con Mauro e Stefano. Fate altre domande su quello che hanno mangiato e sul lavoro che fanno. Una persona fa le domande e le altre due fanno i ruoli di Mauro e Stefano. Recitate l'intervista alla classe.

VOCABOLARIO

La tavola — Table

il bicchiere	glass
il coltello	knife
il cucchiaio	spoon
la forchetta	fork
il piatto (piano)	plate
il piatto fondo	bowl
là tovaglia	tablecloth
il tovagliolo	napkin

Gli antipasti — Appetizers

gli affettati	sliced cured meats
la bruschetta	toasted bread with topping
il crostino	toasted and crispy bread with topping
il parmigiano	parmesan cheese
la piadina	flat bread
il prosciutto (crudo)	cured ham

I primi piatti — First Dishes

i cappellacci	filled pasta pockets shaped like hats
le lasagne	lasagna
il minestrone	vegetable soup
il risotto	Italian rice dish
i tortellini	pasta rings filled with cheese or meat
la zuppa	soup

Le pizze — Pizzas

la pizza margherita	pizza with mozzarella, tomato, and basil
la pizza quattro stagioni	pizza "four seasons" (four parts: mozzarella, mushrooms, artichokes, ham)

I secondi — Second (Main) Dishes

la bistecca	steak
la cotoletta	cutlet
la grigliata mista di carne	mixed grilled meats
il pesce	fish
il pollo	chicken

I contorni — Side Dishes

i fagiolini lessi	boiled green beans
l'insalata mista	mixed green salad
le patatine fritte	french fries
gli spinaci al burro	spinach prepared in butter
le verdure	vegetables

I dolci — Desserts

la crostata di frutta	fruit tart
la frutta fresca	fresh fruit
il gelato	ice cream
la macedonia	fruit salad
la torta	cake
la zuppa inglese	dessert made from custard and sponge cake

La frutta — Fruit

la fragola	strawberry
il lampone	raspberry
la mela	apple
il melone	cantaloupe
il mirtillo	blueberry
l'uva	grapes

Le verdure — Vegetables

l'aglio	garlic
gli asparagi	asparagus
i broccoli	broccoli
la cipolla	onion
i fagiolini	green beens
i funghi	mushrooms
il peperone	bell pepper
il pomodoro	tomato
gli spinaci	spinach
le zucchine	zucchini

Altre parole — Other Words

l'aceto	vinegar
alla griglia	grilled
le arachidi	peanuts
l'aragosta	lobster
arrosto	roasted
il brodo	broth
la carne	meat
i cereali	cereal
il coperto	cover charge
il formaggio	cheese
il grano	grain
le noci	walnuts
l'olio	olive oil
il pane	bread
la pasta	pasta
il pepe	pepper
il riso	rice
il sale	salt
l'uovo (s.) / le uova (pl.)	egg / eggs

Le bevande — *Drinks*

l'acqua minerale gassata	*sparkling mineral water*
l'acqua minerale naturale	*flat mineral water*
l'aranciata	*orange soda*

Espressioni utili — *Useful Phrases*

biologico	*organic*
Cosa desidera? (*formal*)	*What would you like?*
Desidero / Gradirei / Vorrei	*I would like*
Mi può portare... ? (*formal*)	*Can you bring me . . . ?*
Cosa prende? (*formal*) / Cosa prendi? (*informal*)	*What are you having?*
fare la dieta / essere a dieta	*to go on a diet / to be on a diet*
lo prendo... / Prenderei...	*I'll have . . .*
Hai voglia di... ?	*Would you like . . . ? / Are you in the mood for . . . ?*
Sì, ho voglia di...	*Yes, I would like . . . / I am in the mood for . . .*

Il lavoro — *Work / Job*

l'annuncio di lavoro	*job posting*
assumere (*p.p.* assunto)	*to hire* (p.p. *hired*)
l'aumento	*raise*
l'azienda	*company*
il capo	*boss*
il/la collega	*co-worker*
il curriculum vitae	*CV / resume*
la ditta	*firm*
fare domanda	*to apply*
fare un colloquio	*to have an interview*
le ferie	*days off / vacation*
la lettera di presentazione	*cover letter*
la lettera di raccomandazione	*letter of recommendation*
il posto	*position*
il salario	*salary*
lo stage / il tirocinio	*internship*
lo stagista / il tirocinante	*intern*
lo stipendio	*monthly pay / wages*
il volontariato	*volunteering*

Le professioni / I mestieri — *Professions*

l'autista (*m./f.*)	*bus driver*
l'avvocato[†]	*lawyer*
il cuoco/la cuoca	*cook*
il/la farmacista	*pharmacist*
il/la giornalista	*journalist*
il grafico (*m./f.*)	*graphic artist*
l'infermiere/ l'infermiera	*nurse*
l'ingegnere (*m./f.*)	*engineer*
il meccanico (*m./f.*)	*mechanic*
il medico / il dottore/la dottoressa	*doctor*
il parrucchiere/la parrucchiera	*hair dresser*
il poliziotto[†]	*police officer*
il postino[†]	*mail carrier*
il programmatore[†]	*computer programmer*
il segretario/la segretaria	*administrative assistant*
l'ufficio	*office*
lo studio legale	*law office*
il ristorante	*restaurant*
la farmacia	*pharmacy*
la redazione	*editorial office*
l'ospedale	*hospital*
il garage / l'officina	*garage, workshop*
lo studio medico	*doctor's office*
il salone (di bellezza)	*hair (beauty) salon*
l'ufficio postale	*post office*

[†]Though the feminine versions **l'avocatessa**, **la poliziotta**, **la postina**, and **la programmatrice** exist, many women choose not to use these.

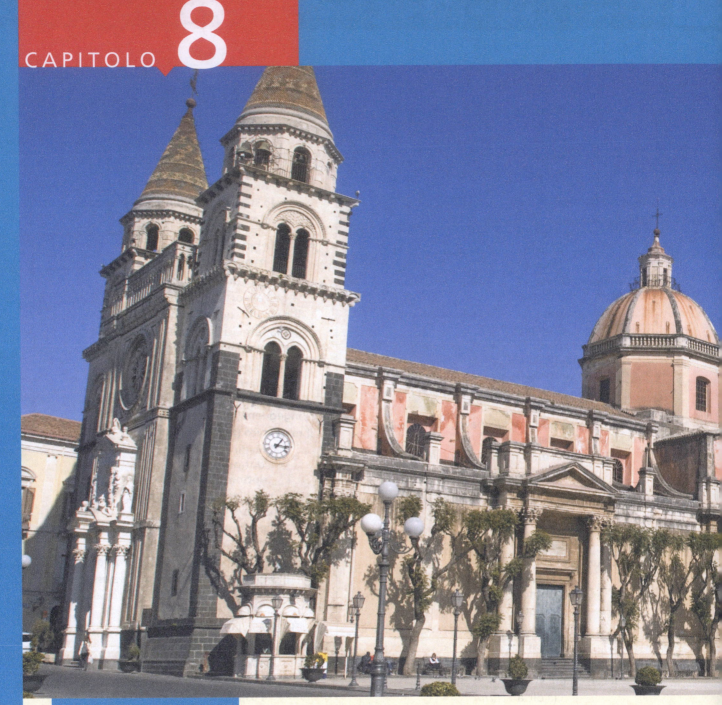

CAPITOLO 8

LEARNING STRATEGY

Just say it!

When traveling in Italy or when you're in class, don't be afraid of speaking the language because you might make mistakes. Everyone makes mistakes, even in their native language! The more you speak, the easier it becomes. You will find that listeners are generally sympathetic, and most of the time, Italians appreciate your attempts to honor their language.

IN VACANZA TRA PIAZZE E BELLEZZE NATURALI

Piazza del Duomo ad Acireale, in Sicilia – Al centro di Acireale c'è Piazza del Duomo, dove si trovano alcuni degli edifici più importanti della città come il Duomo, la Basilica e il Palazzo Comunale. La piazza si affaccia su Corso Umberto I, che è la strada principale della città.

luigi nifosi/Shutterstock.com

COMMUNICATIVE GOALS

> Talk about vacations and taking trips

> Discuss methods of transportation

> Express plans and intentions

> Make hotel or room reservations

Risorse Audio ▶ Video ❊ MINDTAP

La Sicilia e la Sardegna

> La Sicilia è l'isola più grande del Mare Mediterraneo, ma ci sono anche molte isole minori che offrono bellissime località turistiche.

> La Sardegna, bellissima destinazione delle vacanze, offre tutto: mare, montagna, natura, cultura, sport, tradizione, gusto e benessere.

Gianpiero Marceno / fotolia

◀ La **Valle dei Templi**, ad Agrigento, in Sicilia, è un sito archeologico che conserva rovine e monumenti greci di eccezionale bellezza. Si possono ammirare numerosi templi, santuari, necropoli, basiliche e altre strutture che erano parte di una delle colonie greche più importanti della Sicilia. Per la sua importanza storica, dal 1997, è parte del Patrimonio Mondiale dell'Umanità dell'UNESCO. Oggi la Valle offre visite guidate anche di notte ed è un luogo ideale per celebrare matrimoni.

La **Costa Smeralda** è la costa ▶ più frequentata dai VIP. È una costa meravigliosa con profonde grotte, spiagge ed enormi rocce di granito. Oltre ai chilometri di costa per i vacanzieri del Mar Tirreno, la Costa Smeralda ospita un centro internazionale di ricerca sui delfini, il *Bottlenose Dolphin Reserarch Institute*, che svolge anche attività di protezione e informazione.

Arcobaleno/Dreamstime.com

Andiamo in piazza!

Absente/Dreamstime.com

◂ **Piazza Vigliena** a Palermo ha una struttura ottagonale e si trova all'incrocio di due strade principali che suddividono la città nei cosiddetti *Quattro Canti*. Ci sono quattro palazzi in stile barocco che sono quasi identici: ognuno ha una fontana e tre statue disposte su tre piani che raffigurano (*represent*) rispettivamente una stagione, un re spagnolo della Sicilia e una santa protettrice di Palermo. Nel 2018 Palermo è stata nominata Capitale della Cultura Italiana.

al-kan/fotolia

Piazza d'Italia, nel centro storico, è considerata il *salotto* di Sassari, in Sardegna. Sulla piazza si affaccia lo scenografico Palazzo Sciuti, in stile neoclassico, e la chiesa di San Nicola con la facciata barocca. ▸

VOCABOLARIO

I mezzi pubblici: in treno

la biglietteria

arrivi / partenze

l'orario

la fila

ARRIVI PARTENZE

la stazione ferroviaria

i biglietti

la valigia

Vorrei due biglietti per Palermo, per favore: un adulto e un bambino.

la macchinetta

il binario

timbrare

i bagagli

il carrello

Siamo in ritardo (*late*). Vai avanti e trova un posto (*seat*) libero. Io timbro i biglietti e poi arrivo così non prendiamo una multa (*fine*).

il controllore

Biglietti, prego!

i passeggeri

I mezzi pubblici	*Public Transportation*
l'aereo	airplane
l'autobus	city bus
l'automobile	car
la metro / la metropolitana	subway
la nave	ship
il pullman	coach, tour bus
il taxi	taxi cab
il traghetto	ferry
il treno	train

I luoghi	*Places*
l'aeroporto	airport
l'agenzia di viaggi	travel agency
la fermata (dell'autobus)	(bus) stop

I verbi	*Verbs*
andare in vacanza	to go on vacation
atterrare	to land (airplane)
decollare	to take off (airplane)
imbarcare	to board
noleggiare (l'auto, la bicicletta, la barca…)	to rent (car, bike, boat . . .)
prenotare	to reserve
salire a bordo	to board

Altre parole	*Other Words*
in anticipo	in advance (early)
all'estero	abroad
la carrozza	train car
costoso	expensive
il documento / la carta d'identità	ID/identification (card)
economico	affordable
lento	slow
in orario	on time
il passaporto	passport
rapido	fast
regionale	local (train)
la sala d'attesa	waiting room
lo sciopero	labor strike
il supplemento	additional fee
il viaggio / la vacanza studio	trip / study abroad trip

Pratichiamo!

8-1. L'intruso. Cancella la parola che non appartiene alla categoria.

1. la metro, il pullman, in anticipo, la nave
2. il traghetto, regionale, imbarcare, il porto
3. il treno, rapido, la carrozza, decollare
4. l'aereo, la sala d'attesa, la bicicletta, lo sciopero
5. il posto, il taxi, prenotare, i bagagli
6. l'autobus, la fermata, salire a bordo, il passaporto

8-2. Terra o mare? Quali mezzi di trasporto vanno nelle seguenti categorie? Scrivi i mezzi di trasporto nella casella appropriata.

Per terra	Per mare

8-3. Un viaggio in treno. Ruggero e Valentina sono due studenti all'Università di Palermo. Hanno qualche giorno di vacanza e decidono di fare un piccolo viaggio in treno per conoscere meglio la Sicilia. Ruggero scrive una mail a Valentina la sera prima della loro partenza. Completa il messaggio con la parola giusta.

biglietti / binario / documento d'identità / in anticipo / partenza / stazione / taxi / valigia

Ciao Valentina!

Ho appena prenotato il _____ (1) per domani mattina. Mi lascerà (*It will let me off*) davanti alla _____ (2). La _____ (3) è alle 9:45 al _____ (4) 13. Perché non ci incontriamo alle 9:00 al bar per prendere un caffè? Preferisco arrivare _____ (5). Penso di essere pronto. Ho fatto la _____ (6). Ho messo i nostri _____ (7) nella mia valigia. Altro? Non dimenticare di portare il _____ (8)!

Buona notte.

Ruggero

8-4. Vacanza studio. A coppie, parlate dei vantaggi e degli svantaggi di una vacanza studio. Vi piace l'idea di fare una vacanza studio in Sicilia? Perché? Parlate di possibili esperienze nuove, un'esperienza indipendente dalla famiglia, nuove amicizie, ecc.

8-5. Il mezzo di trasporto preferito. Con quale mezzo di trasporto preferite viaggiare e perché? A coppie, parlate di un viaggio che avete fatto con questo mezzo di trasporto e poi riferite i risultati alla classe.

8-6. In un'agenzia di viaggi. Siete in un'agenzia di viaggi per chiedere informazioni sui viaggi in traghetto per la Sardegna o per la Sicilia. In gruppo, una persona fa l'agente e gli altri sono i viaggiatori. Cercate informazioni sulle date, sui prezzi, sul punto di partenza e altro. Poi chiedete le stesse informazioni sui viaggi in aereo. Usate la cartina all'inizio del capitolo. Tra i due mezzi, quale decidete di prendere e perché? Alla fine comprate i biglietti.

Viaggiare in Italia

Prima di tutto... Hai mai visitato un'isola? Quale? Con quale mezzo di trasporto hai viaggiato? Com'era? Quanto è costato il viaggio? Quanto è durato il viaggio? Ti è piaciuto? Conosci il nome di qualche isola italiana?

Davvero?! Per arrivare in Sicilia o in Sardegna, si può prendere l'aereo, oppure il traghetto. Sul traghetto si può imbarcare anche la macchina o la moto. I traghetti partono da diversi porti italiani ma conviene fare i biglietti con molto anticipo perché i posti sono limitati.

Nella penisola, invece, uno dei mezzi di trasporto più usati è il treno. Oppure si viaggia in macchina e chi vuole può prendere l'autostrada (*highway*) che offre un percorso (*route*) più veloce e posti di ristorazione molto accoglienti (*comfortable*) con caffè, ristoranti e souvenir locali per una pausa veloce, gli **Autogrill**. Anche l'aereo è un mezzo molto usato soprattutto grazie alle compagnie aeree *low cost* che permettono di raggiungere molte località in poco tempo e a prezzi convenienti.

Pinosub/Shutterstock.com

In Italia, oltre agli alberghi, ci sono altri alloggi come la **pensione** (*bed and breakfast accommodation*), l'**agriturismo** (*agritourism, farms offering bed and breakfast accommodations including locally grown products and wine*) e anche luoghi religiosi come **conventi** e **monasteri**. Tutti questi alloggi sono economicamente più convenienti degli alberghi e offrono diverse possibilità come **mezza pensione**, che vuole dire soggiorno e un pasto, o **pensione completa,** che offre tutti i pasti.

Chiacchieriamo un po'! Lavorate a coppie. Uno studente/Una studentessa è il bigliettaio e l'altro è il passeggero/la passeggera che deve prenotare un viaggio in traghetto: deve scegliere il giorno e l'ora, imbarcarsi (*to board*) con la macchina, con la moto o a piedi, e fare un viaggio di "andata e ritorno" o "solo andata". Il bigliettaio deve determinare il prezzo e spiegare i dettagli necessari per il viaggio.

🔊 Signori, si parte! Rotta[1] sul Barocco.

Ascolta e/o leggi il testo e rispondi alle domande.

Valentina studia Storia dell'Arte all'università e adora il Barocco. Ha trovato un annuncio che le interessa molto nella sezione viaggi del quotidiano.

Courtesy Treno Doc, Trenitalia

Treno del Barocco

TRENO DEL BAROCCO: Si riparte con il Treno del Barocco, un'iniziativa organizzata da Trenitalia e dalla Regione Sicilia. Per trenta domeniche, fino al 23 ottobre, **si viaggia** lungo centododici chilometri da Siracusa a Ragusa, attraverso uno dei paesaggi più suggestivi[2] dell'isola seguendo un itinerario culturale. Lungo i binari, **si visitano** Siracusa, Noto, Scicli, Modica e Ragusa. **Si parte** con il treno alle 8.45 e **si prevede** il rientro alle 19.00. In ciascuna località **si prevedono** visite guidate con degustazioni[3] delle specialità locali come i cannoli, gli arancini e la granita siciliana. A Scicli **si passeggia** nella scenografica via Mormino Penna; a Ragusa Ibla **si vede** il vecchio Portale di San Giorgio; a Modica **si possono visitare** il duomo di San Pietro e la chiesa di San Nicolò Inferiore. Per le prenotazioni **si può chiamare**, dal lunedì al venerdì, l'ufficio turistico di Modica, tel. 0932-759634. Biglietti: 20 euro.

Sicilia: Signori, in carrozza! Rotta sul Barocco.

[1]*Bound for* [2]*striking* [3]*tasting*

Comprensione

Rispondi alle seguenti domande con frasi complete.

1. Per quante settimane all'anno si può viaggiare sul Treno del Barocco?
2. Da quale città si parte e dove si arriva?
3. Quali luoghi si possono visitare?
4. Come si prenota per viaggiare sul Treno del Barocco?

Osserviamo la struttura!

Nel testo sopra, osserva le parole in grassetto e rispondi alle seguenti domande.

1. On a separate piece of paper, make a list of the expressions in bold by dividing them into those with the *verb in the third-person singular* and those with the *verb in the third-person plural*.
2. What characteristics do you notice in the bolded verb forms? In your opinion, what determines whether the verb form is singular or plural?
3. What do you think the word **si** means in the expressions you found? What is its function?

NOTA CULTURALE

Tra le specialità gastronomiche siciliane famose in tutto il mondo ci sono gli **arancini,** che sono delle palle di riso ripiene (*filled*) e fritte, i **cannoli** (dolci ripieni di ricotta e frutta candita) e la famosa **granita** (*shaved ice*) di limone o di qualsiasi altra frutta.

Antonio Gravante/fotolia

Il pronome si (impersonale e passivante) (*The pronoun si: Impersonal and passive construction*)

In Italian, the pronoun **si** can be used when the person who performs the action is not identified (this is also known as "impersonal construction"). In English this construction corresponds to *one, they, people*, etc.

The pronoun **si** is often used to express common habits and rules, or to request and give information.

In Sicilia, **si va**[1] al mare fino a ottobre.
*In Sicily, **people go** to the beach until October.*

Mi dispiace, non **si fuma** in aereo.
*I'm sorry, **there is no smoking** in the airplane.*

Come **si va** a Palermo da Catania?
*How **does one get** to Palermo from Catania?*

Ragazzi, cosa **si fa** oggi?
*Guys, what **are we going to do** today?*

Molto tempo fa **si viaggiava** spesso in treno.
*A long time ago **people used to travel** often by train.*

www.girofvg.com

A. The **pronome si** can be followed by the third-person singular or plural form of the verb. It is always followed by a verb in the third-person singular form when:

a. the verb is intransitive

   In Sicilia, **si va** al mare.   *In Sicily, **people go** to the beach.*

b. no object is expressed or implied[2]

   In Sicilia, **si mangia** sempre bene.   *In Sicily, **one** always **eats** well.*

c. the sentence contains a singular direct object[3]

   In Sicilia **si mangia** <u>il gelato</u>.   *In Sicily, **people eat** ice cream.*

   Come **si scrive** <u>la parola</u> *Sicilia*?   *How do **you spell** the word* Sicilia? /
                                                      (How is the word Sicilia ***spelled**?)*

   Per andare in Sicilia, **si deve** prendere   *To go to Sicily, **one must** take a ferry. /*
   <u>il traghetto</u>.   *(To go to Sicily, the ferry **must be taken.**)*

---

[1]It is common to use the pronoun **si** to express **la gente / le persone**.

   In Sicilia, **la gente va** (*or* **le persone vanno**) al mare fino a ottobre.
or
   In Sicilia si va al mare fino a ottobre.

[2]When the **pronome si** is used with an intransitive verb (a verb that does not take a direct object) or when no object is expressed or implied, it is called *si impersonale*. Esempio: A che ora si parte? / A che ora si mangia?

[3]When the **pronome si** is used with a direct object, it is called *si passivante* because the construction implies the passive voice.

If the direct object is plural, the **pronome si** is followed by the third-person plural form of the verb.

In Sicilia, **si mangiano** i cannoli.	*In Sicily, people eat cannoli. / (In Sicily, cannoli are eaten.)*
A Modica, **si possono** visitare i monumenti barocchi.	*In Modica, you (one) can visit the Baroque monuments. / (In Modica, the Baroque monuments can be visited.)*

B. When the **pronome si** is used with reflexive or reciprocal verbs, **ci si** is used to avoid repeating the word **si** twice.

In vacanza **ci si alza** tardi e la sera **ci si incontra** con gli amici.	*On vacation people (we all) get up late and in the evening meet with their (our) friends.*

Pratichiamo!

8-7. Cosa si fa prima di partire per le vacanze? Accoppia gli elementi della colonna A con quelli della colonna B per creare frasi complete e per scoprire come ci si organizza per un viaggio.

A
1. _____ Si decide
2. _____ Si scelgono
3. _____ Si va
4. _____ Si fanno
5. _____ Si comprano
6. _____ Si preparano
7. _____ Finalmente ci si prepara

B
a. le date di partenza e di arrivo.
b. i biglietti.
c. il posto dove andare.
d. le prenotazioni.
e. all'agenzia di viaggi o su Internet.
f. per partire.
g. le valigie.

8-8. Cosa si fa in vacanza in Sicilia? Ruggero e Valentina raccontano ad alcuni amici cosa si fa in Sicilia nella vita quotidiana e in vacanza. Trasforma le seguenti frasi usando il *si impersonale.* Usa **ci si** quando è necessario.

Esempio   In estate, ad Acireale, <u>le persone celebrano</u> il Carnevale.

In estate, ad Acireale, *si celebra* il Carnevale.

1. In Sicilia, <u>le persone mangiano</u> la famosa granita di limone.
2. <u>La gente va</u> al mare a Taormina e <u>si abbronza</u>.
3. Ad Acireale <u>possiamo visitare</u> gli edifici in Piazza del Duomo.
4. <u>Tutti mangiano</u> i cannoli siciliani che sono squisiti.
5. <u>Qualcuno fa</u> una passeggiata ai siti archeologici della Valle dei Templi.
6. <u>Le persone prendono</u> il Treno del Barocco per fare un viaggio culturale.
7. <u>La gente si diverte</u> molto al Carnevale estivo di Acireale.
8. <u>Molti fanno</u> escursioni sull'Etna.

NOTA CULTURALE

Ad Acireale, ad agosto, si celebra il **Carnevale estivo** durante il quale le vie cittadine si riempiono dei carri caratteristici e si rivivono i colori e i suoni della manifestazione invernale.

Paolocas/Dreamstime.com

8-9. Ieri e oggi. Crea le seguenti frasi usando il *si impersonale* facendo tutti i cambiamenti necessari. Usa l'**imperfetto** per indicare come si viaggiava tanto tempo fa (*a long time ago*) e usa il **presente** per dire come si viaggia oggi.

Esempio   Tanto tempo fa _____ (andare) spesso a piedi. Oggi invece _____ (andare) spesso in macchina.

Tanto tempo fa *si andava* spesso a piedi. Oggi invece *si va* spesso in macchina.

1. Tanto tempo fa _____ (*usare*) le carrozze (*coaches*) con i cavalli (*horses*). Oggi _____ (usare) le automobili.
2. Tanto tempo fa _____ (vedere) molte biciclette. Oggi _____ (vedere) più motociclette e macchine.
3. Tanto tempo fa _____ (viaggiare) soprattutto nel proprio Paese. Oggi _____ (viaggiare) molto all'estero.
4. Tanto tempo fa _____ (fare) viaggi lunghi in treno o in nave. Oggi _____ (fare) viaggi lunghi in aereo.
5. Tanto tempo fa _____ (prendere) spesso il treno. Oggi _____ (prendere) spesso l'aereo.
6. Tanto tempo fa _____ (prenotare) sempre all'agenzia di viaggi. Oggi _____ (prenotare) spesso su Internet.
7. Tanto tempo fa _____ (fumare) sugli aerei e sui treni. Oggi non _____ (fumare) sugli aerei e su molti treni.
8. Tanto tempo fa _____ (incontrarsi) raramente con amici lontani. Oggi _____ (*vedersi*) spesso grazie al progresso.

8-10. Cosa si fa nel tuo luogo preferito? A coppie, scegliete un luogo (città, nazione) che vi piace molto e descrivete al compagno/alla compagna come ci si arriva, quello che si fa, cosa si può visitare, cosa si mangia, cosa si compra, ecc. Poi ognuno deve riferire alla classe le informazioni del compagno/della compagna. Usate il *si impersonale*.

8-11. Idee per le vacanze. A coppie, indicate dove si va in vacanza nelle stagioni indicate sotto. Potete parlare dell'Italia, del vostro Paese oppure di altri posti che conoscete. Indicate con quale mezzo di trasporto si va, cosa si porta e cosa si fa (passatempi, sport, acquisti) per ogni stagione.

In inverno
In primavera
In estate
In autunno

Esempio   *In estate si può andare in Sicilia. Si arriva in traghetto o in aereo. Si va al mare…, si mangia / si mangiano…, si visita / si visitano…, si può / si possono…*

8-12. Vacanze in Sicilia. In gruppo, uno di voi conosce molto bene la Sicilia e cerca di convincere il resto del gruppo ad andare con lui/lei in vacanza. Naturalmente tutti fanno delle domande su cosa si fa in Sicilia, dove si va, cosa si vede, cosa si mangia, se si spende molto / poco, ecc. Usate le informazioni che avete imparato fino a ora sulla Sicilia. Il gruppo decide se partire o no e spiega la scelta alla classe.

NOTA CULTURALE

Per gli amanti della natura e della bicicletta, in Sicilia si pratica il **cicloturismo** che offre percorsi alternativi al turismo di massa. Per esempio si possono fare i **ciclogiri** sull'Etna o attraverso i parchi naturali più belli dell'isola oppure nelle città barocche.

katatonia82/Shutterstock.com

🔊 Cosa farai per le vacanze?

Ascolta e/o leggi il dialogo e rispondi alle domande.

Ruggero e Valentina sono seduti al tavolino di un bar in Piazza Castelnuovo e parlano delle prossime vacanze estive.

Ruggero: Valentina, hai deciso cosa **farai** per le vacanze estive?

Valentina: Mah, probabilmente **resterò** in Sicilia per la maggior parte dell'estate. Poi ad agosto una mia amica **arriverà** dalla Sardegna. Siamo entrambe appassionate del Barocco. La **porterò** anche a vedere uno spettacolo con *i pupi siciliani*[1] che lei adora.

Ruggero: Ah, se ricordo bene, **scriverai** la tesi sulle piazze barocche della Sicilia. È vero?

Valentina: Sì, infatti io e la mia amica **visiteremo** le piazze barocche siciliane e forse **faremo** anche un viaggio sul Treno del Barocco. Poi insieme **partiremo** per la Sardegna, dove **passeremo** qualche giorno. E tu?

Ruggero: Forse **parteciperò** a un Vespa Tour Sicily, un giro della Sicilia in Vespa. Oppure **farò** uno dei famosi ciclogiri organizzati per visitare l'isola in bicicletta.

Valentina: Davvero? In Vespa o in bicicletta? Ma è fantastico! **Ti divertirai** sicuramente. E chissà, forse **ci incontreremo** per strada!

Ruggero: Chissà! **Vedremo!**

Wansford photo/Shutterstock.com

Piazza Castelnuovo è una delle piazze principali di Palermo. Si trova vicino al famoso Teatro Politeama.

[1](See next **Nota culturale.**)

Comprensione

Rispondi alle seguenti domande con frasi complete.

1. Dove passerà l'estate Valentina? E Ruggero?
2. Da dove arriverà l'amica di Valentina?
3. Su cosa sarà la tesi di laurea di Valentina?
4. Secondo te, Ruggero e Valentina si incontreranno? Perché?

Osserviamo la struttura!

Nel dialogo sopra, osserva le parole in grassetto e completa le attività che seguono.

1. Read the text and try to determine the subject pronouns of the verb forms below. Then write the infinitives of the conjugated verbs.
   a. _____ porterò (inf.: _____)   c. _____ scriverai (inf.: _____)
   b. _____ partiremo (inf.: _____)
2. Find at least one other verb for each conjugation and list them below:
   -are: _____   -ere: _____   -ire: _____
3. Some verb forms have an accent mark on the last vowel. For which subjects does this occur?

NOTA CULTURALE

luigi nifosi/Shutterstock.com

I pupi siciliani sono marionette (*puppets*) di un tipico teatro tradizionale siciliano, l'Opera dei Pupi, che aveva spesso come protagonisti Carlo Magno, i suoi paladini (cavalieri della sua corte, *paladins*) che raccontano le loro avventure.

ArTono/Shutterstock.com

L'estate prossima andrò in vacanza in Sicilia.

Il futuro (Future tense)

Il futuro is used to express events that will happen in the future.[4]

Fra tre anni, **finirò** l'università e **passerò** le vacanze estive in Sicilia.

*In three years, I **will finish** college and I **will spend** my summer vacation in Sicily.*

A. The table below shows how to conjugate regular verbs in the future tense.

Futuro			
	prenotare	**prendere**	**partire**
io	preno**terò**	pren**derò**	par**tirò**
tu	preno**terai**	pren**derai**	par**tirai**
lui/lei, Lei	preno**terà**	pren**derà**	par**tirà**
noi	preno**teremo**	pren**deremo**	par**tiremo**
voi	preno**terete**	pren**derete**	par**tirete**
loro	preno**teranno**	pren**deranno**	par**tiranno**

Ruggero **parteciperà** a un viaggio in Vespa in giro per la Sicilia.

*Ruggero **will participate** in a motor scooter tour around Sicily.*

Valentina **scriverà** la tesi sul Barocco.

*Valentina **will write** her thesis on the Baroque period.*

L'estate prossima Valentina e Rossella **partiranno** insieme per andare in Sardegna.

*Next summer, Valentina and Rossella **will leave** together to go to Sardinia.*

Tu **ti divertirai** molto in Sicilia durante le vacanze.

*You **will have** a lot of **fun** in Sicily on your vacation.*

Noi **ci incontreremo** a Palermo e **visiteremo** le piazze barocche.

*We'll **meet** in Palermo and we **will visit** the Baroque piazzas.*

B. To form the **futuro** with verbs ending in **-ciare** and **-giare,** such as **cominciare** and **viaggiare,** drop the **-i** from the stem in every verb form in order to maintain the soft sound. With verbs ending in **-care** and **-gare** such as **giocare** and **pagare,** add an **-h** after the **c** and **g** in every verb form in order to maintain the hard sound.

Quando arriverò in Sicilia, **mangerò** i famosi cannoli e **giocherò** a bocce con i miei amici.

*When I arrive in Sicily, **I'll eat** the famous cannoli and **I'll play** bocce with my friends.*

---

[4]In Italian, the **futuro** is replaced by the **presente** if the event is very likely to happen in the near future. **Esempio:** Stasera **vado** al cinema con i miei amici. (*Tonight I'll go / I am going to the movies with my friends.*)

Verbi irregolari nel futuro

Some verbs are irregular when forming the **futuro.** The following list shows the most common irregular verbs in the future tense.

avere:	io **avrò**, tu **avrai**, lui/lei **avrà**, noi **avremo**, voi **avrete**, loro **avranno**
andare:	io **andrò**, tu **andrai**, lui/lei **andrà**, noi **andremo**, voi **andrete**, loro **andranno**
bere:	io **berrò**, tu **berrai**, lui/lei **berrà**, noi **berremo**, voi **berrete**, loro **berranno**
dare:	io **darò**, tu **darai**, lui/lei **darà**, noi **daremo**, voi **darete**, loro **daranno**
dire:	io **dirò**, tu **dirai**, lui/lei **dirà**, noi **diremo**, voi **direte**, loro **diranno**
dovere:	io **dovrò**, tu **dovrai**, lui/lei **dovrà**, noi **dovremo**, voi **dovrete**, loro **dovranno**
essere:	io **sarò**, tu **sarai**, lui/lei **sarà**, noi **saremo**, voi **sarete**, loro **saranno**
fare:	io **farò**, tu **farai**, lui/lei **farà**, noi **faremo**, voi **farete**, loro **faranno**
potere:	io **potrò**, tu **potrai**, lui/lei **potrà**, noi **potremo**, voi **potrete**, loro **potranno**
rimanere:	io **rimarrò**, tu **rimarrai**, lui/lei **rimarrà**, noi **rimarremo**, voi **rimarrete**, loro **rimarranno**
sapere:	io **saprò**, tu **saprai**, lui/lei **saprà**, noi **sapremo**, voi **saprete**, loro **sapranno**
stare:	io **starò**, tu **starai**, lui/lei **starà**, noi **staremo**, voi **starete**, loro **staranno**
tenere:	io **terrò**, tu **terrai**, lui/lei **terrà**, noi **terremo**, voi **terrete**, loro **terranno**
vedere:	io **vedrò**, tu **vedrai**, lui/lei **vedrà**, noi **vedremo**, voi **vedrete**, loro **vedranno**
venire:	io **verrò**, tu **verrai**, lui/lei **verrà**, noi **verremo**, voi **verrete**, loro **verranno**
vivere:	io **vivrò**, tu **vivrai**, lui/lei **vivrà**, noi **vivremo**, voi **vivrete**, loro **vivranno**
volere:	io **vorrò**, tu **vorrai**, lui/lei **vorrà**, noi **vorremo**, voi **vorrete**, loro **vorranno**

ATTENZIONE!

❯ In Italian, the **futuro** can also be used to express conjecture and probability.

Dov'è Ruggero?	*Where is Ruggero?*
Non lo so, **sarà** in vacanza.	*I don't know, **he might be** on vacation.*
Che ore sono?	*What time is it?*
Non lo so. **Saranno** le 9.00.	*I don't know. **It's probably** about 9:00.*

❯ The **futuro anteriore** (*future perfect*) is a compound tense formed using the future of the auxiliary (**avere** or **essere**) and the past participle of the verb. It is used to express actions that will have already happened or will not have been completed before another action takes place in the future. The **futuro anteriore** often requires the adverbs **già** (*already*) and **non... ancora** (*not yet*). It is also used to express conjecture and probability.

Fra dieci anni **avrò** già **finito** l'università e **mi sarò trasferito** in Italia.	*In ten years **I will have** already **finished** college and **I will have moved** to Italy.*
Non sentiamo Ruggero da qualche settimana. **Sarà andato** in vacanza o non **avrà avuto** tempo di chiamarci.	*We have not heard from Ruggero for a few weeks. He **might have gone** on vacation or he **might not have had** time to call us.*

Pratichiamo!

8-13. Cosa faranno? Leggi le situazioni nella colonna A e scegli, nella colonna B, quello che le persone faranno.

A

1. _____ A Valentina piace l'archeologia.
2. _____ Valentina e Rossella non hanno mai visto un vulcano.
3. _____ Ci piacciono i treni e la storia dell'arte.
4. _____ A Ruggero piacciono i dolci.
5. _____ Valentina adora l'opera dei pupi siciliani.
6. _____ Vespa Tour parte alle 7.00 di mattina e Ruggero ci vuole andare.
7. _____ Valentina e Rossella vanno a Modica per vedere il Barocco. Anche Ruggero va a Modica con i suoi amici.
8. _____ Valentina e Rossella vanno in Sardegna.

B

a. Faranno una gita per vedere l'Etna.
b. Prenderemo il Treno del Barocco.
c. Andrà a vedere la Valle dei Templi.
d. Andrà a teatro a vedere uno spettacolo.
e. Mangerà i cannoli e la cassata.
f. Forse si incontreranno.
g. Partiranno con il traghetto dalla Sicilia.
h. Lui si sveglierà presto.

8-14. In bici sull'Etna. Ruggero è andato a Catania perché vuole fare un'escursione in bici sull'Etna. Queste sono le informazioni sul suo itinerario. Prima scrivi il testo usando il **futuro.** Poi cambia il soggetto (Ruggero) con quelli indicati qui sotto e riscrivi il testo facendo i cambiamenti necessari.

> io / io e i miei amici / tu / i miei amici

Domani Ruggero _____ (1. alzarsi) la mattina alle 6.30. Lui e gli altri ciclisti _____ (2. incontrarsi) alle 9.00 al punto di partenza dell'escursione. Ruggero _____ (3. prendere) la bicicletta a noleggio e _____ (4. partire) con gli altri. Nel pomeriggio lui _____ (5. raggiungere) alcuni crateri e _____ (6. lasciare) la bicicletta per riposarsi e fare qualche foto. Quando Ruggero _____ (7. finire) il suo giro, _____ (8. tornare) in albergo per andare a dormire.

8-15. Un viaggio tra Barocco e cioccolato. Valentina spiega in una mail alla sua amica Rossella quello che faranno durante una visita guidata. Lei usa il **presente,** ma può anche usare il futuro. Cambia i verbi irregolari al **futuro.**

Il primo giorno noi (1. vediamo) i luoghi barocchi più importanti di Palermo, come Piazza Vigliena. Il secondo giorno, (2. si va) ad Acireale per ammirare il Barocco in Piazza del Duomo. Il nostro gruppo (3. rimane) ad Acireale tutta la giornata. Nel pomeriggio, in una famosa gelateria del posto, noi (4. possiamo) assaggiare (*taste*) diversi tipi di gelati alla frutta, la loro specialità. Il giorno seguente, a Modica, dopo una gita culturale, i cuochi di un ristorante famoso (5. fanno) per noi una cena esclusivamente a base di cioccolato. Io (6. devo) stare attenta alla linea. La fermata seguente (7. è) Noto, la capitale siciliana del Barocco e poi in ultimo Ragusa. Sicuramente, dopo questo viaggio tu (8. hai) tante foto e tanti bei ricordi della Sicilia.

NOTA CULTURALE

L'**Etna** è il vulcano attivo più grande d'Europa. Per i turisti e gli appassionati della natura, si possono fare escursioni sul vulcano e giri in bici. Si consiglia un'escursione al tramonto quando si può ammirare uno splendido panorama.

8-16. In Vespa attraverso la Sicilia. Anche voi non vedete l'ora (*can't wait*) di visitare la Sicilia. Tu hai appena trovato le informazioni sul prossimo Vespa Tour Sicily e le condividi con il tuo compagno/la tua compagna. A turno, guardate l'itinerario, fate domande per ogni giornata e rispondete con le informazioni indicate. Le seguenti domande sono alcuni esempi.

a. A che ora comincerà l'evento (o la giornata)?
b. A che ora si partirà?
c. Dove mangeremo / dormiremo?
d. Dove ci fermeremo per pranzo / cena?

NOTA CULTURALE

Vespa Tour Sicilia è una manifestazione che offre agli appassionati della Vespa di fare il giro della Sicilia, in Vespa, alla scoperta dei meravigliosi paesaggi della regione, delle sue delizie enogastronomiche, della sua cultura e delle sue tradizioni.

www.vespatoursicilia.it

Primo giorno – Vespa Night	Secondo giorno
16.00 – Apertura evento 20.00 – Partenza da Catania e Aperitivo 23.30 – Arrivo a Caltagirone, cena in albergo e pernottamento (*overnight stay*)	10.30 – Partenza da Caltagirone 13.30 – Sosta pranzo a Modica Giro turistico e degustazione di cioccolato a Modica 17.30 – Partenza per Scicli / Passaggio per Sampieri 19.30 – Cena a Pozzallo e pernottamento 22.00 – Spettacolo
Terzo giorno	**Quarto e ultimo giorno – Vespa Day**
9.30 – Partenza da Pozzallo / Passaggio per Portopalo – Marzamemi 13.30 – Arrivo e pranzo a Noto Giro turistico per il Barocco cittadino 19.30 – Arrivo a Catania 21.00 – Cena a Catania e pernottamento	9.00 – Raduno in Piazza Duomo di Catania 11.00 – Meeting "La Vespa e i giovani" al palazzo della Cultura del Comune di Catania 13.30 – Pranzo a Catania – Spiaggia

8-17. Curiosità sulle vacanze. Tu e il tuo compagno/la tua compagna siete pronti per partire per le vacanze, ma non partirete insieme. Volete sapere nei minimi dettagli tutto quello che il vostro compagno/la vostra compagna farà e se partirà solo/a o in compagnia. Prendete nota perché riferirete le informazioni alla classe.

8-18. Un viaggio… nel futuro. In gruppo, cercate di immaginare un futuro lontano e indicate cosa farete, cosa avrete già fatto e cosa non avrete ancora fatto. Per esempio:

Dove vivrete? Con quali mezzi la gente comunicherà?
Con quali mezzi di trasporto si viaggerà? Cosa mangerete?
Dove si andrà in vacanza? Conoscerete popolazioni extraterrestri?

Condividete le vostre previsioni con la classe.

Reading Strategy: Reading an Itinerary

Most itineraries will give you a general overview of destinations, schedules, excursions, included/covered costs, and additional expenses. Learning to identify this information will help you in planning your travels and in getting around once you are in Italy. Look for answers to the following questions when reading an itinerary:

> Is this a typical tourist trip or something off the beaten path?

> What types of activities are scheduled?

> Follow the itinerary on a map. Does it cover enough ground for you? Too much?

> What are the costs? What costs are covered? What costs are not included?

If you gather this information ahead of time, you will have fewer unpleasant surprises when you get to your destination. **Buon viaggio!**

Pre-lettura

1. Preferite un'escursione guidata o preferite viaggiare da soli? Quali sono i vantaggi di un'escursione guidata e quali sono i vantaggi di viaggiare indipendentemente?

2. Trovate le seguenti destinazioni per la vostra gita sulla cartina della Sicilia: Capo Gallo, Capo Rama, Palermo, Gibellina, Riserva dello Zingaro, Alcamo, Scopello, Piana degli Albanesi, Portella della Ginestra. Quali sono i posti sul mare? Quali posti non hanno accesso al mare?

3. Paragonate un'escursione ambientale e una classica da turista di massa. Mettete le attività nella categoria giusta. È possibile mettere un'attività in tutte e due le categorie.

Provincia di Palermo

andare al museo / camminare lungo i sentieri / sedersi sotto un ombrellone
visitare i siti archeologici / fare il bagno nel mare / visitare una riserva naturale
andare in giro per i negozi / mangiare al ristorante / andare alle terme

Escursione Ambientale / Escursione Classica
Sicilia Nascosta – Tour Sicilia 5 giorni e 4 notti

Moreno Novello / fotolia

Scopello

Sicilia Nascosta° è un viaggio tra natura e tradizioni per scoprire aspetti della Sicilia Occidentale poco conosciuti e che meglio rappresentano la vera anima° dell'isola.

Conosceremo le splendide falesie° di **Capo Gallo** e passegeremo nel centro storico di **Palermo.**

Hidden Sicily

soul

cliffs

Capo Rama

Cammineremo lungo i sentieri° di **Capo Rama** e visiteremo gli affascinanti parchi archeologici. A **Gibellina Vecchia** ci troveremo immersi in un'atmosfera unica nel **Cretto di Burri.** Faremo un'escursione nella prima riserva naturale siciliana, lo **Zingaro.** Al ritorno visiteremo l'antica **Scopello,** dove il tempo sembra essersi fermato. La sera, faremo un bagno rilassante alle **terme naturali di Alcamo.** Il giorno dopo visiteremo **Piana degli Albanesi,** dove si conservano antiche tradizioni legate alla cultura greco-ortodossa, e **Portella della Ginestra,** teatro di uno dei più importanti avvenimenti storici del secondo dopoguerra. Un breve ma intenso viaggio per assaporare° ritmi di vita differenti, gustare della buona cucina e respirare l'atmosfera unica dei luoghi risparmiati dall'azione dell'uomo.

trails

savor

 Quota: il costo è di **470 €** a persona, **380 €** per i bambini sotto i 10 anni. **La quota comprende:** trasferimento a/r° aeroporto, minibus privato, escursioni con accompagnatore, 3 pranzi e 4 cene, 4 pernottamenti°, assicurazione°, tasse°. **La quota non comprende:** il volo, il supplemento camera singola (su richiesta), i biglietti di ingresso, la mancia e tutto ciò che non è espresso nella voce "la quota comprende".

andata / ritorno

overnight stays

insurance / taxes

Dopo la lettura

1. **Comprensione.** Abbinate il luogo con l'attività.

a. _____ Alcamo		1. luogo di avvenimenti storici del secondo dopoguerra
b. _____ Capo Gallo		2. vedere le falesie
c. _____ Capo Rama		3. fare un bagno nelle terme naturali
d. _____ Piana degli Albanesi		4. fare un'escursione in una riserva naturale
e. _____ Portella della Ginestra		5. osservare antiche tradizioni legate alla cultura greco-ortodossa
f. _____ Zingaro		6. camminare lungo i sentieri

2. **Vero o falso?** Indica se le seguenti frasi sono vere **(V)** o false **(F)**. Correggi le frasi sbagliate.

_____ a. Alcamo è un posto di mare.

_____ b. Tutti i pernottamenti del viaggio sono compresi nel prezzo.

_____ c. La colazione è compresa nella quota.

_____ d. I viaggiatori mangeranno i piatti tipici della cucina della zona.

_____ e. I bambini sotto i dieci anni non devono pagare.

_____ f. La mancia alla guida alla fine dell'escursione non è inclusa.

L'albergo

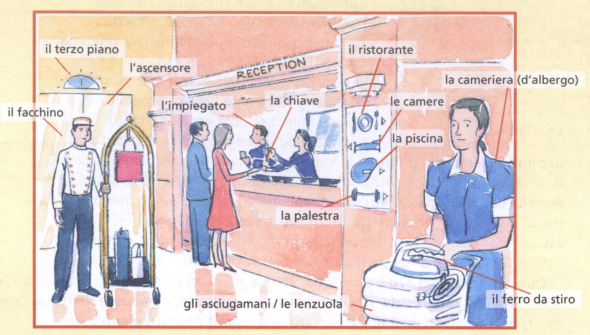

il terzo piano
l'ascensore
il facchino
l'impiegato
la chiave
RECEPTION
il ristorante
la cameriera (d'albergo)
le camere
la piscina
la palestra
gli asciugamani / le lenzuola
il ferro da stiro

I signori Bancheri vanno in vacanza in Sardegna. Arrivano in albergo, dove hanno fatto le prenotazioni e prendono la chiave per andare in camera.

I luoghi e gli alloggi — *Places and Lodgings*

l'albergo / l'hotel	*hotel*
la campagna	*countryside*
il campeggio	*campground*
il lago	*lake*
il mare	*sea*
la montagna / le montagne	*mountain(s)*
l'ostello	*hostel*
la pensione	*bed and breakfast (B&B)*

Altre parole — *Other Words*

l'aria condizionata	*air conditioning*
il bagnino	*lifeguard*
il balcone	*balcony*
il cambio	*exchange rate (currency)*
la camera (singola / matrimoniale)	*room (single / double with double bed)*
il cameriere/la cameriera d'albergo / di camera	*waiter/waitress hotel maid / chamber maid*
la colazione compresa	*breakfast included*
il costume da bagno	*bathing suit*
la crema solare	*sunscreen*
la crociera	*cruise*
il frigobar	*minibar*
l'imprevisto	*unforeseen, unexpected event*

la macchina fotografica	*camera*
la mancia	*tip*
gli occhiali da sole	*sunglasses*
l'ombrellone	*beach umbrella*
l'opuscolo / il dépliant	*brochure*
la (sedia a) sdraio	*beach chair*
la spiaggia	*beach*
la sveglia	*wake-up call, alarm clock*
il telo (da) bagno / (da) mare	*beach towel*
la tenda	*tent*
il trekking	*(mountain) hiking*

I verbi — *Verbs*

abbronzarsi	*to get a tan*
andare in campeggio	*to go camping*
mettere in ordine / sistemare (es. la camera)	*to tidy up (ex. the room)*
prendere il sole	*to sunbathe*
prendere le ferie / fare le ferie / andare in ferie	*to take time off from work (for a vacation)*
scappare	*to escape*
scoprire	*to discover*
scottarsi (al sole)	*to get a sunburn*
tuffarsi / fare un tuffo	*to dive / to take a dip*

Espressioni utili	**Useful Expressions**
A che ora è la colazione?	What time is breakfast served?
Fumatori o non fumatori?	Smoking or non-smoking?

Scusi, quant'è il cambio oggi?	Excuse me, what is the exchange rate today?
Vorrei sapere se c'è un… in camera.	I'd like to know if there is a… in the room.

Pratichiamo!

8-19. In altre parole. Abbina la parola con la definizione.

1. _____ l'opuscolo
2. _____ la sveglia
3. _____ il cambio
4. _____ il trekking
5. _____ l'imprevisto
6. _____ scoprire

a. conoscere cose nuove o avere nuove informazioni
b. situazione impossibile da prevedere
c. valore dei soldi espresso in un'altra moneta
d. pubblicità con informazioni
e. orologio che suona all'ora programmata
f. escursione in montagna o nella natura

8-20. Facciamo una prenotazione. Per ogni domanda dell'addetto (*clerk*) alla ricezione (a sinistra) trova la risposta del cliente (a destra) e avrai una prenotazione completa.

1. _____ Pronto? Hotel Costa Smeralda. Posso aiutarla?
2. _____ Per quali date?
3. _____ Vuole una camera singola o doppia?
4. _____ Preferisce una stanza per fumatori?
5. _____ E la vuole con vista sul mare?
6. _____ Vuole la camera con la colazione compresa?
7. _____ Allora la stanza viene 150 € al giorno. Va bene?
8. _____ Bene! Prendo i suoi dati e ci vediamo ad agosto.

a. Sì, la mattina ho sempre molta fame.
b. Sì, il panorama lì è bellissimo.
c. Perfetto, grazie. Mi chiamo…
d. Dal 15 al 20 agosto.
e. Una matrimoniale va bene.
f. Sì, il prezzo va benissimo. La prenoto.
g. Sì, vorrei prenotare una camera.
h. No, noi non fumiamo.

8-21. Una cartolina. Giselle è in vacanza studio in Italia e scrive una cartolina ai suoi genitori. Completa la cartolina con le parole date.

> balcone / camera / colazione / economico / mare / piscina / prendo

Ciao Mamma e Papà,

Vi scrivo dalla _____ (1) dell'albergo dove _____ (2) il sole e studio anche un po'. È un albergo stupendo e in piscina c'è l'acqua salata del _____ (3). Sembra un albergo di lusso ma è veramente _____ (4). La _____ (5) è compresa nel prezzo e la mattina mangio tanto. Poi non mangio di nuovo fino a cena. È bellissimo! Dal _____ (6) della _____ (7) c'è anche una vista sul mare. Un vero paradiso!

Un abbraccio, *Giselle*

8-22. Sondaggio. Trovate due persone che hanno fatto le seguenti cose e chiedete altre informazioni per sapere dove, quando, con chi, perché, ecc.

> essere in vacanza su un'isola / fare una crociera / andare all'estero
>
> viaggiare in aereo negli ultimi quattro mesi / fare trekking
>
> andare in campeggio / noleggiare una macchina o altro

Il turismo in Italia

Prima di tutto... Descrivi l'immagine che segue. Che tipo di cultura e tradizioni suggerisce? Ci sono tradizioni simili negli Stati Uniti? Dove?

Angyalosi Beata/Shutterstock.com

Davvero?! Storicamente, la Sardegna è un'isola principalmente agricola. Tuttavia, al giorno d'oggi la prima industria della Sardegna è il turismo. Le coste con le bellissime spiagge della Sardegna, posti come Costa Rei e Villasimius, la Costa Smeralda, Porto Cervo (nella foto), Porto Rotondo sono diventati destinazioni per i VIP. Ma la Sardegna e tutte le altre regioni italiane, attraggono i turisti non solo per l'arte e le bellezze naturali ma anche per le tradizioni culturali e folkloristiche che le contraddistinguono l'una dall'altra.

In generale l'industria del turismo straniero è una grande risorsa economica per l'Italia. Ogni estate si registrano più di 25 milioni di turisti stranieri in Italia tra cui molti provenienti dall'Australia, dal Giappone e dagli Stati Uniti. Una delle mete preferite dai turisti è proprio la Sardegna.

LPuddori/Shutterstock.com

Chiacchieriamo un po'! Siete delle guide turistiche in Sardegna. Dovete mostrare ai vostri clienti tutti i vari aspetti dell'isola, dalle zone di campagna ai villaggi turistici, per dare loro una visione più ampia del posto. Lavorando a coppie, preparate un "tour" della Sardegna per i "turisti" (cioè, i vostri compagni di classe). Fate un giro virtuale dell'isola, descrivendo i diversi posti e dando raccomandazioni per alberghi, ristoranti e altre gite turistiche.

🔊 Te la presto volentieri!

Ascolta e/o leggi il dialogo e rispondi alle domande.

Rossella e Valentina sono in Piazza Palazzo a Cagliari per vedere uno spettacolo. Lo spettacolo non è ancora iniziato e fanno un giro nella piazza.

Valentina: Che bella piazza e che bei palazzi antichi! Ce ne sono molti qui a Cagliari! Aspetta! Voglio fare qualche foto. Ma… dov'è la macchina fotografica? Se non la trovo, mi presti la tua per favore?

Rossella: Certo, se non la trovi, **te la** presto volentieri.

Valentina: Eh sì, devi proprio prestar**mela.** L'ho dimenticata in valigia. Spero di non dimenticarla domani quando andiamo al mare o a vedere i nuraghi[1]. Poi però mi mandi le foto? Voglio metterle su Facebook.

Rossella: Sì, **te le** mando. Non ti preoccupare. Senti, secondo te, se chiedo a quel passante[2] di farci qualche foto, **ce le** fa?

Valentina: Vediamo! **Glielo** chiedo io. Scusi, ci può fare un paio di foto?

Passante: Certo, **ve le** faccio volentieri! Che dite se **ve ne** faccio una proprio vicino al Palazzo Reale? Ecco qui. Sorridete!

Piazza Palazzo, a Cagliari, è famosa per l'importanza storica e artistica degli edifici che la circondano.

[1](*See next* **Nota culturale.**) [2]*passer-by*

Comprensione

Rispondi alle seguenti domande con frasi complete.

1. Dove sono Rossella e Valentina e cosa fanno?
2. Dove ha dimenticato la macchina fotografica Valentina?
3. Chi gliela presta?
4. Dove il passante fa la foto a Valentina e a Rossella?

Osserviamo la struttura!

Nel dialogo sopra, osserva le parole in grassetto e rispondi alle seguenti domande.

1. In the following sentences, **ti** and **te** have the same meaning. Can you tell when **te** is used instead of **ti**? Find similar examples where pronouns such as **mi, ti, ci,** etc., change to **me, te, ce,** etc.
   Ti presto la mia.   **Te la** presto volentieri.

2. What does **-mela** represent and why is it attached to the infinitive in the following sentence?
   Sì, devi proprio prestar**mela.**

3. What is the **difference** in meaning between **ve le** and **ve ne** in the following two examples?
   Certo, **ve le** faccio volentieri.   Che dite se **ve ne** faccio una vicino al Palazzo Reale?

NOTA CULTURALE

I **nuraghi**, piccole e antiche costruzioni che somigliano a delle torri, sono considerati uno dei simboli della Sardegna. Molti credono che fossero utilizzati come torri di difesa. I nuraghi sono stati classificati come Patrimonio Mondiale dell'Umanità dall'UNESCO.

Pronomi doppi (Double Pronouns)

In the previous chapters we learned about different types of pronouns (**oggetto diretto, oggetto indiretto, riflessivi, ci,** and **ne**). In Italian, two pronouns can combine to create **pronomi doppi** (*double pronouns*). The following are the most common combinations.

Pronomi oggetto indiretto + pronomi oggetto diretto (*lo/la/li/le*) o *ne*

A. Indirect object pronouns (**mi, ti, Le, gli/le, ci, vi, gli**) can be used in combination with direct object pronouns (**lo, la, li, le**) or the pronoun **ne**. When they are combined, indirect object pronouns precede the others.

— **Mamma mia! Ho dimenticato la crema solare.**
— **Te la presto io, eccola.**

- **Mi, ti, ci,** and **vi** change to **me, te, ce,** and **ve**.

- The indirect object pronouns **Le, gli,** and **le** change to **glie-** and attach to the direct object pronouns (**lo, la, li, le**) or **ne** creating one word.

Pronomi doppi (*Double pronouns*)					
	Pronomi oggetto diretto (*Direct object pronouns*) (*whom / what*)				
Pronomi oggetto indiretto (*Indirect object pronouns*) (*to / for whom*)	+ lo	+ la	+ li	+ le	+ ne
mi	me lo	me la	me li	me le	me ne
ti	te lo	te la	te li	te le	te ne
gli/le (Le)	**glie**lo	**glie**la	**glie**li	**glie**le	**glie**ne
ci	ce lo	ce la	ce li	ce le	ce ne
vi	ve lo	ve la	ve li	ve le	ve ne
gli	**glie**lo	**glie**la	**glie**li	**glie**le	**glie**ne

Mi presti <u>la macchina fotografica</u>?   *Can you lend **me** your camera?*

Certo, **te la** presto.   *Of course, I will lend **it to you**.*

(**NOTE: te** (*p. ind.*) = a te; **la** (*p. dir.*) = la macchina fotografica)

B. As with single pronouns, all **pronomi doppi** usually precede a conjugated verb or may be attached to the infinitive.[5]

Ci puoi prestare <u>la macchina</u>?	Can you lend your car **to us**?
Mi dispiace, non **ve la** posso prestare.	I'm sorry, I can't lend **it to you**.
or Mi dispiace, non posso prestar**vela**.	
Scusi, **ci** può fare <u>qualche foto</u>?	Excuse us, can you take some pictures **of us**?
Sì, **ve ne** faccio una vicino al Palazzo Reale.	Yes, I will take **one** of you near the Royal Palace.

Pronomi riflessivi + pronomi oggetto diretto (*lo/la/li/le*) o *ne*

Reflexive pronouns (**mi, ti, si, ci, vi, si**) can also be used in combination with the direct object pronouns **lo, la, li, le**, or the pronoun **ne**. When they are combined, reflexive pronouns always precede the others and change their forms to **me, te, se, ce, ve, se**.

Ora <u>mi</u> metto <u>la crema solare</u>.	Now I will put sunscreen on (**myself**).
Se non **me la** metto, mi scotto.	If I don't put **it** on (**myself**), I will get sunburned
Anche Rossella **se la** deve mettere (*or* deve metter**sela**) per non scottarsi.	Rossella also has to put **it** on (**herself**) in order not to get sunburned
Ce ne dobbiamo mettere (*or* Dobbiamo metter**cene**) molta, altrimenti ci scottiamo.	We have to put a lot **of it** on (**ourselves**), otherwise we will get sunburned.

Ci + pronomi oggetto diretto *lo/la/li/le*

In **Capitolo 7** we saw the combination of the adverb **ci** (*there*) and the pronoun **ne.** The adverb **ci** can also be used with the direct object pronouns **lo/la/li/le.** In these cases, **ci** precedes the others and changes to **ce.**

Quando metti il costume da bagno in valigia?	When will you put the bathing suit in the suitcase?
Ce lo metto subito.	I will put **it** in (**there**) right away.

Pronomi doppi e il participio passato

As we learned in **Capitolo 5** and **Capitolo 7**, if a direct object pronoun or *ne* precedes a verb in the **passato prossimo,** the past participle must agree in gender and number with the pronoun. The same rule applies to double pronouns.

Hai dato <u>le chiavi</u> della stanza a Valentina?	Did you give the keys to the room to Valentina?
Sì, glie**le** ho dat**e.**	Yes, I gave **them** to her.
Ti sei messo <u>i sandali</u> nuovi?	Did you put on your new sandals?
Sì, me **li** sono me**ssi.**	Yes, I put **them** on.
Hai messo <u>le fotografie</u> in valigia?	Did you put the photographs in the suitcase?
Sì, ce **le** ho mess**e** qualche minuto fa.	Yes, I put **them** in a few minutes ago
Quanti <u>lettini</u> ci ha portato il bagnino?	How many lounge chairs did the lifeguard bring us?
Ce **ne** ha portat**i** due.	He brought two of them to us.

---

[5]As seen in previous chapters, with modal verbs (**dovere, potere, volere**), or any verb immediately followed by an infinitive, pronouns can also be attached to the infinitive after deleting the ending vowel, making a single word.

Pratichiamo!

8-23. Sulla spiaggia. Trova le risposte alle domande della colonna a sinistra nella colonna a destra. Poi distingui ogni pronome e individua nella domanda quello che ogni pronome doppio rappresenta.

Esempio   Se vai al bar, puoi ordinare una granita per me, per piacere?
   Certo, te la ordino subito.   (**NOTE: te** [*p. ind.*] = per te; **la** [*p. dir.*] = la granita)

1. _____ Mi dai gli occhiali da sole, per favore?
2. _____ Ci facciamo un bagno adesso?
3. _____ Hai dato la mancia al bagnino?
4. _____ Quando ti metti la crema solare?
5. _____ Comprerai un souvenir per Ruggero?
6. _____ Quella ragazza ha un costume diverso anche oggi.
7. _____ Scusi bagnino, ci fa una foto, per piacere?

a. È vero, **se ne** mette uno nuovo ogni giorno.
b. No, ma **gliela** darò quando lo vedo.
c. Certo, **ve ne** faccio una vicino all'ombrellone.
d. **Gliene** prendo uno stasera alla fiera in piazza.
e. No, **ce lo** facciamo più tardi. L'acqua è fredda.
f. Devo metter**mela** appena arrivo sulla spiaggia.
g. Certo, **te li** do subito.

8-24. Tante domande. Completa le seguenti risposte con i pronomi doppi: **pronomi oggetto indiretto + diretto** o **ne**. Prima di rispondere, cerchia (*circle*) il pronome oggetto indiretto e sottolinea (*underline*) l'oggetto diretto. Attenzione perché alcune risposte richiedono il formale. Fai l'accordo tra pronome oggetto diretto e participio passato quando è necessario.

Esempio   (Mi) offri un caffè?   Certo, *te lo* offro volentieri.

1. Cameriere, ci può portare un tè freddo?   Certo! _____ porto subito.
2. Scusi, mi può fare la sveglia alle 7.00?   Va bene! _____ farò alle 7.00 in punto.
3. Hai mandato le foto a Ruggero?   _____ ho mandat__ proprio stamattina.
4. Ti hanno portato la colazione in camera stamattina? Sì, _____ hanno portat _____.
5. Scusi, ci può dare un opuscolo sulla Sardegna?   _____ do un paio, sono diversi.
6. Mi dai un consiglio su cosa comprare come souvenir? Certo, _____ do volentieri.
7. Signorine, vi porto dell'acqua minerale?   Sì! _____ può portare una bottiglia, per favore?

8-25. Cosa ci mettiamo oggi? Completa le seguenti risposte con i **pronomi riflessivi** e i **pronomi oggetto diretto** o **ne**. Prima di rispondere, cerchia (*circle*) il pronome riflessivo e sottolinea (*underline*) l'oggetto diretto o l'oggetto da sostituire con **ne**.

1. Ti metti i sandali stasera?   Sì, _____ metto.
2. Ma ti metti i sandali nuovi?   No, _____ metto un paio vecchio.
3. Perché Rossella si mette il costume da bagno oggi?   _____ mette perché va al mare.
4. Quando mi metto il cappello?   Puoi metter _____ domani.
5. Ma mi metto un cappello elegante?   No, puoi metter _____ uno sportivo.
6. Ci mettiamo la crema solare?   Se volete, potete metter _____.
7. Ma quanta crema solare vi mettete?   _____ mettiamo abbastanza per non scottarci.

8-26. Prepariamo le seadas! Valentina ha assaggiato le famose seadas e chiede la ricetta a Rossella. Completa il seguente dialogo con il pronome **ci + pronome oggetto diretto** o **ne**.

Esempio   Metti lo zucchero in questa ricetta?   No, non *ce lo* metto.

1. Metti il formaggio?   Sì, _____ metto.
2. Quanto _____ metti?   _____ metto 1 chilo.
3. Metti la farina?   Sì, _____ metto. _____ metto mezzo chilo.
4. Ci sono delle uova?   Sì, _____ sono tre.
5. Ci aggiungi lo strutto (*lard*)? Sì, io _____ aggiungo, ma solo un cucchiaio.
6. Ci metti il miele (*honey*) sopra? No, io non _____ metto, ma uso lo zucchero.

8-27. Cosa fai quando viaggi? A coppie, chiedete al vostro compagno/ alla vostra compagna se, durante i suoi viaggi, di solito fa le seguenti cose, se le ha fatte in passato o se le farà in futuro. Poi ognuno riferirà alla classe quello che l'altro ha detto. Usate i **pronomi doppi** e variate nell'uso dei tempi (presente, passato, futuro).

Esempio   prestare soldi agli amici

S1: *Di solito presti soldi agli amici durante un viaggio?*   **S2:** *Sì, di solito **glieli** presto.*

o   *Hai mai prestato soldi ai tuoi amici durante un viaggio?*   **S2:** *Sì, **glieli** ho sempre prestati.*

S1: *Quanti **gliene** presti / hai prestati?*   **S2:** *…*

1. mandare le cartoline agli amici
2. comprare souvenir per la mamma durante l'ultimo viaggio
3. farsi il bagno in piscina (o nel mare)
4. mettere qualcosa che ti piace (es. burro di noccioline) nella valigia

8-28. Il tuo prossimo viaggio. A coppie, fate le seguenti domande sul vostro futuro viaggio e rispondete con i **pronomi doppi** quando è necessario.

1. Andrai in vacanza? Dove? Con chi?
2. Quanti giorni di vacanza ti prenderai?
3. Darai una mancia a tutti i camerieri?
4. Manderai delle foto a tutti gli amici? A chi le manderai e a chi non le manderai? Perché?

8-29. Che viaggiatore sei? In gruppo, create le domande per sapere le seguenti informazioni. Rispondete usando i **pronomi doppi** e riferite i risultati alla classe.

1. Chiedere soldi ai genitori / agli amici
2. Pagare il biglietto per un amico/un'amica
3. Fare le fotografie ai turisti che lo chiedono
4. Portare sempre i documenti con te
5. Fare le prenotazioni dell'albergo in anticipo

🔊 # Ecco le foto che abbiamo fatto.

Ascolta e/o leggi il dialogo e rispondi alle domande.

*Le vacanze sono quasi finite e Valentina si prepara a tornare in Sicilia. Lei e Rossella guardano le foto **che** hanno fatto durante la loro vacanza e parlano di **quello che** devono fare prima della partenza di Valentina.*

Valentina: Guarda come sono belle queste foto! Questa è la foto **che** preferisco. L'abbiamo fatta la sera in **cui** c'era la festa in Piazza Castello.

Rossella: La mia foto preferita, invece, è quella in **cui** noi siamo vicino ai ragazzi **che** portavano i candelieri[1]. **Quello che** non capisco è come fanno a portare sulle spalle quei candelieri. Sicuramente **chi** lo fa deve essere una persona forte. Senti, ma cos'altro vuoi fare prima di partire?

Valentina: Vorrei tornare al negozio di souvenir in **cui** sono stata ieri.

Rossella: Ah sì, il negozio di **cui** mi hai parlato che vende gli strumenti musicali tipici della Sardegna.

Valentina: Sì, ne ho fotografato uno. Ma dov'è quella foto? Oh, eccola. Ne voglio comprare uno per Ruggero.

Rossella: Ah sì, gli strumenti si chiamano le *launeddas*[2]. Ma a Ruggero piacerà questo regalo?

Valentina: Sì, lui adora gli strumenti musicali e tutto **ciò che** riguarda la Sardegna. Ci torneremo insieme a maggio per vedere la Cavalcata Sarda[3]. Mamma mia! Non sono ancora partita e già non vedo l'ora di[4] tornare.

Adapted From: Turismo Sassari

Piazza Castello è stata costruita nel XVIII secolo sopra le rovine di un antico castello. Da questa piazza parte la famosa celebrazione della Discesa dei Candelieri (*Descent of Candle Holders*), una festa religiosa di antiche origini che si tiene ogni anno il 14 agosto. Alcuni uomini portano a spalla (*on their shoulders*) dei grandi Candelieri fino alla Chiesa di Santa Maria.

[1]*candle holders*   [2]*traditional Sardinian woodwind instrument*   [3]*See next **Nota culturale**.*   [4]*I look forward to*

Comprensione

Rispondi alle seguenti domande con frasi complete.

1. Quali foto guardano Valentina e Rossella?
2. Quale foto preferisce Valentina?
3. Dove vuole tornare Valentina e perché?
4. Valentina ha già progetti per tornare in Sardegna? Quando e con chi?

Osserviamo la struttura!

Nel dialogo sopra, osserva le parole in grassetto e completa le seguenti attività.

1. The following sentence is a combination of two phrases (a + b). Can you tell what the function of the word **che** is?

   Lei e Rossella guardano le foto **che** hanno fatto durante la loro vacanza.
   a. Valentina e Rossella hanno fatto le foto durante la loro vacanza.
   b. Lei e Rossella guardano le foto.

2. What kind of word usually precedes **cui**?
3. Read the following sentence and try to indicate the function of the word **chi**. Could you replace **chi** with a different word?

   Sicuramente **chi** lo fa deve essere una persona forte.

Pronomi relativi (*Relative pronouns*)

A. **Pronomi relativi** (*relative pronouns*) connect two clauses in order to create a more elaborate and complex sentence. These pronouns refer to a previously mentioned noun (person, place, or thing) about which more information is given. As with other types of pronouns, **pronomi relativi** also help to avoid repetition.

Questa è la foto.   +   Io preferisco questa foto.

This is the picture.   +   *I prefer this picture.*

Questa è la foto **che** io preferisco.
This is the picture (that) I prefer.

Although relative pronouns are sometimes omitted in English, they are always required in Italian.

B. The most common Italian **pronomi relativi** are:

Gli strumenti **che** vedi nella foto sono le *launeddas*, strumenti a fiato tradizionali della Sardegna.

Paolo Certo/Shutterstock.com

Pronomi relativi	
che *who, whom, which, that*	**chi** *those who, the one(s) who*
cui *whom, which*	**quello che** / **ciò che** *what, that which*

- **Che** (*who, whom, which, that*) is invariable and refers to people and things.

Le persone **che** sono oggi in piazza festeggiano la Discesa dei candelieri. — *The people **who** are in the piazza today are celebrating the Discesa dei Candelieri.*

Valentina e Rossella guardano le foto **che** hanno fatto durante la loro vacanza. — *Valentina and Rossella look at the pictures (that) they took during their vacation.*

- **Cui** (*whom, which*) is also invariable and it is used in place of **che** only after a preposition.

Vorrei tornare nel negozio di souvenir **in cui** sono stata ieri. — *I would like to go back to the souvenir store in which (where) I was yesterday.*

Ah sì, il negozio **di cui** mi hai parlato che vende le *launeddas*. — *Ah yes, the store about which you told me (that you told me about) that sells launeddas.*

- **Cui** preceded by a **definite article** indicates possession, ownership, and corresponds to the English *whose*. The definite article takes the gender (*m./f.*) and number of the noun that comes immediately after the pronoun **cui**.

La tradizione della Discesa dei candelieri, **la cui** storia è molto antica, è una bellissima celebrazione. — *The tradition of Discesa dei Candelieri, **whose** history is very old, is a beautiful celebration.*

Valentina, **il cui** amico Ruggero adora la Sardegna, tornerà con lui a visitarla. — *Valentina, **whose** friend Ruggero loves Sardinia, will go back there with him to visit it.*

- **Chi** (*those who, the one / the person who* or *the ones / the people who*) refers only to people and it always takes the verb in the singular form.

C'è **chi** va e c'è **chi** viene. — *There are **those who** go and **those who** come. (People come and people go.)*

Chi viaggia per il mondo, conserva molti ricordi. — *The person who travels the world keeps many memories.*

Sicuramente **chi** porta i candelieri deve essere una persona forte. — *Surely the one who carries the candlesticks must be a strong person.*

- **Quello che / Quel che / Ciò che** (*what, that which*) only refers to things or concepts. **Quel che** is a shortened form of **quello che**.

Quello che vedi è uno strumento musicale tipico della Sardegna.	*What (That which) you see is a musical instrument from Sardinia.*
Quello che non capisco è come fanno a portare sulle spalle quei candelieri.	*What (That which) I don't understand is how they manage to carry those candlesticks on their shoulders.*
Ricordo tutto **quello che** mi diceva mio nonno.	*I remember all that my grandfather used to tell me.*
Ciò che dici della Sardegna è vero: è una regione bellissima.	*What you say about Sardinia is true: it is a beautiful region.*

Come si dice *"He who laughs last, laughs best"*?

Ride bene **chi** ride ultimo.

Proverbs often use expressions such as *He who, Those who,* or *All that*. Here are some examples:

• *He who hesitates is lost.*	**Chi** si ferma è perduto.
• *All that glitters is not gold.*	Non è oro **tutto quello che** luccica.
• *What goes around comes around.*	**Chi** la fa, l'aspetti.

To find other proverbs (**proverbi**) in Italian, search the Internet.

Pratichiamo!

8-30. È una scelta difficile? Scegli il **pronome relativo** che completa la frase.

1. Valentina compra uno strumento musicale (*che / cui*) piace molto a Ruggero.
2. La Sardegna è una regione le (*chi / cui*) spiagge sono meravigliose.
3. Cagliari, i (*che/ cui*) abitanti sono molto ospitali, è una città belissima.
4. (*Cui / Chi*) lascia la strada vecchia per la nuova, sa (*cui / quel che*) lascia e non sa (*ciò che / cui*) trova.
5. Valentina, (*il cui / che*) studia arte, vive in Sicilia.
6. (*Chi / Che*) costruisce (*builds*) le *launeddas* sono artigiani esperti.
7. Questa è una festa tradizionale (*che / cui*) si celebra a Sassari, in Sardegna.
8. Le ragioni per (*cui / chi*) voglio fare una vacanza in Sicilia sono molte.

8-31. Ruggero, ti presento Rossella. Al ritorno dalle vacanze, Valentina e Ruggero si rivedono. Completa il seguente brano con i **pronomi relativi che, cui** o **chi.**

Ruggero: Allora, com'è andata la vacanza? Raccontami quello _____ (1) hai fatto.

Valentina: Certo! Ecco alcune foto _____ (2) ho fatto in Sicilia. Questa ragazza nella foto è Rossella, la mia amica di _____ (3) ti ho parlato tanto e _____ (4) vive in Sardegna.

Ruggero: E dopo la Sicilia siete andate in Sardegna?

Valentina: Sì perché Rossella, la _____ (5) famiglia ha una casa vicino al mare, mi ha ospitata per qualche giorno. È stata un'esperienza bellissima! Mi è piaciuto tutto ciò _____ (6) ho visto. Abbiamo visitato i nuraghi, la _____ (7) storia è affascinante. _____ (8) vive in Sardegna è davvero molto fortunato! E proprio in Sardegna ti ho comprato un regalo. Guarda!

Ruggero: Mamma mia! Le *launeddas*! Grazie!

8-32. Facciamo frasi complesse. Unisci le due frasi usando un **pronome relativo.** Per alcune frasi c'è più di una possibilità.

> Esempio   Rossella è la mia amica.
> Rossella vive in Sardegna.
> *Rossella è la mia amica che vive in Sardegna.*

1. Rossella ha parlato spesso a Valentina delle spiagge sarde.
   Valentina ha visitato le spiagge sarde.
2. Abbiamo fatto amicizia con due ragazzi di Alghero. Questi sono i due ragazzi di Alghero.
3. A Sassari abbiamo mangiato le seadas. Le seadas sono dolci tipici della Sardegna.
4. Lo zafferano è una spezia. Con lo zafferano si preparano molti piatti tipici della Sardegna.
5. Valentina ha comprato le *launeddas* per Ruggero. La passione di Ruggero sono gli strumenti musicali.
6. Rossella e Valentina hanno fatto molte foto in Sardegna.
   Loro vogliono mettere le foto su Facebook.
7. L'agenzia ci ha dato le informazioni per il nostro viaggio.
   Consiglierò a tutti l'agenzia.
8. Dovresti (*You should*) visitare la Sardegna e la Sicilia per molti motivi.
   I motivi sono le tradizioni, le bellezze naturali e le spiacialità gastronomiche.

8-33. Breve intervista. A coppie e a turno, fate le seguenti domande (o altre create da voi) e rispondete usando i **pronomi relativi.**

> Esempio   In quale città vivi?
> *La città **in cui** vivo è New York.*

- In quali posti ti piace andare in vacanza?
- Quali sono i motivi per cui studi l'italiano?
- Con quali persone preferisci andare in vacanza?
- Cosa ti piace fare quando sei in vacanza e perché?

8-34. Una vacanza speciale. A coppie, parlate di una vacanza speciale che farete in futuro. Poi qualcuno riferirà alla classe quello che l'altro studente ha detto. Usate i **pronomi relativi.**

- I posti in cui andrete
- Le persone con cui farete la vacanza
- I mezzi con cui viaggerete
- Chi vi aiuterà ad organizzare il viaggio
- I ricordi o souvenir che porterete con voi dal vostro viaggio

8-35. Andiamo in Sicilia o in Sardegna? In gruppo, ognuno di voi indica la regione che vuole visitare, la Sicilia o la Sardegna. Usate i **pronomi relativi.**

	Nome	Nome	Nome	Nome
La regione **che** voglio visitare è…				
La città **in cui** voglio fermarmi è…				
I posti **di cui** ho sentito parlare sono…				
Il mezzo di trasporto **che** voglio usare è…				
Dormirò in un albergo **che** …				

Insieme in piazza!

Scegliete una delle seguenti situazioni e create una conversazione con il compagno/la compagna. Ricordate di usare le strutture imparate nel capitolo, ma non limitatevi solo a quelle.

Scena 1: Immaginate di programmare un viaggio in Sicilia o in Sardegna con un vostro amico/una vostra amica. Con quale mezzo di trasporto viaggerete? Cosa si può fare in questa regione? Cosa visiterete, mangerete, ecc.? Uno di voi conosce bene il posto e mostra all'altro/a il tour virtuale della piazza.

Scena 2: Immaginate di fare una prenotazione in un albergo che si trova nella piazza principale della città. Uno di voi lavora in albergo e l'altro è il cliente che non ha una macchina e ha anche pochi soldi.

Scena 3: Create una situazione a vostra scelta.

Presentazioni orali

A coppie, preparate una breve presentazione orale su uno dei seguenti argomenti. Ecco alcuni suggerimenti, oppure decidete voi l'argomento della vostra ricerca.

Mondadori Portfolio/Getty Images

ollirg/Shutterstock.com

1. Grazia Deledda (Nuoro, 1871–Roma, 1936) – Scrive dello spirito e del costume della gente sarda e vince il premio Nobel per la letteratura.

2. Lo Stretto di Messina

Eugenia Struk/Shutterstock.com

3. Le Isole Eolie hanno alcune delle spiagge più belle di tutta l'Italia.

Scriviamo!

Utilizza similitudini e metafore per arricchire la tua scrittura e migliorare le tue descrizioni.

> **Writing Strategy: Using Similes and Metaphors**
> A simile (**similitudine**) is the comparison of two unlike things using the words *like* or *as* (**come**): **L'acqua è chiara *come* il cristallo.** A metaphor (**metafora**) states that one thing is something else: **L'isola è una perla.** A metaphor is more of an equation, while a simile is more of an approximation.

1. Brainstorming

a. Nel libro *Palermo è una cipolla* scritto da Roberto Alajmo, l'autore usa una metafora per descrivere la sua città. Secondo voi, perché l'autore intitola il suo libro *Palermo è una cipolla*?

b. Leggete la seguente citazione dal libro e commentatela:

   "La città è così. È fatta a strati. Ogni volta che ne sbucci uno ne resta un altro da sbucciare".

c. Il libro inizia con una descrizione del viaggiatore che guarda la bellezza incantevole di Palermo dall'aereo. Quando l'atterraggio (*landing*) è problematico, lui scrive:

   "La difficoltà del pilota in fase di atterraggio, il problema di evitare gli opposti disastri di mare e montagna, è una metafora delle difficoltà quotidiane… dell'Isola".

   Spiegate questa metafora.

2. Organizzazione

a. Pensa a una città che conosci bene e a cui sei affezionato/a. Scrivi il nome.

b. Seguendo l'esempio di *Palermo è una cipolla,* crea un titolo per questa città usando una similitudine o una metafora per descrivere la città.

c. Alajmo contrasta i tesori segreti e pubblici di Palermo alle condizioni del terzo mondo di alcuni quartieri. Pensa alla città che hai scelto e scrivi una lista con due colonne contrastando le cose straordinariamente belle e quelle problematiche.

3. Scrittura libera

Usando la tua lista, scrivi 12–14 frasi che descrivono la città che hai scelto. Cerca di includere almeno due similitudini e una metafora nelle tue descrizioni.

4. Prima correzione

Scambiate le frasi con un compagno/una compagna e fate correzioni. Rispondete alle seguenti domande.

a. La metafora è spiegata nelle descrizioni della città?

b. I dettagli descrivono bene il lato positivo e quello negativo del posto?

c. Ti interessa la città dopo aver letto (*after having read*) le frasi?

5. Finale

A casa, scrivi un itinerario guidato per una tua amica italiana/un tuo amico italiano che verrà a trovarti nella tua città. Scrivi un paragrafo delle cose belle e poi uno per quelle meno belle che vedrà quando arriverà. Usa le metafore e le similitudini che hai scritto dove appropriato. Concludi con una spiegazione che dimostra l'affetto che hai per la città che hai descritto.

▶ In vacanza

Prima della visione

A. Dove andranno in vacanza? Secondo te, dove andranno in vacanza Francesco (a sinistra), Nicola (al centro) e Martina (a destra)? Viaggeranno insieme o ognuno con i propri amici? Con quale mezzo viaggeranno? E che cosa faranno? Inventa un breve itinerario e poi presentalo alla classe.

B. Il viaggio di un amico. Completa il brano con le seguenti parole o frasi.

> aereo / si unisce / si prende / monumenti / mezzo / economico / posti / si va

Andrò con i miei amici a Ibiza in _____ (1) con un volo low-cost perché è il _____ (2) più pratico ed _____ (3). Non so chi verrà, vediamo chi _____ (4). I _____ (5) in cui vado io sono di mare. Di giorno _____ (6) in spiaggia, così _____ (7) un po' di sole. Se la città è molto bella si va anche a vedere _____ (8), chiese e cose così.

Durante la visione

Guarda il video due volte. La prima volta, fai attenzione al significato generale. La seconda volta, completa le seguenti attività.

C. Scopriamo le loro destinazioni. Scopri le destinazioni di Francesco, Nicola e Martina.

1. Francesco   a. Madrid
2. Nicola   b. Ibiza
3. Martina   c. Londra

D. A chi si riferisce? Indica con una **X** le persone a cui queste cose si riferiscono.

	Francesco	Nicola	Martina	La signora Anna
1. Non sa ancora con quanti amici viaggerà.				
2. Manda foto e cartoline agli amici.				
3. Compra souvenir di artigianato.				
4. Non va ai ristoranti perché costano troppo.				
5. Preferisce la cucina tipica locale.				
6. Visita le città e i musei.				
7. Va all'università.				

Dopo la visione

E. Comprensione. Rispondi alle seguenti domande con frasi complete.

1. Cosa farà Nicola prima di andare in vacanza?

2. Quanto tempo Nicola resterà a Londra?

3. Perché Martina andrà in vacanza alla fine dell'estate?

4. Cosa si fa nei posti in cui di solito va Francesco?

5. La signora Anna per chi compra dei regali quando va in vacanza?

6. Quali sono i vantaggi del ristorante che preferisce la signora Anna?

F. Facciamo un'intervista! Immagina di intervistare la signora Anna e di chiederle dove andrà in vacanza la prossima estate, perché, cosa farà, ecc. Con un compagno/una compagna, create un'intervista e poi recitatela alla classe.

VOCABOLARIO

I mezzi pubblici — *Public Transportation*

l'aereo	*airplane*
gli arrivi	*arrivals*
l'autobus	*city bus*
l'automobile	*car*
il biglietto	*ticket*
il binario	*train platform*
la carrozza	*train car*
il controllore	*controller*
in anticipo	*in advance (early)*
in orario	*on time*
in ritardo	*late*
la macchinetta	*machine to validate ticket*
la metro / la metropolitana	*subway*
la nave	*ship*
le partenze	*departures*
il passaporto	*passport*
i passeggeri	*passengers*
il pullman	*coach, tour bus*
rapido	*fast*
regionale	*local (train)*
la sala d'attesa	*waiting room*
la stazione ferroviaria	*train station*
il supplemento	*additional fee*
il taxi	*taxi cab*
il traghetto	*ferry*
il treno	*train*

Gli alloggi — *Lodgings*

l'albergo / l'hotel	*hotel*
la camera	*room*
la camera (singola / matrimoniale)	*room (single / double with double bed)*
il cameriere/ la cameriera	*waiter/waitress*
il cameriere/la cameriera d'albergo	*hotel maid / chamber maid*
il campeggio	*campground*
il carrello	*cart*
la colazione compresa	*breakfast included*
l'ostello	*hostel*
il facchino	*bell hop, porter*
il ferro da stiro	*iron*
il frigobar	*minibar*
le lenzuola	*sheets*
la pensione	*bed and breakfast (B&B)*
reception	*reception (hotel)*

Al mare — *At the seashore*

il costume da bagno	*bathing suit*
la crema solare	*sunscreen*
il mare	*sea*
gli occhiali da sole	*sunglasses*
l'ombrellone	*beach umbrella*
il telo (da) bagno / (da) mare	*beach towel*
la (sedia a) sdraio	*beach chair*
la spiaggia	*beach*

Altre parole — *Other Words*

l'aria condizionata	*air conditioning*
l'ascensore	*elevator*
l'asciugamano / gli asciugamani	*towel(s)*
i bagagli	*baggage / luggage*
il bagnino	*lifeguard*
il balcone	*balcony*
il cambio	*exchange rate (currency)*
la chiave	*key*
costoso	*expensive*
la crociera	*cruise*
il documento / la carta d'identità	*ID/identification (card)*
economico	*affordable*
all'estero	*abroad*
la fila	*line*
l'impiegato	*employee*
l'imprevisto	*unforeseen, unexpected event*
lento	*slow*
la macchina fotografica	*camera*
la mancia	*tip*
la multa	*fine*
l'opuscolo / il dépliant	*brochure*
l'orario	*schedule*
la palestra	*gym*
la piscina	*pool*
il ristorante	*restaurant*
lo sciopero	*labor strike*
la sveglia	*wake-up call / alarm clock*
la tenda	*tent*
il terzo piano	*third floor*

il trekking	(mountain) hiking	la fermata (dell'autobus)	(bus) stop
la vacanza studio	study abroad trip)	il lago	lake
la valigia	suitcase	la montagna / le montagne	mountain(s)
Espressioni utili	*Useful Expressions*	il porto	port
A che ora è la colazione?	What time is breakfast served?	**I verbi**	*Verbs*
Fumatori o non fumatori?	Smoking or non smoking?	abbronzarsi	to get a tan
La colazione è compresa nel prezzo?	Is breakfast included in the price?	andare in campeggio	to go camping
Mi può fare la sveglia alle… ?	Can you give me a wake-up call at . . . ?	andare in vacanza	to go on vacation
Non vedo l'ora di…	I look forward / I can't wait to . . .	atterrare	to land (airplane)
Scusi, dov'è la fermata dell'autobus?	Excuse me, where is the bus stop?	decollare	to take off (airplane)
Scusi, per andare a… ?	Excuse me, how do you get to . . . ?	imbarcare	to embark
Scusi, quant'è il cambio oggi?	Excuse me, what is the exchange rate today?	mettere in ordine / sistemare (es. la camera)	to tidy up (ex. the room)
Vorrei chiedere un'informazione	I'd like to get some information	noleggiare (l'auto, la bicicletta, la barca…)	to rent (car, bike, boat . . .)
Vorrei fare una prenotazione	I would like to make a reservation	prendere le ferie / fare le ferie / andare in ferie	to take time off from work (for a vacation)
Vorrei sapere se c'è un… in camera?	I'd like to know if there is a . . . in the room?	prendere il sole	to sunbathe
		prenotare	to reserve
I luoghi	*Places*	salire a bordo	to board
l'aeroporto	airport	scappare	to escape
l'agenzia di viaggi	travel agency	scoprire	to discover
la biglietteria	ticket counter / booth	scottarsi (al sole)	to get a sunburn
la campagna	countryside	timbrare	to stamp
		tuffarsi / fare un tuffo	to dive / to take a dip

CAPITOLO 9

LEARNING STRATEGY

Increasing Vocabulary

As you advance in your language studies, your vocabulary will continue to increase. Try as often as you can to use the words in context. You have already learned a variety of vocabulary-building tools, such as recognizing cognates, associating images with words, or color-coding words. Another way to learn vocabulary is to recognize word families. In this chapter, for example, you'll see the words **malattia, malato,** and **ammalarsi**. They are all associated with the verb **ammalarsi,** "to get sick". Once you recognize the root word, you'll be able to infer the meaning of other words in that family.

IN PIAZZA PER PROMUOVERE LA SALUTE

Piazza Tre Novembre (Riva del Garda) in Trentino – Da sempre Piazza Tre Novembre, nel cuore della città di Riva del Garda, è circondata da palazzi medioevali. Al centro della piazza c'è la torre Apponale costruita nel XIII secolo e usata per difendere il porto. Dalla piazza si vedono le montagne e il lago.

Yevgenia Gorbulsky/Shutterstock.com

COMMUNICATIVE GOALS

> Identify parts of the body
> Talk about health and physical conditions
> Give and receive advice about wellness
> Talk about maintaining a healthy lifestyle

Risorse 🔊 Audio ▶ Video MINDTAP

NEL **CUORE** DELLA **REGIONE**

Il Trentino Alto-Adige e il Friuli-Venezia Giulia

> Il Trentino-Alto Adige è una regione che ha molte cose da offrire. Qui si possono apprezzare la natura, lo sport, la gastronomia, l'arte e la storia.

> In Friuli-Venezia Giulia si parlano quattro lingue: l'italiano, lo sloveno (Slovenian), il tedesco e il friulano. Inoltre, esistono anche molti altri dialetti.

◀ Castel Beseno è il più grande castello del Trentino-Alto Adige, situato sulla sommità della collina da cui si vede tutta la Valle dell'Adige. Ha una forma ellittica. In passato, questa fortezza era usata principalmente per difendere il territorio ed è anche stata la sede di importanti dinastie. Oggi ci sono mostre, manifestazioni culturali e spettacoli in costume che ricreano una magica atmosfera del passato.

scatto79/fotolia

Le Dolomiti sono un insieme di gruppi montuosi ▶ delle Alpi Orientali italiane e sono tra le montagne più note al mondo. Nel 2009, l'UNESCO ha dichiarato le Dolomiti Patrimonio Mondiale dell'Umanità. È un vero paradiso per chi ama passeggiare all'aria aperta, scalare le montagne, andare in giro con la mountain-bike o fare le vacanze in montagna. Ma è anche un posto ideale per chi desidera semplicemente rilassarsi.

mary416/Shutterstock.com

Andiamo in piazza!

Dennis_dolkens/Dreamstime

◀ **Piazza del Duomo è nel cuore della città di Trento ed è famosa per eventi storici importanti come il Concilio della Controriforma cattolica alla riforma protestante. Ogni anno qui si tiene il Palio delle Contrade della città di Trento. Durante questo evento, la piazza si trasforma e fa rivivere la Trento medioevale di una volta.**

Piazza dell'Unità d'Italia è la piazza principale di Trieste e il centro della vita quotidiana. È un luogo per fare passeggiate, vedere spettacoli, manifestazioni o fare incontri d'affari. La piazza, a forma rettangolare, si affaccia, da un lato, sul mare e sul golfo di Trieste, creando uno splendido panorama. Al centro della piazza si trova la Fontana dei Quattro Continenti: Europa, Asia, Africa e America, ognuno rappresentato da una statua allegorica. ▶

bepsy/Shutterstock.com

VOCABOLARIO

Il corpo e la salute

LE PARTI DEL CORPO

la mano / le mani

i capelli

l'occhio / gli occhi

i denti

la spalla

il collo

il ginocchio / le ginocchia*

il piede

la testa

il naso

l'orecchio / le orecchie*

il gomito

il braccio / le braccia*

la bocca

il petto / il torace

la gamba

Il ragazzo fa trekking sulle Dolomiti per mantenersi in forma e in buona salute.

*Some body parts, such as **braccio**, **orecchio**, **ginocchio**, have irregular plural forms. They are masculine in the singular form, but change to feminine in the plural form.

I verbi	Verbs
ammalarsi	to get sick
avere mal di... (orecchio, schiena, testa, pancia, gola)	to have a bad / achy ... (ear, back, head, stomach, throat)
contagiare	to infect
controllare	to check
farsi un taglio / un graffio	to get a cut / a scratch
migliorare	to get better
misurare (la temperatura)	to take (one's temperature)
peggiorare	to get worse
prescrivere	to prescribe
sentirsi (bene / male)	to feel (good / bad)

Espressioni utili	Useful Expressions
mi fa male... (la testa, la gola)	my (head, throat) hurts
mi fanno male... (le gambe, le braccia, i muscoli)	my (legs, arms, muscles) hurt
mi sono fatto/a male... (al braccio, alla gamba)	I hurt my (arm, leg)
mi sono rotto/a (il piede, il braccio)	I broke my (foot, arm)

I problemi di salute e i rimedi	Health Problems and Remedies
l'ambulanza	ambulance
le analisi	(medical) tests
l'aspirina	aspirin
il cerotto	bandage / Band-Aid
il consiglio	advice
la dose / il dosaggio	dose / dosage
il dottore / il medico	doctor
la febbre	fever
le gocce	drops
l'influenza	flu
l'iniezione / la puntura	injection
il malato (or l'ammalato)	sick person
malato/a	sick
la malattia	illness
la medicina	medicine
il/la paziente	patient
la pillola / la compressa	pill / tablet
la pomata	ointment
il raffreddore (avere il raffreddore)	cold (to have a cold)
la ricetta medica	prescription
lo sciroppo	cough syrup
il sintomo	symptom
il termometro	thermometer
la tosse	cough

I luoghi	Places
la farmacia	pharmacy
l'ospedale	hospital
il pronto soccorso	emergency room (E
lo studio medico	doctor's office

Pratichiamo!

9-1. Le parti del corpo. Scrivi le parti del corpo necessarie per fare le seguenti attività.

> correre / mangiare / leggere / ballare / fare trekking

9-2. Definizioni. Abbina la parola con la definizione.

A		B
1. _____ la dose		a. liquido medicinale
2. _____ lo sciroppo		b. segno di una malattia
3. _____ il consiglio		c. quantità proporzionata
4. _____ la pomata		d. suggerimento
5. _____ la febbre		e. crema farmaceutica
6. _____ il sintomo		f. temperatura alta

9-3. Le cure. Quali cure aiutano i seguenti problemi? Scegli tra le opzioni date.

> mal di testa / influenza / farsi un graffio / mal di orecchio / la tosse / irritazione alla pelle

1. Prendere lo sciroppo:
2. Mettersi un cerotto:
3. Fare un'iniezione:
4. Prescrivere le gocce:
5. Usare una pomata:
6. Prendere un'aspirina:

9-4. Pronto soccorso. Assegnate una categoria alle seguenti malattie, seguendo il codice italiano del pronto soccorso. Poi spiegate perché avete scelto quel codice.

Esempio   l'irritazione: *Codice bianco perché la situazione probabilmente non peggiorerà subito e il rischio non è serio.*

> Rosso: alto rischio e l'ingresso è immediato

> Giallo: rischio intermedio e l'attesa è breve

> Verde: basso rischio e l'attesa è intermedia

> Bianco: meno rischio e l'attesa è più lunga

> febbre alta / raffreddore / braccio rotto / tosse / influenza / mal di testa

9-5. Cure alternative. Quali sono alcune cure alternative che usate quando non vi sentite bene? Ci sono altre soluzioni alla medicina tradizionale per aiutarvi a stare bene? Parlate di cure alternative che usavano i vostri nonni o i vostri genitori. Alla fine, raccontate alla classe la cura alternativa più interessante.

9-6. Una vita sana. Secondo voi, quali sono le abitudini positive che possono aiutarci a evitare problemi di salute? Quali sono le abitudini negative che danneggiano la nostra salute? Parlate delle vostre abitudini e poi decidete chi nel gruppo ha una vita più sana.

L'assistenza sanitaria in Italia

Prima di tutto... Sai qualcosa del **sistema di assistenza sanitaria** (*health care system*) in Italia? Come funziona nel tuo Paese? L'assistenza sanitaria è gestita (*managed*) dal governo o ci sono assicurazioni private (*private insurance policies*)? Hai una preferenza?

Davvero?!

In Italia l'**assistenza sanitaria** (*health care*) è gestita dallo Stato. Ogni cittadino ha diritto a rivolgersi ad un **medico curante,** cioè un medico di medicina generale (*general practice physician*), il cui servizio è gratuito. Questo, a sua volta, in caso di bisogno, indirizza il paziente a medici più specializzati. Il paziente può andare dal medico curante durante il suo orario di visita senza prendere un appuntamento. Se il paziente, a causa delle sue condizioni di salute, non è in grado di (*is not able to*) andare allo studio del dottore, il medico curante può fare la **visita a domicilio,** cioè recarsi a casa del paziente. Questo succede spesso nel caso di bambini e anziani. I **farmaci** (*prescription drugs*) sono forniti ai pazienti a un costo ridotto che si chiama **ticket sanitario.**

Il **numero di emergenza** in Italia è il **112**.

 Chiacchieriamo un po'! Lavorate a coppie. Ci sono alcuni **consigli della nonna** (*grandma's remedies*) che segui per vivere bene e in modo sano? Per esempio in italiano si dice:

Una mela al giorno toglie il medico di torno.

"An apple a day keeps the doctor away".

Questi consigli fanno parte della cultura popolare e spesso vengono espressi in forma di proverbi o aforismi. Usando il vocabolario di questo capitolo, create un nuovo proverbio che consigli un modo per vivere bene nel ventunesimo secolo. Usate la vostra fantasia!

🔊 Riposa e dormi un po'!

Ascolta e/o leggi il dialogo e rispondi alle domande.

*Danilo e Laura hanno partecipato alla gara in bicicletta **Bici Trento** e ora sono in Piazza del Duomo.*

Danilo: **Vieni** Laura, **lasciamo** le bici e **andiamo** a prendere qualcosa da bere.

Laura: Sì, buon'idea. **Guarda,** c'è un bar lì sotto i portici. Allora, come ti senti dopo la gara?

Danilo: Sono stanco! Ma **aspetta**! **Non correre**! Mi fanno male le gambe!

Laura: **Ascolta**! Quando vai a casa, **riposa** e **dormi** un po'! **Non fare** altri sforzi e domani starai meglio.

Danilo: Sì, hai ragione. Ma ho anche un po' di mal di testa e i sintomi dell'influenza.

Laura: Beh, **prendi** qualcosa di caldo e **non uscire** più oggi! Stasera io e Paola veniamo da te per vedere come stai. Va bene?

Danilo: No, per favore, **non venite**! Se ho l'influenza, non vi voglio contagiare.

Laura: D'accordo, ma domani **chiama** il dottore e **senti** cosa dice!

Entrano nel bar e si siedono a un tavolino.

Danilo: Cameriere, ci **porti** due caffè e due bicchieri d'acqua per favore.

Konstantinos Papaioannou/Dreamstime.com

Piazza del Duomo, a Trento, è spesso il luogo di incontro per molti eventi ciclistici della città. **Bici Trento** è una gara in bicicletta organizzata dalla Regione Trentino per incoraggiare le persone a fare attività fisica e a proteggere l'ambiente. Si parte da un punto della città e si arriva in Piazza del Duomo.

Comprensione

Rispondete alle seguenti domande con frasi complete.

1. Come si sente Danilo?
2. Cosa consiglia Laura a Danilo di fare quando va a casa?
3. Perché Danilo non vuole vedere Laura e Paola stasera?
4. Che cosa ordina Danilo al bar?

Osserviamo la struttura!

Nel dialogo sopra, osserva le parole in grassetto e completa le seguenti attività.

1. What do you think the words in bold express? Circle all that apply.

   questions commands advice statements suggestions doubts

2. Write the subject pronoun that corresponds to each verb form, and then write what it means.

   (_____) Ascolta! = _____   (_____) Prendi! = _____   (_____) Dormi! = _____

   (_____) Andiamo! = _____   (_____) Non venite! = _____   (_____) Porti! = _____

3. Modeling the examples below, tell (a) one friend "not to do something" and then (b) a group of friends "not to do something."
   a. Non correre!   b. Non venite!

Imperativo (*Imperative*)

A. The **imperativo** (*imperative*) is the verb mood used to give commands, advice, instructions, directions, and strong suggestions. It is used with all persons except for the first-person singular (**io**) and the third-person plural (**loro**).[1]

Ascolta! Quando vai a casa, **riposa** e **dormi** un po'!

Listen! When you go home, rest and sleep a little!

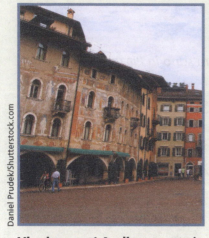

Vieni con me! **Andiamo** sotto i portici e **prendiamo** un caffè al Caffè Italia!

The following table shows the **imperativo affermativo** (*affirmative imperative*) of regular verbs.

Imperativo affermativo				
	controllare	**prendere**	**sentire**	**finire (-isc)**
tu	controlla	prendi	senti	finisci
Lei (*you, formal*)	controlli	prenda	senta	finisca
noi	controlliamo	prendiamo	sentiamo	finiamo
voi	controllate	prendete	sentite	finite

Notice that most of the **imperativo** forms—all except the **tu** form of **-are** verbs and the **Lei** form for all verbs—are the same as the **presente indicativo**. The imperative of the **noi** form corresponds to the English *Let's + verb*. Also, in Italian, as in English, subject pronouns are not generally expressed with the **imperativo.** They are used in rare cases for emphasis.

Chiama il dottore e **senti** cosa ti dice!
Call the doctor and listen to what he tells you!

Resti a letto e **riposi** molto!
Stay in bed and rest a lot!

Andiamo dal dottore!
Let's go to the doctor!

Voi, **prendete** lo sciroppo per la tosse!
You (all), take the cough syrup!

B. Verbs ending in **-care** and **-gare** add an **h** in the **Lei** form to preserve the hard sound of the consonants **c** and **g**. Verbs with an **-i** at the end of the stem, such as <u>studi</u>are, <u>mangi</u>are, do not add a second **i** to the verb ending.

Signor Rossi, **cerchi** di riposare e **mangi** della zuppa calda.
Mr. Rossi, try to rest and eat some warm soup.

[1]There is also a formal imperative, the **Loro** form, to replace the **voi** form, which is used sometimes with customers, for example, by a waiter or a salesperson speaking to his/her customers. See the forms in the Appendix.

Verbi irregolari

The following verbs are irregular in the **imperativo**.[2] The verbs **andare, dare, fare, stare,** and **dire** can be shortened in the **tu** form, in which case an apostrophe is added. Both forms are commonly used.

	andare	avere	bere	essere	dare	fare	stare	dire	tenere	uscire	venire
tu	vai (va')	abbi	bevi	sii	dai (da')	fai (fa')	stai (sta')	di'	tieni	esci	vieni
Lei	vada	abbia	beva	sia	dia	faccia	stia	dica	tenga	esca	venga
noi	andiamo	abbiamo	beviamo	siamo	diamo	facciamo	stiamo	diciamo	teniamo	usciamo	veniamo
voi	andate	abbiate	bevete	siate	date	fate	state	dite	tenete	uscite	venite

Sii paziente! Il raffreddore passerà presto.

Stai (or **Sta'**) a letto e **bevi** qualcosa di caldo.

Signor Rossi, **venga** nel mio ufficio alle 12.00.

Be patient! Your cold will soon pass.

Stay in bed and drink something warm.

Mr. Rossi, come to my office at 12:00.

Imperativo negativo

To form the **imperativo negativo** (*negative imperative*), for **Lei, noi,** and **voi** forms, place **non** before the affirmative **imperativo** forms. To form the **imperativo negativo** for the **tu** form, place **non** before the infinitive.

Signor Rossi, **non esca** con la febbre!

Ragazzi, **non andate** a casa di Danilo. È malato!

Danilo, **non prendere** troppa aspirina!

Mr. Rossi, don't go out when you have a fever!

Guys, don't go to Danilo's house. He's sick!

Danilo, don't take too many aspirin!

Come si dice *first / second / last (Ordinal Numbers)*?

- **Numeri ordinali** (*Ordinal numbers*) indicate position or order.

first **primo**	*third* **terzo**	*fifth* **quinto**	*seventh* **settimo**	*ninth* **nono**	*last* **ultimo**
second **secondo**	*fourth* **quarto**	*sixth* **sesto**	*eighth* **ottavo**	*tenth* **decimo**

- Whether they are used as pronouns or adjectives, ordinals must agree in gender and number with the noun they modify.

  Il **primo** giorno prendi dieci gocce, il **secondo** solo cinque.

  The first day take 10 drops, the second (day) only five.

  La **terza** settimana di ogni mese c'è un check-up gratuito in ospedale.

  The third week of every month there is a free check up at the hospital.

- Most ordinal numbers higher than ten drop the final vowel and add **-esimo/a/i/e** according to the gender of the noun they modify. Numbers ending with **-tre** or **-sei** just add **-esimo/a/i/e** without deleting the final vowel.

  11 undici = undic**esimo** → *eleventh*

  20 venti = vent**esimo** → *twentieth*

  12 dodici = dodic**esimo** → *twelfth*

  Quest'anno ci sarà la **tredicesima** edizione di Bici Trento.

  This year there will be the thirteenth annual Bici Trento.

  Danilo è arrivato **ventitreesimo** alla gara e Laura **trentaseiesima**.

  Danilo finished the race in 23ʳᵈ place and Laura in 36th.

[2]Notice that these verbs are also irregular in the present tense.

Pratichiamo!

9-7. Consigli. Danilo non sta bene. Questi sono i consigli che lui riceve da Laura e dal dottore. Usa l'**imperativo affermativo** o **negativo** nella forma del **tu** e del **Lei** delle espressioni indicate.

Esempio   stare attento alla salute
Laura parla con Danilo: → *Stai* (o *Sta'*) *attento alla salute!*
Il dottore parla con Danilo: → *Stia attento alla salute!*

1. misurare la temperatura
2. cercare di riposare
3. non prendere alcolici
4. finire tutto l'antibiotico
5. leggere le indicazioni prima di prendere le medicine
6. mettere lo zucchero se lo sciroppo è amaro
7. non dimenticare di prendere le medicine all'ora indicata
8. dormire molto

9-8. Raccomandazioni! Le seguenti sono alcune raccomandazioni utili che diamo a chi si prende cura di una persona malata. Crea le seguenti frasi con l'**imperativo affermativo** o **negativo** a seconda delle forme indicate.

1. andare in farmacia (tu / noi)
2. fare attenzione al dosaggio (Lei / tu)
3. dare le medicine tre volte al giorno (voi / noi)
4. non essere impaziente/i con l'ammalato (Lei / tu)
5. tenere il termometro a portata di mano (*within reach*) (tu / noi)
6. non stare a lungo lontano dall'ammalato (Lei / voi)
7. dire al dottore tutti i sintomi (tu / noi)
8. non uscire se la situazione non migliora (tu / voi)

9-9. Aiutateci! Cosa dobbiamo fare per stare bene? Completa le seguenti frasi con l'**imperativo affermativo** o **negativo** dei verbi sottolineati secondo i soggetti indicati in parentesi.

Esempio   Per il raffreddore: (tu / Lei) prendere l'aspirina, non uscire di casa
*Prendi l'aspirina e **non uscire** di casa!*
*Prenda l'aspirina e **non esca** di casa!*

1. Per evitare le carie (*cavities*): (voi / tu) lavare i denti tre volte al giorno, non mangiare troppi zuccheri
2. Per l'influenza: (Lei / tu) non uscire di casa, dormire molto
3. Per perdere peso: (noi / voi) mangiare frutta e verdura, non bere alcolici
4. Per una gamba rotta: (tu / noi) andare in ospedale, restare a riposo
5. Per un'infezione: (Lei / voi) prendere l'antibiotico, non saltare (*skip*) le dosi
6. Per la tosse: (tu / Lei) non correre, coprire la bocca con il braccio quando si tossisce
7. Per un taglio: (Lei / noi) pulire il taglio con il disinfettante, mettere un cerotto
8. Per un'emergenza: (noi / voi) chiamare il pronto soccorso, andare in ospedale.

9-10. Cosa dice il dottore? Il dottore oggi va a casa di due pazienti. Prima visita un bambino e poi un adulto. A coppie, uno di voi è il dottore e l'altro è il paziente. Il paziente descrive al dottore i suoi sintomi. Alcuni esempi possono essere: **la tosse / il mal di gola / il mal di pancia.**

> Durante la visita il dottore dice al paziente, usando l'**imperativo**, di fare alcune cose, per esempio: **aprire la bocca / mostrare la lingua** (*tongue*) **/ dire 33 / dire Aaaa / respirare profondamente.**

> Dopo la visita, il dottore prescrive la cura. Il paziente chiede consigli su cosa fare o non fare. Usate l'**imperativo affermativo** e **negativo** e ricordate di usare il **tu** con il bambino e il **Lei** con l'adulto!

9-11. Andiamo a Bici Trento! Sei appena arrivato/a alla stazione di Trento e vuoi andare in Piazza del Duomo per la gara Bici Trento. Non sai come arrivarci e chiedi a un **passante** (*passerby*) le indicazioni. Al ritorno, tu incontri uno studente/una studentessa che ti chiede informazioni su come andare alla stazione. A coppie, preparate queste scene. Ricordatevi di usare l'imperativo formale con il passante e l'imperativo informale con lo studente. Usate l'**imperativo affermativo** e **negativo** con le espressioni indicate qui sotto o altre a vostra scelta.

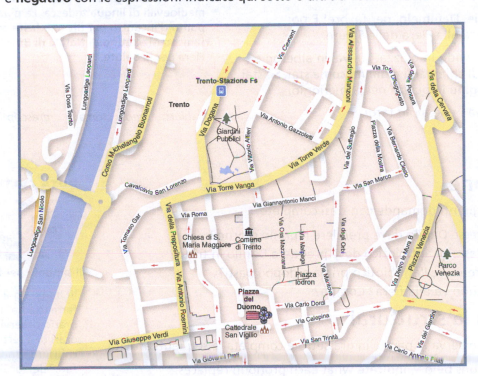

> uscire dalla stazione   continuare verso (via / Piazza)
>
> andare dritto su via...   girare a destra / a sinistra
>
> prendere la prima / seconda... via a destra / sinistra
>
> non prendere la prima / seconda... via, ma la...

9-12. Il manuale della salute. In gruppo, fate una lista con almeno cinque cose da fare e cinque da non fare per stare in buona salute. Usate l'**imperativo** e indicate le cose in ordine di importanza (la prima, la seconda...). Poi condividete i risultati con la classe per vedere quale gruppo ha dato i consigli più validi.

🔊 # Chiamami e dimmi come stai!

Ascolta e/o leggi il dialogo e rispondi alle domande.

Laura e Danilo sono andati a Bolzano. Stamattina sono in Piazza Walther von der Vogelweide e vanno in farmacia per comprare alcune medicine per Danilo.

Farmacista: Ecco le sue medicine. Qui ci sono le indicazioni. **Le legga** attentamente. Per l'antibiotico, il primo giorno prenda tre compresse[1], il secondo giorno **ne prenda** due, il terzo, il quarto e il quinto **ne prenda** solo una. **Non le prenda** mai a stomaco vuoto[2].

Laura e Danilo escono dalla farmacia.

Danilo: Laura, cosa dici, prendo adesso l'antibiotico?

Laura: No, **non lo prendere** adesso! **Prendilo** dopo pranzo! E **ricordati** quello che ha detto la farmacista per le pillole. Oggi **prendine** solo tre. Devi anche prendere lo sciroppo per la tosse. Ecco il foglietto illustrativo[3]. Te lo do adesso?

Danilo: Sì, grazie. **Dammelo,** per favore! E poi andiamo in piazza alla Fiera della Salute.

Laura: Eh no! Io vado in piazza. Tu, **va'** in albergo e **riposati**! Più tardi **chiamami** e **dimmi** come stai. Se stai meglio, **raggiungimi** in piazza nel pomeriggio.

Danilo: Certo, va bene a più tardi.

rmazzonna/fotolia

Piazza Walther von der Vogelweide prende il nome dal monumento dedicato a uno dei maggiori poeti e cantastorie medioevali di lingua tedesca. La piazza è il punto d'incontro per diverse feste come il famoso Mercatino di Natale di Bolzano e la Fiera per la Salute.

[1]*tablets* [2]*empty stomach* [3]*prescription information she[et]*

Comprensione

Rispondete alle seguenti domande con frasi complete.

1. Quante compresse Danilo deve prendere il primo giorno?
2. Quante compresse di antibiotico deve prendere Danilo in tutto?
3. Danilo deve prendere l'antibiotico prima o dopo i pasti?
4. Perché Danilo non va alla fiera? Cosa fa?

Osserviamo la struttura!

Nel dialogo sopra, osserva le parole in grassetto e completa le seguenti attività.

1. In the expressions below, indicate what each pronoun replaces.
   a. **Le** legga attentamente. **Ne** prenda due. Non **le** prenda mai a stomaco vuoto.
   b. Prendi**lo** dopo cena. Prendi**ne** tre. Non **lo** prendere adesso.
2. In the two expressions listed below, indicate the subject and its infinitive form. What characteristic do these verbs have in common?
   (_____) Riposa**ti**! *Infinitive:* _____ (_____) Ricorda**ti**! *Infinitive:* _____
3. What do you think the expressions below mean? Can you identify the function of each pronoun? What is the difference between **Dammelo** and the other two imperatives?
   Chiama**mi**! Dim**mi**! Dam**melo**!

Il simbolo per farmacia

In Italia, ogni farmacia ha un orario di servizio. Gli orari di apertura e chiusura sono scritti fuori dal locale insieme alla lista delle altre farmacie della città e i relativi orari. Spesso queste informazioni sono anche disponibili su Internet.

iStock.com/Ekspansio

Imperativo e pronomi (*Imperative and pronouns*)

Ecco le medicine. Le prenda a stomaco pieno!

When object pronouns (direct or indirect), reflexive pronouns, reciprocal pronouns, **ci, ne,** or any combined forms (**pronomi doppi**) are used with the affirmative **imperativo,** their position varies according to the subject pronoun.

- With the **tu, noi,** and **voi** forms of the **imperativo,** pronouns are attached to the end of the verb form, creating one word.

Chiama**mi**!	*Call **me**!*
Riposiamo**ci**!	*Let's rest!*
Incontriamo**ci** dal dottore!	*Let's meet at the doctor's office!*
Prende**lo**!	*Take **it**!*

- With the **Lei** form, however, pronouns always precede the **imperativo.**

Ecco le indicazioni. **Le** legga attentamente!	*Here are the directions. Read **them** carefully!*
Questo è l'antibiotico. Non **lo** prenda a stomaco vuoto!	*This is the antibiotic. Don't take **it** on an empty stomach!*

Vai / Dai / Di' / Fai / Stai + pronomi

When using pronouns with the single syllable **imperativo** forms, such as **vai (va'), dai (da'), di', fai (fa'), stai (sta'),** the apostrophe from the shorter form is dropped and the initial consonant of the pronoun being added is doubled. The exception is the pronoun **gli,** which is added in its regular form.

Da**mmi** le caramelle per la tosse, per piacere!	*Give **me** the cough drops, please!*
Da**mmele** adesso, per piacere!	*Give **them to me** now, please!*
Vai dal dottore! Va**cci** subito!	*Go to the doctor! Go **there** immediately!*
Danilo vuole una zuppa. Fa**gliela**, per favore!	*Danilo wants soup. Make **it for him**, please!*

Imperativo negativo e pronomi

Pronouns may either precede or follow the **imperativo negativo** in the **tu, noi,** and **voi** forms.[1] When pronouns follow the **imperativo negativo** in the **tu** form, they are attached to the infinitive after deleting the final **-e**, creating one word.

Non **mi** chiamare! *or* Non chiamar**mi**!	*Don't call **me**!*
Non **lo** prendiamo adesso! *or* Non prendiamo**lo** adesso!	*Let's not take **it** now!*
Non **lo** fate adesso! *or* Non fate**lo** adesso!	*Don't do **it** now!*

[1]Remember that the **imperativo negativo** for **tu** is formed by **non** + *infinitive*.

Pratichiamo!

9-13. Al Salone della Salute. Questi sono i consigli che gli esperti danno durante il Salone della Salute per gli argomenti indicati. Dai i seguenti consigli con l'**imperativo affermativo** o **negativo** e il **pronome singolo** appropriato. Crea una frase per ogni soggetto (**tu, Lei, noi, voi**).

Esempio il controllo → Far**lo** regolarmente.
Fal**lo** regolarmente.
Lo faccia regolarmente.
Facciamo**lo** regolarmente.
Fate**lo** regolarmente.

1. a colazione → Far**la** perché è importante.
2. le vitamine → Prender**le** perché aiutano a stare meglio.
3. lo sport → Praticar**lo** regolarmente.
4. la palestra → Andar**ci** almeno tre volte alla settimana.
5. i cibi grassi → Non mangiar**li**.
6. le analisi → Far**le** ogni anno.
7. l'acqua → Ber**ne** almeno otto bicchieri al giorno.
8. il riposo → Riposar**si** almeno otto ore al giorno e non alzar**si** tardi.

NOTA CULTURALE

Sani & Vitali: il Salone della Salute è una fiera dedicata alla salute e si tiene a Bolzano ogni anno in Piazza Fiera. Sono a disposizione, gratuitamente, check-up ed esami per valutare lo stato di salute dei partecipanti.

Claudio/fotolia

9-14. Chi lo fa? Crea frasi con l'**imperativo** usando tutti i soggetti indicati e i **pronomi doppi**.

Esempio (tu / Lei) misurare la febbre a Danilo
Misuragliela!
Gliela misuri!

1. (tu / Lei) controllare la febbre al bambino
2. (voi / Lei) comprare lo sciroppo per noi
3. (Lei / noi) misurarsi la temperatura
4. (voi / tu) fare un controllo medico
5. (Lei / voi) prescrivere a me le medicine
6. (tu / Lei) mettere cinque gocce in un bicchiere d'acqua
7. (noi / voi) dare il termometro a un'amica
8. (Lei / tu) dire a noi i risultati delle analisi

9-15. Aiuti e soccorsi. Completa le seguenti risposte usando **l'imperativo affermativo** o **negativo** e i **pronomi singoli** o **doppi** come necessario e come indicato dalle parole sottolineate.

Esempio   Ti faccio <u>un tè</u>? (Sì)   *Sì, fammelo!*

1. Portiamo <u>Danilo</u> dal dottore? (Sì)
2. <u>Vi</u> accompagniamo in farmacia? (No)
3. Signor Rossi, adesso <u>Le</u> devo fare <u>un'iniezione</u>. (No)
4. Compriamo <u>le medicine</u> per Danilo? (Sì)
5. <u>Ti</u> do <u>le gocce</u>? (Sì / 15)
6. Metto <u>le gocce</u> nell'acqua? (No)
7. Prendiamo <u>l'aspirina</u>? (Sì)
8. Vado oggi <u>dal dottore</u>? (No)

9-16. Una ricetta sana. A coppie, condividete con il vostro compagno/la vostra compagna una ricetta sana. Prima fate la lista degli ingredienti e poi spiegate come si prepara. Usate **l'imperativo** e i **pronomi**.

Esempio   *Prendi i pomodori, **lavali** e **tagliali** a piccoli pezzi. Poi...*

9-17. Siamo preoccupati. A coppie, date consigli al vostro compagno/alla vostra compagna su cosa fare in alcune situazioni che non sa come risolvere. Usate **l'imperativo** e i **pronomi**. Cominciate con le situazioni indicate e poi createne altre a vostra scelta.

Esempio   **S1:** *Un mio amico ha la febbre a 39°C ma non ha i soldi per andare dal dottore. Cosa faccio?*

S2: *Digli di chiamare il dottore per prendere un appuntamento. Poi prestagli i soldi per pagare la visita e le medicine.*

1. Mia madre lavora troppo e riposa poco. Cosa faccio?
2. Il mio amico ha bisogno di aiuto per perdere peso. Cosa faccio?
3. Il mio compagno di stanza suona sempre la chitarra e io non riesco a studiare. Cosa faccio?

NOTA CULTURALE

In Italia, la temperatura si misura in gradi centigradi (*Celsius*). Una temperatura corporea normale è di 36°C. Una temperatura dai 39°C in su è considerata febbre alta.

iStock.com/aabejon

9-18. Aiutiamo un amico! Uno dei vostri amici è a casa con una gamba rotta e volete aiutarlo. Decidete cosa fare per lui e chi lo fa. Dovete usare **l'imperativo** e i **pronomi doppi**. Variate nei soggetti dell'imperativo.

Esempio   Portiamo una torta a John?   *Sì, portiamogliela! o No, non gliela portiamo!*

Alcuni suggerimenti:	Preparare la colazione per lui/lei
	Pulire la casa per lui/lei
	Comprare le medicine per lui/lei

Pre-lettura

1. In questa poesia di Umberto Saba, troverete alcune rime baciate (*rhyming couplet*). Una rima si chiama "baciata" quando un verso rima con quello successivo (per esempio: attravers**ato** / viaggi**ato**).

Trovate parole che possono formare una rima baciata con le seguenti parole:

fiore   cosa

vorace (*greedy*)   schiva (*solitary*)

via

2. Cercate di indovinare il significato delle seguenti espressioni. Abbinatele alla traduzione in inglese.

A		B
a. _____ Scontrosa grazia		1. *Leads to the cluttered beach*
b. _____ Ragazzaccio aspro		2. *On the stony crest*
c. _____ Da quest'erta		3. *For my brooding life*
d. _____ Mena all'ingombrata spiaggia		4. *Rude charm*
e. _____ Alla collina		5. *To the hill*
f. _____ Sulla sassosa cima		6. *From this height*
g. _____ Ha il cantuccio a me fatto		7. *Tough kid / boy*
h. _____ Alla mia vita pensosa		8. *Keeps this quiet spot for me*

3. Prima di leggere la poesia, guardate le foto accanto alla poesia e a turno, descrivetele.

Leggete insieme la poesia "Trieste"* (da *Trieste e una donna*, 1910–12) e cercate di trovare i punti in cui il poeta esprime l'amore per la sua città.

> **Umberto Saba** (Trieste, 9 marzo 1883 – Gorizia, 25 agosto 1957), il cui vero nome era Umberto Poli, nasce da madre ebrea e padre cattolico. Il padre abbandona presto la famiglia e lascia per sempre un vuoto nella vita del poeta. Per questo motivo e per il legame con la madre, Umberto sceglie lo pseudonimo *Saba* che, in ebraico, significa *pane*. Scrive spesso poesie semplici e autobiografiche che esprimono il suo depresso stato d'animo. Questa poesia ha come titolo il nome della sua città natale, un tema ricorrente nelle poesie di Saba.

*Potete leggere su MindTap la traduzione di questa poesia in inglese.

Trieste

Trieste ha una scontrosa°	rude
grazia°. Se piace,	charm
è come un ragazzaccio aspro° e vorace°,	tough / greedy
con gli occhi azzurri e mani troppo grandi	
per regalare un fiore;	
come un amore	
con gelosia.	
Da quest'erta° ogni chiesa, ogni sua via	height
scopro, se mena° all'ingombrata° spiaggia,	leads / cluttered
o alla collina° cui, sulla sassosa°	hill / stony
cima° una casa, l'ultima, s'aggrappa°.	crest / one clings
Intorno	
circola ad ogni cosa	
un'aria strana, un'aria tormentosa,	
l'aria natia°.	native, home
La mia città che in ogni parte è viva,	
ha il cantuccio° a me fatto, alla mia vita	quiet spot
pensosa° e schiva°.	brooding / solitary

👥 Dopo la lettura

1. **Comprensione.** Indicate se le seguenti frasi sono vere o false. Correggetele quando sono false.

	Vero	Falso
a. Trieste diventa come un personaggio in questa poesia.	____	____
b. Il ragazzo regala un fiore all'amore.	____	____
c. Dall'alto il poeta vede ogni chiesa.	____	____
d. Il poeta osserva la vita ma si sente solo.	____	____

2. Ora rileggete la poesia e scrivete le parole che il poeta ha usato per fare la rima con **fiore, vorace, via, cosa, schiva**. Sono simili alle vostre scelte nella *Pre-lettura*?

3. Il poeta usa due similitudini per descrivere la città. Quali sono?

4. Ogni gruppo prepara due frasi vero/falso per la classe. Poi leggete i vostri vero/falso alla classe e rispondete a quelli degli amici.

Centri per il benessere

il panorama

la clinica estetica

il massaggio

la nutrizionista

i pesi

l'estetista

la palestra

la jacuzzi

l'erboristeria

Al centro per il benessere ci sono molti tipi di trattamenti per alleviare lo stress e aiutarti a stare bene.

Al centro per il benessere	At the wellness center	Essere in forma	To be in shape
l'alimentazione	nourishment, diet	fare la dieta / stare a dieta	to be on a diet / to go on a diet
il benessere	well-being	il fumo fa male alla salute	smoking is bad for your health
la fisioterapia	physical therapy	mangiare cibi sani	to eat healthy foods
il/la fisioterapista	physical therapist	il movimento fa bene alla salute	physical activity is good for your health
il nutrimento	nourishment	perdere / prendere peso	to lose / to put on weight
la prevenzione	prevention		
le terme / le località termali	hot springs, thermal baths	respirare aria pura	to breathe fresh air
il trattamento (per il corpo)	treatment (for the body)	seguire un'alimentazione corretta	to follow a healthy diet
		stare all'aria aperta	to be outdoors
Gli aggettivi	**Adjectives**	tenersi in forma	to stay in shape
accogliente	welcoming		
biologico	organic	**I verbi**	**Verbs**
magro (cibo)	nonfat / low-fat (food)	dimagrire	to lose weight
salutare	healthy	ingrassare	to gain weight
sano	healthy, wholesome	prevenire	to prevent
spettacolare	spectacular	rigenerarsi	to regenerate oneself / to renew
tranquillo	peaceful	rilassarsi	to relax

Pratichiamo!

9-19. Trova la soluzione. Scegli la risposta più logica.

1. Una persona che fa la dieta...
   a. mangia cibo biologico.   b. beve solo vino bianco.   c. segue un'alimentazione corretta.

2. Per tenersi in forma bisogna...
   a. andare dall'estetista.   b. curarsi alle terme.   c. fare movimento regolarmente.

3. Al centro per il benessere...
   a. si fuma poco.   b. si mangiano cibi sani.   c. ci si ingrassa.

4. Alla clinica estetica è possibile...
   a. godere del panorama.   b. comprare prodotti   c. consultare il fisioterapista.
                                   per la bellezza.

5. *Perdere peso* significa...
   a. andare in palestra.   b. dimagrire.   c. respirare aria pura.

9-20. Mini-conversazione. Completa la mini-conversazione scegliendo tra le parole offerte.

> accogliente / agriturismo / aria aperta / massaggio / spettacolare / trattamento

Beppe: Facciamo una vacanza in un _____ (1) quest'anno.

Cecilia: Perché? Preferirei andare al mare.

Beppe: Andiamo sempre al mare. Quest'anno voglio stare all' _____ (2) dove c'è non solo un ambiente _____ (3) ma anche un panorama _____ (4).

Cecilia: Mi hai quasi convinta anche perché ogni sera fanno un _____ (5) svedese (*Swedish*).

Beppe: Giusto, con un bel _____ (6) per il corpo, lo stress svanisce (*disappears*).

9-21. L'intruso. Cancella la parola che non appartiene alla categoria.

1. L'alimentazione:	biologica	prevenzione	nutrimento	dieta
2. Il peso:	dimagrire	ingrassare	fare sport	rilassarsi
3. Stare all'aria aperta:	prodotto	salutare	tranquillo	panorama
4. La palestra:	fisioterapia	tenersi in forma	nutrimento	ginnastica
5. Tenersi in forma:	rilassarsi	mangiare cibo magro	non fumare	bere alcolici

9-22. Un weekend sulle Dolomiti. Invita un tuo amico/una tua amica a passare un weekend nella tua casa nelle Dolomiti. Spiega perché gli/le fa bene accettare l'invito. L'amico/L'amica ti chiede come passi il weekend di solito. Tu gli/le spieghi le cose che ci sono da fare. Lui/Lei fa altre domande e infine esprime il suo entusiasmo.

9-23. Il benessere fisico e mentale. Chiedete a cinque compagni, quali sono, secondo loro, due attività che aiutano (1) il benessere fisico e (2) il benessere mentale. Scrivete il nome della persona e le risposte date per le due categorie. Poi in gruppo paragonate le risposte e scegliete le tre attività più comuni. Raccontate i risultati alla classe.

Nome	Il benessere fisico	Il benessere mentale

Rimedi naturali per migliorare la salute e combattere lo stress in Italia

Prima di tutto... Quali sono i rimedi (*remedies*) per migliorare la salute e combattere lo stress? Ci sono terapie naturali nel tuo Paese? E tu cosa fai?

Davvero?! Per salvaguardare la propria salute, gli italiani fanno molta attenzione all'alimentazione. A tavola, la **dieta mediterranea**[4], fornisce le basi per un'alimentazione sana e bilanciata.

Inoltre, per la salute generale del corpo e della mente, molti italiani vanno alle **terme** (o **località termali**), che sono centri di benessere (*spas*) situati in corrispondenza di sorgenti termali (*hot springs*) naturali dove si fanno terapie mediche sia accademiche che alternative, tra cui anche massaggi, fanghi (*hot mud*) e fisioterapia ecc. Spesso molti italiani usano una parte delle loro vacanze per passare un paio di settimane in una località termale per poi ritornare rigenerati al lavoro.

Ci sono località termali in tutta Italia. Le terme più note in Friuli sono **Arta Terme, Grado Terme** e le **Terme di Lignano Sabbiadoro.** Arta Terme si trova nella zona delle Alpi mentre le altre due sono in posti di mare. Tutte offrono trattamenti curativi in ambienti naturali e rilassanti.

 Chiacchieriamo un po'! Lavorate a coppie. Fate un confronto tra le abitudini alimentari e i rimedi per salvaguardare la salute in Italia e nel vostro Paese. Cercate di arrivare a un consenso su abitudini sane da seguire e raccontate le vostre conclusioni alla classe.

---

[4]See Capitolo 7.

Hai già qualcosa in mente?

Ascolta e/o leggi il dialogo e rispondi alle domande.

Laura e Danilo fanno una breve gita a Trieste. Sono al Caffè Tommaseo, in Piazza dell'Unità d'Italia.

Laura: Sai Danilo, dopo un anno di lavoro ho bisogno di **qualcosa** per rimettermi in forma. **Qualcuno** mi ha detto che ci sono delle bellissime località termali qui in Friuli. **Alcuni** ci vanno anche solo per rilassarsi. Mi piacerebbe andarci **qualche volta.** Che ne dici? Ci andiamo insieme prima della fine dell'estate?

Danilo: Mi sembra un'ottima idea. Anch'io ne ho bisogno, con **tutto lo** stress del lavoro e con **tutti i** chili che ho preso quest'anno. Hai già **qualcosa** in mente? Io non conosco **nessuna** località termale in Friuli, anche se sono sicuro che **qualsiasi** località sarà bella. **Tutti** dicono che le terme friulane sono belle in **qualsiasi** posto.

Laura: Posso cercare su Internet. Sicuramente troviamo **qualcosa** di interessante. Se non trovo **niente**, posso chiedere a Paola. Lei è friulana ed è una fisioterapista. Ha lavorato in **alcune** località termali e sa **tutto**.

Danilo: Ma allora telefonale subito! Non perdere tempo a cercare su Internet!

Laura: Hai ragione, lo faccio subito!

In **Piazza dell'Unità** d'Italia si trova il **Caffè Tommaseo**, il più antico della città che riflette lo stile tradizionale dei Caffè Viennesi. Qui il famoso scrittore Italo Svevo passava giornate intere a scrivere o a chiacchierare con l'amico James Joyce, l'autore irlandese che ha scritto *Ulysses*.

Pictures Colour Library/Alamy Stock Photo

Comprensione

Rispondi alle seguenti domande con frasi complete.

1. Dove vuole andare Laura?
2. Le cure termali possono aiutare la salute di Danilo? Perché?
3. Laura conosce già qualche località termale?
4. Perché Paola può essere d'aiuto a Laura e a Danilo?

Osserviamo la struttura!

Nel dialogo sopra, osserva le parole in grassetto e completa le seguenti attività.

1. In **Capitolo 7** we learned the use of **alcuni** (*some*) as a partitive. What do you think **alcuni** means in the following sentence?
   Alcuni ci vanno anche solo per rilassarsi.

2. Some of the words in bold are pronouns and others are adjectives. Can you list them in the appropriate category?
   Pronomi: **Aggettivi:**

3. Some of the words in bold are opposites. Can you find them?

Espressioni indefinite e negative (*Indefinite and negative expressions*)

Indefinite expressions (including pronouns and adjectives) are used to refer to an unspecified person, thing, place, or time. Indefinite expressions can be positive or negative.

Qualcuno mi ha detto che il Friuli è molto bello.

Ho **alcuni** amici a Trieste ma non conosco **nessuno** a Gorizia.

Someone told me that Friuli is very nice.

I have **some** friends in Trieste but I don't know **anyone** in Gorizia.

Quest'anno voglio fare qualcosa per rimettermi in forma.

Pronomi indefiniti

A. The following table shows the most common Italian **pronomi indefiniti** (*indefinite pronouns*).

Pronomi indefiniti			
In frasi affermative		**In frasi negative**	
qualcuno (*sing.*) alcuni/e (*pl.*) ognuno / chiunque (*sing.*) tutti/e (*pl.*)	*somebody, someone* *some, some people* *anybody, anyone* *everybody, all*	nessuno	*nobody, no one,* *anybody, anyone*
qualcosa (*sing.*) tutto (*sing.*)	*something* *everything*	niente / nulla	*nothing*

B. Notice that the pronouns **qualcuno, chiunque,** and **ognuno** are singular and invariable. When they are used as subjects, the verb they precede must be in the third-person singular. **Alcuni** (*m.*)/ **Alcune** (*f.*) and **tutti** (*m.*)/**tutte** (*f.*) on the other hand, are plural and variable when they are used as subjects. They precede a verb in the third-person plural.

Qualcuno *dice* che mangiare una mela al giorno fa bene.[4]

Tutti *devono* pensare alla loro salute.

Some people say that eating an apple a day is healthy.

Everybody must think about their health.

C. The indefinite pronouns **qualcosa** and **niente** require the preposition **di** before an adjective and **da** (*to*) or **per** (*in order to*) before a verb.

Volete **qualcosa <u>da</u>** bere o **<u>da</u>** mangiare?

Sì, io voglio **qualcosa <u>di</u>** fresco **<u>da</u>** bere.

Io voglio **qualcosa <u>di</u>** buono **<u>da</u>** mangiare ma non voglio **niente <u>da</u>** bere.

Laura vuole **qualcosa <u>per</u>** rilassarsi.

*Do you want **something** to drink or to eat?*

*Yes, I want **something** cold to drink.*

*I want **something** good to eat but I don't want **anything** to drink.*

*Laura wants **something** to help her relax.*

[4]Although **qualcuno** in Italian is singular and precedes a verb in the singular form, in English it can be translated as *some people* and therefore, the verb in English is in the plural form.

D. In Italian **pronomi indefiniti negativi** require the negative **non** before the verb unless they are the subject of the verb. **Pronomi indefiniti negativi** are all singular and invariable.

Non vedo **nessuno**!   *I don't see **anybody**.*

Nessuno dovrebbe trascurare il proprio corpo.   ***No one** should neglect his/her own body.*

Aggettivi indefiniti

A. The following table shows the Italian **aggettivi indefiniti** (*indefinite adjectives*).

Aggettivi indefiniti			
In frasi affermative		**In frasi negative**	
ogni	*each, every*	nessun / nessun' / nessuno/a	*no, any + noun*
qualunque / qualsiasi	*any, any sort of, whatever*		
qualche (*sing.*) / alcuni/e (*pl.*)⁵	*some*		
tutto/a/i/e (+ def. art.)	*all*		

B. The indefinite adjectives **ogni, qualunque, qualsiasi,** and **qualche** precede nouns in the singular form. The use of **nessun, nessun', nessuna,** and **nessuno** follows the same rules as the indefinite articles. The adjectives **tutti/tutte** precede plural nouns with their definite articles.

Conosci **qualche** ristorante   *Do you know **any** restaurants*
  o **qualche** trattoria a Gorizia?   *or **any** trattorias in Gorizia?*

No, non conosco **nessun** ristorante o   *No, I don't know **any** restaurants*
  nessuna trattoria a Gorizia.   *or **any** trattorias in Gorizia.*

Ma a Trieste conosco **tutti i** ristoranti e   *But in Trieste I know **all** the restaurants and*
  tutte le trattorie.   ***all** the trattorias.*

C. Some English adverbs can be expressed by indefinite expressions in Italian.

somewhere	da qualche parte
nowhere / not anywhere	da nessuna parte
*everywhere / anywhere*⁶	da tutte le parti / da qualsiasi parte
sometimes	qualche volta / a volte
everytime	tutte le volte / ogni volta

Tutte le volte che vado in Friuli, mi fermo   ***Everytime** I go to Friuli, I stop*
  da qualche parte in montagna per qualche giorno.   ***somewhere** in the mountains for a few days.*

Non riesco a trovare un albergo **da nessuna parte**.   *I can't find a hotel **anywhere**.*

D. Notice that the negative of **qualche volta** is **non... mai** (*never*).

Vai in palestra **qualche volta**?   *Do you go to the gym **sometimes**?*

No, **non** ci vado **mai**.   *No, I **never** go.*

---

⁵We learned the use of **qualche** and **alcuni/e** in **Capitolo 7**.

⁶*Everywhere* and *anywhere* can also be expressed in Italian by the adverbs **ovunque** and **dovunque**.

Pratichiamo!

9-24. Friuli: Terra del benessere del corpo. Seleziona i **pronomi indefiniti** adatti per completare questo breve annuncio.

(1. *Alcuni / Ognuno*) definiscono il Friuli-Venezia Giulia come la regione in cui (2. *ognuno / tutti*) può prendersi cura del benessere del proprio corpo grazie alle risorse naturali e ai centri per il benessere. È infatti, un posto dove (3. *chiunque / niente*) riesce a trovare il modo per rilassarsi e stare bene. (4. *Nessuno / Qualcuno*) resta mai deluso, anzi (5. *tutti / ognuno*) ne parlano molto bene e non si lamentano mai di (6. *qualcosa / niente*). C'è sempre (7. *qualcosa / niente*) per tutti i gusti. Vi aspettiamo (8. *tutti / nessuno*) in questa terra del benessere.

NOTA CULTURALE

A maggio in Friuli c'è la manifestazione "Le Piazze del Bio", evento nazionale che sostiene risorse rurali e agroalimentari. Ci sono degustazioni, mostre, mercati dei produttori biologici regionali e altro.

Festa del Bio www.agriligurianet.it

9-25. La salute in piazza. Completa il testo con l'**aggettivo indefinito** adatto indicato nella lista.

tutta / ogni / nessun / alcune / tutte / qualsiasi / qualunque / nessuna

_____ (1) anno, non solo in Friuli, ma in _____ (2) l'Italia, ci sono _____ (3) manifestazioni per promuovere la salute. In _____ (4) le regioni italiane si organizzano eventi per informare le persone e ci sono dottori a disposizione per rispondere a _____ (5) domanda possibile. Per _____ (6) consulto o controllo non c'è _____ (7) costo. Quindi non c'è _____ (8) ragione per non partecipare. Vi aspettiamo!

9-26. L'opposto. Trasforma le seguenti frasi usando l'opposto delle espressioni indefinite o negative sottolineate. Fai attenzione a tutti gli elementi della frase.

Esempio   Non vedo <u>niente</u>.
              Vedo tutto.

1. Ho fatto <u>tutte le diete</u>.
2. <u>Qualche volta</u> faccio <u>qualcosa</u> per tenermi in forma.
3. Andiamo <u>da qualche parte</u> per il fine settimana.
4. Non ci sono palestre <u>da nessuna parte</u>.
5. C'è <u>qualche erboristeria</u> in città.
6. Loro mangiano in <u>qualsiasi ristorante</u>.
7. Non farò <u>nessun trattamento</u> per dimagrire.
8. <u>Nessuno</u> conosce le terme del Friuli.

9-27. Cosa fai per tenerti in forma. A coppie, fate domande per sapere cosa l'altro fa per tenersi in forma. Questi sono alcuni suggerimenti:

preferire alcune attività invece di altre e perché

fare sport tutti i giorni o solo alcuni

fare sport in qualsiasi stagione

mangiare alcuni cibi e altri mai

9-28. Consigli per una vacanza salutare. A coppie, chiedete al compagno/alla compagna consigli su come programmare e passare una vacanza salutare. Usate le **espressioni indefinite** e **negative** nelle domande e nelle risposte. Usate anche l'**imperativo** quando esprimete i consigli.

Esempio S1: *Secondo te, devo prendere solo qualche giorno di vacanza o tutta la settimana?*
S2: *Prendi tutta la settimana e fa' qualcosa per riposarti.*
S1: *Secondo te, invito anche qualche amico o non invito nessuno?*

9-29. Indagine. In gruppo, fate un'indagine per sapere le vostre opinioni su quello che la gente fa per tenersi in forma e sulla qualità delle palestre o dei centri sportivi. Secondo voi, ci sono differenze di attività tra uomini e donne? Ci sono alcune città o alcuni stati che offrono diverse possibilità per tenersi in forma? Naturalmente, usate le **espressioni indefinite**. Riferite i risultati alla classe.

ESB Professional/Shutterstock.com

🔊 Cosa stai facendo?

Ascolta e/o leggi il dialogo e rispondi alle domande.

Laura e Danilo sono in Friuli per l'evento "La qualità in piazza". Danilo è in albergo a riposare. Laura invece sta facendo una passeggiata quando riceve una telefonata dalla sua amica Paola che vive a Udine.

Paola: Ciao Laura, dove sei? E cosa **stai facendo**?

Laura: **Sto passeggiando** in Piazza delle Erbe. C'è una fiera della salute e della sana alimentazione. È bellissimo! Alcuni espositori[1] **stanno distribuendo** cibi biologici e tanti piatti tipici friulani. E io li **sto assaggiando** tutti. Ci sono dei dottori che **stanno offrendo** dei rapidi check-up proprio qui in piazza.

Paola: Sì, lo **stavo leggendo** ieri sul giornale. Pensa che **stanno organizzando** la stessa cosa oggi in tutte le regioni italiane. Ieri sono passata dalla piazza e ho visto che **stavano preparando** gli *stand*. **Stavo pensando** di andarci. Senti, ma perché non ci incrociamo[2] proprio lì più tardi?

Laura: Certo, perché no! Intanto chiamo anche Danilo così ci raggiunge. È rimasto in albergo e probabilmente adesso **starà dormendo.** Ma a che ora ci vediamo?

Paola: **Sto uscendo** proprio adesso, starò lì forse fra mezz'ora.

Laura: Benissimo, a dopo!

Piazza delle Erbe, a Udine, ospita La qualità in piazza, una manifestazione che si svolge una volta all'anno nelle piazze di tutte le regioni d'Italia. Oltre a promuovere un'alimentazione sana con cibi biologici, si possono trovare informazioni sulla salute, su come stare in forma e si fanno perfino rapidi check-up.

iStock.com/MorelSO

[1]*exhibitors*   [2]*meet up*

Comprensione

Rispondi alle seguenti domande con frasi complete.

1. Cosa fanno gli espositori?
2. Cosa fanno i dottori in piazza oggi?
3. Che cosa ha visto Paola ieri in piazza?
4. Dov'è Danilo?

Osserviamo la struttura!

Nel dialogo sopra, osserva le parole in grassetto e completa le seguenti attività.

1. In the following expressions, can you determine if the tense is present, past, or future? What element would help you determine the tense?
   a. sto passeggiando   b. stavo leggendo   c. starà dormendo
2. The words listed below are in the form of the Italian gerund, which is the English equivalent of *-ing*. Can you determine the infinitive for each verb?

Gerundio	Infinito
passeggiando	_____
leggendo	_____
uscendo	_____

3. What do you think the construction formed by **stare** + *gerundio* expresses?

NOTA CULTURALE

Alcuni dei piatti tradizionali più conosciuti del Friuli sono le **lasagne al papavero, i cevapcici** che sono delle salsicce piccanti cotte alla griglia, e il **gulash**. Tra i dolci ricordiamo i **rufioli** e la **gubana**.

Marco Bagnoli Elflaco/fotolia

Il progressivo (Progressive mood)

A. The **modo progressivo** (*progressive mood*) express an action that is, was, or will be taking place at a specific moment in the present, past, or future. In Italian, the **progressivo** is expressed by a conjugated form of the verb *stare* plus the **gerundio** (verb form ending in *-ing*) of the main verb.

Cosa **stai facendo**?	*What **are you doing**?*
Sto lavorando.	*I am working.*
Cosa **stavi facendo** quando ti ho chiamato?	*What **were you doing** when I called you?*
Stavo leggendo un libro.	*I **was reading** a book.*
Cosa **starà facendo** adesso Danilo?	*What **might** Danilo **be doing** now?*
Starà dormendo adesso.	*He **might be sleeping** now.*

Loro stanno passeggiando nel parco.

B. The **gerundio** (*gerund*) is formed by deleting the ending **-are/-ere/-ire** from the infinitive and replacing it with the endings shown below. It is always invariable.

parl**are** → parl**ando**   scriv**ere** → scriv**endo**   fin**ire** → fin**endo**

- The verbs **bere**, **dire**, and **fare** have an irregular gerund.

be**re** → be**vendo**   di**re** → di**cendo**   fa**re** → fa**cendo**

C. The three progressive tenses, **presente**, **passato**, and **futuro**, are formed as follows:

- **presente progressivo:**   presente indicativo di **stare** + gerundio
- **passato progressivo:**   imperfetto di **stare** + gerundio
- **futuro progressivo:**[6]   futuro di **stare** + gerundio

I tempi del progressivo		
Presente	**Passato**	**Futuro**
parlare	**leggere**	**dormire**
io	sto parlando	stavo leggendo	starò dormendo
tu	stai parlando	stavi leggendo	starai dormendo
lui/lei, Lei	sta parlando	stava leggendo	starà dormendo
noi	stiamo parlando	stavamo leggendo	staremo dormendo
voi	state parlando	stavate leggendo	starete dormendo
loro	stanno parlando	stavano leggendo	staranno dormendo

[6]The **futuro progressivo** is used to express probability or conjecture, things that might or might not be happening at a specific time.

Pratichiamo!

9-30. Cosa stanno facendo? Guarda le seguenti immagini e indica cosa stanno facendo queste persone. Accoppia i verbi dalla lista con le immagini e crea frasi complete usando il **presente progressivo**.

riposarsi e dormire	parlare della terapia con il dottore
pesarsi	cercare e leggere informazioni sulle terme friulane
allenarsi e fare ginnastica	prendere un caffè e chiacchierare

1. Maria _____

2. Maria _____

3. Sofia _____

4. Marco _____

5. La paziente _____

6. Laura e Anna _____

9-31. Ma cosa stavano facendo? Laura e i suoi amici commentano alcune foto che hanno fatto durante il viaggio in Friuli. Purtroppo alcune foto non sono molto chiare e non si capisce bene cosa stavano facendo in quel preciso momento. Ecco come le descrivono. Crea frasi usando il **passato progressivo** con i seguenti elementi.

Esempio   Io / cercare qualcosa sulla cartina

   Io **stavo cercando** qualcosa sulla cartina.

1. Loro / finire la corsa
2. Io e Danilo / comprare dei fiori in piazza
3. Un bambino / mangiare un gelato
4. Io e alcuni amici / correre una maratona
5. Loro / partecipare alla Marcialonga sul Tagliamento
6. Danilo / bere un tè al peperoncino
7. Voi / fare trekking
8. Noi / salutarsi prima di partire

9-32. Supposizioni. Leggi le seguenti situazioni e cerca di capire cosa **staranno facendo** queste persone in quel **preciso momento**.

Esempio   Laura va all'agenzia di viaggi.   *Starà progettando* una vacanza.

1. Paola ha messo il costume da bagno.
2. Io ho il telefonino in mano.
3. Danilo è dimagrito molto.
4. Laura è in palestra.
5. È sera tardi e i miei amici non rispondono al telefono.
6. Loro sono in montagna e hanno gli sci.
7. Paola e Danilo sono in un bar.
8. Laura e Danilo escono dall'albergo con le valigie.

9-33. Cosa stai facendo in questo periodo? A coppie, fate domande al compagno/alla compagna per sapere cosa sta facendo in questo periodo. Poi riferite i risultati alla classe. Per esempio:

lavorare (pieno tempo / part-time e perché)   uscire con qualcuno (chi?)
alzarsi presto / tardi (perché?)   seguire due (tre / quattro…)
andare in palestra (quale?)   corsi (quali?)

9-34. Cosa stavi facendo e cosa starai facendo? Un viaggio nel tempo. A coppie, chiedete al compagno/alla compagna cosa stava facendo l'anno scorso in questo stesso periodo. Poi chiedete cosa pensa che starà facendo tra un anno in questo stesso periodo. Siate creativi!

9-35. E il gruppo cosa sta facendo per la salute? Chiedete ai compagni del vostro gruppo cosa stanno facendo in questo periodo per la loro salute. Poi riferite i risultati alla classe. Prima fate un resoconto generale e usate le espressioni indefinite. Poi riferite in modo dettagliato.

mangiare cibi sani   fare prevenzione (che tipo)
correre   andare in palestra
dormire abbastanza   seguire un'alimentazione corretta

Insieme in Piazza

Scegliete una delle seguenti situazioni e create una conversazione con il compagno/la compagna. Ricordate di usare le strutture imparate nel capitolo, ma non limitatevi solo a quelle.

Scena 1: Sei in Trentino per studiare e conosci bene il sistema sanitario (*health care*) italiano. Arriva un tuo amico/una tua amica e si preoccupa perché non sa cosa fare se ha bisogno di un dottore, di una farmacia, del pronto soccorso, ecc. Ti fa tante domande e tu devi rispondere ma devi anche tranquillizzarlo/tranquillizzarla.

Scena 2: Vai alla Fiera della Salute in Piazza dell'Unità e chiedi consigli a dottori, terapisti e nutrizionisti per migliorare il tuo stato di salute.

Scena 3: Create una situazione a vostra scelta.

Presentazioni orali

A coppie, preparate una breve presentazione orale su uno dei seguenti argomenti. Ecco alcuni suggerimenti oppure decidete voi l'argomento della vostra ricerca.

Malgorzata Kistryn/Shutterstock.com

1. Il *maso chiuso* è un'antica abitazione che ha contribuito a definire l'ambiente alpino orientale.

INTERFOTO/Alamy Stock Photo

hockney71/Shutterstock.com

2. La provincia di Udine, in cui si trova la spiaggia di Lignano Sabbiadoro, ha uno dei litorali (*coasts*) più belli dell'Adriatico

3. Italo Svevo ha scritto *La coscienza di Zeno* (1919–1922), il primo romanzo psicologico del Novecento[7] ('900).

[7]Dal 1201 al 2000 si può anche usare un'altra terminología per indicare i secoli. Per indicare il secolo dal 1901 al 2000, si dice il Ventesimo secolo o il Novecento ('900).

Scriviamo!

Utilizza la scrittura persuasiva per convincere altri a essere d'accordo con le tue idee, a condividere i valori e ad accettare le argomentazioni e le conclusioni.

> ### Writing Strategy: Persuasive Writing
>
> When we want to promote a concept or product that the intended reader may be hesitant to accept or may know little about, we use persuasive writing. To make a persuasive argument, do the following:
>
> ❯ State your aim (e.g., convince a busy person to take the time).
>
> ❯ Give facts, information, or examples (e.g. the benefits of time off).
>
> ❯ Appeal to the reader's emotions (e.g., You'll feel great!).
>
> ❯ Tell them how to follow through (e.g., make space in his or her schedule).
>
> ❯ Write a conclusion (e.g., It would be great to do often . . .).

1. Brainstorming

Andate su MindTap e leggete l'annuncio per il weekend a Merano. Poi scrivete una lista di verbi utili per convincere una persona ad andare a Merano.

2. Organizzazione

Scrivi tre motivi, tre fatti e tre conclusioni per convincere l'amico / l'amica ad andare a Merano.

Esempio
Motivo: Ci aiuterà a metterci in forma.
Fatti: Dimagriremo.
Conclusione: Ci divertiremo e staremo insieme.

3. Scrittura libera

Scrivi 12–14 frasi per convincere l'amico/l'amica ad andare al Festival della Salute. Hai un amico/un'amica a Roma che è molto stressato(a) dalla vita frenetica. Lo/La vuoi convincere a incontrarti a Merano e a partecipare al Festival della Salute. L'amico/L'amica lavora per una compagnia molto importante e lui/lei di solito lavora anche il weekend. Scrivigli/le una mail e incoraggialo/la a prendere un weekend libero per rigenerarsi. Dov'è opportuno, usa l'imperativo.

4. Prima correzione

Scambiate le frasi con un compagno / una compagna e fate correzioni. Rispondete alle seguenti domande.

a. Ha scritto un'introduzione che attira il lettore?

b. Ha elencato tre motivi per convincere l'amico /l'amica?

c. C'è una conclusione forte?

5. Finale

Scrivi la versione finale.

◉ In piazza per promuovere la salute

Prima della visione

A. Le parole giuste. Completa le seguenti frasi con le parole giuste.

> decorso (*course*) / respiri (*you breathe*) / mi raccomando (*I beg of you*) / farmaci (*medicine*) / assuefazione (*habit forming / build tolerance*) / tachipirina (*acetaminophen*)

1. Il tuo raffreddore ha un _____ di suo.

2. _____, fammi sapere come stai.

3. Lo spray chimico ti dà _____.

4. Prendi i _____ che ti ho indicato.

5. Se di notte non _____, ti darò uno spray naturale.

6. Se ti viene la febbre, prendi una _____.

B. Parole analoghe. Leggi sotto il consiglio di un farmacista. Identifica le parole analoghe e poi cerca di capire il messaggio generale del farmacista. Indica se le frasi che seguono sono vere (**V**) o false (**F**).

"Io ti darei della vitamina C naturale perché la vitamina C naturale, prendendola due grammi al giorno è un antivirale naturale. Vedrai che il tuo raffreddore, che comunque ha un suo decorso, guarirà più in fretta prendendo la vitamina C. Poi siccome mi dici che di notte non respiri, ti darò uno spray con delle essenze naturali che ti libera il naso. Lo puoi usare quante volte vuoi, anzi ti consiglierei di usare di meno lo spray chimico che usi perché quello poi ti dà assuefazione. Quindi usalo quando non ce la fai più e usi lo spray che ti do io, quindi vitamina C e spray naturale".

1. _____ Il farmacista dice di prendere due grammi di vitamina C al giorno.

2. _____ La vitamina C non aiuta il raffreddore.

3. _____ Lo spray naturale non ti dà assuefazione.

Durante la visione

Guarda il video due volte. La prima volta, fai attenzione al significato generale. La seconda volta, completa le seguenti attività.

C. Dov'è la farmacia? Ascolta le indicazioni di Gioia e Michele per trovare la farmacia. Cosa dice Gioia e cosa dice Michele? Metti una **X** per le indicazioni giuste.

__ sotto i portici, __ gira l'angolo, __ giri a destra, __ vai avanti, __ sempre dritto, __ sorpassi l'arco, __ cinquanta metri, __ ci sei, __ vai dritto

__ sotto i portici, __ gira l'angolo, __ giri a destra, __ vai avanti, __ sempre dritto, __ sorpassi l'arco, __ cinquanta metri, __ ci sei, __ vai dritto

D. Chi lo dice? Scrivi il nome delle persone che dicono le seguenti cose.

1. Beh, prima di tutto di rivedere la sua dieta... _____

2. ...sì, di dormire il più possibile... _____

3. Ricordati i consigli della nonna! _____

4. Lo puoi usare quante volte vuoi... _____

Dopo la visione

E. Comprensione. Rispondi alle seguenti domande con frasi complete.

1. Chi tra Michele e Gioia dà consigli meno tradizionali per la salute? Giustifica la tua risposta.

2. Cosa fa Gioia per tenersi in forma?

3. Perché il farmacista dà consigli di cure naturali per il raffreddore?

4. Quali sono le differenze tra i due tipi di spray di cui parla il farmacista?

F. Un video messaggio. Immagina di parlare con un amico / un'amica che non sta bene. Lasciagli/le un video messaggio. Quali consigli gli/le dai? Poi recita il tuo video messaggio alla classe.

VOCABOLARIO

Le parti del corpo — *Parts of the body*

la bocca	*mouth*
il braccio / le braccia	*arm / arms*
i capelli	*hair*
il collo	*neck*
i denti	*teeth*
la gamba	*leg*
il ginocchio / le ginocchia	*knee / knees*
il gomito	*elbow*
la mano / le mani	*hand / hands*
il naso	*nose*
l'occhio / gli occhi	*eye / eyes*
l'orecchio / le orecchie	*ear / ears*
il petto / il torace	*chest*
il piede	*foot*
la spalla	*shoulder*
la testa	*head*

I problemi di salute e i rimedi — *Health problems and remedies*

l'ambulanza	*ambulance*
le analisi	*(medical) tests*
l'aspirina	*aspirin*
il cerotto	*bandage / Band-Aid®*
il consiglio	*advice*
la dose / il dosaggio	*dose / dosage*
il dottore / il medico	*doctor*
la febbre	*fever*
le gocce	*drops*
l'influenza	*flu*
l'iniezione / la puntura	*injection*
il malato (*or* l'ammalato)	*sick person*
la malattia	*illness*
la medicina	*medicine*
il/la paziente	*patient*
la pillola / la compressa	*pill / tablet*
la pomata	*ointment*
il raffreddore (avere il raffreddore)	*cold (to have a cold)*
la ricetta medica	*prescription*
lo sciroppo	*cough syrup*
il sintomo	*symptom*
il termometro	*thermometer*
la tosse	*cough*

Espressioni utili — *Useful Expressions*

mi fa male… (la testa, la gola)	*my (head, throat) hurts*
mi fanno male… (le gambe, le braccia, i muscoli)	*my (legs, arms, muscles) hurt*
mi sono fatto/a male… (al braccio, alla gamba)	*I hurt my (arm, leg)*
mi sono rotto/a (il piede, il braccio)	*I broke my (foot, arm)*

Gli aggettivi — *Adjectives*

accogliente	*welcoming*
biologico	*organic*
magro (cibo)	*nonfat / low-fat (food)*
malato/a	*sick*
salutare	*healthy*
sano	*healthy, wholesome*
spettacolare	*spectacular*
tranquillo	*peaceful*

Al centro per il benessere — *At the wellness center*

l'alimentazione	*nourishment, diet*
il benessere	*well-being*
l'estetista	*aesthetician, facialist*
la fisioterapia	*physical therapy*
il/la fisioterapista	*physical therapist*
il massaggio	*massage*
il nutrimento	*nourishment*
la nutrizionista	*nutritionist*
i pesi	*weights (that are lifted)*
la prevenzione	*prevention*
il trattamento (per il corpo)	*treatment (for the body)*

Essere in forma — *To be in shape*

fare la dieta / stare a dieta	*to be on a diet / to go on a diet*
il fumo fa male alla salute	*smoking is bad for your health*
il movimento fa bene alla salute	*physical activity is good for your health*
mangiare cibi sani	*to eat healthy foods*
perdere / prendere peso	*to lose / to put on weight*
respirare aria pura	*to breathe fresh air*

seguire un'alimentazione corretta	to follow a healthy diet	ottavo	eighth
stare all'aria aperta	to be outdoors	nono	ninth
tenersi in forma	to stay in shape	decimo	tenth
		undicesimo	eleventh
		dodicesimo	twelfth
		ventesimo	twentieth

I luoghi *Places*

il centro per il benessere	wellness center
la clinica estetica / di bellezza	day spa
l'erboristeria	herbal remedy shop
la farmacia	pharmacy
la jacuzzi	jacuzzi
l'ospedale	hospital
la palestra	gym
il panorama	panorama
il pronto soccorso	emergency room (ER)
lo studio medico	doctor's office
le terme / le località termali	hot springs, thermal baths

I numeri ordinali *Ordinal numbers*

primo	first
secondo	second
terzo	third
quarto	fourth
quinto	fifth
sesto	sixth
settimo	seventh

I verbi *Verbs*

ammalarsi	to get sick
avere mal di... (orecchio, schiena, testa, pancia, gola)	to have a bad / achy . . . (ear, back, head, stomach, throat)
contagiare	to infect
controllare	to check
dimagrire	to lose weight
farsi un taglio / un graffio	to get a cut / a scratch
ingrassare	to gain weight
migliorare	to get better
misurare (la temperatura)	to take (one's temperature)
peggiorare	to get worse
pesarsi	to weigh oneself
prescrivere	to prescribe
prevenire	to prevent
rigenerarsi	to regenerate oneself / to renew
rilassarsi	to relax
sentirsi (bene / male)	to feel (good / bad)

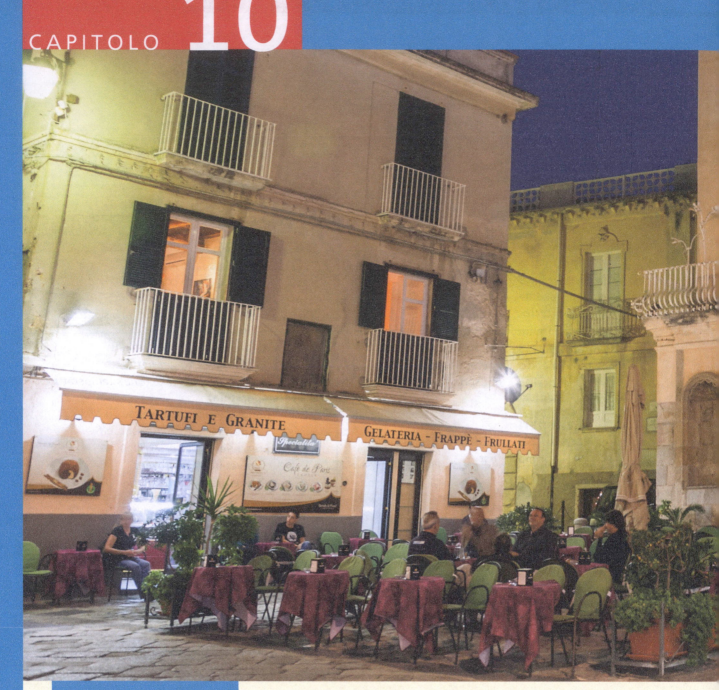

CAPITOLO 10

Continue Studying Outside of Class

Continue working in pairs or groups outside of the classroom. Working together helps you learn Italian better because you are both student and teacher. You and your group members can pool ideas and resources to help each other with concepts that are difficult. You will also get additional speaking and listening practice and increase your opportunities to communicate in Italian.

IN PIAZZA PER UN AMBIENTE SANO

Piazza Ercole è una bellissima piazza nel centro storico di Tropea ed è il cuore della cittadina. Dalla piazza, corso Vittorio Emanuele scende fino a una terrazza che offre una panoramica spettacolare della costa. I negozi di Tropea vendono tantissimi prodotti tipici e artigianali, tra cui la cipolla rossa che è comunemente usata nella cucina regionale calabrese. Infatti, a Tropea c'è anche la sagra della cipolla rossa.

Peter Adams/Photolibrary/Getty Images

COMMUNICATIVE GOALS

> Discuss the environment
> Talk about ways to improve the environment
> Talk about geographical characteristics and landscape
> Make comparisons

Risorse Audio Video  MINDTAP

La Calabria e la Basilicata

❯ La Calabria è una regione essenzialmente agricola e in Italia ha la produzione più alta di arance e bergamotti oltre a un'importante produzione di olio d'oliva.

❯ La Basilicata è una delle regioni più piccole d'Italia. Potenza, però, il capoluogo della regione, è la città più alta d'Italia sopra il livello del mare.

Giuliano Colliva/age fotostock

◀ **I Bronzi di Riace**, due statue di guerrieri attribuite al V° (quinto) secolo avanti Cristo, sono stati ritrovati in ottime condizioni il 16 agosto 1972 da Stefano Mariottini. Lui era un giovane romano che, mentre faceva sport subacqueo nella marina di Riace, ha visto sul fondo del mare il braccio di una delle due statue. La scoperta del giovane ha richiamato l'attenzione di studiosi e ricercatori di tutto il mondo. Oggi i Bronzi di Riace si trovano nel Museo Nazionale di Reggio Calabria.

Anche se conosciuta oggi come il posto in cui ▶ Mel Gibson ha girato *La Passione di Cristo*, **Matera**, chiamata anche la "Città dei Sassi", è un luogo abitato sin dall'inizio della storia dell'uomo, oltre 10.000 anni. È tra le città più antiche del mondo ed è parte del Patrimonio Mondiale dell'UNESCO per la sua unicità. I sassi, abitazioni scavate nelle grotte naturali e nelle rocce, testimoniano la capacità dell'uomo di adattarsi all'ambiente naturale.

Andiamo in piazza!

peshamba/Shutterstock.com

▲ Nel centro storico di Reggio Calabria c'è **Piazza Duomo** con la Cattedrale Maria Santissima Assunta, una delle chiese più grandi della regione. In questa piazza hanno luogo tutte le manifestazioni religiose e tradizionali.

Nel Medioevo, **Piazza del Sedile**, a ▶ Matera, era il luogo principale per le discussioni politiche del popolo. Poi è diventata la sede politica della città. Oggi è il punto di ritrovo delle nuove e delle vecchie generazioni. I bar della piazza restano aperti fino a tardi. Da non perdere è la Focacceria del Sedile, dove fanno pizze locali cotte sulla pietra calda.

Donatella Melucci

🔊 **L'ambiente**

bidone / bidoni*

L'ambiente	*Environment*
l'alluvione	*flood*
l'ambientalista (*m./f.*)	*environmentalist*
l'ambiente	*environment*
il buco dell'ozono	*hole in the ozone layer*
la conservazione	*conservation*
il disboscamento	*deforestation*
l'energia alternativa	*alternative energy*
l'energia nucleare	*nuclear energy*
l'immondizia	*trash, garbage*
l'incendio	*fire*
l'industria	*industry*
l'inquinamento (atmosferico)	*(atmospheric) pollution*
i prodotti sintetici	*synthetic products*
i rifiuti tossici	*toxic waste*
le risorse naturali	*natural resources*
lo smog	*smog*
la sostenibilità	*sustainability*
il territorio	*territory*
la valanga (di fango)	*avalanche (mudslide)*

I luoghi	*Places*
l'area protetta	*protected area*
il bosco	*woods*
il fiume	*river*
il parco nazionale	*national park*
il torrente	*torrent, stream*

I verbi	*Verbs*
buttare (via)	*to throw (away)*
combattere	*to fight*
difendere	*to defend*
disperdere	*to litter*
distruggere	*to destroy*
incentivare	*to incentivize / to provide an incentive*
promuovere	*to promote*
proteggere	*to protect*
ricaricare	*to refill / to reload*
riciclare	*to recycle*
ridurre	*to reduce*
rispettare	*to respect*
sensibilizzare	*to raise awareness of*
sviluppare	*to develop*

Espressioni utili	*Useful Expressions*
fare la raccolta differenziata	*to sort recyclables*
non disperdere nell'ambiente	*don't litter*

*Every region is able to establish its own color-coding system for recycling bins. The above colors are most common.

Pratichiamo!

10-1. La parola giusta. Scegli la parola che meglio completa la frase.

1. Mi piace nuotare nel (*fiume* / *torrente*).
2. Nel parco nazionale è importante (*proteggere* / *ridurre*) la natura.
3. Bisogna (*incentivare* / *difendere*) l'industria perché non danneggi l'ambiente.
4. È importante usare materiali che possano essere (*riciclati* / *buttati via*).
5. Il parco nazionale è (*un'area protetta* / *un'alluvione*).
6. Cerco di incoraggiare la gente a usare (*risorse naturali* / *prodotti sintetici*).

10-2. L'intruso. Cancella la parola che non appartiene alla categoria.

1. il fiume	l'inquinamento	il torrente	il mare
2. riciclare	proteggere	disperdere	conservare
3. la conservazione	la sostenibilità	l'energia alternativa	i rifiuti tossici
4. lo smog	il buco dell'ozono	il bosco	l'inquinamento
5. difendere	promuovere	distruggere	rispettare
6. l'energia nucleare	l'alluvione	la valanga	l'incendio

10-3. Definizioni. Metti la parola che corrisponde alla definizione.

1. _____ : porzione protetta e definita di terra
2. _____ : degrado ecologico causato dall'azione della gente
3. _____ : terreno coperto da alberi
4. _____ : oggetti tossici da buttare via
5. _____ : fuoco di grandi proporzioni
6. _____ : materiale trasparente che si rompe e può tagliare

10-4. Le risorse naturali. A coppie, parlate dello stato delle risorse naturali nel vostro Paese. Sono a rischio? Dovete preoccuparvi delle risorse? Indicate quattro cose che potete fare per preservarle. Date alcuni esempi che giustificano la vostra posizione.

10-5. Date un voto! Quanto è "verde" la tua università? Quale voto date alla vostra università per il riciclaggio? Ci sono bidoni nel campus per facilitare il riciclaggio? Quali sono e che colore hanno? Voi siete bravi a riciclare? Quali materiali riciclate? Quali materiali non riciclate? Perché? A coppie, date un voto alla vostra università da *0–5* e poi paragonate il voto con i voti degli altri studenti.

10-6. Completate la frase. In gruppi di tre, andate in giro e chiedete a due altre persone di completare le seguenti frasi. Scrivete le loro risposte e poi condividete le risposte con il vostro gruppo.

	Nome	Nome
1. Compro le bevande in bottiglie di …		
2. È importante chiedere all'industria di …		
3. L'inquinamento è causato in gran parte da …		
4. Il disboscamento succede perché …		
5. Per aiutare l'ambiente, le persone hanno l'obbligo di …		
6. Il buco dell'ozono è …		

Riciclare in Italia

Prima di tutto... Riesci a identificare i seguenti oggetti? In quale categoria di raccolta differenziata li metteresti? Quali altri oggetti metteresti negli stessi bidoni? Quali sono gli altri gruppi di materiali riciclabili?

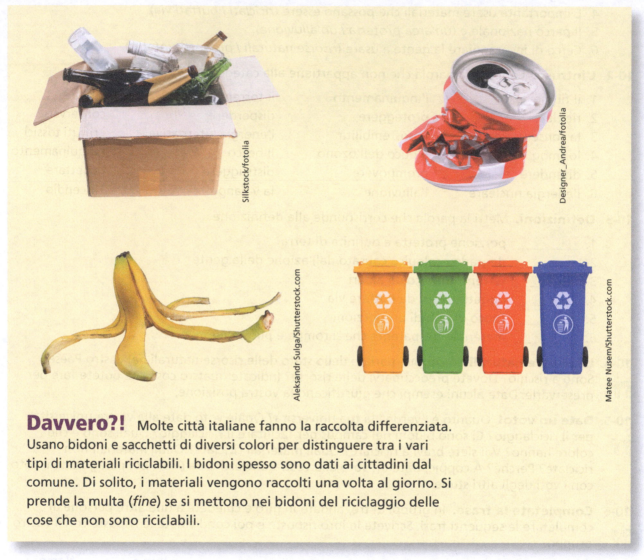

Silkstock/fotolia

Designer_Andrea/fotolia

Aleksandr Sulga/Shutterstock.com

Matee Nusem/Shutterstock.com

Davvero?! Molte città italiane fanno la raccolta differenziata. Usano bidoni e sacchetti di diversi colori per distinguere tra i vari tipi di materiali riciclabili. I bidoni spesso sono dati ai cittadini dal comune. Di solito, i materiali vengono raccolti una volta al giorno. Si prende la multa (*fine*) se si mettono nei bidoni del riciclaggio delle cose che non sono riciclabili.

Chiacchieriamo un po'! Lavorate a coppie per parlare del vostro rapporto con l'ambiente. Ecco alcune possibili domande: Riciclate? Com'è la situazione del riciclaggio nelle vostre città? Spiegate in dettaglio quello che fate personalmente per salvaguardare l'ambiente. Secondo voi, il sistema di raccolta differenziata è migliore in Italia o nel tuo Paese? Vi interessa cambiare qualcosa del sistema di riciclaggio nella vostra città? Come potete cambiare le vostre abitudini? Riferite le vostre idee alla classe e decidete chi ha la soluzione migliore.

🔊 Il mondo che vorrei

Ascolta e/o leggi la lettera e rispondi alle domande.

Regina è andata a una manifestazione sull'ambiente in Piazza Duomo, a Reggio Calabria. Su un muro ci sono le lettere di alcuni studenti che hanno descritto il mondo che vorrebbero[1]. Regina si ferma a leggere la lettera di Nicolò, un bambino calabrese di 9 anni.

Courtesy of CONAI

Il mondo che **vorrei**[2] **avrebbe**[3] tanti alberi e l'aria **sarebbe**[4] pulita. I **grandi**[5] **guiderebbero**[6] solo macchine ecologiche e nessuno **distruggerebbe**[7] più i boschi. Io **riciclerei**[8] tutto. Noi bambini **puliremmo**[9] le strade e le spiagge ma non **useremmo**[10] mai i prodotti chimici perché fanno male alle piante. Gli adulti, che sono grandi, **potrebbero**[11] pulire il cielo e il mare. Poi noi tutti **dovremmo**[12] proteggere meglio gli animali, altrimenti la catena alimentare si **spezzerebbe**[13] e non **avremmo** più latte, cotone, lana… Infine tutti **mangerebbero**[14] solo prodotti biologici. Mi **piacerebbe**[15] un mondo così. E tu ci **aiuteresti**[16]?

Nicolò

La manifestazione **Raccolta 10 più**, per promuovere il riciclo e la raccolta differenziata si svolge spesso in Piazza Duomo, a Reggio Calabria.

[1]*they would like,* [2]*I would like,* [3]*would have,* [4]*would be,* [5]*adults,* [6]*would drive,* [7]*would destroy,* [8]*would recycle,* [9]*would clean;* [10]*would use,* [11]*could;* [12]*should,* [13]*be broken,* [14]*would eat,* [15]*would like,* [16]*would help*

Comprensione

Rispondete alle seguenti domande con frasi complete.

1. Cosa ci sarebbe nel mondo che vorrebbe Nicolò?
2. Che tipo di macchine ci sarebbero?
3. Chi pulirebbe le strade e le spiagge?
4. Perché, secondo Nicolò, dovremmo proteggere meglio gli animali?

Osserviamo la struttura!

Nella lettera sopra, osserva le parole in grassetto e completa le seguenti attività.

1. What is the infinitive of the following verbs? Can you guess the subject for each of these verb forms:
   a. **avrebbe:** (*inf.*)_____ (*sogg.*)_____
   b. **sarebbe:** (*inf.*)_____ (*sogg.*)_____
   c. **guiderebbero:** (*inf.*)_____ (*sogg.*)_____
   d. **distruggerebbe:** (*inf.*)_____ (*sogg.*)_____
   e. **puliremmo:** (*inf.*)_____ (*sogg.*)_____

2. Can you find words in the text that correspond to the English words *would like, could,* and *should*?
   (*would like*)_____ (*could*)_____ (*should*)_____

3. What does the expression **mi piacerebbe** mean? When would the expression **mi piacerebbero** be used?

NOTA CULTURALE

A **Reggio Calabria**, Piazza Duomo ha ospitato una mostra chiamata "La carta unisce gli italiani". Si è svolta nel PalaComieco, una struttura mobile che gira per le piazze italiane ed è dedicata all'informazione sul riciclo di carta e cartone.

Roberto Zilli/Shutterstock.com

Condizionale semplice (Simple conditional)

Nicolò M. Shapiro

Com'è il mondo che tu **vorresti**?

A. The **condizionale semplice** (*simple conditional*) is the verb mood used to express what one *would do* or what *would happen* if a certain condition is met. It is also used to express wishes, preferences, or polite requests. The table below shows how to conjugate regular verbs in the **condizionale** (*would* + verb).

Condizionale semplice			
	riciclare	**proteggere**	**pulire**
io	riciclerei	proteggerei	pulirei
iu	ricicleresti	proteggeresti	puliresti
lui/lei, Lei	riciclerebbe	proteggerebbe	pulirebbe
noi	ricicleremmo	proteggeremmo	puliremmo
voi	riciclereste	proteggereste	pulireste
loro	riciclerebbero	proteggerebbero	pulirebbero

Io **riciclerei** tutto.	*I would recycle everything.*
Noi **puliremmo** le strade e le spiagge.	*We would clean the streets and the beaches.*
Mi **aiuteresti** a fare la raccolta differenziata?	*Would you help me sort the recyclables?*

B. To form the **condizionale** with verbs ending in **-ciare** and **-giare**, such as **cominciare** and **mangiare**, drop the -i from the stem.

Io **comincerei** a eliminare tutti i pesticidi
   e noi **mangeremmo** cibi sani.

*I would start eliminating all pesticides
   and we would eat healthy food.*

C. Verbs ending in **-care** and **-gare**, such as **cercare** and **spiegare**, add an **-h** in every form in order to preserve the hard sound of the consonants **c** and **g**.

Mi **spiegheresti** cosa fare per proteggere l'ambiente?

Would you explain to me what to do to protect the environment?

Io **cercherei** di usare solo materiali riciclabili.

I would try to use only recyclable materials.

Verbi irregolari nel condizionale

Some verbs are irregular in the formation of the **condizionale**. The following list shows the most common irregular verbs. Note that they are the same irregular verbs used with the **futuro** (Capitolo 8).

avere	io avrei, tu avresti, …	**rimanere**	io rimarrei, tu rimarresti, …
andare	io andrei, tu andresti, …	**sapere**	io saprei, tu sapresti, …
bere	io berrei, tu berresti, …	**stare**	io starei, tu staresti, …
dare	io darei, tu daresti, …	**tenere**	io terrei, tu terresti, …
dire	io direi, tu diresti, …	**vedere**	io vedrei, tu vedresti, …
dovere	io dovrei, tu dovresti, …	**venire**	io verrei, tu verresti, …
essere	io sarei, tu saresti, …	**vivere**	io vivrei, tu vivresti, …
fare	io farei, tu faresti, …	**volere**	io vorrei, tu vorresti, …
potere	io potrei, tu potresti, …		

Il mio mondo ideale **avrebbe** tanti alberi e l'aria **sarebbe** pulita.	*My ideal world **would have** many trees and the air **would be** clean.*

Condizionale di *volere, potere, dovere*

The **condizionale** forms of the modal verbs **volere**, **potere**, and **dovere** are followed by the infinitive of the main verb to express *would like* (**volere**), *could* (**potere**), and *should* (**dovere**).

Io **vorrei** <u>vivere</u> in un mondo non inquinato.	*I **would like** <u>to live</u> in a nonpolluted world.*
Noi tutti **dovremmo** <u>difendere</u> il nostro ambiente.	*We all **should** <u>defend</u> our environment.*
Potresti <u>spiegarmi</u> cosa vuol dire "sostenibilità"?	***Could** you <u>explain</u> to me what "sustainability" means?*

Condizionale of *piacere*

To express what one *would like* or *would like to do*, the **condizionale** of the verb **piacere** is used in the third-person singular or plural.

Ti **piacerebbero** delle fragole biologiche?	***Would** you **like** some organic strawberries?*
Mi **piacerebbe** diventare un'ambientalista.	*I **would like** to become an environmentalist.*

Come si dice *I wish?*

- The English exclamation *I wish!* in Italian is **Magari!**

Vorresti vincere la lotteria?	*Would you like to win the lottery?*
Magari!	*I wish!*

- The verb *to wish* in Italian can be **augurare** or **desiderare** (*to wish for*).

Ti **auguro** buona fortuna.	*I **wish** you good luck.*
Desidero un mondo più sano.	*I **wish** for a healthier world.*

- As a noun, the word *wish* is translated as **desiderio** or **augurio**.

Esprimi un **desiderio**!	*Make a **wish**!*
Tanti **auguri**!	*Best **wishes**!*

Pratichiamo!

10-7. Cosa farebbero i bambini? Nicolò riassume alla classe i risultati di un'indagine fatta per sapere cosa lui e i suoi compagni di classe farebbero per proteggere l'ambiente. Crea frasi complete con il **condizionale** e gli elementi forniti.

> **Esempio**   Marco (riciclare) i suoi giocattoli
> *Marco **riciclerebbe** i suoi giocattoli.*

1. I bambini (inventare) le automobili ad aria
2. Io (usare) solo plastica ecologica
3. Io e gli altri bambini non (comprare) prodotti chimici
4. Paolo e Luca (proteggere) gli animali
5. Tu e Luisa (scrivere) articoli sul giornale per sensibilizzare la gente
6. Tu, Marco, (distribuire) informazioni alla gente
7. La maestra (parlare) in televisione
8. Io (cercare) di organizzare il prossimo Green Day

NOTA CULTURALE

Reggio Calabria, campionessa della raccolta differenziata!
Nel 2009, Reggio Calabria ha vinto le **Olimpiadi italiane del Riciclo,** superando altre città italiane come Milano, Roma, Bologna, Firenze e Palermo.

10-8. Io farei il contrario. Riscrivi le frasi al contrario usando i soggetti in parentesi.

> **Esempio**   Tu non <u>bevi</u> il latte biologico. (Io)
> *Io **berrei** il latte biologico.*

1. Marco non <u>fa</u> la raccolta differenziata. (Noi)
2. Io non <u>vado</u> alla manifestazione per l'ambiente. (Loro)
3. Loro <u>dicono</u> che riciclare è inutile. (Voi)
4. Tu e Marco <u>vivete</u> in una città molto inquinata. (Io)
5. Quel negozio <u>ha</u> buste di plastica. (Il mio negozio)
6. Voi non <u>tenete</u> prodotti biologici in casa. (Tu)
7. Paola non <u>sta</u> attenta ai rifiuti tossici. (Io e i miei amici)
8. Tu non <u>vieni</u> in pasticceria a mangiare i dolci fatti con prodotti naturali. (Tommaso).

Tra i prodotti tipici e artigianali della Calabria ci sono gli '**nzuddi**, dolci fatti di farina, zucchero, margarina, mandorle (*almonds*), uova, latte e aromi naturali.

Tobik/Shutterstock.com

10-9. Buone maniere (*Good manners*). Riscrivi le seguenti frasi con il **condizionale** dei verbi **volere**, **potere** e **dovere** per renderle più gentili.

1. Dovete riciclare tutti i rifiuti!
2. Mi puoi dare un passaggio (a *ride*)?
3. Volete venire con noi in Piazza Duomo?
4. Scusate, mi potete dire l'ora?
5. Dobbiamo usare sacchetti di carta, non di plastica!
6. Cameriere, mi può fare un caffè?
7. Vuoi un cappuccino con gli 'nzuddi?
8. Vogliamo più alberi nelle città.

10-10. Si potrebbe fare di più (*We could do more*). Chiedete al vostro compagno/alla vostra compagna cosa farebbe nella sua città per migliorare le condizioni ambientali. Quali iniziative gli/le piacerebbe organizzare? Indicate almeno cinque proposte ciascuno. Poi riferite i risultati alla classe.

10-11. Esprimi un desiderio! Chiedete al compagno/alla compagna di esprimere almeno tre desideri e poi chiedete che cosa farebbe in ogni situazione e come reagirebbero (*react*) parenti e amici. Poi riferite i risultati alla classe.

Alcuni suggerimenti per i desideri: vincere la lotteria, finire l'università, vivere in Italia

10-12. Magari! In gruppo, chiedete ai vostri compagni se a loro piacerebbe essere nelle situazioni indicate (o altre create da voi), perché e che cosa farebbero. Poi riferite i risultati alla classe.

	Nome	Nome	Nome
1. essere un cantante / attore famoso			
2. essere milionario			
3. essere il presidente della nazione			
4. viaggiare nello spazio			

🔊 Tu cosa avresti fatto?

Ascolta e/o leggi il dialogo e rispondi alle domande.
Regina e Tommaso parlano del fine settimana appena passato.

Regina: Allora Tommaso, hai fatto tutto quello che **avresti voluto fare** durante il fine settimana?

Tommaso: Eh magari! Ieri c'erano tante cose che **avrei voluto fare**, per non parlare di quelle che **avrei dovuto fare**, ma non ho potuto. C'erano tre eventi per l'ambiente in posti diversi, uno era in Sila, al parco nazionale. Alla fine sono rimasto a Cosenza e ho partecipato a Bicincittà in Piazza XI Settembre ed è stato bellissimo. Ma per un ambientalista come me, tu cosa **avresti fatto**?

Regina: Mah, non so, forse **sarei andata** in Sila. **Ti saresti divertito**! **Avresti passato** tutta la giornata all'aria pura. Io ci sono stata l'anno scorso.

Tommaso: Ci **sarei voluto andare** e so che **mi sarebbe piaciuto** molto, ma ho scelto di restare in città. Dimmi, cosa **avrei fatto** in Sila?

Regina: Beh, **avresti conosciuto** tanta gente e insieme voi **avreste visitato** il parco nazionale. Forse tu **avresti fatto** una gita in canoa e sicuramente **avresti mangiato** dei prodotti biologici squisiti. **Avrei partecipato** anch'io quest'anno, ma ieri ho dovuto lavorare. L'anno prossimo ci possiamo andare insieme. Che ne dici?

Tommaso: Buon'idea!

Piazza XI Settembre è nel centro di Cosenza. È una zona pedonale chiusa al traffico.

Comprensione

Rispondete alle seguenti domande con frasi complete.

1. A quanti eventi era interessato Tommaso durante lo scorso fine settimana? E perché?
2. Dove sarebbe voluta andare Regina, ma non ha potuto?
3. Secondo Regina, che cosa avrebbe fatto Tommaso in Sila? Come fa a saperlo?
4. Che cosa propone Regina a Tommaso?

Osserviamo la struttura!

Nel dialogo sopra, osserva le parole in grassetto e completa le seguenti attività.

1. Are the verb forms indicated below simple or compound? Why does the auxiliary verb change?

    avresti fatto   **sarei andato**

2. When do you think these forms should be used?
    a. referring to a present action   c. referring to a past action
    b. referring to a future action

3. What difference do you see in the following expressions? Can you guess their meanings?
    a. Io **sarei andata** in Sila.   b. Io **sarei voluta andare** in Sila.

Condizionale passato (Past conditional)

Candy Box Images/Shutterstock.com

The **condizionale passato** (or **composto**) expresses what one *would have done* or what *would have happened* in a given situation that occurred in the past. The **condizionale passato** is a compound tense. It is formed with the **condizionale** of the auxiliary **avere** or **essere** followed by the past participle of the main verb.

— E tu cosa **avresti fatto**?
— Sicuramente non **avrei comprato** quella macchina…

As with all compound tenses, the use of the auxiliary is determined by the main verb and follows the same rules you learned for forming the **passato prossimo** (see **Capitolo 5**).

Tu che cosa **avresti fatto**?

Io **sarei andata** in Sila e **avrei passato** tutta la giornata all'aperto.

*What **would you have done**?*

*I **would have gone** to Sila and (I would have) **spent** all day outdoors.*

	riciclare	**andare**
io	avrei riciclato	sarei andato/a
tu	avresti riciclato	saresti andato/a
lui/lei, Lei	avrebbe riciclato	sarebbe andato/a
noi	avremmo riciclato	saremmo andati/e
voi	avreste riciclato	sareste andati/e
loro	avrebbero riciclato	sarebbero andati/e

Condizionale passato con *volere, potere* e *dovere*

The **condizionale passato** with modal verbs (**volere, dovere, potere**) expresses what one *would like to have done, should have done,* or *could have done* under certain circumstances in the past. In Italian, it is formed with the **condizionale** forms of the auxiliary, **avere** or **essere**, followed by the past participle of the modal verb (**voluto, potuto,** or **dovuto**), and then the infinitive of the main verb. The use of the auxiliary is determined by the main verb.

Avrei voluto fare una gita e **sarei voluto andare**[1] in Sila.

Ci **saresti dovuto andare** e avresti **potuto visitare** il parco nazionale.

*I **would like to have taken** a short trip and **to have gone** to Sila.*

*You **should have gone** (there) and you **could have visited** the national park.*

[1]With modal verbs, it is also common to use exclusively the auxiliary *avere* when forming **condizionale passato**. For example: *Avrei voluto* andare al cinema instead of *Sarei voluto* andare al cinema.

Pratichiamo!

10-13. Cosa avrebbero fatto? Abbina le frasi della colonna A con quelle della colonna B.

A

1. _____ Da bambina, a Regina piaceva molto la natura.
2. _____ Tommaso ieri è tornato a casa tardi e oggi è stanco.
3. _____ I miei amici mi hanno invitato a una festa.
4. _____ Perché hai comprato delle batterie nuove?
5. _____ Il vostro esame è andato male.
6. _____ Ieri c'è stata la mostra Ecologica-Mente.
7. _____ Ma perché hai buttato il computer?
8. _____ Allora hai vinto la lotteria?

B

a. Sarebbe dovuto tornare a casa prima.
b. Avresti dovuto riciclarlo.
c. Avrebbe voluto studiare ecologia.
d. Ci sarei andato, ma dovevo studiare.
e. Avresti potuto usare quelle ricaricabili.
f. Avreste dovuto studiare di più.
g. Magari! Sarei già partita per una vacanza.
h. Peccato! Mi sarebbe piaciuto vederla.

10-14. Immaginiamo una giornata diversa. Tommaso e Regina immaginano come sarebbe stata la loro giornata in Sila. Scrivi le frasi usando il **condizionale passato** del verbo indicato in corsivo.

Esempio   io / *svegliarsi* / alle 6.30
         Mi **sarei svegliato** alle 6.30.

1. io, tu e gli altri amici / *incontrarsi* / al bar per fare colazione
2. noi / *andare* / in macchina in Sila
3. tu, Regina / *guidare*
4. tu e gli altri amici / *vedere* / il parco nazionale
5. io / *fare* / un giro in canoa
6. Paolo / *assaggiare* / tutti i prodotti biologici
7. noi / *ripartire* / la sera
8. io / *arrivare* / a casa molto tardi

NOTA CULTURALE

Ecologica-Mente è un'iniziativa culturale organizzata a Vibo Valentia per sensibilizzare tutti gli abitanti con il forte messaggio sociale che chiede di riciclare, riusare e ridurre.

brux/Shutterstock.com

10-15. Lo avrebbero voluto (dovuto / potuto) fare ma... Rispondi alle seguenti domande con il **condizionale passato** dei **verbi modali** usati nella domanda. Poi inventa una ragione per cui queste persone non hanno fatto quello che **volevano / potevano / dovevano**.

Esempio Non *volevi* partecipare a Bicincittà?
Avrei voluto partecipare ma **sono rimasto a casa per studiare**.

1. Non <u>potevate</u> riciclare i vecchi cellulari?
2. Tommaso non <u>voleva</u> andare a vedere il Treno Verde?
3. Regina, non <u>dovevi</u> scrivere un articolo sul prossimo evento ambientalista?
4. Le industrie non <u>potevano</u> distruggere i rifiuti tossici l'anno scorso?
5. Gli ambientalisti non <u>volevano</u> parlare in piazza delle risorse naturali la settimana scorsa?
6. La professoressa ieri non <u>doveva</u> spiegare cos'è la sostenibilità?
7. Tu non <u>potevi</u> chiedere un passaggio a Tommaso per andare in città?
8. Noi non <u>dovevamo</u> visitare il parco nazionale la settimana scorsa?

10-16. Ripensamenti. Avete mai organizzato una manifestazione per la difesa dell'ambiente (o per qualcos'altro che vi interessa)? O avreste voluto organizzarla? Se avete partecipato, che cosa avreste fatto di diverso? Se non l'avete mai organizzata, immaginate che cosa avreste fatto durante l'evento. Raccontate le vostre esperienze al vostro compagno/alla vostra compagna e poi riferite i risultati alla classe.

10-17. E tu cosa avresti fatto? A coppie, chiedete al vostro compagno/alla vostra compagna che cosa avrebbe fatto invece di iscriversi in questa università. Cos'altro avrebbe scelto o avrebbe voluto scegliere? Che cosa avrebbe studiato? Gli/Le sarebbe piaciuto andare in un'altra università o città? Poi riferite i risultati alla classe.

10-18. Avrei voluto vivere nel... In gruppo, chiedete ai vostri compagni in quale periodo della storia avrebbero voluto vivere. Che cosa avrebbero fatto? Avrebbero preferito essere un personaggio famoso della storia, o della musica, dell'arte, ecc.? Che cosa avrebbero fatto al posto di questo personaggio? Poi riferite i risultati alla classe.

NOTA CULTURALE

Reggio Calabria è la seconda città su nove città italiane dove è passato il **Treno Verde**, sponsorizzato da Legambiente, per promuovere la sostenibilità ambientale. Tutti i comuni si impegnano a realizzare, entro il 2020, piani di azione per garantire alle città e ai cittadini pratiche semplici e concrete per risparmiare energia.

Source: Legambiente

LEGGIAMO!

Pre-lettura

1. Indicate se siete d'accordo o no con le seguenti affermazioni. Giustificate le vostre risposte.

Sono d'accordo	Non sono d'accordo	
_____	_____	a. Mi piacerebbe cambiare macchina ogni quattro anni.
_____	_____	b. I conservanti e i coloranti non fanno male.
_____	_____	c. Per me è importante acquistare i prodotti del Commercio equo e solidale (*Fair Trade*).
_____	_____	d. Le macchine dovrebbero essere proibite nei centri storici.
_____	_____	e. Il nostro consumo materiale ha conseguenze sugli altri Paesi.
_____	_____	f. Preferisco mangiare cibi locali e biologici.

2. I ragazzi, autori del testo, credono al detto: "Pensare globalmente agire localmente". Siete d'accordo con questo detto? Spiegate.

3. Legambiente è l'associazione ambientalista più diffusa in Italia. È presente in Basilicata in 14 centri. Ci sono associazioni simili nel vostro Paese? Come si chiamano? Cosa fanno per aiutare l'ambiente? Fate parte di un'associazione ambientalista?

4. Come definireste la parola *ambiente*? Scrivete le vostre definizioni.

www.legambiente.it

CAMBIAMBIENTE*

Ma cos'è l'ambiente?

Tutti parlano del problema del degrado° dell'ambiente. Ma non tutti sanno **cos'è l'ambiente**. La risposta più semplice potrebbe essere "la natura", "il verde che ci circonda", ma dietro tutto ciò si cela° una realtà più complessa e della quale l'uomo deve rispettare le regole. **L'ambiente**

°deterioration

°is concealed

*CAMBIAMBIENTE è la rivista dei ragazzi di Legambiente giovani di Potenza.

Galyna Andrushko/Shutterstock.com

è qualcosa che funziona insieme, "un organismo", nel quale un singolo intervento locale ha conseguenze sull'intero sistema. Poiché° i vari elementi sono collegati° tra loro, se si rompe questo equilibrio° il sistema è distrutto o si crea un nuovo equilibrio.

Since / connected

balance

Attualmente il problema dell'inquinamento ha assunto° proporzioni drammatiche. Prima l'estensione delle zone contaminate era molto modesta rispetto alla superficie terrestre°. Ora, invece, sta per raggiungere tutto il pianeta°. Stiamo avvelenando° tutta la Terra. Anche se vediamo il nostro ambiente semplicemente come luogo in cui viviamo, cioè la nostra città (Potenza), il nostro rione° o la nostra scuola, noi siamo parte di un tutto e le nostre azioni possono danneggiare° o sostenere qualcuno e/o qualcosa lontano da noi.

reached

Earth's surface

planet / poisoning

neighborhood

damage

Abbiamo deciso di darci°, come consumatori° "attenti", delle regole per fare la spesa tutti i giorni. Un prodotto che porta a un risparmio economico nell'immediato può avere un costo sociale e ambientale molto alto a lungo termine. Ecco le regole per un bravo consumatore:

give ourselves / consumers

1. Compra di meno (ogni prodotto comporta un invisibile "zaino ecologico°")
2. Compra durevole (non cambiare troppo spesso auto, frigoriferi, mobili)
3. Compra semplice (in genere gli oggetti più sofisticati sono più fragili)
4. Compra vicino (compra prodotti della tua regione)
5. Compra sano (alimenti freschi, di stagione, prodotti biologici)
6. Compra giusto (non prodotti fatti in condizioni sociali inaccettabili)
7. Compra sincero (evita le influenze dei prodotti troppo pubblicizzati)
8. Compra informato (prodotti che danno molte informazioni su come e dove sono fatti)

ecological backpack

👥 Dopo la lettura

1. Ora rileggete la definizione dell'*ambiente* dei ragazzi di Potenza e le vostre definizioni. Sono simili? Sono diverse? Perché? Siete d'accordo con la loro definizione? Dopo aver letto l'articolo, cambiereste la vostra definizione?

2. Siete d'accordo con la frase: "Attualmente il problema dell'inquinamento ha assunto proporzioni drammatiche"? Spiegate.

3. Quali delle regole da consumatori "attenti" seguite già? Quali non seguite e perché?

4. Scrivete due regole per un consumatore attento e condividetele con la classe.

Gli animali e la natura

la foresta

le colline

il falco

l'albero

la montagna

il sentiero

la vegetazione

il fiore

il cavallo

la roccia

le piante

il lago

Il paesaggio della Basilicata è principalmente fatto di montagne e colline. Dalle colline si scende al mare.

Gli animali domestici — Pets
il cane — dog
il gatto — cat
il pesce (i pesci) — fish

La fauna — Wildlife
la capra — goat
il gatto selvatico — wildcat
il lupo — wolf
la mucca — cow
la pecora — sheep
l'uccello — bird

Le indicazioni — Directions
est — east
nord — north
ovest — west
sud — south
centrale — central
meridionale — southern
a nord / a sud di… — (to the) north / south of . . .
settentrionale — northern

I luoghi e la flora — Places and Plant life
la costa — coast
la fattoria — farm (with livestock)

il giardino — yard
il lago — lake
il mare — sea
la masseria — farm (agricultural)
l'orto — (vegetable) garden
la pianura — plain, flat country
la quercia — oak tree
l'ulivo — olive tree

Espressioni idiomatiche — Idiomatic Expressions
Chi dorme non piglia pesci. — The early bird gets the worm. (fig.)
essere forte come un leone — to be as strong as a lion
essere furbo come una volpe — to be as clever as a fox
essere lento come una tartaruga — to be as slow as a turtle
essere solo come un cane — to be as lonely as a dog
essere testardo come un mulo — to be as stubborn as a mule
In bocca al lupo! — Break a leg! Good luck! (fig.)
mangiare come un uccello — to eat like a bird

Pratichiamo!

10-19. Indicazioni. Guarda la mappa della Basilicata all'inizio del capitolo e completa le frasi con la parola corretta.

> settentrionale / sud-ovest / nord-ovest / meridionali / nord-est / sud / sud-est / nord

1. Il parco nazionale del Pollino è a _____ della regione.
2. Matera si trova nel _____ non lontano dalla Puglia.
3. Maratea è nel _____ sul golfo di Policastro.
4. La parte a nord dell'Italia è chiamata anche _____.
5. Melfi è nel _____.
6. Monte Volturino è a _____ di Melfi.
7. La Basilicata e la Calabria sono due regioni _____.

10-20. Indovina la parola! Completa le espressioni idiomatiche con l'animale corretto per scoprire il nome originale della Basilicata.

1. In bocca al ▢ _ _ _

2. Testardo come un _ ▢ _ _ _ _

3. Mangiare come un _ _ ▢ _ _ _ _

4. Essere lento come una _ _ _ _ _ _ _ ▢

5. Essere forte come un _ _ _ ▢ _ _

6. Chi dorme non piglia _ _ _ _ ▢

7. Solo come un _ ▢ _ _

Risposta: La _ _ _ _ _ _ _

10-21. Indovina l'animale! A coppie, per un minuto, studiate il vocabolario degli animali. Poi a turno, e senza guardare la lista, scegliete un animale e chiedete al compagno/alla compagna: "Indovina l'animale che comincia con la lettera *l*". L'altra persona risponde: "Lupo". Se c'è più di un'opzione, il tuo compagno/la tua compagna deve continuare a fare ipotesi fino a quando indovina l'animale a cui tu pensavi.

10-22. Furbo come una volpe. A coppie, inventate una conversazione in cui usate minimo due espressioni idiomatiche. Una delle espressioni sarà la conclusione del dialogo. Poi recitate il dialogo alla classe.

10-23. Le vostre preferenze. In gruppi di tre, rispondete alle seguenti domande e giustificate le vostre risposte dando almeno due motivazioni.

Preferireste…
1. andare in vacanza al mare o al lago?
2. sapere di più della fauna o della flora?
3. lavorare in giardino o nell'orto?
4. passare più tempo in un parco nazionale o sulla costa?

Espressioni idiomatiche italiane con gli animali

Prima di tutto... Cos'è un'espressione idiomatica? Quali sono alcune espressioni idiomatiche in inglese che si usano spesso nella vita quotidiana? Una delle seguenti immagini rappresenta un proverbio inglese e l'altra un'espressione idiomatica inglese. Riesci ad abbinarli ai loro corrispondenti in italiano?

a. Piove a catinelle (*buckets*).
b. Chi dorme non piglia (*catch*) pesci.

1.　　　　　　　　　　　　　　　　　　2.

Davvero?! Come hai visto in questo capitolo, gli italiani hanno molte espressioni idiomatiche che si riferiscono in qualche modo agli animali. Dalle espressioni che hai imparato, qual è la tua espressione idiomatica preferita? Perché ti piace?

Chiacchieriamo un po'! Lavorate a coppie. Usate il vocabolario per creare una nuova espressione idiomatica. Poi scambiate espressioni con un altro gruppo e cercate di indovinare il significato della loro espressione.

🔊 Vieni con me a vedere i Sassi?

Ascolta e/o leggi il dialogo e rispondi alle domande.

Regina e Tommaso sono in Piazza Vittorio Veneto, a Matera, per partecipare alla manifestazione L'Ora della Terra ma anche per incontrare alcuni amici e visitare questa bellissima regione. Adesso sono seduti al tavolino di un bar.

Tommaso: Regina, cosa ti piacerebbe fare in questi giorni?

Regina: **A me** piacerebbe fare un tour notturno dei Sassi. So che è stupendo. E **a te**?

Tommaso: Piacerebbe anche **a me**. E poi vorrei andare al Parco Nazionale del Pollino con i nostri amici. Stasera, quando li vediamo, possiamo anche chiedere **a loro** qualche consiglio su dove andare. Forse vogliono venire **con noi**?

Regina: Oppure posso chiamare Luisa o Giuseppe che vivono qui.

Tommaso: No, non chiamare **lei**, si è appena trasferita qui e non conosce bene questi posti. Giuseppe, invece, è di Matera e sa tutto dei dintorni. Dovremmo chiamare **lui** per un consiglio.

Regina: **Per me** va bene! Ma se loro non vogliono visitare i Sassi, tu vieni **con me**, vero?

Tommaso: Ma certo! Ecco che arriva il cameriere. Cameriere, scusi?

Cameriere: Sì signori, fra un attimo sono **da voi**.

Donatella Melucci

Piazza Vittorio Veneto, nel centro di Matera, offre, su un lato, una meravigliosa vista panoramica della città vecchia. Al centro della piazza, invece, c'è l'accesso a una parte di una città sotterranea di antichissime origini.

Comprensione

Rispondi alle seguenti domande con frasi complete.

1. Che cosa vorrebbe fare Regina in Basilicata?
2. Perché Tommaso vuole chiedere consiglio agli amici?
3. Perché Regina propone di chiamare proprio Giuseppe?
4. Che cosa chiede Regina a Tommaso a proposito della visita ai Sassi?

Osserviamo la struttura!

Nel dialogo sopra, osserva le parole in grassetto e completa le seguenti attività.

1. What characteristics do you notice about the words in bold? Are they placed before or after the verb?
2. Can you tell the difference in the use of the pronouns in the following sentences?
   a. Cosa **ti** piacerebbe fare in questi giorni?
   b. **A me** piacerebbe fare un tour notturno dei Sassi. E **a te**?
3. Why do you think Tommaso used **lei** and **lui** in the following sentences instead of using the *direct object pronouns* **lo** and **la** before the verb?

   Non chiamare **lei**. Dovremmo chiamare **lui** per un consiglio.

NOTA CULTURALE

L'**Ora della Terra** è un evento che si svolge non solo in Basilicata ma anche in molte città di tutto il mondo. Per un minuto, monumenti, piazze e strade spengono le luci per esprimere la loro solidarietà sulla difesa dell'ambiente.

arindambanerjee/Shutterstock.com

STRUTTURA 3

Pronomi tonici (Stressed pronouns)

A. The **pronomi tonici** (*stressed pronouns*) are object pronouns that are usually placed after a preposition.

Oggi vado al cinema. Vieni con **me**?	*Today I'm going to the movies. Will you come with me?*
Possiamo chiedere a **loro** qualche consiglio.	*We can ask them for some advice.*

The following table shows the **pronomi tonici**.

Venite con noi a visitare la Basilicata!

Pronomi tonici			
me	*me*	**noi**	*us*
te / Lei	*you / you* (formal)	**voi**	*you* (pl.)
lui	*him*	**loro**	*them*
lei	*her*		
sé	*himself / herself*		

B. The **pronomi tonici** are also used instead of the direct and indirect object pronouns learned in **Capitoli 5** and **6**[2] to express greater emphasis on the *object* of the verb or to make a distinction between two object pronouns. Notice that **pronomi tonici** always refer to people and that they are placed after either a verb or a preposition.

Cosa ti piacerebbe fare?	*What would you like to do?*
A me piacerebbe fare un tour notturno dei Sassi. E **a te**?	*I would like to take a night tour of Sassi. And **you**?*
Forse Luisa o Giuseppe ci possono dare un consiglio. Li chiamo?	*Perhaps Luisa or Giuseppe can give us some advice? Should I call them?*
No, non chiamare **lei**.	*No, don't call **her**.*
Dovremmo chiamare **lui** invece.	*We should **call** him instead.*

Tanti auguri a **te**,

tanti auguri a **te**,

tanti auguri a **te**

e la torta **a me**!

Pavel Ivashechkin/Shutterstock.com

[2]Direct and indirect object pronouns learned in **Capitoli 5** and **6** are called *unstressed* (**atoni**) because there is no emphasis on the object of the verb.

Pratichiamo!

10-24. Dov'è la risposta? Leggi le domande della colonna A e trova le risposte nella colonna B.

A

1. _____ Posso lasciare il cane a casa tua se parto?
2. _____ Andate allo zoo con Luisa e Giuseppe?
3. _____ Se hai bisogno di aiuto, chiami noi o Marco?
4. _____ Volete dei funghi nell'insalata?
5. _____ Regaliamo una pianta a Regina?
6. _____ Tommaso terrà il gatto che ha trovato per strada?
7. _____ Noi ordiniamo la focaccia, e per Tommaso?
8. _____ Cosa mi consigliate di vedere a Matera?

B

a. A lei proprio no, non ha il pollice verde.
b. Purtroppo non può tenerlo per sé, è allergico.
c. A te piacerebbe molto "Sassi by Night".
d. Sì, ci andiamo con loro.
e. No grazie, a noi non piacciono.
f. Certo, portalo pure da me!
g. Chiamo voi perché siete più vicini.
h. Anche per lui, è la sua preferita.

10-25. Parliamo con voi! Completa le seguenti frasi con i **pronomi tonici**.

1. Ho due biglietti per il parco nazionale. Vorresti venire con _____?
2. — Ragazzi, io vorrei andare a Maratea oggi, e voi?
   — Anche a _____ piacerebbe molto andare a Maratea. Andiamo tutti insieme!
3. — Chiamo Paolo o Luisa per chiedere consigli su cosa vedere in Basilicata?
   — Chiama _____ (a) perché è più informato. Se chiami _____ (b) forse è impegnata e non risponde.
4. — C'è tanta gente stasera in piazza per "Sassi by Night". Riesci a vedere Paolo e Stefania?
   — Non vedo _____, ma vedo Giuseppe.
5. — Invitiamo Giuseppe e Marco per andare al Maratea Outdoor Festival?
   — No, loro non possono venire con _____ (a). Hanno un altro impegno. Non viene nemmeno Paolo. Lui è un egoista e pensa solo a _____ (b).
6. Io prendo un caffè al bar. Ragazzi, _____ per che cosa ordino?

10-26. A chi? Per chi? Non sento! Durante la Festa dell'Albero c'è molto rumore (*noise*) e molti chiedono di ripetere o specificare per capire meglio. Riscrivi le seguenti frasi sostituendo il pronome in grassetto con il **pronome tonico**.

Esempio   Da**lle** il numero di telefono.
          *Da' il numero di telefono **a lei**.*

1. Manda**mi** il tuo indirizzo via mail.
2. Di**gli** a che ora devi partire, così viene a salutarti.
3. Regalia**mole** una plantina.
4. Porta**ci** il cane a casa se devi partire.
5. Scrive**temi** una cartolina.
6. Ordina**tegli** un caffè. Sono stanchi.
7. Chiama**mi** se hai bisogno.
8. Comprate**vi** un souvenir della Basilicata.

NOTA CULTURALE

La Festa dell'Albero è un evento che si svolge ogni anno nelle piazze della Basilicata per evitare la distruzione degli alberi. In questa occasione, tantissime piantine sono distribuite a grandi e bambini che poi le piantano nelle loro città. Un'azione per dare un piccolo ma significativo contributo al pianeta.

iStock.com/aluxum

10-27. Siamo simili o diversi? A coppie, fate domande su quello che vi piace o non vi piace. Potete parlare di corsi all'università, libri, musica, animali, piante, ecc. Indicate almeno cinque cose ciascuno. Poi riferite i risultati alla classe. Usate le parole **anche** (*also*), o **neanche** (*neither*) e **invece** (*instead*).

Esempio   **S1:** *A me piace il corso d'italiano. E a te?*

             S2: <u>Anche</u> *a me piace molto.* o *No, a me non piace.*

             o

             S1: *A me non piace il corso d'italiano. E a te?*

             S2: <u>Neanche</u> *a me piace.* o <u>Invece</u> *a me piace.*

10-28. A chi lo chiederesti e perché? A coppie, chiedete al vostro compagno/alla vostra compagna cosa farebbe in queste situazioni. Chiedereste un favore a qualcuno? A chi? E perché proprio a loro e non ad altri? Create anche altre situazioni. Rispondete con i pronomi tonici. Poi riferite i risultati alla classe.

1. Devi partire ma non sai a chi lasciare il tuo cane / gatto / uccello / pesce o le tue piante. A chi lo chiederesti? Cominciate con le seguenti opzioni e poi create frasi con opzioni a vostra scelta.
   a. i tuoi genitori
   b. il tuo compagno / la tua compagna di stanza
2. Trovi un cane o un gatto abbandonato per strada. Cosa faresti?
   a. Lo tieni per te
   b. Lo dai a un amico / un parente

> **NOTA CULTURALE**
>
>
> Il **Parco delle Piccole Dolomiti Lucane** protegge, oltre a una rigogliosa flora, un importante patrimonio faunistico: il territorio è infatti animato da bellissimi esemplari di **gatto selvatico** e **lupo**.

sergioboccardo/Shutterstock.com

10-29. A voi cosa piacerebbe fare? In gruppo, scoprite a chi dei vostri compagni piacerebbe fare le cose indicate qui sotto e altre create da voi. Poi riferite alla classe nel seguente modo.

Esempio   *John e Mary hanno detto che a loro piacerebbe vivere in Basilicata. Mark invece ha detto che a lui...*

	Nome	Nome	Nome
1. visitare o vivere in Basilicata o in Calabria			
2. avere una fattoria con tanti animali			
3. coltivare piante			
4. lavorare in uno zoo			
5. pescare nel Mediterraneo			
6. lavorare per la difesa dell'ambiente			

🔊 Le mie foto sono più belle delle tue!

Ascolta e/o leggi il dialogo e rispondi alle domande.

Tommaso e Regina sono seduti in Piazza Buraglia a Maratea e guardano alcune foto del viaggio.

Regina: Com'è bella questa foto della spiaggia di Maratea. Il mare è azzurro **come** il cielo e l'acqua è limpida **come** il cristallo. Ma perché le tue foto sono sempre **più** belle **delle** mie?

Tommaso: Beh, perché io sono un fotografo **più** bravo **di** te!

Regina: Davvero? Sicuramente sei **meno** modesto **di** me! O forse la tua macchina fotografica è **migliore della** mia.

Tommaso: Dai, scherzavo! Ma a proposito di paragoni, secondo te, la Basilicata è **più** bella **della** Calabria?

Regina: Mah, veramente non saprei. Sono due regioni simili ma anche diverse. Per esempio in Calabria c'è **più** mare **che** montagna. Ci sono alcune cose **più** belle in Calabria **che** in Basilicata e viceversa. E tu diresti che Piazza Buraglia è **più** bella o **meno** bella di Piazza del Sedile a Matera?

Tommaso: Hai ragione, sono **tanto** belle **quanto** diverse e non possiamo fare un paragone.

Regina: È vero. Ci resta da visitare la parte del Parco Nazionale del Pollino che si trova in Basilicata e possiamo vedere se il parco della Basilicata è **più** bello **di** quello in Calabria. Dai, andiamo! È **più** divertente visitare i posti **che** guardare le foto!

Robin Chapman/Alamy Stock Photo

Piazza Buraglia è il punto d'incontro serale dei turisti e della gente locale/del posto. Da questa piazza partono delle escursioni sui sentieri che permettono di conoscere le caratteristiche e meraviglie di Maratea.

Comprensione

Rispondi alle seguenti domande con frasi complete.

1. Di che colore sono il mare e il cielo nella foto di Maratea?
2. Quali possono essere le ragioni per cui le foto di Tommaso sono più belle di quelle di Regina?
3. Come descrive Regina la Basilicata e la Calabria? È possibile fare un paragone? Perché?
4. Cosa dice Tommaso di Piazza Buraglia e Piazza del Sedile?

Osserviamo la struttura!

Nel dialogo sopra, osserva le parole in grassetto e completa le seguenti attività.

1. The following sentences express comparisons. Can you indicate which expresses *more than*, *less than*, and *equal to*?
   a. Il mare è azzurro **come il cielo**. _____
   b. Io sono un fotografo **più bravo di te**. _____
   c. Tu sei **meno modesto di me**. _____
2. Indicate how to say the following expressions in Italian:
   (as . . .) as:_____   more . . . than:_____   less . . . than:_____
3. In the dialogue, two different ways of expressing *than* are used. Can you find examples of each?

NOTA CULTURALE

Tra le spiagge più eleganti della Basilicata c'è la **Marina di Maratea** sulla costa tirrenica. Questa costa alta e rocciosa è circondata da montagne. È ideale per chi ama fare gli sport subacquei e godersi l'acqua pulita. I turisti possono prendere le barche a noleggio per visitare delle bellissime grotte marine.

Mi.Ti./Shutterstock.com

Comparativi (*Comparatives*)

The **comparativi** (*comparatives*) are used to compare two items (nouns, adjectives, verbs, and adverbs). Comparisons can be of **maggioranza** (*more . . . than*), **minoranza** (*less . . . than*), or **ugualianza** (*as . . . as*).

Il proprietario della salumeria il Buongustaio, a Matera, mostra un tipico formaggio della Basilicata, il **caciocavallo podolico**, che è **più** raro **di** altri formaggi e anche **più** costoso. Chi vive in Basilicata può trovare questo formaggio **più** facilmente **delle** persone che vivono al nord.

Donatella Melucci

A. To compare <u>quality</u>, the Italian **comparativo** is formed as follows:

• comparativo di **maggioranza**:	**più** (*more*) + adjective + **di** (*than*)
• comparativo di **minoranza**:	**meno** (*less*) + adjective + **di** (*than*)
• comparativo di **uguaglianza**:	(**così**) (*as*) + adjective + **come** (*as*) or (**tanto**) (*as*) + adjective + **quanto** (*as*) + adjective

Notice that, when comparing <u>qualities</u>, the words **più, meno, così, come, tanto,** and **quanto** are invariable. The preposition **di** can form a compound preposition with the article of the noun it precedes.

Io sono **più** bravo **di** te.	*I am **more** talented **than** you (are).*
Le mie foto sono **più** belle **delle** tue.	*My pictures are nicer **than** yours.*
Tu sei **meno** modesto **di** me.	*You are **less** modest **than** I (am).*
Il mare è (**così**)[3] azzurro **come** il cielo.	*The sea is **as** blue **as** the sky.*
Le due piazze sono (**tanto**) belle **quanto** diverse.	*The two piazzas are **as** beautiful **as** they are different.*

B. When comparing <u>quantity</u>, the expressions **più** (*noun*) **che** and **meno** (*noun*) **che** are used to form the **comparativo di maggioranza** or the **comparativo di minoranza**.

In Basilicata ci sono **più** fiumi **che** laghi.	*In Basilicata there are more rivers than lakes.*
In Calabria ci sono **meno** montagne **che** spiagge.	*In Calabria there are fewer mountains than beaches.*

To compare <u>quantity</u> using the **comparativo di uguaglianza,** the expressions **tanto** and **quanto** (*as much . . . as / as many . . . as*) must agree in gender and number with the nouns they refer to.

Al Buongustaio Regina compra **tanta**[4] pasta **quanto** formaggio.	*At Buongustaio Regina buys **as much** pasta as cheese.*
In Basilicata, Tommaso ha **tanti** amici **quante** amiche.	*In Basilicata, Tommaso has **as many** male friends **as** female friends.*

[3]Notice that when comparing <u>qualities</u> using the **comparativo di uguaglianza,** the words **tanto** and **così** are optional.
[4]When comparing <u>quantities</u> using the **comparativo di uguaglianza,** the words **tanto** and **così** must be used.

Comparativi irregolari

A. The following adjectives have their own distinct form of the **comparativo**. However, it is also common to use the construction learned above, **più** + *adjective*.

Aggettivo		Comparativo	
buono	*good*	**migliore** (più buono)	*better*
cattivo / brutto	*bad*	**peggiore** (più cattivo / brutto)	*worse*
grande	*big*	**maggiore** (più grande)	*bigger / more*
piccolo	*small*	**minore** (più piccolo)	*smaller / less*

La tua macchina fotografica è **migliore** della mia.
La popolazione in Calabria è **maggiore** (più grande) di quella in Basilicata.

*Your camera is **better** than mine.*
The population is greater in Calabria than (that) in Basilicata.

B. The comparatives of the adverbs **bene** and **male** are **meglio** (*better*) and **peggio** (*worse*), respectively.

Come stai oggi, **meglio** o **peggio**?
Mi sento **meglio**, grazie.

*How do you feel today, **better** or **worse**?*
*I feel **better**, thank you.*

Che o di?

Che (*than*) is used instead of the preposition **di** in the following cases:

- Comparing the **quantity** of **two nouns**:
  In Calabria ci sono più <u>spiagge</u> **che** <u>montagne</u>.

  *In Calabria there are more beaches **than** mountains.*

- Comparing **two qualities of the same noun**:
  La Calabria è più <u>lunga</u> **che** <u>larga</u>.

  *Calabria is longer **than** it is wide.*

- Before a **preposition**:
  Ci sono più città <u>in</u> Calabria **che** <u>in</u> Basilicata.

  *There are more cities in Calabria **than** in Basilicata.*

- Comparing **two infinitives**:
  Il film *Basilicata coast to coast* è bellissimo, ma è meglio <u>visitare</u> la Basilicata **che** <u>vederla</u> in un film.

  *The movie Basilicata Coast to Coast is very beautiful, but it is better to visit Basilicata **than** to see it in a movie.*

Basilicata coast to coast (2010) è una bellissima commedia diretta e interpretata da Rocco Papaleo. Il film racconta le avventure di un gruppo di amici musicisti che attraversano a piedi la Basilicata per partecipare ad un festival del teatro e della canzone. Il film ha ricevuto molti premi tra i quali tre David di Donatello, per migliore regista esordiente, migliore colonna sonora e migliore canzone originale.

Eagle Pictures

STRUTTURA 4

Pratichiamo!

10-30. Paragoni. Completa le seguenti frasi usando i **comparativi di maggioranza, minoranza** o **uguaglianza**.

Esempio   Le foto di Tommaso sono molto belle. Le foto di Regina non lo sono.
Le foto di Tommaso sono *più belle **delle** foto di Regina.*

1. Tommaso ha 28 anni. Regina ne ha 26. *Tommaso è…*
2. La Basilicata si trova al Sud e anche la Calabria. *La Basilicata si trova…*
3. Io non sono paziente, ma tu sei molto paziente. *Io sono…*
4. La quercia è un albero molto alto. L'ulivo non lo è. *La quercia è…*
5. I calabresi sono simpatici e anche i lucani. *I calabresi sono…*
6. Tommaso è gentile e divertente. *Tommaso è…*
7. Nella fattoria ci sono cinque mucche e cinque capre. *Nella fattoria ci sono…*
8. La mucca fa molto latte. La capra non ne fa molto. *La mucca fa…*

> **NOTA CULTURALE**
>
>
> **Basilicata in Tir** porta in giro per le piazze italiane le principali attrazioni turistiche della Basilicata, le sue bellezze, la gastronomia, il suo straordinario fascino, con semplicità e passione.
>
> *Basilicata in Tir*

10-31. Di o che? Completa le seguenti frasi con **che** o **di** (o **di** + *articolo*).

1. In Basilicata ci sono più montagne _____ colline.
2. Potenza è più grande _____ Catanzaro.
3. Il clima della Calabria è più freddo _____ caldo.
4. È più bello visitare la Basilicata _____ conoscerla attraverso Basilicata in Tir, anche se questo è molto interessante.
5. La Basilicata è meno popolata _____ Calabria.
6. Ci sono meno colline in Basilicata _____ in Calabria.
7. La Calabria è più lunga _____ larga.
8. Il Parco Nazionale del Pollino è più grande _____ Parco Nazionale d'Abruzzo.

10-32. Avverbio o aggettivo? Scegli la parola (comparativo di avverbio / aggettivo) che completa le seguenti frasi.

1. La popolazione della Basilicata è (*meglio / minore*) di quella della Calabria.
2. Per chi non ama il freddo, il clima in Basilicata in inverno è (*meglio / peggiore*) di quello della Calabria dove la temperatura è più calda.
3. La superficie della Calabria è (*meglio / maggiore*) di quella della Basilicata.
4. Se ti piace il mare, è (*meglio / migliore*) andare in vacanza in Calabria in estate.
5. La qualità ambientale a Maratea è (*meglio / migliore*) di molti posti del resto d'Italia.
6. In Basilicata, l'area che si affaccia al mare è (*peggio / minore*) di quella della Calabria.
7. È (*meglio / migliore*) mangiare frutta e verdura di stagione che mangiare prodotti surgelati (*frozen*).
8. Secondo te, la cucina calabrese è (*meglio / migliore*) o (*peggio / peggiore*) di quella lucana?

10-33. Paragoniamo Basilicata e Calabria. A turno, fate almeno sei paragoni tra la Basilicata e la Calabria con le informazioni date. Usate aggettivi e avverbi.

	Basilicata	Calabria
Superficie kmq	9.992 47% montagna 45% collina 8% pianura	15.080 42% montagna 49% collina 9% pianura
Popolazione*	587.517	2.011.395
Capoluoghi di Provincia	Matera, Potenza	Catanzaro, Cosenza, Crotone, Reggio Calabria, Vibo Valentia
Fiumi	Bradano, Basento, Agri, Sinni	Crati, Neto
Laghi	Lago di Monticchio	0
Clima	Continentale (freddo)	Mediterraneo (mite)
Posizione in Italia	Sud	Sud

*Dati Istat 2010

10-34. Questione di gusti (*A matter of taste*). A coppie, chiedete al compagno/alla compagna di fare paragoni e poi spiegate il motivo della vostra preferenza. Fate almeno cinque paragoni ciascuno e variate tra cose che vi piacciono di più, di meno o allo stesso modo. Alcuni paragoni possono essere:

il caffè espresso / il caffè americano / il mare / la montagna / i cani / i gatti / tu / la vostra città / la città in cui studiate / il tuo compagno di stanza / la tua compagna di stanza

10-35. Paragoniamo l'Italia e gli Stati Uniti. In gruppo, fate una lista di paragoni tra l'Italia e gli Stati Uniti. Alcuni paragoni possono essere:

la cucina / l'arte / la musica / il cinema / l'ambiente / le piazze / le spiagge

Paragonate i risultati con gli altri gruppi per vedere quale gruppo ha trovato più paragoni degli altri.

Insieme in Piazza

Scegliete una delle seguenti situazioni e create una conversazione con il compagno/la compagna. Ricordate di usare le strutture imparate nel capitolo, ma non limitatevi solo a quelle.

Scena 1: Tu e un tuo amico/una tua amica siete appena arrivati in Calabria (o in Basilicata) e siete in una bella piazza. Avete solo una settimana da passare in questi posti. Non avete organizzato niente quindi insieme ai vostri amici dovete decidere cosa vorreste, dovreste e potreste fare nei pochi giorni del vostro soggiorno. Quali posti vorreste visitare? Che cosa vorreste mangiare? Entrate nei bar, nelle focaccerie, nei ristoranti e ordinate qualcosa con cortesia, naturalmente.

Scena 2: Tu e un tuo amico/una tua amica siete alla fine del vostro viaggio in Basilicata o in Calabria. Seduti a un tavolino di un bar, guardate le vostre foto, i ricordi che porterete con voi. Fate commenti e paragoni sui posti che avete visitato, quello che avete visto, quello che avete mangiato, quello che vi è piaciuto e quello che non vi è piaciuto. Che cosa avreste fatto di diverso? In un futuro viaggio in queste regioni, quali posti visitereste che non avete visto durante questo viaggio e in quali ritornereste (o no) e perché?

Scena 3: Create la vostra situazione in uno dei posti visitati nel capitolo.

Presentazioni orali

A coppie, preparate una breve presentazione orale su uno dei seguenti argomenti. Ecco alcuni suggerimenti oppure decidete voi l'argomento della vostra ricerca.

2. Questo è il pane tipico della Basilicata. Ricerca i prodotti e i piatti tipici della Basilicata.

1. Fai una ricerca su un personaggio famoso della Calabria come, ad esempio, Donatella Versace.

3. Trova delle informazioni storiche del Castello di Melfi e informazioni per fare una visita al castello.

Scriviamo!

In questo esercizio parteciperai al Festival delle lettere in onore della **Giornata Mondiale dell'Ambiente**. Scriverai una lettera facendo finta di essere un personaggio / una persona venuta da un altro pianeta.

> **Writing Strategy: Writing a formal letter**
> You may have occasion to write a formal letter in Italian, whether to a hotel, a school you might want to attend, a government official, or to anyone with whom you would normally use the "**Lei**" form. Letters in Italian are similar to those in English as far as order of content, but there are some differences in format.
>
> ❯ The name of the city that you are writing from is listed before the date: *Los Angeles, 13 marzo 2014.*
> ❯ The first letter of the first sentence after the salutation is not capitalized.

1. Brainstorming

Scegli un pianeta che preferisci (**Marte, Venere, Mercurio,** ecc.) e fai finta di essere un personaggio / una persona venuta da quel pianeta. Scrivi al **Ministro dell'Ambiente** raccontandogli quello che hai osservato della Terra dal tuo pianeta ed esprimi le tue preoccupazioni. Dai alcuni suggerimenti (almeno quattro) di un sistema sostenibile per un ambiente più sano nel futuro e invita il Ministro a condividere i tuoi suggerimenti nel prossimo Summit G-8.

Prof. Francesco Leardini
Via Cristoforo Colombo, 44
Roma, Italia

Los Angeles, 13 marzo 2014

Oggetto: Il pianeta Terra

Gentile professore,

(Introduzione) con grande piacere partecipo...

(Parte centrale) _____

_____

(Conclusione) _____

Distinti saluti,

Michele Bertini

2. Organizzazione

Studia gli elementi del formato di una lettera in italiano. Poi scrivi i suggerimenti al Ministro e invitalo a condividerli nel prossimo Summit G-8. Aggiungi qualche idea per l'introduzione, la parte centrale e la conclusione della lettera.

3. Scrittura libera

Scrivi 12–14 frasi per descrivere le tue idee e per convincere il destinatario a svilupparle. Includi la tua interpretazione del concetto di sostenibilità, non solo verso l'ambiente, ma anche come valore universale. Segui il formato della lettera suggerito qui sotto.

4. Prima correzione

Scambiate le frasi con un compagno/una compagna e fate correzioni. Rispondete alle seguenti domande.

  a. Ha scritto un'introduzione per attirare il lettore?
  b. Ha elencato quattro motivi per sostenere un ambiente più sano?
  c. La conclusione incoraggia il destinatario a fare qualcosa per salvare la Terra?

5. Finale

Un ambiente sostenibile. Completa tutte le parti della tua lettera formale. La lettera vincitrice sarà premiata!

● L'ambiente e la natura

Prima della visione

A. La signora Anna e il suo cane. Abbina le parole della colonna a sinistra alle definizioni della colonna a destra.

1. padrone	a.	affezionato
2. pensione	b.	allegro e che ha voglia di giocare
3. attaccato	c.	zona dove i cani corrono liberi
4. giocoso	d.	alloggio, posto dove ci si può fermare
5. guinzaglio	e.	persona che possiede (*has*) un animale
6. sguinzagliatoio	f.	striscia o catena per non far scappare il cane

B. I consigli di Matteo. Completa il brano con le seguenti parole o frasi.

macchine / meglio / più / potrebbero / proteggere / raccolta / riciclaggio / sarebbe

Per (1)_____ l'ambiente sicuramente bisognerà utilizzare le (2)_____ elettriche nel prossimo futuro e ancora (3)_____ sarebbe creare l'energia elettrica proprio nelle proprie case per i propri bisogni personali. E invece per l'ecologia in generale la (4)_____ differenziata deve essere (5) _____ diffusa.

Poi bisogna far conoscere meglio le stazioni ecologiche a tutti gli italiani. E questo (6)_____ un piccolo passo che potrebbero far tutti al fine di aumentare la proporzione di (7)_____ di tutti gli elementi come la carta e il vetro. E questo sarebbe un piccolo sforzo che (8) _____ fare tutti in maniera diffusa.

Durante la visione

Guarda il video due volte. La prima volta, fai attenzione al significato generale. La seconda volta, completa le seguenti attività.

C. Di cosa parlano? Abbina le persone con l'argomento di cui parlano.

1. Matteo	a.	zone dedicate agli animali
2. Giada	b.	energia alternativa e riciclaggio
3. La signora Anna	c.	maggiore informazione a tutte le età

D. A chi si riferisce? Indica con una X le persone a cui queste cose si riferiscono.

	Matteo	Giada	La signora Anna
1. Crede nell'uso dell'energia elettrica.			
2. Spiega cosa sono gli sguinzagliatoi.			
3. La gente dovrebbe capire che proteggere la natura aiuta anche le persone.			
4. Si dovrebbe riciclare di più.			
5. È allergica ai gatti.			
6. Conosce una pensione per animali.			
7. Preferirebbe essere più a contatto con la natura.			

Dopo la visione

E. Comprensione. Rispondi alle seguenti domande con frasi complete.

1. Cosa vorrebbe fare Matteo durante i suoi fine settimana?

2. Cosa suggerisce di fare Matteo per proteggere l'ambiente?

3. Qual è il messaggio che Giada cerca di dare quando parla di "piccoli e grandi"?

4. Perché, secondo Giada, il nostro stile di vita causa problemi all'ambiente?

5. La signora Anna preferisce i cani o i gatti e perché?

6. Dove si possono trovare più parchi e zone dedicate agli animali?

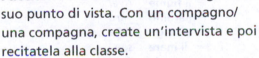 **F. Facciamo un'intervista!** Immagina di intervistare Giada e di chiederle dei chiarimenti sul suo punto di vista. Con un compagno/una compagna, create un'intervista e poi recitatela alla classe.

I materiali da riciclare — *Recyclable Items*

l'alluminio	*aluminum*
la carta	*paper*
il cartone	*cardboard*
il metallo	*metal*
la pila	*battery*
la plastica	*plastic*
il vetro	*glass*

L'ambiente — *Environment*

l'alluvione	*flood*
l'ambientalista (*m./f.*)	*environmentalist*
l'ambiente	*environment*
il bidone	*bin*
il buco dell'ozono	*hole in the ozone layer*
la conservazione	*conservation*
il disboscamento	*deforestation*
l'energia alternativa	*alternative energy*
l'energia nucleare	*nuclear energy*
i giornali	*newspapers*
l'immondizia	*trash, garbage*
l'incendio	*fire*
indifferenziato	*other recyclables*
l'industria	*industry*
l'inquinamento (atmosferico)	*(atmospheric) pollution*
i prodotti sintetici	*synthetic products*
il riciclaggio	*recycling*
i rifiuti organici	*organic waste, compost*
i rifiuti tossici	*toxic waste*
le risorse naturali	*natural resources*
lo smog	*smog*
la sostenibilità	*sustainability*
il territorio	*territory*
la valanga (di fango)	*avalanche (mudslide)*

Espressioni utili — *Useful Expressions*

fare la raccolta differenziata	*to sort recyclables*
non disperdere nell'ambiente	*don't litter*

Gli animali domestici — *Pets*

il cane	*dog*
il gatto	*cat*
il pesce (i pesci)	*fish*

La fauna — *Wildlife*

la capra	*goat*
il cavallo	*horse*
il falco	*falcon*
il gatto selvatico	*wildcat*
il lupo	*wolf*
la mucca	*cow*
la pecora	*sheep*
l'uccello	*bird*

La flora — *Plant Life*

l'albero	*tree*
il fiore	*flower*
la pianta	*plant*
la quercia	*oak tree*
l'ulivo	*olive tree*
la vegetazione	*vegetation*

Indicazioni — *Directions*

nord	*north*
sud	*south*
est	*east*
ovest	*west*
a nord / sud di...	*(to the) north / south of . . .*
settentrionale	*northern*
centrale	*central*
meridionale	*southern*

I luoghi — *Places*

l'area protetta	*protected area*
il bosco	*woods*
la collina	*hill*
la costa	*coast*
la fattoria	*farm (with livestock)*
la foresta	*forest*
il fiume	*river*
il giardino	*yard*
il lago	*lake*
il mare	*sea*
la masseria	*farm (agricultural)*
la montagna	*mountain*
la pianura	*plain, flat country*
l'orto	*(vegetable) garden*
il parco nazionale	*national park*
la roccia	*rock, crag*
il sentiero	*trail*
il torrente	*torrent, stream*

I verbi — *Verbs*

buttare (via)	*to throw (away)*
combattere	*to fight*
difendere	*to defend*
disperdere	*to litter*
distruggere	*to destroy*
incentivare	*to incentivize / to provide an incentive*
pescare	*to fish*
piantare	*to plant*
potare	*to prune*

promuovere	to promote	essere forte come un leone	to be as strong as a lion
proteggere	to protect	essere furbo come una volpe	to be as clever as a fox
raccogliere	to gather	essere lento come una tartaruga	to be as slow as a turtle
ricaricare	to refill / to reload	essere solo come un cane	to be as lonely as a dog
riciclare	to recycle	essere testardo come un mulo	to be as stubborn as a mule
ridurre	to reduce	In bocca al lupo!	Break a leg! Good luck! (fig.)
rispettare	to respect	mangiare come un uccello	to eat like a bird
scavare	to dig / to excavate		
sensibilizzare	to raise awareness of		
sviluppare	to develop		

Espressioni idiomatiche
Idiomatic Expressions

Chi dorme non piglia pesci. *The early bird gets the worm. (fig.)*

CAPITOLO 11

LEARNING STRATEGY

Making Listening Easier

Sometimes, when listening to your instructor (or a native speaker) speaking in the target language, you can freeze up and totally miss the meaning. Follow these steps in class to improve your comprehension:

- Make sure that there are no distractions (cell phones, papers to shuffle, wandering mind, etc.).
- Focus your attention entirely on the instructor—including his/her movements, gestures, and facial expressions, not just the words he/she is speaking.
- Sit towards the front of the classroom.

All of these steps will make it easier to make eye contact with the speaker and to pay attention to his or her non-verbal cues. Remember that you don't need to understand every word that is being said. If you fail to catch something, let it go and keep pace with the speaker. Relax and listen for the main point.

MODA E TECNOLOGIA S'INCONTRANO IN PIAZZA

A Vigevano, a un'ora di strada da Milano, si trova Piazza Ducale, probabilmente il più tipico esempio di piazza rinascimentale d'Italia. Il grande maestro Arturo Toscanini la paragonava a una sinfonia musicale, perché è simile ai quattro movimenti delle sinfonie.

Fausto Fiori/Dreamstime.com

COMMUNICATIVE GOALS

> Talk about contemporary society and fashion

> Talk about technology: computers, text messaging, social networks

> Express opinions about new technologies

> Express opinions about "the best" or "the worst"

Risorse Audio Video ❖ MINDTAP

La Lombardia e la Liguria

❯ La Lombardia è una regione in cui coesistono il passato, il presente e il futuro: il passato per la storia e le tradizioni, il presente per il commercio e l'economia e il futuro per gli sviluppi tecnologici.

❯ Genova, il capoluogo della Liguria, è il punto d'incontro tra le due riviere: la Riviera di Ponente e la Riviera di Levante.

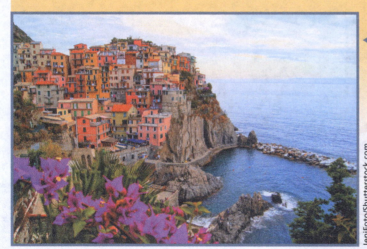

JeniFoto/Shutterstock.com

◀ **Il Parco Nazionale delle Cinque Terre,** in Liguria, è un territorio fatto di terrazzi e muretti per coltivare le viti (*grapevines*). Ci sono molti percorsi da fare a piedi, tra cui la famosa "Via dell'amore", che va lungo il mare tra Riomaggiore e Manarola.

In Liguria, tra Camogli e Portofino, si può ▶ arrivare alla piccola baia (*bay*) di **San Fruttuoso di Capodimonte** solo via mare oppure a piedi seguendo un sentiero roccioso. Nella baia c'è l'Abbazia di San Fruttuoso, costruita intorno alla seconda metà del decimo secolo. Spesso l'attrazione principale di questo posto è la statua del Cristo degli Abissi, che si trova immersa nel mare.

Francesco Bonino/Shutterstock.com

Andiamo in piazza!

Piazza del Duomo è il simbolo di Milano. Qui il turista vede la magnificenza della basilica gotica e gli abitanti trovano il punto del quotidiano milanese. Come molte piazze, è un luogo di eventi tipici come concerti, feste tradizionali, manifestazioni politiche e religiose, ma anche sfilate di moda.

Piazza De Ferrari è uno dei luoghi simbolici di Genova e anche un luogo di ritrovo per i giovani genovesi. Pochi sanno che Genova è la "patria" dei *blue jeans*. Infatti, la parola *jeans* deriva da *Gênes*, il nome francese per Genova. I *bleu de Gênes* sono i famosi *blue jeans* che i lavoratori del porto di Genova indossavano nel 1500.

La tecnologia e la moda

lo stilista

la modella

il capo firmato

lo schermo

il microfono

l'applicazione

il portatile /
il computer

il cavo

il mouse

la tastiera

La tecnologia e la moda uniscono cultura e progresso.

Il computer	*Computer*
la chiavetta	*flash drive*
il sito Web	*website*
il tasto	*key (on a keyboard)*

La moda	*Fashion*
la borsa	*purse*
la cinta	*belt*
la cravatta	*tie*
il design	*design*
il foulard / la sciarpa	*scarf*
il marchio / la firma	*brand name*
la passerella	*runway*
il portafoglio	*wallet*
la sfilata	*fashion show*
i tacchi alti / bassi	*high / low heels*
la tecnica	*technique*
il tessuto	*fabric*

La tecnologia	*Technology*
la grafica	*graphics*
l'innovazione	*innovation*
l'invenzione	*invention*
la rete / il Web	*network, Web*
il tecnico	*technician*

Gli aggettivi	*Adjectives*
interattivo	*interactive*
multimediale	*multimedia*
tecnologico	*technological*
virtuale	*virtual*

I verbi	*Verbs*
bloccarsi	*to freeze (technology)*
cercare	*to look for*
cliccare	*to click*
collegare / collegarsi	*to connect*
funzionare	*to work / to function*
navigare su Internet	*to surf the Internet*
riparare	*to fix*
stampare	*to print*
trasmettere	*to broadcast*
unire	*to unite / join together*

Espressioni utili	*Useful Expressions*
va / vanno di moda	*it is / they are trendy*
è / sono di moda	*it is / they are in style*
essere fuori moda	*to be out of style*
essere / vestire alla moda	*to be fashionable / trendy*

Pratichiamo!

11-1. Tutti su Internet! Completa le seguenti frasi con il verbo, il tempo e la coniugazione giusta.

> bloccarsi / navigare / collegarsi / funzionare / stampare / unire

1. Ieri il computer _____ e non sono riuscita più a lavorare.
2. Io non _____ mai i disegni. Li salvo sul computer.
3. Mario passa troppe ore a _____ su Internet. Non potrebbe fare altro?
4. Voi _____ con il Wi-Fi gratuito?
5. Se le compagnie _____ la moda alla tecnologia, i loro design saranno stupendi.
6. Il Mac _____ meglio per fare la grafica?

11-2. L'intruso. Cancella la parola che non appartiene alla categoria.

1. il mouse   il tasto   il tessuto   lo schermo
2. il sito Web   la rete   la chiavetta   navigare su Internet
3. l'invenzione   il foulard   la sfilata   la modella
4. il marchio   l'applicazione   il capo firmato   il design
5. la borsa   la cinta   il portafoglio   la cravatta
6. i tacchi   il portatile   il microfono   la tastiera

11-3. Fashion Camp. Scegli la parola che meglio completa il seguente brano.

Due giorni di Fashion Camp quest'anno a Milano saranno dedicati alla (1. *moda / multimediale*) ed alle nuove tecnologie. Questo evento è accessibile anche in (2. *marchi / rete*) con la partecipazione gratuita. Lo scopo è quello di scambiare idee tra gli appassionati di moda e nuove (3. *passarelle / tecnologie*). L'evento è aperto agli (4. *stilisti famosi / design*) ma anche ai giovani. È un'opportunità per (5. *unire / collegarsi*) la passione per la moda a nuovi usi (6. *tecnico / tecnologici*). Moda e tecnologia saranno il tema principale e si parlerà del ruolo (7. *grafica / multimediale*) della moda e dei grandi (8. *marchi / tessuti*) che i consumatori amano.

11-4. Non funziona! A coppie, create una conversazione. Una persona fa il cliente e l'altra il commesso/la commessa. Hai comprato un nuovo PC una settimana fa ma adesso non funziona e non sei molto felice. Il commesso/La commessa ti fa delle domande e tu spieghi cosa non funziona. Trovate una soluzione per il problema.

11-5. Il computer e la moda. Voi usate il computer per conoscere dei nuovi stili di moda? Comprate i vestiti online? Comprate le scarpe online o preferite andare in un negozio? Quali siti frequentate che sono associati alla moda? Secondo voi, è più economico comprare i vestiti online o andare nei negozi? Fra dieci anni, pensi che la maggior parte delle persone farà solo acquisti (*purchases*) online?

11-6. Tu e la moda. Intervistate tre persone facendo le seguenti domande e aggiungete una vostra domanda. Poi riferite i risultati a un altro gruppo.

1. Hai mai comprato qualcosa solo perché era di moda? Cosa? Se no, perché no?
2. La moda ha una funzione importante nella società? Spiega.
3. Ti piacerebbe fare il modello/la modella? Perché?
4. L'Italia è famosa per molte firme importanti. Quali conosci? Quali nomi / firme del tuo Paese sono importanti?

Il linguaggio della tecnologia

Prima di tutto... Quando mandi gli SMS con il cellulare, usi delle sigle (*abbreviations*)? Quali? Quali sono le sigle più tipiche nel tuo Paese?

arek_malang/Shutterstock.com

Davvero?! La tendenza del linguaggio degli SMS in Italia è quella di usare solo le consonanti di una parola. Per esempio, *dove* = dv; *bello* = bll; *brutto* = brtt; *simpatico* = smptc. Si usano spesso anche simboli come: :| :) :(.

Il problema con le sigle in Italia e anche in altri Paesi è che ormai i giovani sono troppo abituati a scrivere in questo modo e cominciano a usare lo stesso linguaggio anche a scuola! Per esempio, può succedere che uno studente scriva "k" al posto di *che*, anche in un saggio accademico. Ci sono casi simili anche nel vostro Paese?

Chiacchieriamo un po'! Lavorate a coppie, ognuno con un foglio di carta. Scrivete (su un foglio di carta) un SMS in italiano al vostro compagno / alla vostra compagna. Cercate di creare delle abbreviazioni comprensibili. Scambiatevi i messaggi e aspettate la sua risposta per vedere se ha capito. Continuate così, scrivendo messaggi e risposte, scambiando i fogli con il compagno/la compagna. Se vi siete capiti, siete esperti di SMS.

🔊 Spero che anche tu veda la sfilata!

Ascolta e/o leggi il dialogo e rispondi alle domande.

Serena e Gianni sono in Piazza del Duomo e oggi c'è più confusione del solito.

Gianni: Ma che succede, cos'è tutta questa confusione?

Serena: Credo che tutte quelle persone **preparino**[1] la piazza per la settimana della moda. So che comincia fra qualche giorno.

Gianni: Hai ragione! L'ho letto sul giornale. Credo che **arrivino**[2] stilisti da tutto il mondo. Che peccato! Io sono impegnato con il lavoro e temo **di** non poterci andare. Dubito proprio **di** riuscire a liberarmi[3] in tempo. Ma tu ci vai?

Serena: Credi che io mi **perda**[4] un'occasione del genere? Sono un'appassionata di moda. E poi sono contenta che quest'anno l'evento **apra**[5] con una sfilata di abiti hi-tech, la mia passione.

Credo che questi stilisti **ricevano**[6] dei premi ogni anno. Spero che anche tu **veda**[7] la sfilata in piazza, altrimenti penso che la TV e Internet **trasmettano**[8] le sfilate dal vivo così puoi guardarle da casa e anche dal telefonino.

Gianni: Evviva la tecnologia!

Piazza del Duomo durante la manifestazione "Milano Loves Fashion", la settimana della moda.

[1]*they prepare,* [2]*they arrive,* [3]*get away from it,* [4]*I miss,* [5]*opens,* [6]*they receive,* [7]*you see,* [8]*they broadcast*

Comprensione

Rispondi alle seguenti domande con frasi complete ed elaborate.

1. Perché c'è molta confusione in Piazza del Duomo?
2. Parteciperanno all'evento solo stilisti milanesi?
3. Come si aprirà la settimana della moda?
4. Se Gianni è fuori città, può ugualmente vedere le sfilate? Come?

Osserviamo la struttura!

Nel dialogo sopra, osserva le parole in grassetto e completa le seguenti attività.

1. Which of the following sentences expresses a fact and which one expresses an opinion? Which element in each sentence makes this distinction?
   a. Credo che arrivino stilisti da tutto il mondo.
   b. So che la sfilata comincia fra qualche giorno.
2. Observe all the verbs and expressions preceding each verb in bold and list them under the following categories:

   Opinions   *Beliefs*   *Feelings*   *Hopes*   *Fears*
3. What is the difference between these two pairs of sentences? Why is the infinitive used in the first pair and not in the second?
   a. Temo **di non poterci** andare. Dubito **di riuscire** a liberami.
   b. Temo che **lui non ci possa andare.** Dubito che **lui riesca** a liberarsi.

NOTA CULTURALE

Milano Loves Fashion, per un'intera settimana, trasforma Piazza del Duomo in "Sala Duomo" per ospitare centinaia di persone. Le sfilate sono trasmesse in diretta in TV e in *streaming* su Internet, ma anche su maxi schermi localizzati nelle piazze o in diversi luoghi della città.

Il presente congiuntivo (*Present subjunctive*)

Che bella ragazza! Credo che **sia** una modella e che **lavori** per "Milano Loves Fashion".

Unlike the **indicativo** (*indicative*), which is used to express facts and certainty, the **congiuntivo** (*subjunctive*)[1] is used to express opinions, doubts or uncertainty, emotions, fears, wishes, hopes, or necessities.

A. The **congiuntivo** (*subjunctive*) is used only in dependent clauses[2], when the main clause contains a verb like **credere** (*to believe*), **pensare** (*to think*), **dubitare** (*to doubt*), **essere contento/triste** (*to be happy/sad*), **piacere/dispiacere** (*to like/to be sorry*), **temere** (*to fear*), **avere paura di** (*to be afraid of*), **desiderare** (*to wish*), **volere** (*to want*), **sperare** (*to hope*), or **avere bisogno** (*to need*). Therefore, the verb in the main clause usually determines whether to use the **indicativo** or the **congiuntivo** in the dependent clause[3]. When using the **congiuntivo**, the dependent and main clauses have different subjects, and the two clauses are joined by **che**.

(main clause)			*(dependent clause)*	
Io <u>so</u>	*(certainty)*	che	gli stilisti **arrivano** da tutto il mondo.	**(indicativo)**
I know		*that*	*designers* **come** *from all over the world.*	
Io <u>credo</u>	*(opinion)*	che	gli stilisti **arrivino** da tutto il mondo.	**(congiuntivo)**
I believe		*that*	*designers* **come** *from all over the world.*	

B. The **congiuntivo** has four tenses: **presente, passato, imperfetto,** and **trapassato.** The following table shows how to form the **presente congiuntivo** of regular verbs.

Presente congiuntivo				
	mandare	**ricevere**	**partire**	**spedire**
io	mandi	riceva	parta	spedisca
tu	mandi	riceva	parta	spedisca
lui/lei, Lei	mandi	riceva	parta	spedisca
noi	mandiamo	riceviamo	partiamo	spediamo
voi	mandiate	riceviate	partiate	spediate
loro	mandino	ricevano	partano	spediscano

ATTENZIONE!

Note that the singular pronouns (**io, tu, Lei, lui/lei**) share the same verb form. Therefore, when using the **congiuntivo**, it is common to express the subject pronoun in order to avoid confusion.

Io spero che <u>tu</u> **vada** a vedere la sfilata.

I hope (that) **you go** *to see the fashion show.*

The **congiuntivo presente** is used in the dependent clause to express what may happen or what usually happens in the present or in the future.

Credo <u>che</u> questi stilisti **ricevano** un premio ogni anno.

I believe (that) these designers **receive** *an award every year.*

Voglio che tu **parta** con me per Milano la settimana prossima.

I want you to **leave** *with me for Milan next week.*

[1]Use of the subjunctive is not very common in English.
[2]Clauses that cannot stand alone as a sentence and that provide additional information related to the main clause.
[3]The **congiuntivo** can also be introduced by conjunctions or by impersonal phrases (See **Struttura 2**).

C. To form the **congiuntivo** with verbs ending in **-care** and **-gare**, such as **ricaricare** and **pagare**, add an **-h** in every form in order to preserve the hard sound of the consonants **-c** and **-g**. Verbs ending in **-ciare** and **-giare**, such as **cominciare** and **mangiare**, do not add a second **-i** to the verb ending.

Credo che Gianni **ricarichi** la scheda del cellulare su Internet e che **paghi** con la carta di credito.	*I think (that) Gianni **adds** money to his phone card on the Internet and **pays** with his credit card.*
Serena crede che la sfilata **cominci** alle 8.00 in Piazza del Duomo.	*Serena thinks (that) the fashion show **starts** at 8:00 in Piazza del Duomo.*

D. When the subject is the same, *di* + **infinito** is used.

Temo **di** non poter andare alla sfilata.	*I am afraid (that) I will not be able to go to the fashion show.*

Verbi irregolari nel congiuntivo presente

The following chart shows some verbs that are irregular in their formation of the **congiuntivo**.

Verbi irregolari nel congiuntivo presente					
	io	**tu**	**lui/lei, Lei**	**noi**	**voi**	**loro**
andare	vada	vada	vada	andiamo	andiate	vadano
avere	abbia	abbia	abbia	abbiamo	abbiate	abbiano
bere	beva	beva	beva	beviamo	beviate	bevano
dare	dia	dia	dia	diamo	diate	diano
dire	dica	dica	dica	diciamo	diciate	dicano
dovere	debba	debba	debba	dobbiamo	dobbiate	debbano
essere	sia	sia	sia	siamo	siate	siano
fare	faccia	faccia	faccia	facciamo	facciate	facciano
potere	possa	possa	possa	possiamo	possiate	possano
sapere	sappia	sappia	sappia	sappiamo	sappiate	sappiano
rimanere	rimanga	rimanga	rimanga	rimaniamo	rimaniate	rimangano
stare	stia	stia	stia	stiamo	stiate	stiano
tenere	tenga	tenga	tenga	teniamo	teniate	tengano
uscire	esca	esca	esca	usciamo	usciate	escano
venire	venga	venga	venga	veniamo	veniate	vengano
volere	voglia	voglia	voglia	vogliamo	vogliate	vogliano

The verb **piacere** is also irregular in the **congiuntivo presente**. Its forms are **piaccia** (+ singular noun or infinitive) and **piacciano** (+ plural noun).

Credi che a Gianni **piaccia** la moda?	*Do you think (that) Gianni **likes** fashion?*
Non penso che gli **piaccia** molto la moda ma credo che gli **piacciano** le novità tecnologiche.	*I don't think (that) he **likes** fashion a lot but I think (that) he **likes** the latest technologies.*
Credo che Serena **voglia** diventare una stilista e che le **piaccia** la moda hi-tech.	*I think (that) Serena **wants** to become a fashion designer and (that) she **likes** hi-tech fashion.*

Pratichiamo!

11-7. Al Vogue Talents Corner. Associa gli elementi della colonna A e quelli della colonna B per creare delle frasi complete con l'**indicativo**, il **congiuntivo** o l'**infinito**.

A

1. _____ So che molte persone…
2. _____ Penso che molti artisti…
3. _____ Noi speriamo di…
4. _____ Gianni teme di…
5. _____ Mi dispiace che lui…
6. _____ Gianni ha detto che…
7. _____ Serena vuole che voi…
8. _____ Ho letto che *Vogue Italia*…

B

a. arrivino da tutto il mondo con le loro creazioni.
b. guardiate la sfilata sul Web.
c. farà presto delle sfilate per nuovi talenti.
d. avere troppi impegni di lavoro e non vedere la sfilata.
e. andare alla sfilata con Serena.
f. non possa venire con noi.
g. parteciperanno alla sfilata.
h. tornerà a Milano in tempo per vedere la sfilata.

NOTA CULTURALE

The Vogue Talents Corner presenta sfilate organizzate da *Vogue Italia* per far conoscere nuovi talenti del mondo della moda. Si possono conoscere i designer, ammirare le loro creazioni e comprarle in tempo reale sul loro sito Web.

Bob Suir/Dreamstime.com

11-8. Cosa pensi di… ? Riscrivi le seguenti frasi con le espressioni indicate in parentesi e cambiando i verbi in *corsivo* dall'indicativo al **congiuntivo presente**.

Esempio Milano è famosa per la moda e per la tecnologia. (Penso che…)
Penso che Milano sia famosa per la moda e per la tecnologia.

1. Loro non *arrivano* in tempo per vedere la sfilata. (Mi dispiace che…)
2. Serena *ha* una passione per la moda. (Io credo che…)
3. Gianni *è* fuori città per lavoro questa settimana. (Dubito che…)
4. Voi *vedete* Milano Loves Fashion con noi. (Vogliamo che…)
5. Tu *preferisci* andare in piazza invece di restare a casa. (Loro pensano che…)
6. Lo spettacolo *comincia* verso le 8.00 e *finisce* prima di mezzanotte. (Speriamo che…)
7. Serena e i suoi amici *si collegano* su Internet e *comunicano* ogni giorno. (Sono contento che…)
8. Io *resto* a Milano per lavoro per una settimana. (Loro temono che…)

11-9. Piani per il futuro? Completa le seguenti frasi con gli elementi dati ed usando *che + congiuntivo* o *di + infinito*. Crea una frase per ogni soggetto indicato.

Esempio Spero… (voi / loro, venire) in Lombardia.
*Spero che **voi veniate** in Lombardia.*
*Spero che **loro vengano** in Lombardia.*

1. Serena spera… (lei / tu, potere) diventare una stilista.
2. Tu temi… (Gianni / noi, volere) trasferirsi in un'altra città.
3. Gianni e Serena vogliono… (Alice / voi, andare) a trovarli a Milano.
4. Noi dubitiamo… (loro / noi, rimanere) a Milano per tutta la vita.
5. Io desidero… (voi / io, fare) le vacanze in Lombardia l'estate prossima.
6. Pensiamo… (noi / Serena, visitare) la Liguria in estate.
7. Tu speri… (tu / loro, trovare) un buon lavoro.
8. Voglio… (tu / voi, dire) a tutti i tuoi piani per il futuro.

11-10. Cosa sai e cosa pensi di me? A coppie, dite al vostro compagno/alla vostra compagna quello che sapete e quello che pensate di lui/lei. Usate almeno cinque frasi. Il compagno/La compagna dirà se avete indovinato o no.

Esempio **S1:** *So che studi due lingue straniere. Speri di andare in Italia in estate ma temi che sia troppo costoso.*
S2: *È vero che studio due lingue. Non credo di andare in Italia in estate… Penso che…*

11-11. Cosa fai questo fine settimana? A turno, fate almeno cinque domande sui piani per il fine settimana. Usate verbi come **pensare**, **credere**, **sperare**, ecc.

Esempio **S1:** *Esci questo fine settimana?*
S2: *Sì, credo di andare al Festival del Vintage.*
S1: *Vengono anche i tuoi amici?*
S2: *Sì, penso che vengano anche loro.*
S1: *Indosserai qualcosa all'ultima moda?*
S2: …

11-12. Certezze e speranze, dubbi e timori per il futuro. In gruppo, esprimete le certezze, le opinioni, i dubbi e i timori sul vostro futuro riguardo ai seguenti punti. Poi riferite i risultati alla classe.

Studio:

Luogo di residenza:

Lavoro:

Famiglia:

Successo:

NOTA CULTURALE

Per gli appassionati di abiti d'epoca, il **Festival del Vintage** è una mostra di moda d'epoca e di accessori vintage che nasce come occasione per valorizzare le collezioni del Museo della Moda e del Costume all'interno dei Musei Mazzucchelli, a Brescia.

MARKA/Alamy Stock Photo

🔊 Ovunque tu sia, restiamo in contatto.

Ascolta e/o leggi la mail e rispondi alle domande.

Serena scrive una mail alla sua amica Alice che vive a Brescia per comunicarle che andrà a trovarla presto.

Ciao Alice,

come stai? Ho appena rivisto le foto che abbiamo fatto insieme in Piazza della Loggia l'ultima volta che ci siamo incontrate a Brescia. Ti scrivo perché ci sono delle novità. **È possibile che io vada** a Brescia a maggio per iscrivermi a un corso professionale per stilisti di moda. **È molto importante** che io **faccia** questo corso perché, come sai, spero di diventare una stilista. **Sembra**[1] **che** anche Gianni **venga** con me. **Pare**[2] **che** nello stesso periodo **ci sia** la Mille Miglia e Gianni è un appassionato. Vorrei sapere se sarai in città in quel periodo. So che viaggi molto e vorrei vederti **a meno che tu non**[3] **abbia** impegni di lavoro. **È vero** che resteremo poco a Brescia, ma vorremmo visitare un po' la città e i dintorni. Poi faremo un giro in Liguria in macchina. Non ti preoccupare, non ci perderemo, **basta**[4] **che** Gianni **porti** il GPS! **È vero che** Milano non è molto lontana da Brescia, ma è **meglio**[5] **che ci sia** il navigatore. In ogni caso, **prima**[6] **che** Gianni **faccia** le prenotazioni per l'albergo, ti darò dettagli più precisi. **Comunque**[7] **vadano** le cose e **ovunque**[8] **tu sia**, restiamo in contatto.

Baci, Serena

Piazza della Loggia, una delle quattro piazze nel centro storico di Brescia, è considerata la piazza più bella della città. Si nota l'influenza di origine veneziana nella Loggia e nella Torre dell'Orologio.

[1]*It seems,* [2]*It seems,* [3]*unless,* [4]*as long as,* [5]*it is better,* [6]*before,* [7]*However,* [8]*wherever*

Comprensione

Rispondi alle seguenti domande con frasi complete ed elaborate.

1. Cosa ci sarà a Brescia di particolarmente interessante?
2. Quali sogni ha Serena per il futuro?
3. Gianni e Serena resteranno a lungo a Brescia?
4. Quando Serena darà più informazioni ad Alice?

Osserviamo la struttura!

Nella mail sopra, osserva le parole in grassetto e completa le seguenti attività.

1. Find all the expressions preceding each **congiuntivo** and list them under the following categories:
   Impersonal expressions
   Indefinite expressions (see **Capitolo 9**)
   Conjunctions
2. Are the **congiuntivo** expressions in bold introduced by verbs expressing opinion, belief, fear, etc., as we learned in *Struttura 1*? List a few examples.
3. In the following sentence, there are two impersonal expressions. However, one introduces the **indicativo** and the other introduces the **congiuntivo**. Can you explain why?
   <u>È vero</u> che Milano non è molto lontana da Brescia, ma <u>è meglio</u> che **ci sia** il navigatore.

Espressioni che richiedono il congiuntivo
(Expressions that require the subjunctive)

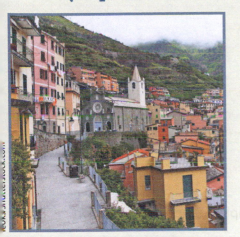

Sebbene abbia visitato la Liguria già tante volte, voglio sempre ritornarci.

In **Struttura 1** we learned that the **congiuntivo** is introduced by verbs expressing opinion, doubt, fear, etc. However, the **congiuntivo** can also be introduced by certain impersonal[4] and indefinite expressions, as well as certain conjunctions.

A. *Impersonal expressions*[5] indicating opinion, probability, or uncertainty introduce dependent clauses with the **congiuntivo**. Some examples are:

È importante che (*It is important that*)	**Sembra / Pare che** (*It seems that*)
È possibile che (*It is possible that*)	**Si dice che** (*People say that*)
È bene / meglio che (*It is good / better that*)	**Bisogna / È necessario che** (*It is necessary that*)

È possibile che io <u>vada</u> a Brescia a giugno.	*It is possible that I may go to Brescia in June.*
Sembra che anche Gianni <u>venga</u> con me.	*It seems that Gianni may also come with me.*
Non ci perderemo, **basta che** Gianni <u>porti</u> il GPS.	*We will not get lost, provided that Gianni brings the GPS.*

Notice that **impersonal expressions** are followed by the **congiuntivo** when there is an expressed or implied subject in the dependent clause, which is introduced by the word **che**. Otherwise, the impersonal expression does not include **che** and is followed by a verb in the *infinitive* form.

È importante che <u>tu</u> **conosca** la tecnologia.	*It is important that you know how to use technology.*
È importante *conoscere* la tecnologia.	*It is important to know how to use technology.*

B. Dependent clauses introduced by *indefinite expressions* also require the use of the **congiuntivo**.

chiunque *whoever*	**ovunque / dovunque** *anywhere*
qualunque / qualsiasi *any*	**comunque** *however*

Comunque <u>vadano</u> le cose e **ovunque** tu <u>sia</u>, restiamo in contatto!	*However things go and wherever you go, let's stay in touch!*

C. Certain conjunctions introduce the **congiuntivo**. The most common are:

benché / sebbene (*although*)	**prima che** (*before*)
affinché (*so that / in order to*)	**senza che** (*without*)
purché / a condizione che (*as long as, provided that*)	**a meno che non** (*unless*)

Prima che Gianni <u>faccia</u> le prenotazioni, ti darò dettagli più precisi.	*Before Gianni makes the reservations, I will give you more precise details.*
Sebbene Alice **sia** molto impegnata, troverà il tempo per vedere Serena.	*Although Alice is very busy, she will find time to see Serena.*

[4]**Impersonal expressions** are phrases in which the verb has no subject. In English the subject of the verb is the pronoun "It", as in *It's important, It is possible, It seems*, etc.

[5]**Impersonal expressions** indicating **certainty** (*È vero che / È ovvio che / È chiaro che / È sicuro che*) require the **indicativo** in the dependent clause.

Come si dice *i<3u ("I love you")*?

Text messages are very popular in Italy, as they are almost everywhere today. The following is a list of the most common abbreviations (*sigle*) used in Italian text messages (SMS)

tvb	Ti voglio bene
km st	Come stai?
c sent dp	Ci sentiamo dopo
dv 6	Dove sei?
t tel + trd	Ti telefono più tardi
xxx	Tanti baci

Pratichiamo!

11-13. La risposta di Alice. Alice risponde al messaggio di Serena. Completa la seguente mail con le espressioni indicate.

> è importante / ovunque / pare che / prima che / Sebbene / sembra che / senza che / Si dice che

Ciao Serena,

hai ragione, il corso da stilista può essere utile per la carriera, e quindi (*so*) _____ (1) che tu lo faccia. E _____ (2) la Mille Miglia sia davvero un evento molto interessante. _____ (3) non ti piacciano le corse automobilistiche, so che ti divertirai. Purtroppo _____ (4) noi non possiamo incontrarci. Io sarò fuori per lavoro. Ma _____ (5) io vada, ci sentiremo sicuramente. Vi consiglio di non partire da Brescia _____ (6) voi vediate il centro della città. _____ (7) tutti i turisti vogliano vederlo perché è molto caratteristico. In ogni caso, _____ (8) tu parta, fammi sapere il tuo itinerario.

Xxx,

Alice

11-14. Quante condizioni! Completa le frasi scegliendo prima l'espressione appropriata tra quelle indicate e poi coniugando il verbo dato al **congiuntivo presente**.

> benché / basta che / bisogna che / chiunque / ovunque / pare che / purché / qualunque

Esempio   Io parteciperò alla mostra, *purché venga* (tu / venire) con me.

1. Chissà dove andrà Gianni stasera, ma _____ (lui / andare), noi andremo con lui.
2. _____ (mi / piacere) i social network, non uso mai Facebook.
3. Io e Serena andiamo alla sfilata, _____ (tu / venire) con noi. Altrimenti non ci andiamo.
4. Metti su Facebook _____ foto o video _____ (tu / fare), così li possiamo vedere.
5. Se volete arrivare in tempo alla mostra, _____ (voi / uscire) un po' prima dall'ufficio.
6. Non è ancora sicuro, ma _____ la nuova edizione di Milano Loves Fashion del prossimo anno _____ (tenersi) all'inizio di settembre.
7. Non importa chi, ma _____ (rimanere) alla sfilata fino a tardi, può darmi un passaggio a casa?
8. Per registrarvi sul sito, _____ (voi / dare) tutte le informazioni via Internet, è proprio necessario.

11-15. Tante domande. Sostituisci le parole in *corsivo* con le espressioni indicate in parentesi per riscrivere le seguenti frasi usando il **congiuntivo** o l'**indicativo.**

1. *So che* tu e Gianni tornerete a Brescia per le sfilate di moda. (È sicuro che...)
2. *Forse* andate a Vigevano a vedere il Museo della Scarpa. (Sembra che...)
3. *Ho sentito che* Gianni verrà con te a Cremona il mese prossimo. (Si dice che...)
4. *Dovresti* visitare il Museo Stradivariano a Cremona. Ti sarà utile. (È bene che...)
5. Serena vuole *veramente* diventare una stilista. (È vero che...)
6. *Dovete* portare il navigatore in macchina, se temete di perdervi durante il viaggio. (Basta che...)
7. Loro si fermeranno a Mantova alla Festa del Vespa Club, *ma* Serena non vuole. (sebbene...)
8. Gianni e Serena vedranno la Mille Miglia e *dopo* andranno in Liguria. (prima che...)

11-16. Cosa fai? A coppie, chiedete al vostro compagno/alla vostra compagna cosa farà nelle situazioni indicate o in altre create da voi. Il vostro compagno/La vostra compagna deve rispondere trasformando le frasi date con un'espressione come **comunque, dovunque, bisogna che,** ecc.

Esempio   **S1:** *Se vai in Italia per le vacanze, cosa farai?*
              S2: *Ovunque io vada, voglio fare un giro in Vespa e partecipare al Vespa Club.*

Se prendi un brutto o un bel voto...

Se il semestre finisce bene o male...

Se incontri la tua anima gemella (*soul mate*) o solo un amico...

Se decidi di continuare gli studi o lavorare...

Se...

11-17. I social network. A coppie, esprimete le vostre opinioni positive o negative, i dubbi e i timori sui social network. Li usate? Quali? Perché? Spiegate i motivi se non li usate. Credete che siano davvero un modo per socializzare? Usate le espressioni come **sembra che, sebbene, chiunque,** ecc. Poi riferite le opinioni alla classe.

11-18. Indagini. In gruppo, esprimete le vostre opinioni sulle persone descritte in queste situazioni. Poi riferite alla classe le opinioni comuni e quelle in disaccordo.

1. Le persone che seguono la moda nell'abbigliamento e sono disposte a spendere molto
2. Le persone che per principio non seguono mai la moda, anzi fanno tutto il contrario
3. Le persone che comprano sempre l'ultimo gadget tecnologico uscito sul mercato
4. Le persone che non usano i social network
5. Le persone che...

LEGGIAMO!

Reading Strategy: Distinguishing Cause and Effect

Distinguishing cause and effect is a strategy used by readers to help identify and understand relationships in a text, analyze why something happens (*cause*), and describe the consequences (*effect*). There is not always a one-to-one ratio between cause and effect: sometimes one cause may have several effects, or several causes may contribute to one effect. When you recognize these cause-and-effect relationships, your comprehension will increase. When trying to distinguish cause and effect, it is helpful to:

- identify causes by examining events that lead to specific outcomes
- find effects by identifying an outcome and analysing what might have caused it
- look for evidence connecting a cause to an effect, and justify your position
- look for key words—**quindi, di conseguenza, ecco perché, il risultato, influisce**—that signal cause and effect (these may appear in the text or may be implied)

Pre-lettura

1. A coppie, elencate i vantaggi e gli svantaggi dei seguenti mezzi (*means*) di comunicazione.

computer   Internet   cellulare   SMS   chat

2. Mettete in ordine d'importanza per voi ogni mezzo di comunicazione da *1–5* (*1* è il più importante). Giustificate le vostre scelte e poi condividetele con gli altri.

3. È giusto, secondo voi, usare un SMS per terminare una relazione (*break up*)? Perché?

4. Preferite ricevere una lettera d'amore con la posta normale o con la posta elettronica? Giustificate la vostra risposta.

La società dei "tvb" e degli smiley

tvb

di Gianluca Matarelli

Nell'ultimo decennio° computer, cellulari e Internet hanno cambiato il modo di vivere, accorciando° le distanze tra amici e famiglia. SMS, posta elettronica, chat e forum virtuali permettono una comunicazione immediata. Internet è una sorta di grande piazza virtuale spesso sostituendo incontri tradizionali e "reali".

decade
shortening

Molti giovani (e adulti) preferiscono comunicare attraverso SMS o email. Per alcuni, è difficile esprimere le proprie opinioni e i propri sentimenti guardando negli occhi una persona. È più facile fare un complimento o un rimprovero°, esprimere affetto o risentimento°, corteggiare° o troncare° una relazione con i mezzi° virtuali.

reprimand / resentment
to court / to break off / means

I ritmi della vita quotidiana, la fretta di comunicare, hanno portato a una rivoluzione della lingua. Negli SMS e nelle email spesso la lingua è più semplice e fatta di consonanti° e di sigle°. "Ti voglio bene"° è sostituito da "tvb", "Che" è sostituito dalla "k", "comunque" da "cmq". Gli stati d'animo° sono comunicati con gli smiley o combinazioni di lettere e punteggiatura ;-).

with consonants / initials / I love you / state of being

Ma chat e forum non possono sostituire completamente una conversazione reale con pause, sguardi°, gesti° e inflessioni° della voce. "Tvb" non ha il fascino° di un "ti voglio bene" detto a voce. C'è, inoltre, il rischio di un'alienazione dell'individuo che non riesce più a relazionarsi con la realtà.

glances / gestures / inflections / charm

È importante utilizzare con moderazione la tecnologia, non dimenticando anche mezzi tradizionali: una chiacchierata° al bar, una telefonata, una lettera. Il progresso tecnologico aiuta l'umanità, ma il mondo ha bisogno di poesia, di sguardi, di abbracci reali, di lettere d'amore.

chat

👥 Dopo la lettura

1. **Causa-effetto.** In questo articolo ci sono vari esempi di causa-effetto. Completate la seguente mappa con causa-effetto. Poi paragonate i risultati con i vostri compagni.

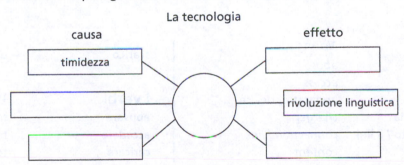

La tecnologia

causa — timidezza

effetto — rivoluzione linguistica

2. **Momenti reali.** La tecnologia ha sostituito per voi momenti reali? Quali esempi dà l'autore? Come vedete la vostra vita cambiata dalla tecnologia?

3. **Alienazione.** L'autore dice che "C'è, inoltre, il rischio di un'alienazione dell'individuo che non riesce più a relazionarsi con la realtà". Siete d'accordo? Spiegate.

4. **Un'altra generazione.** Pensate che la conclusione dell'autore sia accurata o pensate che l'autore sia di un'altra generazione? Perché?

L'hi-tech e l'informatica

I nomi

il telefonino /
il cellulare

la mail (l'email) /
la posta elettronica

la stampante

I verbi

accendere /
spegnere

chattare

l'uso sicuro

le cuffie /
gli auricolari

la sicurezza

mandare / inviare

scaricare

la connessione

lo spamming

L'hi-tech della Liguria fornisce lavoro a oltre 13.000 persone a Genova soprattutto nel campo dell'informatica, di Internet, dei software, dell'elettronica, dell'hardware, dell'automazione e della robotica.

I nomi	Nouns
l'abuso	abuse
l'accesso	access
l'apparecchio	apparatus, device
il caricabatteria	charger
il collegamento / il link	connection / link
il contenuto	content
il destinatario	addressee, recipient
i dati	data
il documento	document
l'informatica	computer science
il/la mittente	sender
il programma	program
il progresso	progress
il rischio	risk
la tessera	pass / membership card
il virus	virus

Gli aggettivi	Adjectives
digitale	digital
gratuito	free
pericoloso	dangerous

scarico	dead, run-down (as in battery)

I verbi	Verbs
abusare	to abuse
accedere	to access
caricare	to upload / to charge
connettere / connettersi	to connect
dare fastidio	to bother
faxare / mandare un fax	to fax
formattare	to format
installare	to install
limitare	to limit
postare / mettere un post	to post (a comment on a blog)
proteggersi	to protect oneself
registrarsi	to register oneself
scannerizzare	to scan
squillare	to ring

Pratichiamo!

11-19. Associazioni. Abbina il verbo con il nome più logico e poi forma una frase completa con i due elementi.

A	B
1. _____ collegare	a. un post
2. _____ mettere	b. l'applicazione
3. _____ inviare	c. una mail
4. _____ limitare	d. una foto
5. _____ scannerizzare	e. l'accesso
6. _____ scaricare	f. il computer

11-20. I rischi tecnologici. Completa la seguente mail scegliendo tra le parole date.

> accesso / applicazione / dati / documenti / mail / rischio / telefonino / virus

Ciao Tiziana,

ho provato a chiamarti sul _____ (1) ma non ti ho trovato. Ti volevo dire che non ho risposto alla tua _____ (2) perché il mio computer ha preso un _____ (3). Non solo, ma hanno rubato tutti i miei _____ (4) personali. Ho dovuto portarlo dal tecnico e quindi non ho avuto _____ (5) a Internet per tre giorni. Per fortuna, il tecnico è riuscito a salvare i miei _____ (6). Non sapevo di essere a _____ (7) perché ho un' _____ (8) che mi serve da firewall e credevo di essere al sicuro. Non si sa mai! Chiamami quando puoi.

Un abbraccio,

Antonella

11-21. Soluzioni. Completa le frasi scegliendo dalle parole offerte. (*Attenzione:* ci sono più parole che risposte.)

> caricabatteria / colleghino / cuffie / destinatario / gratuito / installino / tecnologico / tessera

1. Non devo pagare la connessione a Internet. Ho il servizio _____.
2. Se vuoi ascoltare la musica, per favore, mettiti le _____.
3. All'Internet Café, bisogna comprare una _____ per lavorare su Internet.
4. Non posso usare il cellulare perché è scarico. Mi puoi prestare il tuo _____?
5. Hanno mandato un fax senza mettere il nome del _____. Non ho idea a chi consegnarlo.
6. È giusto che i genitori _____ il software per limitare l'accesso al computer ai figli?

11-22. Il tuo uso personale. Parlate delle vostre abitudini riguardo alla tecnologia. Quanto tempo passate ogni giorno al computer e al cellulare? Accendete il computer appena vi svegliate? Avete accesso a Internet sul telefonino? Quante volte al giorno controllate la mail? Quante volte al giorno andate su Facebook / Twitter / Instagram? Infine, decidete se passate troppo tempo con la tecnologia o il tempo giusto.

11-23. Le regole. Insieme scrivete sette regole per il comportamento educato (*polite*) dell'uso dei cellulari in pubblico. Poi condividete le regole con la classe e decidete le sette regole migliori.

Accesso a Internet nei luoghi pubblici

Prima di tutto... Quando hai bisogno di collegarti a Internet, dove vai? Nella tua città, ci sono molti posti pubblici dove puoi accedere a Internet?

Samo Trebizan/Shutterstock.com

Davvero?!
Negli Stati Uniti molte persone lavorano o studiano con il loro computer anche quando vanno a prendere il caffè. Starbucks, per esempio, è un posto popolare tra gli studenti universitari perché possono studiare per delle ore grazie alla connessione Wi-Fi e all'atmosfera tranquilla. In Italia invece lavorare al bar non è una cosa comune. Anche se Starbucks è modellato sui bar italiani, l'idea di rimanere seduti al bar per molto tempo e portare il computer per lavorare non è possibile in Italia. Tuttavia, molte piazze forniscono l'accesso Wi-Fi, oppure per accedere a Internet in Italia, si può andare all'Internet Point, a casa o in biblioteca.

redfish_rgb/Shutterstock.com

Chiacchieriamo un po'! Lavorate a coppie e discutete sul modo americano di portare il computer al bar e lavorare per molto tempo seduti al tavolino e quello italiano dove questa non è un'usanza diffusa. Parlate dei vantaggi e degli svantaggi di tutti e due i sistemi.

🔊 Temo che abbia spento il cellulare!

Ascolta e/o leggi il dialogo e rispondi alle domande.

Alice è riuscita a liberarsi dal lavoro e ha raggiunto Serena a Genova. Sono in Piazza Giuseppe Verdi. Sono sedute in un ristorante sotto i portici e mangiano gli gnocchi con il pesto genovese.

Alice: Mi dispiace che non ci **siamo incontrati** a Brescia. Spero che **vi siate divertiti**.

Serena: Sì. Per me è stato anche utile per gli studi e credo che per Gianni **sia stato** fantastico vedere la Mille Miglia. Peccato che oggi lui **abbia preso** degli impegni di lavoro all'IIT[1].

Alice: Ma allora non siete venuti a Genova solo per una vacanza?

Serena: No, infatti. Gianni aveva una riunione di lavoro e spero che **sia andata** bene. Ma credo che **abbia finito** a quest'ora. Adesso lo chiamo. [...] Che strano, non risponde. Temo che **abbia spento** il cellulare! Riproverò più tardi. In ogni caso, qualunque cosa **abbia fatto**, me lo racconterà stasera. Dai, intanto mangiamo questi deliziosi gnocchi al pesto genovese.

Piazza Giuseppe Verdi, a Genova, rappresenta un incrocio tra classico e moderno. In questa storica piazza infatti si trova l'ingresso alla stazione ferroviaria e la fermata del tram.

[1]*Italian Institute of Technology*

Comprensione

Rispondi alle seguenti domande con frasi complete ed elaborate.

1. Che cosa dispiace ad Alice?
2. Perché per Serena e Gianni è stata una bella esperienza andare a Brescia?
3. Serena e Gianni sono a Genova in vacanza?
4. Secondo Serena, perché Gianni non risponde al telefono?

Osserviamo la struttura!

Nel dialogo sopra, osserva le parole in grassetto e rispondi alle seguenti domande.

1. In what tense (present, past, or future) are the verbs in bold? Is it a simple or a compound tense?
2. In general, what are the elements that form this tense?
3. What is the time relation between the main clause and the dependent clause? What tense in the main clause introduces this new **congiuntivo** tense in the dependent clause?

Il congiuntivo passato (Past subjunctive)

*Serena non risponde. Temo che **sia** già **uscita**.*

The **congiuntivo passato** (*past subjunctive*) is a compound tense. It is formed by using the **presente congiuntivo** of the auxiliary (**avere** or **essere**) and the past participle of the main verb.[4]

Mi dispiace che non ci **siamo incontrati** a Brescia la settimana scorsa.	*I am sorry (that) we did not meet in Brescia last week.*
Credo che per Gianni **sia stato** fantastico vedere la Mille Miglia lo scorso fine settimana.	*I think (that) it was fantastic for Gianni to see the Mille Miglia last weekend.*
Qualunque cosa Gianni **abbia fatto,** me lo racconterà stasera.	*Whatever Gianni did, he will tell me tonight.*

A. The following table shows how to form the **congiuntivo passato.**

Congiuntivo passato		
	inviare	**partire**
io	**abbia** inviato	**sia** partito/a
tu	**abbia** inviato	**sia** partito/a
lui/lei, Lei	**abbia** inviato	**sia** partito/a
noi	**abbiamo** inviato	**siamo** partiti/e
voi	**abbiate** inviato	**siate** partiti/e
loro	**abbiano** inviato	**siano** partiti/e

B. The **congiuntivo passato** is used in the dependent clause when the main clause verb is in the present tense and the dependent clause action refers to the past. In the dependent clause it is very common to find expressions of time such as **ieri** (*yesterday*), **qualche giorno fa** (*a few days ago*), **la settimana scorsa** (*last week*), **due mesi fa** (*two months ago*), **l'anno scorso** (*last year*), etc.

Temo che Gianni **abbia spento** il cellulare.	*I am afraid (that) Gianni **turned off** his cell phone.*
Spero che la riunione **sia andata** bene ieri.	*I hope (that) the meeting **went** well yesterday.*
Spero che vi **siate divertiti** durante il viaggio il mese scorso.	*I hope (that) you **had fun** during your trip last month.*

---

[4]As we learned for **passato prossimo** and other compound tenses, the choice of the auxiliary is determined by the main verb.

Pratichiamo!

11-24. Cosa pensano di quello che abbiamo fatto? Completa le seguenti frasi con il **congiuntivo passato** del verbo in parentesi.

1. Penso che ieri Gianni non _____ (accendere) il cellulare o non _____ (caricare) le batterie.
2. Sembra che tu _____ (divertirsi) durante il viaggio dell'estate scorsa.
3. È incredibile che Serena non _____ (comprare) quel computer in svendita. Era un vero affare.
4. Credo che Serena e Gianni _____ (collegarsi) su Skype con gli amici durante il loro viaggio.
5. Peccato! Temo che tu non _____ (installare) l'aggiornamento per l'antivirus sul tuo computer.
6. Pare che qualcuno ci _____ (mandare) un fax. Non so perché lui o lei non _____ (usare) la posta elettronica.
7. I miei amici sono contenti che io _____ (andare) al Festival della Scienza a Genova.
8. Dubito che Serena e Gianni _____ (mettere) tutte le foto del loro viaggio su Facebook.

11-25. Presente o passato? Scrivi le seguenti frasi usando il **presente** o il **passato congiuntivo** del verbo in parentesi.

1. Serena vuole che Gianni la _____ (accompagnare) al Festival della Scienza.
2. Sembra che martedì scorso Gianni _____ (andare) all'IIT per una riunione di lavoro.
3. Non è possibile che quando siete stati a Genova non _____ (vedere) l'Acquario.
4. Sono contenta che loro _____ (visitare) le Cinque Terre durante il loro ultimo viaggio in Liguria.
5. È assurdo che tu non _____ (sapere) che a San Remo c'è un famoso casinò dove ogni anno si fa il Festival della Canzone Italiana.
6. È stupendo che molte piazze italiane _____ (avere) il Wi-Fi gratuito. Che bell'idea!
7. Temo che Gianni _____ (dimenticare) la password per accedere a Skype.
8. Credo che lasciare il computer acceso quando piove _____ (essere) pericoloso.

11-26. Il racconto di un'amica. Riscrivi il seguente brano usando il **congiuntivo passato** o il **passato prossimo** dei verbi in parentesi.

Sembra che ieri Serena e Gianni _____ (1. passare) una bellissima giornata. Dalle foto su Facebook sembra che la mattina loro _____ (2. fare) una gita in mare. È possibile che _____ (3. fermarsi) a Camogli o a Portofino. Da alcune foto ho capito che _____ (4. vedere) il Cristo degli Abissi. Immagino anche che Serena _____ (5. spendere) tanti soldi con la sua passione per la moda. Insomma, ovunque _____ (6. andare), Gianni e Serena _____ (7. divertirsi) tantissimo. Sebbene io _____ (8. essere) in Liguria già diverse volte, ci ritorno sempre con piacere.

11-27. Cosa pensi, temi, speri...? A turno, dite cosa pensate, temete, sperate o che sia successo, nelle seguenti situazioni. E cosa credete di fare? Riferite le risposte del compagno/della compagna alla classe.

> **Esempio** Trovi un computer portatile (o un tablet) in classe ma non c'è nessuno.
>
> **S1:** *Credo che uno studente lo* **abbia dimenticato** *in classe.*
>
> **S2:** *Chiunque lo* **abbia perso***, rischia di non trovarlo più se resta qui.*

- Cerchi di contattare il tuo migliore amico, ma da giorni non risponde al cellulare.
- Un amico o un'amica ti ha eliminato dal suo Facebook.
- Prima di uscire hai spento il computer. Quando torni lo trovi acceso, con la tua posta aperta.
- Hai ricevuto un SMS romantico da un anonimo.

11-28. E tu cosa ci racconti? A coppie, raccontate esperienze personali usando il **congiuntivo passato** e le espressioni **benché, ovunque, qualunque cosa, chiunque.** Create una frase per ogni espressione.

> **Esempio** *Sebbene* **abbia speso** *una fortuna per il nuovo computer, continuo a usare quello vecchio.*

11-29. Fissato o negato per la tecnologia? Andate in giro per la classe e fate le domande indicate (o altre a vostra scelta) ai vostri compagni. Poi traete (*draw*) le vostre conclusioni su chi è fissato o negato per la tecnologia. Riferite alla classe i risultati usando espressioni come **sembra che / pare che / sebbene** perché non hai modo di verificare le informazioni.

> **Esempio** **S1:** *Indossi dei vestiti o degli accessori con tecnologia integrata? Perché sì/no?*
>
> **S2:** *No, non li indosso perché non mi piacciono.*
>
> **S1:** *Sebbene John sembri* **fissato** *con la tecnologia,* *sembra che non indossi dei vestiti o degli accessori con tecnologia integrata.* *Pare che non gli piacciano.* *È* **negato** *per l'abbigliamento con la tecnologia integrata.*

- quanti cellulari hai cambiato negli ultimi tre anni
- quante canzoni hai scaricato nell'ultimo mese
- quanti videogiochi hai usato nell'ultimo anno
- quanto tempo hai passato al computer per divertimento nell'ultimo mese
- sai installare programmi o componenti come stampante, ecc.

NOTA CULTURALE

I jeans con il social network integrato sono stati la rivoluzione portata da AngelDevil, marchio italiano della *fashion evolution*. Basta indossare AngelDevil Touch, i nuovi jeans con social network device integrato, per scambiarsi il numero di telefono, l'indirizzo mail o il profilo sui social network più diffusi.

Source: AngelDevil

Qual è la più bella?

Ascolta e/o leggi la mail e rispondi alle domande.

Serena è seduta in un caffè in Piazza Matteotti. Mentre aspetta Gianni, mette un messaggio sulla bacheca[1] di Facebook con il suo smart phone.

Ciao a tutti,

oggi sono in un caffè di Piazza Matteotti a Sarzana. Qui adesso c'è il Festival della Mente. È molto interessante. Certo che questa è una **delle piazze più particolari** che abbia mai visto. È una piazza molto antica ma è allo stesso tempo... digitale. È proprio il massimo! Ora che sono quasi di ritorno, non so quale sia stata **la cosa più bella di** questo viaggio. Per non parlare del mangiare. Di tutte le cose che ho assaggiato, non so quale sia stata **la migliore**, forse gli gnocchi con il pesto genovese? O i dolci di Camogli? Sicuramente il pesto che ho mangiato a Genova è **il migliore** che abbia mai mangiato in vita mia. Purtroppo **la cosa meno bella di** tutte è il traffico. Peccato che di tutti i bei viaggi **la cosa peggiore** sia il ritorno. Guardate le foto e giudicate voi! Qual è **la più bella**? Ci vediamo presto. Ciao!

[1]wall

In **Piazza Giacomo Matteotti**, a Sarzana, in Liguria, antico e moderno si incontrano in perfetta armonia. È infatti una piazza molto antica che però, allo stesso tempo, offre il Wi-Fi gratuito a cittadini e turisti. È anche sede di diversi festival che celebrano la storia, come il Napoleon Festival e il progresso, come il Festival della Mente.

Maurizio Biso/Dreamstime.com

Comprensione

Rispondi alle seguenti domande con frasi complete ed elaborate.

1. Cosa fa Serena mentre aspetta Gianni?
2. Cosa pensa in generale dell'esperienza del suo viaggio?
3. Cosa pensa Serena del pesto che ha mangiato a Genova?
4. Cosa pensa Serena del ritorno?

Osserviamo la struttura!

Nel messaggio sopra, osserva le parole in grassetto e completa le seguenti attività.

1. What are the differences and similarities between the **comparativi** we learned in **Capitolo 10** and the expressions in bold?
2. Sometimes **di** or **che** follows the adjective, like in the examples below. Can you explain why?
   a. Purtroppo **la cosa meno bella di** tutte è il traffico.
   b. Questa è una **delle piazze più particolari che** abbia mai visto.
3. When the expressions in bold precede a conjugated verb, is the verb in the **indicativo** or **congiuntivo**?

NOTA CULTURALE

Sarzana Festival della Mente

Il Festival della Mente, a Sarzana in Piazza Matteotti, è il primo festival europeo dedicato alla creatività. Si riuniscono a Sarzana scienziati, scrittori, artisti, musicisti, psicoanalisti, neuroscienziati, filosofi, storici, attori. Molti eventi sono anche dedicati a bambini e ragazzi, le menti del futuro.

Courtesy of Città di Sarzana – Itinerari Culturali (S.c.r.l.)

Superlativi (Superlatives)

OGGI NELLE PIAZZE C'È IL MEGLIO DELLA SOCIETÀ CIVILE ITALIANA

The **superlativo relativo** (*relative superlative*) indicates the highest (*the most, the best*) or lowest (*the least, the worst*) degree of quality of a person, place, or thing seen in relation to more than one of the same category.

A. The **superlativo di maggioranza** (*the most, the best*) can be formed in two ways; both are equally common.

> **ATTENZIONE!**
>
> Notice that *di* becomes a compound preposition (**del, della,** etc.) if it precedes a definite article.
>
> Genova è la città più importante **della** Liguria.
>
> *Genoa is the most important city in Liguria.*

- *article* + *noun* + **più** + *adj.* + **di** (+ *article*) → **L'**esperienza **più** bella **di** tutte (*o* **degli** ultimi anni).

- *article* + **più** + *adj.* + *noun* + **di** (+ *article*) → **La più** bella esperienza **di** tutte (*o* **degli** ultimi anni).

  ***The most** beautiful experience **of** all (in recent years).*

B. The **superlativo di minoranza** (*the least, the worst*) is formed as follows:

- *article* + *noun* + **meno** + *adj.* + **di** (+ *article*) → **Il** viaggio **meno** piacevole **di** tutti (*or* **dell'**anno).

  ***The least** pleasant trip **of** all (or of the year).*

C. If the **superlativo** precedes a conjugated verb, *che* + *congiuntivo* must be used.

La Liguria è una delle regioni <u>più belle</u> che **tu possa** vedere.

*Liguria is one of the <u>most beautiful</u> regions that **you could** see.*

Piazza Sarzana è una delle piazze <u>più interessanti</u> che **abbia** mai **visto.**

*Piazza Sarzana is one of the <u>most interesting</u> piazzas that I **have** ever **seen.**

Superlativi irregolari

A. The following adjectives have their own form of the **superlativo.** However, it is also common to use the construction learned above, *article* + **più** + *adjective* instead of these irregular forms.

Aggettivo		Superlativo	
buono	*good*	**il/la migliore**	*the best*
cattivo / brutto	*bad*	**il/la peggiore**	*the worst*
grande	*big*	**il/la maggiore**	*the biggest / the most*
piccolo	*small*	**il/la minore**	*the smallest / the least*

Il pesto genovese è **il migliore** di tutti.
La cosa peggiore dei bei viaggi è sempre il ritorno.

*Pesto genovese is the **best** of all.*
*The **worst** thing about nice trips is always the return.*

B. The superlatives **il meglio, il massimo** (*the best, the greatest*), **il peggio,** and **il minimo** (*the worst, the least*), can be used as nouns in place of *the best / worst / least.* They are always used in the masculine singular form.

In piazza c'è **il meglio** della società italiana.

*In the piazza there is **the best** (part) of Italian society.*

Il peggio del mio ultimo viaggio
è stato il traffico.

*The worst (thing) about my last trip
was the traffic.*

Mettere i video del mio viaggio su Facebook
è **il minimo** che possa fare per i miei amici.

*Putting videos of my trip on Facebook is the
least I can do for my friends.*

C. The expressions **di più** (*the most*) or **di meno** (*the least*) express an overall preference.

Tra i social network, mi piace **di più**
Facebook e **di meno** Twitter.

*Among social networks, I like Facebook
the most and Twitter the least.*

ATTENZIONE!

> In **Capitolo 1** we learned that *very + adjective* in Italian can be expressed by using **molto** + *adjective* or by attaching **-issimo** (*-issima / -issimi / issime*) to the end of the adjective after deleting the last vowel. In Italian this is called **superlativo assoluto** because the quality of the noun has no comparison with others.

Il pesto genovese è buon**issimo.**

*Pesto from Genova is **very good.***

Le piazze italiane sono bell**issime.**

*Italian piazzas are **very beautiful.***

> **Ottimo** (*very good*) is the equivalent of **molto buono** (or **buonissimo**), and **pessimo** (*very bad*) is the equivalent of **molto brutto / cattivo** (or **bruttissimo / cattivissimo**).

La focaccia genovese è **ottima.**

*Focaccia bread from Genova is **very good.***

Oggi il tempo è **pessimo.**

*Today the weather is **very bad.***

Wiktory/Shutterstock.com

Per fare il **pesto alla genovese** occorre: basilico, pecorino romano, olio di oliva, pinoli e un pizzico sale. Buon appetito!

Pratichiamo!

11-30. Per essere più precisi. Riscrivi le seguenti frasi usando il **superlativo relativo di maggioranza** o **di minoranza**.

> **Esempio**   I fiori della Liguria sono molto belli rispetto a quelli delle altre regioni d'Italia.
> *I fiori della Liguria sono **i fiori più belli** d'Italia.*

1. Il mio computer è più nuovo rispetto ai computer del mio ufficio.
2. Questa stampante è meno costosa rispetto alle stampanti del negozio.
3. Il Festival della Canzone Italiana di San Remo è un evento molto famoso rispetto ad altri in Italia.
4. Il pesto genovese è buonissimo rispetto agli altri.
5. Secondo me, la Mille Miglia è una gara molto bella rispetto a tutte le altre.
6. Secondo Gianni, Portofino è un posto molto affascinante rispetto agli altri della Liguria.
7. Secondo Serena, il suo cellulare non è molto sofisticato rispetto ai cellulari dei suoi amici.
8. Secondo me, Facebook è molto popolare rispetto agli altri social network.

11-31. Anzi (*In fact*). Crea una frase corrispondente a ogni frase indicata usando il **superlativo relativo** e il **congiuntivo presente** o **passato**.

> **Esempio**   Le foto che Serena ha messo su *Facebook* sono molto belle.
> *Anzi, sono le foto più belle che lei abbia mai messo su Facebook.*

1. L'acquario che ho visitato a Genova è molto bello.
2. Il computer che ho comprato è poco costoso.
3. Le focacce che abbiamo mangiato a Genova sono molto buone.
4. La connessione a Internet che potete avere oggi è molto veloce.
5. Il viaggio che Serena e Gianni hanno fatto è stato molto bello.
6. I programmi che devono installare sono molto semplici.
7. La chiavetta che hai comprato non è molto utile.
8. Il Festival della Scienza che abbiamo visto a Genova è stato molto interessante.

11-32. L'espressione migliore. Sostituisci le espressioni in *corsivo* con quelle indicate. Fai attenzione ai cambiamenti necessari.

> maggiore / migliore / ottimo / pessimo / il meglio / il minimo / il minore / il peggio

1. Oggi ho mangiato *le cose più buone* della cucina genovese.
2. Per fortuna non c'è più traffico. *La parte peggiore* del viaggio è alle nostre spalle (*behind us*).
3. Oh, questo risotto alla milanese è *buonissimo*.
4. Serena è la figlia *più grande* della sua famiglia.
5. Il tempo a Genova in inverno è *molto brutto*.
6. Serena vuole diventare la *più brava* stilista del mondo.
7. Non avere un cellulare molto sofisticato è *il più piccolo* dei miei problemi.
8. *La cosa più piccola* che possa fare per ringraziarti dell'ospitalità è invitarti a cena.

11-33. Tu e l'elettronica.  A coppie, esprimete le vostre opinioni sugli apparecchi elettronici che avete adesso o che avete avuto. Usate frasi complete e incorporate i **superlativi** ma, quando è possibile, anche il **congiuntivo** e le espressioni che lo introducono. Poi ognuno riferisce alla classe quello che ha detto il compagno/la compagna.

Esempio *Sebbene abbia pagato molto per il mio ultimo computer, credo che sia anche il migliore che abbia mai avuto.*

Il più o meno costoso

Il più economico ma efficiente

Il più o meno utile

Il più costoso ma anche il peggiore

NOTA CULTURALE

I Liguri, un popolo di inventori geniali. Alcune statistiche dimostrano che gli abitanti della Liguria depositano più brevetti che in ogni altra regione d'Italia. Le loro invenzioni vanno dal campo dell'elettronica alla medicina, ai sistemi di sicurezza e così via. Tra le loro invenzioni ricordiamo il casco con airbag per motociclisti.

LLUIS GENE/AFP/Getty Images

11-34. Pregi e difetti (*Strengths and weaknesses*). A coppie, parlate di quello che distingue, in meglio o in peggio, ognuno di voi dal resto della vostra famiglia. Potete parlare delle caratteristiche fisiche o del carattere oppure delle abilità e capacità. Fornite almeno cinque frasi. Poi ognuno riferisce alla classe quello che ha detto il compagno/la compagna.

11-35. Il meglio della tecnologia. In gruppo, discutete e decidete quali sono gli articoli tecnologici migliori o peggiori, più utili o meno utili, tra quelli indicati e spiegate le vostre ragioni.

televisori / computer / tablet / telefoni cellulari / telecamere / libri elettronici

Insieme in Piazza!

Scegliete una delle seguenti situazioni e create una conversazione con il compagno/la compagna. Ricordate di usare le strutture imparate nel capitolo, ma non limitatevi solo a quelle.

Scena 1: Siete in Piazza del Duomo, a Milano e state per assistere a una sfilata di moda, come Milano Loves Fashion o Vogue Talents Corner. Commentate con i vostri amici quello che vedete. Quali sono le vostre opinioni sulla sfilata? E sugli abiti? Qual è il più bello e perché? E cosa pensate dell'organizzazione?

Scena 2: Immaginate di essere in una piazza della Liguria a mangiare una delle migliori focacce genovesi. Uno dei vostri amici ha bisogno di comprare un computer (o un cellulare, un tablet, ecc.) e chiede il vostro consiglio. In base ai suoi bisogni e alla sua esperienza con la tecnologia, consigliate l'oggetto che meglio si adatta alle sue esigenze. Potete poi cercare il negozio più conveniente dove acquistarlo.

Scena 3: Create la vostra scena.

Presentazioni orali

A coppie, preparate una breve presentazione orale su uno dei seguenti argomenti. Ecco alcuni suggerimenti oppure decidete voi l'argomento della vostra ricerca.

1. Dario Fo (1926–2016), drammaturgo, attore, scrittore, costumista, Premio Nobel per la Letteratura, 1997.

2. San Remo e la musica

3. Lago di Como, posto di vacanza

Scriviamo!

Scrivi un riassunto della lettura che si trova a pagina 376 di questo capitolo.

Writing Strategy: Summary Writing

In preparing summaries, original material and ideas are paraphrased and condensed. The process requires rethinking, reflecting, and rewriting. A summary should focus on the most important information. Generally, summaries are written in the present tense.

> **Introduction:** List the title of the work, the author's name, and the genre. Then write a few words that state the work's main idea.

> **Body:** Each paragraph should focus on a separate main idea and the most important details from the work. Don't include or restate any repetitive material. Describe *what* happens, *where* it happens, or to *whom* it happens.

- Use your own words; avoid copying phrases or sentences directly from the work.
- Use transitional words and phrases to connect ideas. (See *Scriviamo!* in **Capitolo 6**.)
- Where appropriate, express the thoughts, fears, and doubts of the characters.

> **Conclusion:** Briefly present the underlying meaning of the article.

1. Brainstorming

Two-sentence summary. Leggi il riassunto di una storia di amore e poi insieme a un compagno / una compagna, descrivetela con due frasi.

> Antonio è uno studente molto bravo ma anche arrogante. Lui crede che la sua ragazza sia la più bella della scuola. Antonio è un musicista e suona con altri ragazzi della scuola. Sebbene il suo grande sogno sia quello di diventare un musicista conosciuto in tutto il mondo, arriva un giorno in cui, a causa della sua arroganza, va tutto male. Prima la ragazza lo lascia. Poi i membri della band litigano (*fight*) e decidono di non suonare più insieme. Ma per fortuna sembra che il destino gli dia una seconda possibilità (*chance*). Finalmente pare che Antonio capisca di essersi comportato male. Quindi scrive una bellissima canzone per l'ex-fidanzata, che è commossa (*moved*) e lo perdona. Alla fine gli amici tornano a suonare insieme.

2. Organizzazione

Summary-outline notes. Usando la lettura a pagina 376 cerca i punti principali della lettura. Prima scrivi una parola o due per ogni punto principale e poi una frase o due che lo descrivano.

3. Scrittura libera

Scrivi 12–14 frasi dalle idee che hai documentato nell'*Organizzazione*.

4. Prima correzione

Scambiate le frasi con un compagno/una compagna e fate le correzioni necessarie. Rispondete alle seguenti domande.

a. Ha incluso il titolo dell'articolo e il nome dell'autore?
b. Il messaggio principale è chiaro?
c. Ci sono i dettagli importanti per il riassunto? Quali sono?
d. Ha scritto i pensieri dei personaggi?

5. Finale

Scrivi un riassunto della lettura a pagina 376 e includi l'introduzione, la parte centrale e la conclusione. Quando esprimi i pensieri, la paura, i dubbi, ecc. dei personaggi, usa verbi come pensare, credere, dubitare e il congiuntivo.

● La moda e la tecnologia

Prima della visione

A. La tecnologia e la comunicazione. Tu credi che la tecnologia abbia cambiato la comunicazione tra le persone? Scegli ogni risposta che ti sembra giusta e poi aggiungi alcune tue risposte.

___ c'è meno comunicazione diretta

___ il linguaggio è cambiato

___ ha velocizzato la comunicazione

___ c'è più comunicazione attraverso gli strumenti

___ ha ristretto il vocabolario

___ ha semplificato la comunicazione

___ ha reso possibile contattare vecchi amici

___ aiuta gli anziani a comunicare con la famiglia

___ si comunica di più con persone che non si conoscono

B. Seguono la moda? Guarda le foto qui sotto e indovina se queste persone seguono la moda e se comprano capi di abbigliamento firmati. Spiega le tue risposte.

Durante la visione

Guarda il video due volte. La prima volta, fai attenzione al significato generale. La seconda volta, completa le seguenti attività.

C. A chi si riferisce? Indica con una **X** le persone a cui queste cose si riferiscono.

	Matteo	Il signor Alberto	Il signor Franco	La signora Cristina	Il signor Giorgio
1. Si considera anziano.					
2. Ha sempre amato Yves Saint Laurent.					
3. Crede che la tecnologia abbia cambiato il rapporto interpersonale.					
4. Non può lui giudicare le necessità degli altri.					
5. Vale la pena pagare il prezzo per eventi come le ricorrenze.					
6. Ha ricevuto un sacco di richieste di amicizia da persone che non conosce.					
7. Lui non ha un computer.					

D. Avevate ragione? Matteo e la signora Cristina seguono la moda? Parlate delle vostre risposte iniziali e paragonatele alle risposte date nel video.

Dopo la visione

E. Comprensione. Rispondi alle seguenti domande con frasi complete.

1. Perché Matteo qualche volta compra capi di abbigliamento firmati?

2. Perché Matteo si è divertito alla sfilata di moda?

3. Secondo il signor Alberto, che cosa non si fa più a causa dell'uso della tecnologia?

4. Perché il signor Franco non fa distinzione d'età per l'importanza dei computer?

5. Perché il signor Giorgio ha usato Facebook? Gli piace? Spiega.

6. Perché, secondo la signora Cristina, si giustificano i prezzi dei capi firmati?

F. Compra un computer! Immagina una conversazione tra il signor Franco e il signor Giorgio in cui il signor Giorgio cerca di convincere il signor Franco a comprare un computer. Il signor Giorgio deve spiegare perché crede che sia importante il computer e come aiuterà il signor Franco. Recita la conversazione alla classe.

VOCABOLARIO

Il computer — *Computer*

il cavo	*cable*
la chiavetta	*flash drive*
il microfono	*microphone*
il mouse	*mouse*
il portatile	*laptop computer*
lo schermo	*screen*
il sito Web	*website*
la tastiera	*keyboard*
il tasto	*key (on a keyboard)*

La moda — *Fashion*

la borsa	*purse*
il capo firmato	*designer clothing*
la cinta	*belt*
la cravatta	*tie*
il design	*design*
il foulard / la sciarpa	*scarf*
il marchio / la firma	*brand name*
la modella / il modello	*model*
la passerella	*runway*
la sfilata	*fashion show*
lo/la stilista	*designer (of clothes)*
i tacchi alti / bassi	*high / low heels*
la tecnica	*technique*
il tessuto	*fabric*

Espressioni utili — *Useful Expressions*

andare di moda	*to be in style*
essere alla moda	*to be in style*
essere di moda	*to be in style*
essere fuori moda	*to be out of style*

La tecnologia — *Technology*

l'abuso	*abuse*
l'accesso	*access*
l'apparecchio	*apparatus, device*
l'applicazione	*software program*
il caricabatteria	*charger*
il collegamento / il link	*connection / link*
la connessione	*connection (to a server)*
il contenuto	*content*
le cuffie / gli auricolari	*headset, earbuds*
i dati	*data*
il destinatario	*addressee, recipient*
il documento	*document*
la mail (l'email) / la posta elettronica	*email*
la grafica	*graphics*

l'informatica — *computer science*

l'innovazione	*innovation*
l'invenzione	*invention*
il/la mittente	*sender*
il programma	*program*
il progresso	*progress*
la rete / il Web	*network, Web*
il rischio	*risk*
la sicurezza	*safety*
lo spamming	*spam*
la stampante	*printer*
il tecnico	*technician*
il telefonino / il cellulare	*cell phone*
la tessera	*pass / membership card*
l'uso sicuro	*safe use*
il virus	*virus*

Gli aggettivi — *Adjectives*

digitale	*digital*
gratuito	*free*
interattivo	*interactive*
multimediale	*multimedia*
pericoloso	*dangerous*
scarico	*dead, run-down (as in battery)*
tecnologico	*technological*
virtuale	*virtual*

I verbi — *Verbs*

abusare	*to abuse*
accedere	*to access*
accendere	*to turn on*
bloccarsi	*to freeze (technology)*
caricare	*to upload / to charge*
cercare	*to look for*
chattare	*to chat*
cliccare	*to click*
collegare / collegarsi	*to connect*
connettere / connettersi	*to connect*
dare fastidio	*to bother*
faxare / mandare un fax	*to (send a) fax*
formattare	*to format*
funzionare	*to work / to function*
installare	*to install*
inviare	*to send*

limitare	*to limit*	**scannerizzare**	*to scan*
mandare	*to send*	**scaricare**	*to download*
navigare su Internet	*to surf the Internet*	**spegnere**	*to turn off*
postare / mettere un post	*to post (a comment on a blog)*	**squillare**	*to ring*
		stampare	*to print*
proteggersi	*to protect oneself*	**trasmettere**	*to broadcast*
registrarsi	*to register oneself*	**unire**	*to unite / to join together*
riparare	*to fix*		

CAPITOLO 12

Thinking in Italian

To train yourself to think in Italian rather than translating from your native language to Italian, try the following:

- Use images: As you learn new words and phrases, always try to associate them with an image. When someone asks you a question, think of that image before you speak.

- Create a language bubble: As much as possible, surround yourself with Italian friends, films, television, newspapers, radio, music, magazines, and any of the other valuable resources that you can find on the Internet.

- Give up perfectionism: Even if you don't have all the vocabulary you need, learn to talk around the subject, using the words that you do know to communicate your meaning.

PIAZZE MULTICULTURALI: L'ITALIA DI OGGI E DI IERI

Piazza Duomo, meglio conosciuta come Piazza del Mercato, è la maggiore e la più importante delle piazze di L'Aquila e ospita spesso eventi musicali e teatrali. L'Aquila è stata candidata a essere la Capitale Europea della Cultura 2019.

COMMUNICATIVE GOALS

> Talk about multiethnic societies in Italy and other countries

> Express opinions about past events

> Discuss the effects of globalization and make hypotheses

> Talk about famous historical figures

Risorse  Audio ▶ Video ✦ MINDTAP

L'Abruzzo e il Molise

> L'Abruzzo è conosciuto come la "regione verde" per i suoi tre parchi nazionali. Ha anche moltissime altre riserve naturali e aree ambientali protette.

> Il Molise è diventato la ventesima regione d'Italia nel 1963 dopo una scissione dalla vecchia regione Abruzzi e Molise.

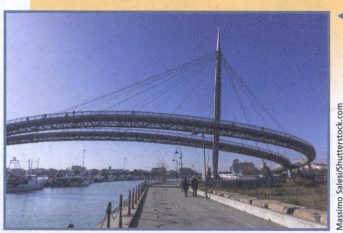

Massimo Salesi/Shutterstock.com

◀ Pescara, la città più popolata dell'Abruzzo, è un posto di mare sulla costa adriatica. Il **Ponte del mare** costruito nel 2009 collega la riviera del sud con quella del nord e permette a ciclisti e pedoni di attraversarla.

AlexdgvisionShutterstock.com

Il **Tempio del Santuario dell'Addolorata** a ▶ Castelpetroso, in stile neogotico, è situato ai piedi delle montagne, vicino a Isernia, in Molise. Il santuario è stato costruito lì perché, secondo la leggenda, i fedeli hanno visto le apparizioni della Vergine Maria.

Andiamo in piazza!

Courtesy of Vincenzo Donadio

▲ **Piazza d'Arti, a L'Aquila***, è una piazza modernissima costruita con strutture diverse (ad esempio container e case in legno) dopo il terremoto del 2009. La piazza ospita molte associazioni che lavorano per aiutare i cittadini colpiti dal terremoto, per migliorare lo spirito e la mente. La piazza crea uno spazio aperto per la gente e un luogo di incontro che permette di far circolare le idee e stimolare le esperienze creative.

Piazza Vittorio Emanuele, a Campobasso, è un luogo di tradizione, arte, cultura e turismo. La piazza è anche la destinazione finale della famosa processione dei misteri, una rappresentazione religiosa che avviene nel periodo di Pasqua. ▶

iStock.com/onairda

---

*The name of the city, **L'Aquila**, when preceded by a preposition should follow this pattern: *simple preposition* + **L'Aquila** (a L'Aquila, di L'Aquila). **Preposizioni articolate** are not used with **L'Aquila**.

L'immigrazione

l'immigrazione (immigration)

multiculturale (multicultural)

l'immigrante (immigrant)

la benevolenza (kindness)

l'integrazione (integration)

interculturale (intercultural)

abbattere le barriere culturali (break down cultural barriers)

multirazziale (multiracial)

Alla Festa dei Popoli, a Chieti, si vedono persone di tante etnie diverse.

L'immigrazione e l'integrazione	Immigration and Integration
l'accoglienza	welcome, reception
la cittadinanza	citizenship
il cittadino/la cittadina	citizen
il clandestino/ la clandestina	undocumented immigrant
i diritti umani	human rights
la discriminazione	discrimination
l'emigrazione	emigration
l'extracomunitario	person from outside the European Union
l'identità	identity
l'intolleranza	intolerance
la nostalgia	nostalgia, longing
il pregiudizio	prejudice
lo straniero/la straniera	foreigner
la tolleranza	tolerance

il trattamento	treatment
il visto	visa

Gli aggettivi	Adjectives
emigrato	emigrant
immigrato	immigrant
multietnico	multiethnic

I verbi	Verbs
abbattere	to break down
adattarsi	to adapt onself
combattere	to fight / to battle
contribuire	to contribute
emigrare	to emigrate
favorire	to favor / to support
immigrare	to immigrate
integrare/integrarsi	to integrate (onself)
promuovere	to promote

Pratichiamo!

12-1. La parola giusta. Scrivi la parola che completa la definizione.

> clandestino / emigrazione / extracomunitario / immigrazione /
> pregiudizio / sensibilità / tolleranza

1. Fenomeno che porta le persone a lasciare il proprio Paese per stabilire la residenza in un Paese straniero: _____
2. Una persona che vive in un Paese straniero in modo illegale: _____
3. Opinione sbagliata basata su poca conoscenza dei fatti: _____
4. Fenomeno che porta in un Paese persone straniere che cercano la residenza e il lavoro: _____
5. La capacità di capire, accettare e rispettare opinioni diverse dalle proprie: _____
6. I sentimenti, gli affetti e le emozioni che sono fortemente sentiti: _____
7. Persona che non viene dall'Unione Europea: _____

12-2. Torneo per l'integrazione. Scegli la parola più logica per completare il brano.

Il Centro Polivalente per (1. *stranieri / la benevolenza*) di L'Aquila organizza tornei di sport (2. *multietnico / emigrato*) con lo scopo di promuovere lo sport come elemento per costruire un ponte tra (3. *accoglienza / trattamento*) e integrazione. Il torneo multietnico (4. *favorisce / combatte*) l'integrazione. Lo sport dà alle varie comunità (5. *multiculturali / immigrato*) l'occasione di incontrarsi e giocare insieme indipendentemente dalle differenze culturali ed etniche. Lo sport (6. *contribuisce / si integra*) a realizzare una convivenza pacifica tra le varie etnie.

12-3. Associazioni. Abbina il verbo con il nome più logico e poi forma una frase completa con le coppie di parole che hai scelto.

1. _____ abbattere	a. alla democrazia
2. _____ favorire	b. l'integrazione
3. _____ adattarsi	c. le barriere culturali
4. _____ combattere	d. a una nuova cultura
5. _____ contribuire	e. l'intolleranza
6. _____ promuovere	f. l'immigrazione

12-4. Il multiculturalismo nella tua città. Parlate di come si manifesta il multiculturalismo nella vostra città. Ad esempio, pensate ai ristoranti, alla musica, ai festival, ai balli o ad altri eventi che rappresentano le varie culture. A quali di queste cose partecipate voi? Siete appassionati di una di queste culture? Spiegate.

12-5. Un mondo pacifico. Lavorate in gruppi di quattro per creare un manifesto (*poster*) sulla convivenza armoniosa tra tutti i popoli. Cosa potete fare per vivere in una società multietnica in modo pacifico? Cosa possono fare gli individui e cosa può fare il governo? Scrivete sei suggerimenti e poi condivideteli con la classe.

Campanilismo e immigrazione

Prima di tutto... L'immagine nella foto mostra un campanile. Secondo te, che cosa rappresenta il campanile per una città? Qual era la funzione dei campanili nel passato?

Mightymogwai/Dreamstime.com

Taiffin/Shutterstock.com

Davvero?! Si può imparare molto su una cultura grazie alla sua lingua. In italiano c'è una parola che descrive un aspetto storico della mentalità italiana: *il campanilismo*. È difficile tradurre questo termine in inglese ma esprime l'amore per la propria città o il proprio Paese. Molti italiani, infatti, hanno un forte attaccamento alla loro città e preferiscono trascorrere la loro vita nel posto in cui sono nati.

Eppure, tra il 1861 e il 2000, dall'Italia quasi 30 milioni di italiani sono emigrati all'estero. Oggi invece arrivano circa quindicimila immigrati ogni anno dall'Africa, dall'Asia e dall'Europa dell'Est.

 Chiacchieriamo un po'! Lavorate a gruppi di tre o quattro. Un gruppo deve preparare un argomento sui vantaggi del campanilismo in un Paese multiculturale come l'Italia di oggi. L'altro gruppo si concentra sugli svantaggi del campanilismo per quanto riguarda i nuovi immigrati in Italia. Fate un dibattito tra i due gruppi e alla fine la classe deciderà quale gruppo ha fatto il discorso più convincente.

Pensavo che fossi cittadino italiano.

Ascolta e/o leggi il dialogo e rispondi alle domande.

Karim e Annamaria sono in Piazza Duomo durante una manifestazione di solidarietà per gli immigrati.

Annamaria: Che bella manifestazione! Immagino che sia difficile lasciare la propria terra. Anche mio nonno era un emigrante. Credo che **avesse** solo diciassette anni quando lasciò[1] l'Italia per andare in America.

Karim: Davvero? Non sapevo che tuo nonno **fosse** un emigrante. Sì, è difficile emigrare ma io non vedo l'ora di ricevere la cittadinanza italiana.

Annamaria: Ma come? Io pensavo che **fossi** già cittadino italiano.

Karim: Non ancora. Credevo che lo **sapessi**. Sono qui con un permesso di studio. Quando avrò la cittadinanza, i miei genitori verranno dall'Egitto per festeggiare. Mi piacerebbe che **venissero** anche i miei fratelli e che **restassero** qualche settimana qui con me. Sai, vorrei che voi vi **conosceste**.

Annamaria: Sì, mi **farebbe** molto piacere!

La bellissima **Piazza Duomo** a L'Aquila è un luogo di incontro per i cittadini, una meta per i turisti e anche spesso un luogo per manifestazioni pubbliche e culturali.

[1]*he left*

Comprensione

Rispondi alle seguenti domande con frasi complete ed elaborate.

1. Che cosa racconta Annamaria di suo nonno?
2. Cosa pensava Annamaria di Karim?
3. Di dov'è Karim e perché è in Italia?
4. Cosa piacerebbe a Karim?

Osserviamo la struttura!

Nel dialogo sopra, osserva le parole in grassetto e completa le seguenti attività.

1. In sentence (a) below, *era* is an **indicativo imperfetto** verb form. In sentence (b), *fosse* is a **congiuntivo imperfetto** verb form. What determines the use of the **congiuntivo** in sentence (b)?
   a. Anche mio nonno **era** un emigrante.
   b. Non sapevo che tuo nonno **fosse** (*was*) un emigrante.
2. In sentence (a) below, the **congiuntivo imperfetto** is introduced by a form of the **presente indicativo**; in sentence (b), it is introduced by a form of the **indicativo imperfetto**. Can you explain why?
   a. <u>Credo</u> che mio nonno **avesse** solo diciassette anni quando ha lasciato l'Italia.
   b. Non <u>sapevo</u> che tuo nonno **fosse** un emigrante.
3. In the following sentence, the **congiuntivo imperfetto** is not introduced by a verb in the indicative mood. What mood is it? Can you find another example of this in the dialogue?
   Mi piacerebbe che **venissero** anche i miei fratelli.

Il congiuntivo imperfetto (*Imperfect subjunctive*)

Devo andare a fare i documenti per la cittadinanza.

Credevo che avessi già la cittadinanza italiana.

CREATISTA/Shutterstock.com

A. The **congiuntivo imperfetto** (*imperfect subjunctive*) is used only in dependent clauses to express:

- descriptions (age, physical characteristics, physical and emotional states, weather conditions, and time of day)

- habitual, recurring, and ongoing actions that took place in the past

Remember that, when using the **imperfetto** (both **indicativo** and **congiuntivo**), the beginning and ending times of the action or condition in question are not defined. To use the **congiuntivo imperfetto** in the dependent clause, the verb of the independent clause can be either in the **indicativo** (present or past) or the **condizionale**.

(*main clause*)		(*dependent clause*)
Credo	che	mio nonno **avesse** 17 anni quando è emigrato in America.
I believe	*(that)*	*my grandfather **was** 17 years old when he emigrated to America.*
Pensavo	che	**sapessi** che non ho ancora la cittadinanza italiana.
I thought	*(that)*	*you **knew** I don't have Italian citizenship yet.*
Sembra	che	a mio nonno **mancasse** la famiglia quando viveva in America.
It seems	*(that)*	*that my grandfather **missed** his family when he lived in America.*
Vorrei	che	tu e i miei genitori vi **conosceste**.
I would like	*(that)*	*you and my parents **meet** each other[1].*

B. The following table shows how to conjugate regular verbs in the **congiuntivo imperfetto**.

Congiuntivo imperfetto			
	aiutare	**vivere**	**favorire**
io	aiut**assi**	viv**essi**	favor**issi**
tu	aiut**assi**	viv**essi**	favor**issi**
lui/lei, Lei	aiut**asse**	viv**esse**	favor**isse**
noi	aiut**assimo**	viv**essimo**	favor**issimo**
voi	aiut**aste**	viv**este**	favor**iste**
loro	aiut**assero**	viv**essero**	favor**issero**

[1]While this translation, using "that", is grammatically correct and parallels the original Italian, it is more common in English to say, "I would like for you and my parents to meet each other".

C. The **congiuntivo imperfetto** can also be introduced by expressions such as **sebbene, benché, prima che, ovunque,** etc., as we learned for the **congiuntivo presente** in **Capitolo 11.**

Prima che Karim **arrivasse** in Italia,
   parlava già bene l'italiano.

*Before Karim **arrived** in Italy,*
   he already spoke Italian well.

Ovunque emigrassero gli Abruzzesi,
   cercavano sempre di conservare la loro cultura.

Wherever** people from Abruzzo **emigrated,
   they always tried to preserve their culture.

D. The following verbs are irregular in the **congiuntivo imperfetto.**

Verbi irregolari nel congiuntivo imperfetto						
	bere	**dare**	**dire**	**essere**	**fare**	**stare**
io	bevessi	dessi	dicessi	fossi	facessi	stessi
tu	bevessi	dessi	dicessi	fossi	facessi	stessi
lui/lei, Lei	bevesse	desse	dicesse	fosse	facesse	stesse
noi	bevessimo	dessimo	dicessimo	fossimo	facessimo	stessimo
voi	beveste	deste	diceste	foste	faceste	steste
loro	bevessero	dessero	dicessero	fossero	facessero	stessero

Pensavo che **fossi** già cittadino italiano.
Sebbene gli emigranti Italiani degli inizi del
   1900 **facessero** molti sacrifici nei Paesi in
   cui lavoravano, non perdevano mai la
   speranza per un futuro migliore.

*I thought that you **were** already an Italian citizen.*
Although Italian emigrants at the beginning
   *of the 1900s **made** many sacrifices in the*
   countries where they worked, they never
   lost hope for a better future.

Benché mio nonno **dicesse** ai suoi parenti
   che era felice, loro sapevano che gli
   mancava l'Italia.

*Although my grandfather **told** his relatives*
   that he was happy, they knew (that) he
   missed Italy.

Prima che io **facessi** il primo viaggio
   in America, non ero mai stato all'estero.

*Before I **made** my first trip to America,*
   I had never been abroad.

I nostri parenti americani vorrebbero
   che noi **stessimo** con loro tutta l'estate,
   ma dobbiamo tornare in Italia.

*Our American relatives would like that we **stay***
   with them all summer, but we need to go
   back to Italy.

Non sapevo che il MUSPAC **fosse** in Piazza
   d'Arti! L'ho appena visitato ed è bellissimo.

*I did not know that the MUSPAC **was** in*
   Piazza d'Arti! I just visited it and it is very nice.

Il **MUSPAC** è un museo sperimentale d'arte contemporanea che supera la concezione di museo come semplice "raccoglitore", per orientarsi sempre più verso la ricerca e la sperimentazione, sfruttando i vantaggi delle nuove tecnologie. Vanta una collezione permanente che comprende sia opere di artisti internazionali come Joseph Beuys, Jannis Kounellis, Fabio Mauri, Mario Merz, Michelangelo Pistoletto, Giulio Paolini che di artisti italiani di origine abruzzese. Danneggiato dal terremoto del 2009, si è trasferito in Piazza d'Arti.

Pratichiamo!

12-6. Considerazioni. Completa le seguenti frasi con il **congiuntivo imperfetto** dei verbi sottolineati.

1. Non sapevo che Migrantibus <u>essere</u> un servizio d'informazioni per aiutare gli immigrati.
2. Credo che Karim <u>avere</u> 19 anni quando è arrivato in Italia per studiare all'università.
3. Karim pensava che noi <u>sapere</u> che non è ancora un cittadino italiano.
4. Vorrei che voi <u>venire</u> con me e che <u>conoscere</u> i miei amici.
5. Speravo che il permesso di soggiorno (*residency permit*) non <u>impiegare</u> tanto tempo ad arrivare.
6. Quando sono partito dall'Egitto, i miei genitori temevano che io <u>soffrire</u> a causa dei pregiudizi.
7. Sarebbe bello che tutti gli immigrati <u>ricevere</u> una buona accoglienza com'è successo a me.
8. Sembrava che i miei nuovi amici mi <u>aiutare</u> ad alleviare la nostalgia e la tristezza che avevo.

12-7. Riflessioni di un vecchio emigrante italiano. Crea frasi complete con gli elementi forniti e i verbi sottolineati al **congiuntivo imperfetto**. Per ogni frase cambia il soggetto della frase dipendente come indicato.

Esempio   Temevo che... (mio fratello / i miei amici / tu) non <u>venire</u> mai a trovarmi.
   Temevo che *mio fratello non venisse* mai a trovarmi.
   Temevo che *i miei amici non venissero* mai a trovarmi.
   Temevo che *tu non venissi* mai a trovarmi.

1. Sembrava che... (un emigrante / i miei genitori / voi) <u>avere</u> tanti amici in Italia.
2. Speravo che... (tu / i nostri amici / voi) <u>aiutare</u> gli immigrati a integrarsi.
3. Mi dispiaceva che... (loro / la mia famiglia / voi) non <u>potere</u> tornare in Italia tutti gli anni.
4. Era bene che... (le organizzazioni / voi emigranti / la società) <u>promuovere</u> la cultura.
5. Sebbene... (le famiglie / noi / voi) <u>vedersi</u> poco, ci si scriveva spesso.
6. Qualunque occasione... (loro / la mia famiglia / io) <u>festeggiare</u>, si cucinava sempre all'italiana.
7. Ovunque... (le persone / noi / mio nonno) <u>emigrare</u>, l'Italia restava sempre nel cuore.
8. Oggi vorrei che... (gli emigranti / lo stato / noi) <u>contribuire</u> a preservare la cultura.

Antonio Gravante/Shutterstock.com

12-8. Non adesso, ma prima. Riscrivi le seguenti frasi al **passato** usando l'**indicativo imperfetto** nella frase principale e il **congiuntivo imperfetto** nella frase dipendente.

> **Esempio** <u>Credo</u> che loro <u>siano</u> stranieri e che <u>lavorino</u> in Italia.
> *Credevo che loro fossero stranieri e che lavorassero in Italia.*

1. <u>È</u> importante che non ci <u>siano</u> pregiudizi e che la gente <u>faccia</u> le cose secondo la legge.
2. <u>Credo</u> che lui <u>voglia</u> tornare a casa e che <u>stia</u> solo una settimana con la sua famiglia.
3. Mi <u>dispiace</u> che voi <u>andiate</u> sempre da soli all'ufficio immigrazione e che <u>dobbiate</u> fare tanti documenti.
4. Sebbene tu <u>stia</u> bene all'estero e <u>dica</u> di essere felice, sappiamo che hai molta nostalgia.
5. Gli <u>spedisco</u> sempre del caffè italiano, affinché loro <u>facciano</u> e <u>bevano</u> il loro espresso preferito.
6. <u>Sembra</u> che tu non <u>possa</u> tornare nel tuo paese e che <u>vada</u> invece in un'altra città.
7. <u>Pare</u> che <u>siate</u> felici e che vi <u>troviate</u> bene nel nuovo Paese.
8. Qualunque cosa loro <u>dicano</u> o <u>facciano</u>, dimostrano sempre di essere molto integrati nella società.

12-9. Emigrare tanto tempo fa. A coppie, fate una discussione sulle condizioni delle persone che emigravano nel secolo scorso. Esprimete le vostre opinioni con espressioni come **sembrava che / sebbene… + congiuntivo imperfetto.** Per esempio, immaginate e discutete su:

- il modo di viaggiare
- il modo di comunicare
- le difficoltà
- i sentimenti

12-10. Un vecchio amico "straniero". Avete mai conosciuto un compagno o una compagna di scuola o di giochi "straniero/a" che non parlasse la vostra lingua o che la parlasse poco? A coppie, raccontate le vostre esperienze. Cosa pensavate di questa persona? Temevate che non vi capisse? Era importante che lui/lei facesse amicizia con altri bambini? Usate **speravo che / pensavo che / credevo che… + congiuntivo imperfetto.**

12-11. Le vostre origini. In gruppo, parlate delle origini della vostra famiglia per quello che avete sentito dire dai vostri genitori, nonni e parenti in generale.

- Da dove venivano?
- Quanti anni avevano quando sono emigrati?
- Cosa facevano?
- Come vivevano?

Rispondete con **sembrava che… / pareva che… / sebbene… / prima che…** e il **congiuntivo imperfetto.**

NOTA CULTURALE

Nel secolo scorso più di un milione di Abruzzesi sono emigrati in altri Paesi d'Europa e d'oltre oceano. Oggi, sparse in tutti i continenti, ci sono più di 200 associazioni di **Abruzzesi nel mondo,** fondate proprio da emigranti e i loro discendenti. Queste associazioni hanno contribuito a diffondere e a mantenere le tradizioni, la cultura e il Made in Abruzzo nei paesi d'accoglienza.

Nel Mondo Abruzzo

◄)) Credevo che l'avessi conosciuta all'università.

Ascolta e/o leggi il dialogo e rispondi alle domande.

Annamaria e Karim sono in Piazza Giovanni Battista Vico a Chieti per incontrare un'amica di Annamaria.

Annamaria: Meno male! Temevo che Melania **fosse** già **arrivata**, e invece non è ancora qui.

Karim: Credevo che **aveste preso** appuntamento per le cinque e mancano circa dieci minuti.

Annamaria: Lo so, ma lei arriva sempre in anticipo. È un'abitudine che ha fin da piccola.

Karim: Davvero? Io credevo che l'**avessi conosciuta** all'università. Ma è molto che non la vedi?

Annamaria: Sì, l'anno scorso ha fatto uno stage all'estero con un progetto per internazionalizzare le imprese molisane. Non sapevo che **fosse** già **tornata**. Mi ha chiamata qualche giorno fa e ci siamo date appuntamento.

Karim: Ho letto qualcosa su Internet su questo progetto. Non sapevo che tante aziende del Molise **avessero investito** così tanto nel mercato estero. Sono curioso di sapere della sua esperienza.

Annamaria: Vedrai che Melania ci racconterà tutto. Oh, eccola! Melania, siamo qui!

Piazza Giovanni Battista Vico, nel centro della città di Chieti, è dedicata al famoso filosofo napoletano. La chiesa è circondata da chiese e palazzi di diversi stili architettonici.

Comprensione

Rispondi alle seguenti domande con frasi complete ed elaborate.

1. Che cosa temeva Annamaria?
2. A che ora era l'appuntamento?
3. Cos'ha fatto Melania l'anno scorso?
4. Che cosa non sapeva Karim del Molise?

Osserviamo la struttura!

Nel dialogo sopra, osserva le parole in grassetto e rispondi alle seguenti domande.

1. Which tense is used with the verbs preceding the expressions in bold?
2. Based on what you know about compound tenses (**passato prossimo, trapassato, congiuntivo passato**), how do you think the new tense in bold is formed?
3. When do the actions of the verbs in bold occur, relative to the action in the main clause? Before, after, or at the same time as the main clause action? Find one example from the dialogue to support your answer.

NOTA CULTURALE

Il **Molise** è una regione molto impegnata nel campo delle strategie di internazionalizzazione delle imprese molisane. Per questo organizza stage in vari Paesi tra cui USA, Canada, Australia, Brasile e Argentina.

Il congiuntivo trapassato (Past perfect subjunctive)

> Ciao, come stai? Non sapevo che **fossi** già **tornata** dagli Stati Uniti. Com'è andata la conferenza sulla globalizzazione?

A. The **congiuntivo trapassato** (*past perfect subjunctive*) is used in dependent clauses to express a past action that occurred before the action of the main clause, which is also in the past.

(*main clause*)		(*dependent clause*)
<u>Credevo</u>	che	lei **avesse** già **seguito** un corso sulla globalizzazione.
I believed	*(that)*	*she **had** already **taken** a course on globalization.*
Non <u>sapevo</u>	che	le aziende **fossero andate** all'estero e **avessero investito** tanto.
I didn't know	*(that)*	*companies **had gone** abroad and **had invested** so much.*

B. The **congiuntivo trapassato** is a compound tense. It is formed with the imperfect form of the auxiliary (**essere** or **avere**) and the past participle of the main verb. The following table shows how to form the **congiuntivo trapassato**.

Congiuntivo trapassato		
	investire	**andare**
io	**avessi** investito	**fossi** andato/a
tu	**avessi** investito	**fossi** andato/a
lui/lei, Lei	**avesse** investito	**fosse** andato/a
noi	**avessimo** investito	**fossimo** andati/e
voi	**aveste** investito	**foste** andati/e
loro	**avessero** investito	**fossero** andati/e

The **congiuntivo trapassato** can also be introduced by expressions such as **sebbene, nonostante che, benché**, etc.

Sebbene mio nonno da giovane **avesse investito** molto nella sua azienda all'estero, non aveva mai chiuso la sua azienda in Italia.

*Even though my grandfather **had invested** a lot in his business abroad when he was young, he never closed his business in Italy.*

Pratichiamo!

12-12. Nel passato. Riscrivi le seguenti frasi cambiando il verbo della frase principale al passato con l'**indicativo imperfetto** e il verbo della dipendente al **congiuntivo trapassato**.

> **Esempio**   Credo che sia partito.
> *Credevo che fosse partito.*

1. Credo che lei abbia seguito un corso sull'economia mondiale.
2. Sebbene non abbiano ancora trovato un lavoro, loro sono molto felici di essere in Italia.
3. Crediamo che le imprese del Molise abbiano investito molto all'estero.
4. Pare che la globalizzazione abbia incrementato gli scambi commerciali.
5. Noi dubitiamo che loro si siano integrati bene nel Paese in cui lavorano.
6. Pare che voi abbiate imparato la lingua in pochi mesi.
7. È un peccato che tu e i tuoi fratelli siate rimasti in Egitto per problemi di visto.
8. Sembra che l'economia mondiale sia cambiata molto negli ultimi anni.

12-13. Pensieri e opinioni. Completa le frasi con il **congiuntivo trapassato** dei verbi in parentesi.

1. Parlate molto bene l'italiano. Pensavo che voi lo _____ (studiare) prima di arrivare in Italia.
2. I miei figli credevano che io, da giovane, _____ (investire) dei capitali all'estero.
3. Karim e Annamaria sono vecchi amici. Non sapevo che loro _____ (conoscersi) tanto tempo fa.
4. Siamo arrivati tardi alla marcia per la multiculturalità. Credevamo che la marcia _____ (finire).
5. Ma c'eravate anche voi al festival del folklore? Pensavamo che _____ (rimanere) a casa.
6. Sebbene le imprese locali _____ (unire) le loro forze, non sono riuscite a sopravvivere alla crisi.
7. Hai cenato a casa ieri? Credevamo che _____ (provare) quel nuovo ristorante di *fusion food*.
8. I miei amici non sapevano che io _____ (seguire) uno stage sulla globalizzazione.

12-14. Alla Festa dei Popoli. Completa il seguente brano con il **congiuntivo trapassato** dei verbi indicati in parentesi.

Quando sono arrivato, credevo che il concerto (1. già / iniziare) _____. Sebbene io e Annamaria (2. comprare) _____ i biglietti su Internet e (3. fare) _____ la fila di un'ora per entrare, c'era tanta gente e rischiavamo di non trovare posto. Poi Annamaria era anche in ritardo e io temevo che lei (4. perdersi) _____ per strada. Quando è arrivata e mi ha visto, ha cominciato a salutarmi. Credeva che io la (5. già / vedere) _____, ma era impossibile, c'era troppa gente. Si diceva tra la folla che circa 80 mila persone (6. arrivare) _____ da tutta Italia per questo concerto e che tutti lo (7. definire) _____ la "Woodstock" dei giorni nostri. Ma voi dov'eravate? Vi abbiamo cercato. Credevo che (8. trovare) _____ posto vicino al palco.

12-15. Davvero? A coppie e a turno, fate almeno cinque domande al compagno/alla compagna e poi commentate sorpresi. Dovete giustificare la vostra sorpresa.

Esempio S1: *Hai mai studiato in Italia?*
  S2: *No, non ho mai studiato in Italia.*
  S3: *Davvero? Credevo che **avessi studiato** in Italia perché hai una pronuncia perfetta.*

12-16. Un grande fraintendimento (*A big misunderstanding*). A coppie, prima scrivete qualche appunto su un episodio in cui avete frainteso una situazione e poi raccontate l'episodio al vostro compagno/alla vostra compagna.

Esempio *Un giorno ho invitato degli amici a cena ma non è venuto nessuno. Pensavo che avessero dimenticato il mio invito o temevo che avessero avuto un incidente o… Poi mi sono accorto che li avevo invitati per il giorno dopo.*

12-17. Cinquant'anni dopo. In gruppo, immaginate di rivedervi a un incontro (*reunion*) dell'università fra cinquant'anni. All'università tutti avevate progetti di lavorare all'estero, avere una famiglia, diventare avvocati, economisti, cantanti rock, ecc. Ma poi scoprite che non è stato così. Rappresentate la scena in classe.

Esempio S1: *Allora come sta la famiglia?*
  S2: *Veramente non mi sono mai sposato.*
  S3: *Ma come? Credevo che ti **fossi sposato** e che **avessi avuto** cinque figli. E tu (S1), cosa fai qui? Pensavo che **ti fossi trasferito** in Italia…*

Monkey Business Images/Shutterstock.com

Sei un dottore? Credevo che fossi diventato un avvocato!

Pre-lettura

1. Abbina le parole che appartengono alla stessa famiglia.

a. _____ disastrato   1. sperare

b. _____ tendopoli   2. pizzeria

c. _____ prodotti   3. disastro

d. _____ pizza   4. tenda

e. _____ speranza   5. banco

f. _____ bancone   6. produrre

2. Quest'articolo parla della vita dopo il terremoto del 2009 a L'Aquila e dei tentativi di ricostruire la vita degli Aquilani. Hanno dato una mano tutti, cittadini italiani e immigrati che adesso vivono a L'Aquila. C'è mai stato un disastro naturale nella vostra città o nel vostro Paese che ha sconvolto (*turned upside down*) la vita degli abitanti? A coppie, discutete le seguenti informazioni.

a. Evento: cosa, dove, quando è successo

b. Abitanti: casa, problemi economici, problemi di salute

c. Ricostruzione: quanto tempo, dove, chi

L'Aquila, la vita in centro ricomincia con una pizzeria

Pizza al taglio "Gran Sasso", in Corso Federico II

L'Aquila (Il Velino) – "Ormai c'è più gente da fuori° che prima del terremoto". Vincenzo Sferella ha 77 anni e da meno di una settimana ha riaperto la pizza al taglio "Gran Sasso" in corso Federico II, in pieno centro cittadino. I clienti però sono tutti di fuori: molti hanno accenti settentrionali°, girano per il corso disastrato con le macchine fotografiche al collo°.

out of town

northern

around the neck

Antonello Marangi/
Shutterstock.com

Una tendopoli a L'Aquila

Come un simbolo di integrazione e solidarietà tra aquilani e immigranti c'è anche il piccolo Angelo Iacob, di sette anni appena. "Io sono italiano, papà invece è rumeno", dice con accento aquilano mentre beve un succo di frutta al bancone della pizzeria. Racconta divertito dei mesi passati nella tendopoli° di Piazza d'Armi, dei bambini cinesi che aveva come vicini° e delle parole che gli hanno insegnato nella loro lingua. Si oscura° solo quando gli chiedi che cosa ricorda del terremoto. Riesce solo a dire "tanto rumore".

encampment

neighbors

He (His mood) gets dark

Courtesy of Natalia Nurzia

Un anno dopo il sisma°, l'unico altro locale aperto a L'Aquila centro è a piazza Duomo, il bar-pasticceria dei fratelli Nurzia, storico locale di prodotti tipici per la produzione artigianale di torrone. Un emblema da sempre del capoluogo abruzzese, che ha riaperto a dicembre. "Abbiamo voluto dare un segnale per mostrare che questa città non era morta" —afferma Natalia Nurzia, la proprietaria. "Gli affari stentano° ancora, ma siamo qui perché è importante esserci, pure per gli aquilani. È una speranza che ci può portare avanti" anche se nel primo pomeriggio la piazza già si è svuotata° del tutto, i "turisti del disastro" sono andati via e non è rimasto che un cane, che si rotola° all'ombra della chiesa delle Anime Sante.

earthquake

are struggling

emptied out

is rolling

Dopo la lettura

1. Famiglie di parole. Trovate nell'articolo parole che appartengono alla stessa famiglia.

a. città
b. segno
c. fotografia
d. prodotto
e. storia
f. Cina

2. Personaggi. Identificate le persone menzionate nell'articolo e la loro origine.

3. Spirito dei personaggi. Riguardate l'articolo e, giudicando dalle loro parole, come descrivereste il carattere delle seguenti persone? Usate più aggettivi possibili (minimo tre).

a. Vincenzo Sferrella
b. Angelo Iacob
c. Natalia Nurzia

4. Vero o falso? Indica se le seguenti frasi sono vere **(V)** o false **(F)**. Giustifica la tua scelta.

a. _____ La ricostruzione di L'Aquila è stata veloce.

b. _____ Il bambino si è divertito molto e ha dimenticato il terremoto.

c. _____ I turisti sono curiosi di vedere la distruzione del terremoto.

d. _____ La maggior parte dei turisti viene dal sud.

e. _____ L'Aquila è nota anche per il torrone.

🔊 Gli italiani illustri nel mondo

Guglielmo Marconi
(Premio Nobel, Fisica, 1909)

Steve Mann / Shutterstock.com

scienziato

Enrico Fermi (Premio
Nobel, Fisica, 1938)

fisico

Arturo Toscanini

rook76 / Shutterstock.com

direttore d'orchestra

Giulio Natta
(Premio Nobel, Chimica, 1963)

spatuletail/Shutterstock.com

chimico

Maria Montessori
(Tre volte candidata al
Nobel per la Pace)

Georgios Kollidas / Shutterstock.com

medico, pedagogista,
filosofa, scienziata

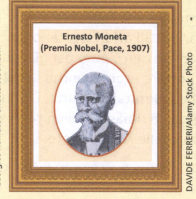

Ernesto Moneta
(Premio Nobel, Pace, 1907)

DAVIDE FERRERI/Alamy Stock Photo

giornalista

Rita Levi-Montalcini
(Premio Nobel,
Medicina, 1986)

medico e scienziata

Franco Modigliani
(Premio Nobel Economia, 1985)

Walter Oleksy/Alamy Stock Photo

economista

Molti italiani hanno ricevuto il Premio Nobel. Il più recente è stato riconosciuto nel 2017 a Mario Capecchi, nato a Verona ma residente in America. Ha vinto il premio per la fisiologia e la medicina.

La creatività	Creativity	I verbi	Verbs
il brevetto	patent	comporre	to compose
l'invenzione	invention	inventare	to invent
noto	well-known	ottenere	to obtain
rinomato	renowed	(riconoscimenti)	(recognition)
		raggiungere (successo)	to achieve (success)
Le professioni	*Professions*	realizzare	to fulfill
l'artista	artist	riconoscere	to recognize
l'inventore	inventor	ritirarsi	to retreat / to withdraw
il musicista/la musicista	musician	scoprire	to discover

Pratichiamo!

12-18. È / Era un grande... Completa le seguenti frasi con la professione del personaggio famoso. Scegli la professione tra quelle suggerite.

1. Luciano Pavarotti era il tenore più famoso del mondo. Era un grande _____. (inventore / musicista)
2. Alessandro Volta è stato un fisico e un _____ conosciuto per l'invenzione della prima pila elettrica. (giornalista / chimico)
3. Michelangelo Buonarotti ha dipinto molte scene della Cappella Sistina. Era un grande _____. (artista / filosofa)
4. Maria Montessori, nota tra l'altro per il suo modo educativo adottato in scuole in tutto il mondo, era una grande _____. (pedagogista / artista)
5. Galileo Galilei era un astronomo, matematico e filosofo. Era anche un grande _____, infatti ha studiato la fisica a Pisa. (medico / fisico)
6. Leonardo da Vinci, oltre a essere un grande artista è stato anche un _____. I suoi modelli sono stati usati per molte macchine moderne. (inventore / economista)

12-19. Definizioni. Abbina la parola con la definizione.

1. _____ brevetto
2. _____ invenzione
3. _____ creatività
4. _____ noto
5. _____ rinomato

a. ben conosciuto
b. famoso, celebre
c. documento che attesta la paternità dell'invenzione
d. realizzazione di un progetto originale
e. capacità produttiva della fantasia

12-20. Il sogno di Roberto. Completa il seguente brano con il verbo coniugato scegliendo tra quelli offerti.

> aveva ottenuto / ha composto / ha raggiunto / ha realizzato / ha riconosciuto / ha scoperto

Roberto era un insegnante di musica a un liceo dove _____ (1) riconoscimenti per le sue composizioni musicali. Il suo sogno da sempre era di scrivere per i film. Un giorno mentre lavorava a casa, _____ (2) una colonna sonora che avrebbe cambiato la sua vita. L'ha mandata ad un agente che _____ (3) subito il suo genio e gli ha offerto la possibilità di lavorare a Hollywood. Roberto ha accettato ed _____ (4) un mondo bellissimo per il quale si era preparato tutta la vita. In poco tempo _____ (5) il successo. Roberto è diventato un personaggio famoso ed _____ (6) il suo sogno.

12-21. Gli italiani nel mondo. Più di quattro milioni di italiani che hanno conservato la cittadinanza italiana sono residenti all'estero. I continenti più popolari sono l'Europa e l'America. A coppie, date minimo quattro motivi per cui gli italiani scelgono un continente straniero. Conoscete italiani che abitano nelle vostre città? Cosa sapete della loro decisione di vivere in un altro Paese? Come sono diversi i motivi da 100 anni fa?

12-22. Un'intervista. Stephen Colbert intervisterà un famoso personaggio italiano e ha chiesto al pubblico di esprimere la sua scelta per l'intervista e di giustificarla. A coppie, scegliete un personaggio italiano famoso e spiegate perché sarebbe la persona perfetta per l'intervista. Discutete alcune domande che vorreste che Colbert facesse. Poi con la classe, votate chi ha scelto il personaggio più interessante.

12-23. Nord America. Nel Nord America ci sono molti italiani di seconda e terza generazione che sono famosi. Chiedete a tre compagni di nominare una persona e di spiegare chi è e perché è conosciuta. Con la classe, decidete chi sono le persone più menzionate e in quali campi (il cinema, la musica, la scienza, la politica ecc.) lavorano.

L'Italia e la globalizzazione

Prima di tutto... Come definiresti il termine "globalizzazione"? Dove e come vedi la globalizzazione nella tua vita quotidiana? Secondo te, la globalizzazione è una cosa positiva o negativa? Perché?

pcruciatti / Shutterstock.com

Davvero?!

In Italia ci sono molti negozi, ristoranti e prodotti americani, soprattutto nelle grandi città. Per l'abbigliamento Zara, Hollister, Abercombie & Fitch, Michael Kors sono tra le firme straniere più amate dagli italiani. Nel settore della ristorazione potete trovare McDonald's, Domino's Pizza, Ben & Jerry's in molte città italiane. A Milano, nel 2018 a pochi passi dal Duomo, Starbucks ha aperto la sua prima *roastery* in Europa. Si trova in un meraviglioso palazzo d'epoca e l'interno è arredato

Thor Kristbjornsson / Shutterstock.com

in modo molto elegante per offrire un'atmostera tutta italiana. Si deve rispettare un *dress code* formale (no abbigliamento sportivo o sneaker). Sono banditi bicchieri, piatti e posate di plastica. La *roastery* serve non solo bevande a base di caffè ma anche dolci, gelato, aperitivi e vino. Per questo motivo lo Starbucks Reserve non è indicato per i *teen* per i quali Starbucks aprirà in futuro punti vendita più standard.

 Chiacchieriamo un po'! Pensate alle cose di cui non sapete fare a meno (*cannot do without*): un certo tipo di caffè, un piatto di pasta fatta in un certo modo in un certo ristorante, ecc. Sono prodotti americani o anche prodotti italiani? Fate una lista. Adesso immaginate di andare in Italia il prossimo semestre per studiare. Dite al vostro compagno/alla vostra compagna le cose che sperate di trovare anche in Italia e spiegate perché sarebbe difficile per voi vivere senza quelle cose.

Se io potessi, girerei il mondo.

Ascolta e/o leggi il dialogo e rispondi alle domande.

Annamaria, Karim e Melania passeggiano per le vie di Termoli verso Piazza Duomo, dove stasera c'è il Festival Internazionale del Folklore.

Festival Internazionale del Folklore, Termoli

Melania: Questa città è proprio carina e cambia ogni giorno che passa.

Annamaria: È ovvio, **se il mondo cambia**, anche le esigenze della gente **cambiano** e quindi anche le città. Prima qui c'erano piccoli negozi e trattorie. Adesso ci sono grandi catene, ristoranti etnici, sembra che tutto si amalgami.

Melania: Hai ragione. **Se non avessi visto** la città con i miei occhi non ci **avrei creduto.**

Karim: A me piace conoscere le diverse culture! **Se io avessi** i soldi, **girerei** il mondo! E forse un giorno succederà. Ma guardiamo un aspetto positivo! **Se niente fosse cambiato** in questa città, non ci **sarebbe** un ristorante cinese o indiano vicino a una trattoria molisana.

Annamaria: Sì, ma con la globalizzazione **rischiamo** di perdere l'identità culturale di ogni Paese.

Melania: Ti capisco. Tuttavia, **se** questi cambiamenti **capitassero** solo nelle grandi città, i piccoli comuni **rischierebbero** l'isolamento. Ma **se** la città **avesse conservato** l'aspetto caratteristico di un tempo, io lo **avrei preferito.**

Karim: Quante ipotesi! Ma guardiamo un altro vantaggio dei giorni nostri. **Se non ci fosse** la globalizzazione, **non saremmo** oggi qui al Festival Internazionale del Folklore. Dai, affrettiamoci!

Comprensione

Rispondi alle seguenti domande con frasi complete ed elaborate.

1. Che cosa intende Melania quando dice: *"Se il mondo cambia, anche le esigenze della gente cambiano"*.
2. A cosa non avrebbe creduto Annamaria se non lo avesse visto con i suoi occhi?
3. Che cosa piace a Karim della nuova città e, più in generale, degli effetti della globalizzazione?
4. Secondo Melania, cosa succederebbe se i cambiamenti capitassero solo nelle grandi città?

Osserviamo la struttura!

Nel dialogo sopra, osserva le parole in grassetto e completa le seguenti attività.

1. Find the sentences introduced by *se* + **indicativo**. In the second part of the sentences, is the verb in the **indicativo** or **congiuntivo**? Do you think each sentence introduced by *se* + **indicativo** expresses a realistic situation or one that might never happen?
2. Find a sentence formed with *se* + **congiuntivo imperfetto** and **condizionale semplice**. Then decide from the context whether this sentence indicates something that is realistic, possible or impossible.
3. Find a sentence formed with *se* + **congiuntivo trapassato** and **condizionale passato**. Then decide from the context whether this sentence indicates something that is realistic, possible or impossible.

Il periodo ipotetico (If clauses)

Cosa farei se fossi milionario?

A. The **periodo ipotetico** (*hypothetical construction* or *if clause*) consists of two parts:

- a **frase subordinata** (*subordinate/dependent clause*), introduced by **se** (*if*), which expresses a hypothetical situation or condition.
- a **frase principale** (*independent/main clause*) expressing the consequence.

Frase subordinata (If clause)	Frase principale (Independent clause)
Se il mondo cambia,	anche le esigenze della gente cambiano.
If the world changes,	*people's needs also change.*

B. There are three types of **periodo ipotetico: reale** (*realistic, very likely to happen*), **possibile** (*possible, even if imaginary*), and **irreale** (*unrealistic, impossible, contrary to fact*).

- The **periodo reale** is generally formed with the indicative mood in both the main and the dependent clauses.

  reale: Se **vai** su Internet, **trovi** tutte le informazioni per visitare il Molise.
  If you go on the Internet, you will find information about visiting the Molise region.

- The **periodo possibile** is formed with the **congiuntivo imperfetto** in the dependent clause, which is introduced by **se**, and with the **condizionale presente** (or **semplice**) in the main clause.

  possibile: Se io **avessi** i soldi, **girerei** il mondo.
  If I had the money, I would travel around the world.

- The **periodo irreale** (or **impossibile**) is usually formed with the **congiuntivo trapassato** in the dependent clause, which is introduced by **se**, and the **condizionale passato** (or **composto**) or the **condizionale presente** (or **semplice**) in the main clause.

  irreale: Se non **avessi visto** la città con i miei occhi, non ci **avrei creduto**.
  If I had not seen the city with my own eyes, I would not have believed it.

C. The following table shows the use of tenses and moods for each example in the **periodo ipotetico**.

Frase subordinata (if clause) (hypothesis, condition)			Frase principale (consequence/result)
reale		indicativo (*present, future, past*)	indicativo (*present, future*) / imperativo
possibile	Se +	congiuntivo imperfetto	condizionale presente
irreale		congiuntivo trapassato	condizionale passato / presente

reale: Se **studiate** la storia italiana, **imparate** (o **imparerete**) tante cose interessanti.
If you study Italian history, you will learn many interesting things.
Se **vai** a Roma, **va'** a visitare il Colosseo!
If you go to Rome, go visit the Colosseum!
Se **hai studiato** per l'esame, sicuramente **prenderai** un bel voto.
If you studied for the exam, surely you will get a good grade.

possibile: Se tu **fossi** un politico, cosa **faresti**?
If you were a politician, what would you do?

irreale:	Se lo **avessi saputo** prima, **avrei cercato** delle informazioni.
	If I had known earlier, I would have looked for some information.
	Se niente **fosse cambiato** in questa città, non ci **sarebbe** un ristorante cinese o indiano vicino a una trattoria molisana.
	If nothing had changed in this city, there would not be a Chinese or an Indian restaurant near an authentic Molise small restaurant.

As shown in the last two examples, the main clause of the **periodo ipotetico irreale** can have a **condizionale passato** or **presente**. However, in both cases, the hypothesis is unrealistic and contrary-to-fact.

Pratichiamo!

12-24. **La coppia giusta.** Accoppia le frasi delle due colonne per creare un **periodo ipotetico** completo. Poi indica se il periodo ipotetico che hai formato è **reale, possibile** o **irreale**.

A

1. Se l'anno prossimo c'è il Festival Internazionale, _____
2. Ragazzi, se andate a scuola, _____
3. Se hai dei dubbi sugli effetti della globalizzazione, _____
4. Se tutti rispettassero le differenze culturali, _____
5. Se la globalizzazione avesse davvero aiutato lo sviluppo dei Paesi poveri, _____
6. Se loro non avessero avuto il permesso di soggiorno, _____
7. Se voi andate in Italia, _____
8. Se io incontrassi un immigrato, _____

B

a. non ci sarebbero problemi di intolleranza tra etnie diverse.
b. cercherei di aiutarlo e conoscere la sua cultura.
c. vado a vederlo con i miei amici.
d. puoi trovare molte informazioni su Internet.
e. vedete che in tutte le città ci sono tanti negozi di origine americana.
f. non ci sarebbero state tante proteste in tutto il mondo.
g. avrebbero dovuto lasciare l'Italia.
h. studierete gli italiani illustri nel mondo.

12-25. **Quanti "se".** Coniuga i verbi in parentesi dei seguenti **periodi ipotetici**.

1. Se in Italia ci fosse più informazione sulla globalizzazione, la gente (essere) _____ più consapevole dei suoi effetti.
2. Se tutti (partecipare) _____ al Festival Internazionale, sarà un grande successo.
3. Se noi (conoscere) _____ un buon ristorante di fusion food, avremmo potuto assaporare dei piatti nuovi. E invece abbiamo mangiato la solita pizza.
4. Se io (seguire) _____ un corso sulla globalizzazione, avrei capito i vantaggi e gli svantaggi di questo fenomeno.
5. Se il governo passerà la riforma sulla privatizzazione, (essere) _____ una vittoria per il partito che l'ha appoggiata.
6. Se fai un'invenzione, (dovere) _____ registrare il brevetto.
7. Se voi (venire) _____ con me in Italia il mese scorso, avreste visitato i posti più belli dell'Abruzzo e del Molise.
8. Se noi conoscessimo bene la storia italiana, (sapere) _____ anche che gli italiani sono sempre stati un popolo di emigranti.

12-26. In altri "periodi". Trasforma ogni frase negli altri due periodi ipotetici.

> **Esempio** Se <u>studio</u> la storia italiana, <u>imparo</u> molte cose interessanti.
>
> Se *studiassi* la storia italiana, *imparerei* molte cose interessanti.
>
> Se *avessi studiato* la storia italiana, *avrei imparato* molte cose interessanti.

1. Se <u>vai</u> su Internet, <u>trovi</u> tante informazioni sul fenomeno dell'emigrazione italiana avvenuta all'inizio del '900.
2. Se <u>andate</u> a Campobasso, <u>dovete</u> visitare il centro storico. È bellissimo.
3. Se tu <u>avessi partecipato</u> al progetto Erasmus, <u>avresti fatto</u> una bella esperienza.
4. Se voi <u>conosceste</u> diverse lingue, <u>potreste</u> lavorare per qualche multinazionale.
5. Se <u>dici</u> sempre la verità, non <u>avrai</u> mai problemi.
6. Se <u>vado</u> a Chicago, <u>voglio</u> visitare *The Enrico Fermi Institute for Nuclear Studies*, dedicato ad uno scienziato italiano di fama mondiale.
7. Se lui <u>studiasse</u> al conservatorio, <u>farebbe</u> musicista.
8. Se <u>finiamo</u> di studiare presto, <u>andiamo</u> al nuovo ristorante che fa degli ottimi kebab.

12-27. Cosa fai se... A coppie, dite al vostro compagno/alla vostra compagna cosa fate se le seguenti condizioni, o altre create da voi, si verificano. Usate il **periodo ipotetico reale**.

> **Condizioni:** • finire di studiare presto oggi
> • risparmiare molto durante l'anno
> • prendere una "A" in tutti i corsi
> • vedere un gatto nero che vi passa davanti
>
> **Esempio** tornare presto dall'università
>
> **S1:** *Se oggi* **torno** *presto dall'università,* **vado** *a fare una passeggiata. E tu?*
>
> **S2:** *Se...*

12-28. Immaginiamo. A coppie, dite al vostro compagno/alla vostra compagna cosa fareste o cosa succederebbe se le seguenti condizioni, o altre create da voi, si verificassero. Usate il **periodo ipotetico possibile**.

> **Condizioni:** • vincere la lotteria
> • diventare un personaggio famoso
> • vivere in un altro Paese
> • lottare per l'uguaglianza
>
> **Esempio** andare a L'Aquila
>
> **S1:** *Se io* **andassi** *in Italia,* **andrei** *a L'Aquila.*
>
> **S2:** *Se...*

12-29. Cosa avresti fatto se... In gruppo, chiedete cosa ognuno di voi avrebbe fatto diversamente da quello che ha fatto. Raccogliete le informazioni e poi fate un resoconto alla classe. Usate il **periodo ipotetico irreale**.

> **Esempio** non studiare in questa università
>
> Cosa **avresti fatto** se non **avessi studiato** in questa università?

NOTA CULTURALE

Pinocchio, un ristorante italiano a Dublino, nominato **"The Best Italian Restaurant"** dalla "Grande guida dei ristoranti di Dublino", pubblicata in Irlanda, vanta come suoi fondatori due molisani, Maurizio Mastrangelo e Marco Giannantonio.

12-30. Tavola rotonda sulla globalizzazione. In gruppo, discutete sul fenomeno della globalizzazione. Secondo voi, quali ipotesi potete fare sugli effetti positivi o negativi della globalizzazione? Se si potesse fare qualcosa per migliorare gli effetti della globalizzazione, che cosa suggerireste? Come sarebbe il mondo oggi se non ci fosse stata la globalizzazione? Condividete i risultati del gruppo con la classe.

🔊 Furono uomini straordinari.

Ascolta e/o leggi il dialogo e rispondi alle domande.

Karim è già tornato a casa. Anche Annamaria e Melania sono in Piazza Pepe a Campobasso, pronte per tornare ognuna nelle proprie città. Si incontrano nel bar della piazza per salutarsi e si imbattono in una conversazione piuttosto interessante.

Claudio Giovanni Colombo/Shutterstock.com

Annamaria: Certo che il mondo è cambiato tanto. Siamo fortunati a vivere oggi con tutte queste comodità.

Melania: E possiamo essere fieri perché molti italiani hanno contribuito a questo cambiamento. Pensa per esempio a Leonardo da Vinci e a tutte le cose che **inventò**. E anche Galileo Galilei che **fu** un grande astronomo, fisico e scienziato. Non c'era una tecnologia avanzata, eppure con le sue ricerche **capì** che i pianeti girano intorno al sole.

REDA &CO srl/Alamy Stock Photo

Piazza Pepe, a Campobasso, conosciuta anche come Piazza Prefettura, costituisce il cuore della città.

Annamaria: **Furono** certamente due uomini straordinari che **rivoluzionarono** la scienza. A proposito di globalizzazione, pensa anche a Guglielmo Marconi che con le sue invenzioni del telegrafo senza fili e della radio **mise** il mondo in collegamento. **Vinse** il premio Nobel per la Fisica nel 1909.

Melania: Sai, molti italiani illustri come Enrico Fermi, Maria Montessori, Arturo Toscanini, Maria Levi-Montalcini, **vissero** e **lavorarono** all'estero. Alcuni di loro **emigrarono** in America.

Annamaria: Hai ragione, noi italiani dobbiamo essere fieri. Sicuramente il mondo non sarebbe lo stesso se non ci fossero stati loro.

Comprensione

Rispondi alle seguenti domande con frasi complete ed elaborate.

1. Perché Melania e Annamaria parlano di Leonardo da Vinci e di Galileo Galilei?
2. Quale fu una delle scoperte di Galileo Galilei?
3. Perché Guglielmo Marconi "mise" il mondo in collegamento?
4. Tutti gli italiani illustri di cui parlano Annamaria e Melania vissero sempre e solo in Italia?

Osserviamo la struttura!

Nel dialogo sopra, osserva le parole in grassetto e rispondi alle seguenti domande.

1. In general, are Annamaria and Melania talking about people who lived recently or that are still alive?
2. Do the verbs in bold represent a simple tense or a compound tense?
3. Some of the verb forms in bold have an accent mark on the final vowel. First find them and then determine their subject pronouns.

NOTA CULTURALE

Robert De Niro è un attore americano di origini italiane. Infatti i suoi genitori venivano dalla provincia di Campobasso in Molise.

Featureflash Photo Agency/Shutterstock.com

Passato remoto (Historical past)

The **passato remoto** (*historical past*) is a verb tense used to describe completed actions that occurred in the distant past and have no continuing effect in the present. It is rarely used for everyday conversation unless the speaker is referring to a very distant past.[2]

Le donne italiane **votarono** per la prima volta nel 1946.

A. The **passato remoto** is used when narrating historical events or biographies of famous people in history, and in literary works such as poems, novels, and fairy tales. It is often used in combination with the **imperfetto**.

Non c'**era** una tecnologia avanzata, eppure con le sue ricerche **capì** che i pianeti girano intorno al sole.

There was no advanced technology, and yet, with his research, he understood that the planets turn around the sun.

B. The following table shows how to conjugate regular verbs in the **passato remoto**.

Il passato remoto dei verbi regolari			
	inventare	**ricevere**	**scoprire**
io	inventai	ricevei (ricevetti)	scoprii
tu	inventasti	ricevesti	scopristi
lui/lei, Lei	inventò	ricevé (ricevette)[3]	scoprì
noi	inventammo	ricevemmo	scoprimmo
voi	inventaste	riceveste	scopriste
loro	inventarono	riceverono (ricevettero)	scoprirono

Leonardo Da Vinci **inventò** molte cose.
Lui e Galileo Galilei **rivoluzionarono** la scienza.

Leonardo da Vinci invented many things.
He and Galileo Galilei revolutionized science.

C. Many verbs are irregular in the formation of the **passato remoto**. The following verbs are some of the most common:

Passato remoto dei verbi irregolari							
	bere	**comporre**	**dare**	**dire**	**essere**	**fare**	**stare**
io	bevvi	composi	diedi (detti)	dissi	fui	feci	stetti
tu	bevesti	componesti	desti	dicesti	fosti	facesti	stesti
lui/lei, Lei	bevve	compose	diede (dette)	disse	fu	fece	stette
noi	bevemmo	componemmo	demmo	dicemmo	fummo	facemmo	stemmo
voi	beveste	componeste	deste	diceste	foste	faceste	steste
loro	bevvero	composero	diedero (dettero)	dissero	furono	fecero	stettero

Giuseppe Verdi **compose** l'*Aida*, la *Traviata* e tante altre opere.

Giuseppe Verdi composed Aida, *La Traviata*, *and many other operas.*

[2]Use of the **passato remoto** varies by region. Central and Southern regions use it more than Northern regions, for example.
[3]Notice that verbs ending in **-ere** have two forms for **io, lui/lei**, and **loro**. Each form is considered acceptable usage.

1-3-3 pattern of verbs

A. Some irregular verbs follow the so-called **1-3-3 pattern**, because only the verb forms for **io, lui/ lei**, and **loro** are irregular. If you know the infinitive of the verb and the verb form for the first person, it is easy to predict the other verb forms. The **tu, noi,** and **voi** forms are based on the verb's stem and the endings are those of regular verbs.[4]

Passato remoto con il modello 1-3-3			
		conoscere	scrivere
1	io	**conobbi**	**scrissi**
	tu	conoscesti	scrivesti
3	lui/lei, Lei	**conobbe**	**scrisse**
	noi	conoscemmo	scrivemmo
	voi	conosceste	scriveste
3	loro	**conobbero**	**scrissero**

B. The most common verbs following the 1-3-3 pattern are the following.

avere: io **ebbi**, tu avesti, lui/lei...
chiedere: io **chiesi**, tu chiedesti, lui/lei...
decidere: io **decisi**, tu decidesti, lui/lei...
dipingere: io **dipinsi**, tu dipingesti, lui/lei...
leggere: io **lessi**, tu leggesti, lui/lei...
mettere: io **misi**, tu mettesti, lui/lei...
nascere: io **nacqui**, tu nascesti, lui/lei...
piacere: **piacque, piacquero**
prendere: io **presi**, tu prendesti, lui/lei...
rimanere: io **rimasi**, tu rimanesti, lui/lei...
rispondere: io **risposi**, tu rispondesti, lui/lei...

sapere: io **seppi**, tu sapesti, lui/lei...
scendere: io **scesi**, tu scendesti, lui/lei...
sconfiggere: io **sconfissi**, tu sconfiggesti, lui/lei...
sorridere: io **sorrisi**, tu sorridesti, lui/lei...
uccidere: io **uccisi**, tu uccidesti, lui/lei...
vedere: io **vidi**, tu vedesti, lui/lei...
vivere: io **vissi**, tu vivesti, lui/lei...
venire: io **venni**, tu venisti, lui/lei...
vincere: io **vinsi**, tu vincesti, lui/lei...
volere: io **volli**, tu volesti, lui/lei...

Guglielmo Marconi con le sue invenzioni **mise** il mondo in collegamento. **Vinse** il premio Nobel per la fisica.

Guglielmo Marconi with his inventions put the world in contact. He won the Nobel prize for Physics.

Molti italiani illustri **vissero** e lavorarono all'estero.

*Many Italians **lived** and **worked** abroad.*

[4]The dictionary will usually provide the first person of **passato remoto** if the verb follows the 1-3-3 pattern.

Pratichiamo!

12-31. Cenni di storia italiana. Completa le seguenti frasi con il **passato remoto** dei verbi regolari indicati in parentesi.

1. Nel Risorgimento gli italiani _____ (unirsi) e _____ (combattere) per l'Unità d'Italia.
2. Vittorio Emanuele II _____ (ricevere) il titolo di primo re d'Italia nel 1861.
3. L'Italia _____ (entrare) nella prima guerra mondiale, la Grande guerra, nel 1915.
4. La seconda guerra mondiale _____ (finire) nel 1945 quando in Italia _____ (arrivare) le truppe americane.
5. Gli italiani _____ (votare) per la Repubblica il 2 giugno 1946 e così _____ (abolire) la monarchia per sempre.
6. Dopo il referendum, il re d'Italia e tutta la sua famiglia _____ (andare) in esilio in un Paese straniero.
7. Le donne italiane _____ (potere) votare per la prima volta nel 1946.
8. Dal 1946 in poi gli italiani _____ (ricostruire) l'Italia, il Bel Paese.

12-32. Nostalgia dei tempi passati. Annamaria e suo nonno vanno a Chieti, dove lui ha dei ricordi molto particolari. Coniuga i verbi irregolari in parentesi al **passato remoto** per conoscere la sua storia.

Guarda Annamaria, io e tua nonna ci sposammo proprio in questa chiesetta. La cerimonia (1. essere) _____ bellissima. Un mio amico (2. comporre) _____ perfino una bellissima canzone per noi. Alla festa noi tutti mangiammo e (3. bere) _____ per celebrare la nostra festa. Gli invitati ci (4. dare) _____ tanti regali. Per qualche anno noi (5. stare) _____ in una casetta piccolina ma accogliente. Dopo qualche anno, tua nonna (6. dire) _____ che voleva andare a vivere a L'Aquila. Allora noi (7. fare) _____ il trasloco (*move*) e da allora abbiamo sempre vissuto lì. Quegli anni (8. essere) _____ tra i più belli della mia vita.

12-33. Italiani famosi. Completa le seguenti descrizioni coniugando al **passato remoto** il verbo indicato e conoscerai alcuni italiani famosi non solo in Italia ma anche nel mondo.

1. Cristoforo Colombo (chiedere) _____ aiuto alla regina di Spagna che (volere) _____ aiutarlo. Lui (avere) _____ da lei tre navi con le quali (arrivare) _____ in America. Quando lui (scendere) _____ dalla nave e (mettere) _____ piede sulla terra ferma, (baciare) _____ il suolo.
2. Michelangelo, nato in provincia di Arezzo (decidere) _____ di trasferirsi a Roma nel 1496 e lì (rimanere) _____ per molto tempo. A Roma Michelangelo (scolpire) _____ la famosa Pietà e (dipingere) _____ la Cappella Sistina.
3. Goffredo Mameli e Michele Novaro (nascere) _____ a Genova, (conoscersi) _____ da bambini e grazie a loro (nascere) _____ l'inno nazionale italiano.
4. Giuseppe Verdi e Giacomo Puccini (vivere) _____ nello stesso periodo. Entrambi (avere) _____ molto successo e ognuno di loro (comporre) _____ famose opere musicali rappresentate in tutto il mondo.

5. Guglielmo Marconi (creare) _____ la prima radio. Ne (mettere) _____ un modello sul *Titanic* che (permettere) _____ di chiedere aiuto quando la nave (avere) _____ quel tragico incidente.

6. Antonio Meucci (inventare) _____ il telefono anche se Alexander Bell per molto tempo ne (prendere) _____ i meriti. Nel 2002 il Congresso degli Stati Uniti (riconoscere) _____ a Meucci quest'invenzione.

NOTA CULTURALE

Il 13 aprile 2008 le comunità negli Stati Uniti hanno celebrato il **Meucci Day**, in onore del bicentenario della nascita di Antonio Meucci.

Chronicle/Alamy Stock Photo

NOTA CULTURALE

Guglielmo Marconi (1874-1937) giunse ad una delle invenzioni più rivoluzionarie della storia: **la telegrafia senza fili**, ovvero un sistema di comunicazione a distanza basato sulle onde elettromagnetiche. Nel 1908 Marconi riuscì nel suo obiettivo più ambizioso: un ponte di comunicazioni regolari tra le due sponde dell'Atlantico e nel 1928 stabilì un collegamento radio tra Genova e Sydney. Il radiosegnale inviato da Genova, coprendo quasi 20000 km di distanza, fece accendere le luci del Municipio della città australiana.

Ashwin/Shutterstock.com

12-34. Quiz di storia. A coppie e a turno, fate domande sulla storia, gli eventi e i personaggi famosi nella storia. Chi di voi è un esperto di storia?

Esempio   *Chi inventò il telefono?* oppure
Chi fu il primo uomo ad andare sulla luna?

12-35. Raccontiamo favole. A coppie, preparate un breve riassunto di una favola che conoscete. Usate almeno otto frasi elaborate. Usate il **passato remoto** e l'**imperfetto**.

12-36. Indoviniamo il personaggio famoso. In gruppo, create delle piccole biografie di personaggi famosi della storia senza rivelarne l'identità. I compagni del vostro gruppo devono indovinare il vostro personaggio. Poi, potete fare questa attività tra i gruppi della classe.

Insieme in Piazza!

Scegliete una delle seguenti situazioni e create una conversazione con il compagno/la compagna. Ricordate di usare le strutture imparate nel capitolo, ma non limitatevi solo a quelle.

Scena 1: Immaginate di essere in Piazza Duomo a L'Aquila e di assistere a un evento multiculturale. Commentate con i vostri amici quello che vedete.

Scena 2: Immaginate di essere in una delle piazze del Molise. Fate amicizia con alcune persone che sono curiose di sapere le vostre opinioni sull'Italia e su quello che vi aspettavate di trovare. Poi loro vi chiedono di fare dei confronti tra la società del vostro Paese e l'Italia. Parlate della situazione attuale e dei cambiamenti che sono avvenuti negli ultimi anni.

Scena 3: Create una situazione a vostra scelta.

Presentazioni orali

A coppie, preparate una breve presentazione orale su uno dei seguenti argomenti, oppure decidete voi un argomento presentato nel capitolo, dalle note culturali e dalle attività, oppure un argomento a vostra scelta. Trovate informazioni semplici (biografiche, geografiche, storiche, culinarie) che possono essere accompagnate da immagini e presentate tutto alla classe in modo interattivo come un PowerPoint o un video.

Anonymous

Universal Images Group North America LLC/DeAgostini/Alamy Stock Photo

1. John Fante, scrittore italo-americano di origine abruzzese è molto celebrato negli Stati Uniti.

2. "La chitarra", un'attrezzatura particolare, è usata per fare gli spaghetti alla chitarra dalla cucina tipicamente abruzzese.

Clodio/Dreamstime.com

3. Termoli è il centro balneare più famoso del Molise.

Scriviamo!

Riassumete e trascrivete le informazioni che avete raccolto intervistando un immigrante.

1. Brainstorming

A coppie, rispondete alle seguenti domande.

a. **Chi?** Chi sono le possibili persone da intervistare? C'è una "Little Italy" nella vostra città dove potete intervistare proprietari, clienti, ecc.? Ci sono istituti italiani?

b. **Cosa?** Pensate a possibili temi / argomenti per le domande.

c. **Come?** In quale formato farete l'intervista per la presentazione orale? Video, PowerPoint, testo con foto?

2. Organizzazione

Adesso scrivete le idee per le domande iniziali dal Brainstorming in forma abbreviata per l'intervista. Includete tutti i seguenti elementi.

a. Dati biografici: Paese / città di nascita, età, famiglia...

b. Motivo per l'immigrazione: famiglia, economico...

c. Assimilazione nella cultura: prime impressioni, tradizioni nuove e vecchie, modo di comportarsi, differenze dalla cultura d'origine, la vita oggi

d. Lingua: difficoltà linguistiche all'inizio, difficoltà linguistiche in generale

e. Osservazioni generali: suggerimenti per altri immigranti

3. Scrittura libera

Scrivete 12 domande in italiano in ordine logico dalle informazioni che avete raccolto nell'*Organizzazione*. Se era necessario fare l'intervista in inglese, potete tradurre le domande e risposte in italiano.

4. Prima correzione

Scambiate le domande con un'altra coppia e fate le correzioni, se è necessario.

a. Sono domande che suscitano risposte interessanti?

b. Sono domande aperte e non domande con una risposta implicita?

c. Le domande includono una varietà di temi?

5. Scrittura finale

Scrivi un'introduzione breve. Indica chi hai intervistato e il contenuto generale dell'intervista. Se non riesci a trascrivere le parole esatte, esprimi le risposte con parole tue. Concludi con il risultato dell'intervista. Includi foto e/o video.

◉ Un mondo multiculturale

Prima della visione

A. La coppia giusta. Abbina le parole alle definizioni.

1. ricongiungimento	a. perdita di ricchezza
2. paterna	b. modo di pensare
3. materna	c. vanno via, fuggono
4. speranza	d. porta ricchezza
5. scappano	e. da parte di madre
6. mentalità	f. processo che riunisce (*es.* la famiglia)
7. redditizio	g. desiderio
8. impoverimento	h. da parte di padre

B. Chi è Salah? Il ragazzo che vedi nella foto si chiama Salah. Secondo te, da dove viene? Perché ha lasciato il suo Paese? È in Italia per studio o per lavoro? È in Italia con la sua famiglia o no? La sua esperienza in Italia è stata ed è positiva o no?

Durante la visione

Guarda il video due volte. La prima volta, fai attenzione al significato generale. La seconda volta, completa le seguenti attività.

C. Di cosa parlano? Abbina ogni persona con l'argomento di cui parla.

1. Salah	a. l'esperienza di sua madre immigrata in Italia
2. Giada	b. le speranze e le paure della sua esperienza da emigrante
3. Il signor Gigi	c. i suoi sogni di un mondo tecnologico
4. Il signor Alberto	d. i suoi sogni da bambino di un'Italia moderna come l'America

D. A chi si riferisce? Indica con una **X** le persone a cui queste cose si riferiscono.

	Salah	Giada	Il signor Gigi	Il signor Alberto
1. Sperava di ritrovare suo padre.				
2. È di origine peruviana.				
3. Quando era bambino, l'Italia usciva dalla seconda guerra mondiale.				
4. Da bambino non aveva mai visto un immigrato nel suo paesino.				
5. Alcuni suoi parenti sono emigrati dall'Italia.				
6. Aveva paura che la sua famiglia restasse divisa.				

Dopo la visione

E. Comprensione. Rispondi alle seguenti domande con frasi complete.

1. Quali sono le origini di Salah e com'è arrivato in Italia?

2. Quali erano le paure e le speranze di Salah prima di arrivare in Italia?

3. Perché la madre di Giada è andata a vivere in Italia e com'è stata la sua esperienza?

4. Come vorrebbe il signor Gigi che fosse l'Italia?

5. Secondo il signor Gigi, cosa causa l'impoverimento economico, sociale e culturale?

6. Perché, secondo il signor Alberto, l'Italia multiculturale è stata una sorpresa?

 F. Facciamo un'intervista! Immagina di intervistare il signor Gigi e di chiedergli quali consigli darebbe a una persona italiana che lascia l'Italia per cercare lavoro. Con un compagno/una compagna, create un'intervista e poi recitatela alla classe.

VOCABOLARIO

L'immigrazione e l'integrazione
Immigration and Integration

l'accoglienza	welcome, reception
le barriere culturali	cultural barriers
la benevolenza	kindness
la cittadinanza	citizenship
il cittadino/la cittadina	citizen
il clandestino/la clandestina	undocumented immigrant
i diritti umani	human rights
la discriminazione	discrimination
l'emigrazione	emigration
l'extracomunitario	person from outside European Union
l'identità	identity
l'immigrante	immigrant
l'immigrazione	immigration
l'integrazione	integration
l'intolleranza	intolerance
la nostalgia	nostalgia, longing
il pregiudizio	prejudice
lo straniero / la straniera	foreigner
la tolleranza	tolerance
il trattamento	treatment
il visto	visa

La creatività
Creativity

il brevetto	patent
l'invenzione	invention
noto	well-known
rinomato	renowed

Le professioni
Professions

l'artista	artist
l'inventore	inventor
il musicista / la musicista	musician

Gli aggettivi
Adjectives

emigrato/a	emigrant
immigrato/a	immigrant
multiculturale	multicultural
multirazziale	multiracial

I verbi
Verbs

abbattere	to break down
combattere	to fight / to battle
comporre	to compose
contribuire	to contribute
emigrare	to emigrate
favorire	to favor / to support
immigrare	to immigrate
inventare	to invent
promuovere	to promote
ottenere (riconoscimenti)	to obtain (recognition)
raggiungere (successo)	to achieve (success)
realizzare	to fulfill
riconoscere	to recognize
ritirarsi	to retreat / to withdraw
scoprire	to discover

Dizionario personale

_____   _____
_____   _____
_____   _____
_____   _____
_____   _____
_____   _____
_____   _____
_____   _____
_____   _____
_____   _____
_____   _____
_____   _____
_____   _____
_____   _____
_____   _____

APPENDICES

A. *Avere* and *essere*

avere

present	imperfect	future	conditional	historical past	present subjunctive	imperfect subjunctive	imperative
ho	avevo	avrò	avrei	ebbi	abbia	avessi	
hai	avevi	avrai	avresti	avesti	abbia	avessi	abbi
ha	aveva	avrà	avrebbe	ebbe	abbia	avesse	abbia
abbiamo	avevamo	avremo	avremmo	avemmo	abbiamo	avessimo	abbiamo
avete	avevate	avrete	avreste	aveste	abbiate	aveste	abbiate
hanno	avevano	avranno	avrebbero	ebbero	abbiano	avessero	abbiano

past participle: avuto

simple past: ho avuto, hai avuto, ha avuto, abbiamo avuto, avete avuto, hanno avuto

essere

present	imperfect	future	conditional	historical past	present subjunctive	imperfect subjunctive	imperative
sono	ero	sarò	sarei	fui	sia	fossi	
sei	eri	sarai	saresti	fosti	sia	fossi	sii
è	era	sarà	sarebbe	fu	sia	fosse	sia
siamo	eravamo	saremo	saremmo	fummo	siamo	fossimo	siamo
siete	eravate	sarete	sareste	foste	siate	foste	siate
sono	erano	saranno	sarebbero	furono	siano	fossero	siano

past participle: stato

simple past: sono stato/a, sei stato/a, è stato/a, siamo stati/e, siete stati/e, sono stati/e

B. Verbs conjugated with *essere*

The following verbs are conjugated with **essere**. In addition, all reflexive verbs are conjugated with **essere** (for example, **lavarsi**, *to wash oneself*: **mi sono lavato/a, ti sei lavato/a, si è lavato/a, ci siamo lavati/e, vi siete lavati/e, si sono lavati/e**).

andare to go
arrivare to arrive
cadere to fall
costare to cost
diminuire to diminish / to decrease
dispiacere to mind / to be sorry
diventare to become
entrare to enter
essere (stato) to be
mancare to lack
morire (morto) to die

nascere (nato) to be born
partire to depart
piacere to like
restare to remain
rimanere (rimasto) to remain
ritornare to return
riuscire to succeed
salire* to climb up
scendere (sceso)* to go down /
  to get off
sembrare to seem

stare to be
succedere (successo) to happen
tornare to return
uscire to go out
venire (venuto) to come

* Conjugated with **avere** when used
  with a direct object

C. Verbs with irregular past participles

accendere (acceso) to turn on
affiggere (affisso) to post / to affix
aggiungere (aggiunto) to add
apparire (apparso) to appear
appendere (appeso) to hang
apprendere (appreso) to learn
aprire (aperto) to open
assumere (assunto) to hire
bere (bevuto) to drink
chiedere (chiesto) to ask
chiudere (chiuso) to close
cogliere (colto) to gather
comprendere (compreso) to
  understand
concludere (concluso) to conclude
convincere (convinto) to convince
coprire (coperto) to cover
correre (corso) to run
correggere (corretto) to correct
cuocere (cotto) to cook
decidere (deciso) to decide
dire (detto) to say
discutere (discusso) to discuss
eleggere (eletto) to elect
esprimere (espresso) to express
essere (stato) to be

fare (fatto) to do / to make
indire (indetto) to call / to announce
interrompere (interrotto) to interrupt
leggere (letto) to read
mettere (messo) to put
morire (morto) to die
muovere (mosso) to move
nascere (nato) to be born
nascondere (nascosto) to hide
offrire (offerto) to offer
perdere (perso *or* perduto) to lose
permettere (permesso) to permit
porre (posto) to place
prendere (preso) to take
prevedere (previsto) to expect /
  to foresee
promettere (promesso) to promise
promuovere (promosso) to promote
proporre (proposto) to propose
proteggere (protetto) to protect
raggiungere (raggiunto) to arrive /
  to reach
rendere (reso) to render
richiedere (richiesto) to require /
  to seek
ridere (riso) to laugh

ridurre (ridotto) to reduce
rimanere (rimasto) to remain
riprendere (ripreso) to start again
risolvere (risolto) to resolve
rispondere (risposto) to answer
rompere (rotto) to break
scegliere (scelto) to select
scendere (sceso) to go down / to get off
scomparire (scomparso) to disappear
scrivere (scritto) to write
soffrire (sofferto) to suffer
sorridere (sorriso) to smile
spegnere (spento) to turn off
spendere (speso) to spend
succedere (successo) to happen
togliere (tolto) to remove
trarre (tratto) to draw / to pull
trasmettere (trasmesso) to transmit
vedere (visto *or* veduto) to see
venire (venuto) to come
vincere (vinto) to win

D. Regular verbs: Simple tenses and compound tenses with *avere* and *essere*

	verbi in -*are*		verbi in -*ere*	verbi in -*ire*	
	comp**rare**	ent**rare**	vend**ere**	dorm**ire**	fin**ire**
present indicative	compr**o** i a iamo ate ano	entr**o** i a iamo ate ano	vend**o** i e iamo ete ono	dorm**o** i e iamo ite ono	fin**isco** isci isce iamo ite iscono
imperfect	compr**avo** avi ava avamo avate avano	entr**avo** avi ava avamo avate avano	vend**evo** evi eva evamo evate evano	dorm**ivo** ivi iva ivamo ivate ivano	fin**ivo** ivi iva ivamo ivate ivano
future	compr**erò** erai erà eremo erete eranno	entr**erò** erai erà eremo erete eranno	vend**erò** erai erà eremo erete eranno	dorm**irò** irai irà iremo irete iranno	fin**irò** irai irà iremo irete iranno
historical past	compr**ai** asti ò ammo aste arono	entr**ai** asti ò ammo aste arono	vend**ei** esti è emmo este erono	dorm**ii** isti ì immo iste irono	fin**ii** isti ì immo iste irono
simple past	ho **comprato** hai ha abbiamo avete hanno	sono **entrato/a** sei è siamo **entrati/e** siete sono	ho **venduto** hai ha abbiamo avete hanno	ho **dormito** hai ha abbiamo avete hanno	ho **finito** hai ha abbiamo avete hanno
pluperfect	avevo **comprato** avevi aveva avevamo avevate avevano	ero **entrato/a** eri era eravamo **entrati/e** eravate erano	avevo **venduto** avevi aveva avevamo avevate avevano	avevo **dormito** avevi aveva avevamo avevate avevano	avevo **finito** avevi aveva avevamo avevate avevano
imperative	compr**a** compr**i** compr**iamo** compr**ate** compr**ino**	entr**a** entr**i** entr**iamo** entr**ate** entr**ino**	vend**i** vend**a** vend**iamo** vend**ete** vend**ano**	dorm**i** dorm**a** dorm**iamo** dorm**ite** dorm**ano**	fin**isci** fin**isca** fin**iamo** fin**ite** fin**iscano**
present conditional	compr**erei** eresti erebbe eremmo ereste erebbero	entr**erei** eresti erebbe eremmo ereste erebbero	vend**erei** eresti erebbe eremmo ereste erebbero	dorm**irei** iresti irebbe iremmo ireste irebbero	fin**irei** iresti irebbe iremmo ireste irebbero
present subjunctive	compr**i** i i iamo iate ino	entr**i** i i iamo iate ino	vend**a** a a iamo iate ano	dorm**a** a a iamo iate ano	fin**isca** isca isca iamo iate iscano
imperfect subjunctive	compr**assi** assi asse assimo aste assero	entr**assi** assi asse assimo aste assero	vend**essi** essi esse essimo este essero	dorm**issi** issi isse issimo iste issero	fin**issi** issi isse issimo iste issero
past participle	comp**rato**	ent**rato**	vend**uto**	dorm**ito**	fin**ito**

E. Irregular verbs

The verbs in this section are irregular only in the tenses listed here.

accendere	*to turn on*
Historical past:	accesi, accendesti, accese, accendemmo, accendeste, accesero
affiggere	*to post / to affix*
Historical past:	affissi, affiggesti, affisse, affiggemmo, affiggeste, affissero
andare	*to go*
Pres. ind.:	vado, vai, va, andiamo, andate, vanno
Future:	andrò, andrai, andrà, andremo, andrete, andranno
Imperative:	va', vada, andiamo, andate, vadano
Conditional:	andrei, andresti, andrebbe, andremmo, andreste, andrebbero
Pres. subj.:	vada, vada, vada, andiamo, andiate, vadano
apprendere	*to learn (compound of* **prendere***)*
assumere	*to hire*
Historical past:	assunsi, assumesti, assunse, assumemmo, assumeste, assunsero
bere	*to drink*
Pres. ind.:	bevo, bevi, beve, beviamo, bevete, bevono
Imperfect:	bevevo, bevevi, beveva, bevevamo, bevevate, bevevano
Future:	berrò, berrai, berrà, berremo, berrete, berranno
Historical past:	bevvi, bevesti, bevve, bevemmo, beveste, bevvero
Imperative:	bevi, beva, beviamo, bevete, bevano
Conditional:	berrei, berresti, berrebbe, berremmo, berreste, berrebbero
Pres. subj.:	beva, beva, beva, beviamo, beviate, bevano
Imp. subj.:	bevessi, bevessi, bevesse, bevessimo, beveste, bevessero
cadere	*to fall*
Future:	cadrò, cadrai, cadrà, cadremo, cadrete, cadranno
Historical past:	caddi, cadesti, cadde, cademmo, cadeste, caddero
Conditional:	cadrei, cadresti, cadrebbe, cadremmo, cadreste, cadrebbero
chiedere	*to ask for*
Historical past:	chiesi, chiedesti, chiese, chiedemmo, chiedeste, chiesero
chiudere	*to close*
Historical past:	chiusi, chiudesti, chiuse, chiudemmo, chiudeste, chiusero
comprendere	*to understand (compound of* **prendere***)*
concludere	*to conclude*
Historical past:	conclusi, concludesti, concluse, concludemmo, concludeste, conclusero
conoscere	*to know*
Historical past:	conobbi, conoscesti, conobbe, conoscemmo, conosceste, conobbero
convincere	*to convince (compound of* **vincere***)*
dare	*to give*
Pres. ind.:	do, dai, dà, diamo, date, danno
Historical past:	diedi (detti), desti, diede (dette), demmo, deste, diedero (dettero)
Imperative:	da', dia, diamo, date, diano
Pres. subj.:	dia, dia, dia, diamo, diate, diano
Imp. subj.:	dessi, dessi, desse, dessimo, deste, dessero
decidere	*to decide*
Historical past:	decisi, decidesti, decise, decidemmo, decideste, decisero
dire	*to say / to tell*
Pres. ind.:	dico, dici, dice, diciamo, dite, dicono
Imperfect:	dicevo, dicevi, diceva, dicevamo, dicevate, dicevano
Historical past:	dissi, dicesti, disse, dicemmo, diceste, dissero
Imperative:	di', dica, diciamo, dite, dicano
Pres. subj.:	dica, dica, dica, diciamo, diciate, dicano
Imp. subj.:	dicessi, dicessi, dicesse, dicessimo, diceste, dicessero

discutere	*to discuss*
Historical past:	discussi, discutesti, discusse, discutemmo, discuteste, discussero
dovere	*to have to, must*
Pres. ind.:	devo, devi, deve, dobbiamo, dovete, devono
Future:	dovrò, dovrai, dovrà, dovremo, dovrete, dovranno
Conditional:	dovrei, dovresti, dovrebbe, dovremmo, dovreste, dovrebbero
Pres. subj.:	debba, debba, debba, dobbiamo, dobbiate, debbano
eleggere	*to elect*
Historical past:	elessi, eleggesti, elesse, eleggemmo, eleggeste, elessero
esprimere	*to express*
Historical past:	espressi, esprimesti, espresse, esprimemmo, esprimeste, espressero
fare	*to do / to make*
Pres. ind.:	faccio, fai, fa, facciamo, fate, fanno
Imperfect:	facevo, facevi, faceva, facevamo, facevate, facevano
Historical past:	feci, facesti, fece, facemmo, faceste, fecero
Imperative:	fa', faccia, facciamo, fate, facciano
Pres. subj.:	faccia, faccia, faccia, facciamo, facciate, facciano
Imp. subj.:	facessi, facessi, facesse, facessimo, faceste, facessero
indire	*to call* (*compound of* **dire**)
interrompere	*to interrupt*
Historical past:	interruppi, interrompesti, interruppe, interrompemmo, interrompeste, interruppero
leggere	*to read*
Historical past:	lessi, leggesti, lesse, leggemmo, leggeste, lessero
mettere	*to place / to put*
Historical past:	misi, mettesti, mise, mettemmo, metteste, misero
morire	*to die*
Pres. ind.:	muoio, muori, muore, moriamo, morite, muoiono
Future:	morirò, morirai, morirà, moriremo, morirete, moriranno
Pres. subj.:	muoia, muoia, muoia, moriamo, moriate, muoiano
nascere	*to be born*
Historical past:	nacqui, nascesti, nacque, nascemmo, nasceste, nacquero
nascondere	*to hide*
Historical past:	nascosi, nascondesti, nascose, nascondemmo, nascondeste, nascosero
ottenere	*to obtain* (*compound of* **tenere**)
permettere	*to permit* (*compound of* **mettere**)
piacere	*to like / to please*
Pres. ind.:	piaccio, piaci, piace, piacciamo, piacete, piacciono
Historical past:	piacqui, piacesti, piacque, piacemmo, piaceste, piacquero
Pres. subj.:	piaccia, piaccia, piaccia, piacciamo, piacciate, piacciano
potere	*to be able*
Pres. ind.:	posso, puoi, può, possiamo, potete, possono
Future:	potrò, potrai, potrà, potremo, potrete, potranno
Conditional:	potrei, potresti, potrebbe, potremmo, potreste, potrebbero
Pres. subj.:	possa, possa, possa, possiamo, possiate, possano
prendere	*to take*
Historical past:	presi, prendesti, prese, prendemmo, prendeste, presero
prevedere	*to foresee* (*compound of* **vedere**)
promettere	*to promise* (*compound of* **mettere**)
promuovere	*to promote*
Historical past:	promossi, promovesti, promosse, promovemmo, promoveste, promossero
raggiungere	*to reach*
Historical past:	raggiunsi, raggiungesti, raggiunse, raggiungemmo, raggiungeste, raggiunsero
richiedere	*to require / to seek* (*compound of* **chiedere**)
ridere	*to laugh*
Historical past:	risi, ridesti, rise, ridemmo, rideste, risero

ridurre	*to reduce*
Pres. ind.:	riduco, riduci, riduce, riduciamo, riducete, riducono
Future:	ridurrò, ridurrai, ridurrà, ridurremo, ridurrete, ridurranno
Historical past:	ridussi, riducesti, ridusse, riducemmo, riduceste, ridussero
Conditional:	ridurrei, ridurresti, ridurrebbe, ridurremmo, ridurreste, ridurrebbero
Pres. subj.:	riduca, riduca, riduca, riduciamo, riduciate, riducano
rimanere	*to remain*
Pres. ind.:	rimango, rimani, rimane, rimaniamo, rimanete, rimangono
Future:	rimarrò, rimarrai, rimarrà, rimarremo, rimarrete, rimarranno
Historical past:	rimasi, rimanesti, rimase, rimanemmo, rimaneste, rimasero
Imperative:	rimani, rimanga, rimaniamo, rimanete, rimangano
Conditional:	rimarrei, rimarresti, rimarrebbe, rimarremmo, rimarreste, rimarrebbero
Pres. subj.:	rimanga, rimanga, rimanga, rimaniamo, rimaniate, rimangano
riprendere	*to start again* (compound of **prendere**)
rispondere	*to answer*
Historical past:	risposi, rispondesti, rispose, rispondemmo, rispondeste, risposero
salire	*to go up*
Pres. ind.:	salgo, sali, sale, saliamo, salite, salgono
Pres. subj.:	salga, salga, salga, saliamo, saliate, salgano
sapere	*to know*
Pres. ind.:	so, sai, sa, sappiamo, sapete, sanno
Future:	saprò, saprai, saprà, sapremo, saprete, sapranno
Historical past:	seppi, sapesti, seppe, sapemmo, sapeste, seppero
Imperative:	sappi, sappia, sappiamo, sappiate, sappiano
Conditional:	saprei, sapresti, saprebbe, sapremmo, sapreste, saprebbero
Pres. subj.:	sappia, sappia, sappia, sappiamo, sappiate, sappiano
scegliere	*to choose*
Pres. ind.:	scelgo, scegli, sceglie, scegliamo, scegliete, scelgono
Historical past:	scelsi, scegliesti, scelse, scegliemmo, sceglieste, scelsero
Imperative:	scegli, scelga, scegliamo, scegliete, scelgano
Pres. subj.:	scelga, scelga, scelga, scegliamo, scegliate, scelgano
scendere	*to go down / to get off*
Historical past:	scesi, scendesti, scese, scendemmo, scendeste, scesero
scrivere	*to write*
Historical past:	scrissi, scrivesti, scrisse, scrivemmo, scriveste, scrissero
sedere	*to sit*
Pres. ind.:	siedo, siedi, siede, sediamo, sedete, siedono
Imperative:	siedi, sieda, sediamo, sedete, siedano
Pres. subj.:	sieda, sieda, sieda, sediamo, sediate, siedano
sorridere	*to smile* (compound of **ridere**)
Historical past:	sorrisi, sorridesti, sorrise, sorridemmo, sorrideste, sorrisero
spegnere	*to turn off*
Historical past:	spensi, spegnesti, spense, spegnemmo, spegneste, spensero
stare	*to be*
Historical past:	stetti, stesti, stette, stemmo, steste, stettero
Imperative:	sta', stia, stiamo, state, stiano
Pres. subj.:	stia, stia, stia, stiamo, stiate, stiano
Imp. subj.:	stessi, stessi, stesse, stessimo, steste, stessero
tenere	*to keep*
Pres. ind.:	tengo, tieni, tiene, teniamo, tenete, tengono
Future:	terrò, terrai, terrà, terremo, terrete, terranno
Historical past:	tenni, tenesti, tenne, tenemmo, teneste, tennero
Imperative:	tieni, tenga, teniamo, tenete, tengano
Conditional:	terrei, terresti, terrebbe, terremmo, terreste, terrebbero
Pres. subj.:	tenga, tenga, tenga, teniamo, teniate, tengano

trasmettere	*to transmit (compound of* **mettere***)*
uscire	*to go out*
Pres. ind.:	esco, esci, esce, usciamo, uscite, escono
Imperative:	esci, esca, usciamo, uscite, escano
Pres. subj.:	esca, esca, esca, usciamo, usciate, escano
vedere	*to see*
Future:	vedrò, vedrai, vedrà, vedremo, vedrete, vedranno
Historical past:	vidi, vedesti, vide, vedemmo, vedeste, videro
Conditional:	vedrei, vedresti, vedrebbe, vedremmo, vedreste, vedrebbero
venire	*to come*
Pres. ind.:	vengo, vieni, viene, veniamo, venite, vengono
Future:	verrò, verrai, verrà, verremo, verrete, verranno
Historical past:	venni, venisti, venne, venimmo, veniste, vennero
Imperative:	vieni, venga, veniamo, venite, vengano
Conditional:	verrei, verresti, verrebbe, verremmo, verreste, verrebbero
Pres. subj.:	venga, venga, venga, veniamo, veniate, vengano
vincere	*to win*
Historical past:	vinsi, vincesti, vinse, vincemmo, vinceste, vinsero
vivere	*to live*
Future:	vivrò, vivrai, vivrà, vivremo, vivrete, vivranno
Historical past:	vissi, vivesti, visse, vivemmo, viveste, vissero
Conditional:	vivrei, vivresti, vivrebbe, vivremmo, vivreste, vivrebbero
volere	*to want*
Pres. ind.:	voglio, vuoi, vuole, vogliamo, volete, vogliono
Future:	vorrò, vorrai, vorrà, vorremo, vorrete, vorranno
Historical past:	volli, volesti, volle, volemmo, voleste, vollero
Conditional:	vorrei, vorresti, vorrebbe, vorremmo, vorreste, vorrebbero
Pres. subj.:	voglia, voglia, voglia, vogliamo, vogliate, vogliano

F. Verbs and expressions followed by a preposition + infinitive

I. Verbs followed by the preposition *a* + infinitive:

abituarsi a	*to get used to*	insegnare a	*to teach*
affrettarsi a	*to hurry*	invitare a	*to invite*
aiutare a	*to help*	mandare a	*to send*
cominciare (incominciare) a	*to begin*	mettersi a	*to start*
condannare a	*to condemn*	obbligare a	*to oblige*
continuare a	*to continue*	persuadere a	*to convince*
convincere a	*to convince*	preparare a	*to prepare*
costringere a	*to compel*	provare a	*to try*
decidersi a	*to make up one's mind*	rinunciare a	*to give up*
divertirsi a	*to have a good time*	riprendere a	*to start again / to resume*
fare meglio a	*to be better off*	riuscire a	*to succeed*
fare presto a	*to do (something) quickly*	sbrigarsi a	*to hurry*
imparare a	*to learn*	servire a	*to be good for*
incoraggiare a	*to encourage*	volerci a (per)	*to take / to require*

II. Verbs followed by the preposition *di* + infinitive:

accettare di	to accept	fingere di	to pretend
accorgersi di	to notice	finire di	to finish
ammettere di	to admit	illudersi di	to delude oneself
aspettare di	to wait for	impedire di	to prevent
aspettarsi di	to expect	infischiarsi di	not to care about
augurare di	to wish	lamentarsi di	to complain about
augurarsi di	to hope	meravigliarsi di	to be surprised
avere bisogno di	to need	minacciare di	to threaten
avere il diritto di	to have the right	offrire di	to offer
avere fretta di	to be in a hurry	ordinare di	to order
avere l'impressione di	to have the feeling	pensare di	to plan
avere intenzione di	to intend	pentirsi di	to repent
avere paura di	to be afraid	permettere di	to permit
avere ragione di	to be right	pregare di	to beg
avere torto di	to be wrong	preoccuparsi di	to fret
avere vergogna di	to be ashamed	proibire di	to prohibit
avere voglia di	to feel like	promettere di	to promise
cercare di	to try	proporre di	to propose
cessare di	to stop	rendersi conto di	to realize
chiedere di	to ask	ricordare (ricordarsi) di	to remember
comandare di	to order	rifiutare (rifiutarsi) di	to refuse
confessare di	to confess	ringraziare di	to thank
consigliare di	to advise	sapere di	to know
contare di	to plan	sentirsela di	to feel up to
credere di	to believe	sforzarsi di	to make an effort
decidere di	to decide	smettere di	to stop
dimenticare (dimenticarsi) di	to forget	sognare (sognarsi) di	to dream / to imagine
dire di	to say / to tell	sperare di	to hope
dispiacere di	to be sorry	stancarsi di	to get tired
domandare di	to ask	suggerire di	to suggest
dubitare di	to doubt	temere di	to fear
essere in grado di	to be in a position to	tentare di	to attempt
fantasticare di	to imagine	non vedere l'ora di	to look forward to
fare a meno di	to do without	vergognarsi di	to be ashamed about
fare segno di	to motion	vietare di	to forbid

G. Verbs and expressions followed by a preposition + noun or pronoun

I. Verbs and expressions followed by the preposition *a* + noun or pronoun

credere a	to believe (in somebody / something)
pensare a	to think about (somebody / something)

II. Verbs and expressions followed by the preposition *di* + noun or pronoun

accorgersi di	to notice	innamorarsi di	to fall in love with
avere bisogno di	to need	infischiarsi di	to not care about
avere paura di	to be afraid	intendersi di	to be knowledgeable about
beffarsi di	to make fun (of)	interessarsi di	to be interested in
coprire di	to cover with	lamentarsi di	to complain about
dimenticarsi di	to forget	meravigliarsi di (per)	to be surprised about
fare a meno di	to do without	nutrirsi di	to feed on / to nourish oneself with
fidarsi di	to trust	occuparsi di	to take care of / to attend to

pensare di	*to have in mind / to plan*		riempire di	*to fill with*
pentirsi di	*to be sorry about*		ringraziare di (per)	*to thank (someone) for*
non poterne più di	*to not be able to stand / to tolerate*		soffrire di	*to suffer from*
preoccuparsi di (per)	*to worry about*		stupirsi di	*to be astonished at*
rendersi conto di	*to realize*		trattare di	*to deal with*
ricordarsi di	*to remember*		vergognarsi di	*to be ashamed about*
ridere di	*to laugh at*		vivere di	*to live on*

III. Verbs followed by the preposition *su* + noun or pronoun

contare su	*to count on*		riflettere su	*to ponder on*
giurare su	*to swear on*		scommettere su	*to bet on*

H. Verbs and expressions that require the subjunctive

I. Verbs that express:

Sentiment

augurarsi (sperare)	*to hope*	essere contento	*to be glad*	preferire	*to prefer*
non vedere l'ora	*to look forward*	essere felice	*to be happy*	temere	*to fear*
avere bisogno	*to need*	piacere	*to like*	tenerci	*to value*
avere paura	*to be afraid*	dispiacere	*to be sorry*		

Wishes, wants, desires, orders

comandare	*to order*	lasciare	*to let / to allow*	proibire	*to prohibit*
desiderare	*to wish*	ordinare	*to order*	proporre	*to propose*
esigere	*to demand*	permettere	*to permit*	suggerire	*to suggest*
impedire	*to prevent*	pregare	*to beg*	vietare	*to forbid*
insistere	*to insist*	pretendere	*to demand*	volere	*to want*

Opinions

avere l'impressione	*to have the feeling*	negare	*to deny*
credere	*to believe*	pensare	*to think*
immaginare (immaginarsi)	*to wonder*	supporre	*to suppose*

Doubt or uncertainty

non capire	*not to understand*	non sapere	*not to know*
chiedersi (domandarsi)	*to wonder*	aspettare	*to wait*
dubitare	*to doubt*	aspettarsi	*to expect*

II. Impersonal expressions

è bene (male)	*it is good (bad)*	(impossibile)	*(impossible)*
è essenziale	*it is essential*	è probabile	*it is probable*
è facile (= è probabile)	*it is probable*	(improbabile)	*(improbable)*
è difficile (= è improbabile)	*it is improbable*	è raro	*it is rare*
è giusto	*it is right*	è strano	*it is strange*
è importante	*it is important*	è utile (inutile)	*it is useful (useless)*
è incredibile	*it is incredible*	è una vergogna	*it is a shame*
è indispensabile	*it is indispensable*	basta	*it suffices*
è meglio	*it is better*	bisogna	*it is necessary*
è naturale	*it is natural*	importa	*it matters*
è necessario	*it is necessary*	occorre	*it is necessary*
è normale	*it is normal*	pare	*it seems*
è ora	*it is time*	può darsi	*it is possible*
[è un] peccato	*it is a pity*	sembra	*it seems*
è possibile	*it is possible*		

ITALIA
(Carta Fisica)

SCALA DI CHILOMETRI
0   40   80   120   160

SCALA DI MIGLIA
0   20   40   60   80   100

A

abbattere to break down
abbigliamento clothing
abbracciarsi to hug each other
abbronzarsi to get a tan
abitare to live
abito suit
abusare to abuse
abuso abuse
accanto a next to
accedere to access
accendere to turn on, to light
accesso access
accogliente welcoming
accoglienza welcome, reception
aceto vinegar
acqua minerale naturale natural mineral water (with no bubbles)
acqua minerale gassata sparkling mineral water
addobbare to adorn / to decorate
addormentarsi to fall asleep
adolescenza adolescence
aereo / in aereo airplane / in the airplane, by airplane
aeroporto airport
afa / c'è afa muggy weather / it's muggy
affettati sliced cured meats
affitto rent
afoso humid / muggy
agendina daily planner
agenzia di viaggi travel agency
aglio garlic
agosto August
aiutare to help
aiutarsi to help each other
albergo hotel
albero tree
albero di Natale Christmas tree
alimentazione (f.) nourishment, diet
all'angolo (di) at the corner (of)
all'estero abroad
alla griglia grilled
allenarsi to practice a sport
alloggi lodgings
alluminio aluminum
alluvione flood
alto tall
altruista (m./f.) altruistic
alzarsi to get up
ambientalista (m./f.) environmentalist

ambiente (m.) environment
ambulanza ambulance
americano American
amici del cuore best friends
ammalarsi to get sick
ammalato sick person
analisi (medical) tests
andare to go
andare a cavallo to go horseback riding
andare bene / male to go well / bad
andare d'accordo to get along
andare di moda to be in style
andare in barca (a vela) to go boating / sailing
andare in bicicletta to ride a bike
andare in campeggio to go camping
andare in vacanza to go on vacation
animali domestici pets
annoiarsi to get bored
annuncio di lavoro job posting
anticipo / in anticipo advance / in advance (early)
antipasto appetizer
antipatico mean, not nice
anziano old
apparecchio apparatus, device
appartamento apartment
applaudire to applaud
applicazione software program
aprile April
aprire to open
arabo Arab
arachidi peanuts
aragosta lobster
aranciata orange soda
arancione orange soda
area protetta protected area
aria condizionata air conditioning
armadio closet
arredamento furnishings
arredato furnished
arrivare to arrive
arrivederci! (informal) / arrivederLa! (formal) See you later!
arrivi arrivals
arrosto roasted
artista (m./f.) artist
ascensore elevator

asciugamano towel
ascoltare to listen to
asparagi asparagus
aspettare to wait for
aspirina aspirin
assumere (p.p. assunto) to hire (p.p. hired)
atterrare to land (airplane)
attore actor
attrice actress
augurare to wish
aula classroom
aumento raise
auricolari headset, earbuds
autista (m./f.) bus driver
autobus city bus
autobus / in autobus bus / on the bus, by bus
automobile (f.) car
autunno fall
avantieri the day before yesterday
avere bisogno di to need
avere caldo to be hot
avere fame to be hungry
avere freddo to be cold
avere fretta to be in a hurry
avere mal di… (orecchio, schiena, testa, pancia, gola) to have a bad / achy . . . (ear, back, head, stomach, throat)
avere paura di to be afraid of
avere pazienza to be patient
avere ragione / torto to be right / wrong
avere sete to be thirsty
avere sonno to be sleepy
avere voglia di to want / to be in the mood for something
avere… anni to be . . . years old
avventura adventure
avvocato lawyer
azienda company

B

Babbo Natale Santa Claus
bagagli baggage / luggage
bagnino lifeguard
bagno bathroom
balcone (m.) balcony
banca bank
banco desk

Bancomat *(m.)* automatic teller (ATM)

banda concert / marching band

bar coffee shop / snack bar

barbiere barber, barber shop

baritono baritone

barriera culturale cultural barrier

basket basketball

basso bass (voice), short

batteria drums

Befana old and good witch, Italian religious tradition on Jan 6th

bello beautiful

bene well

benedire to bless

benessere *(m.)* well-being

benevolenza kindness

bere to drink

berretto cap

bevanda drink

bianco white

biblioteca / in biblioteca library / at/to/in the library

bicchiere *(m.)* glass

bicicletta / in bicicletta bicycle / on a bike / by bike

bidone *(m.)* bin

biglietteria ticket office / counter / booth

biglietto ticket

binario train platform / track

biologia biology

biologico organic

biondo blonde

bistecca steak

bloccarsi to freeze (computer), to stop

blu blue

bocca mouth

borsa purse

bosco woods

box *(m.)* garage

braccio *(m.)* / **braccia** *(f.)* arm / arms

brevetto patent

brindare to make a toast

brindisi celebratory toast

brodo broth

bruno dark hair, brunette

bruschetta toasted bread with topping

brutto ugly

buco dell'ozono hole in the ozone layer

Buon Natale! Merry Christmas!

buona notte! good night!

buonasera! good evening!

buongiorno! good morning!

buono good

buttare (via) to throw (away)

C

cadere to fall

calvo bald

calza stocking

calzini socks

cambio exchange rate (currency)

camera room

camera da letto bedroom

camera (singola / matrimoniale) room (single / double with double bed)

cameriere / cameriera waiter/ waitress

cameriere / cameriera d'albergo / di camera hotel maid / chamber maid

camicia dress shirt

camino fireplace

campagna / in campagna countryside / in the country

campeggio campground

cancellino board eraser

candelabro menorah

cane dog

cantante *(m./f.)* singer

cantare to sing

cantautore *(m.)* / **cantautrice** *(f.)* singer-songwriter

cantina basement

canzone *(f.)* song

capelli *(pl.)* hair

capire to understand

capo boss

capo firmato designer clothing

Capodanno New Year's Day

cappellacci filled pasta pockets shaped like hats

cappello hat

capra goat

caramella candy

carbone coal

caricabatteria charger

caricare to upload / to charge

carino cute

carne *(f.)* meat

Carnevale Carnival

carrello cart

carro float

carrozza train car

carta paper

carta d'identità identification card

carta geografica map

cartellina folder

cartone *(m.)* cardboard

cartoni animati *(pl.)* cartoons

casa / a casa house, home / at home

cassettiera dresser

castagna chestnut

cattedra teacher's desk

cattivo bad

cavallo horse

cavo cable

celebrare to celebrate

cellulare *(m.)* cell phone

cenone *(m.)* dinner for Christmas Eve / New Year's Eve

centrale central

centro / in centro center / downtown

centro per il benessere wellness center

cercare to look for

cereali *(pl.)* cereal

cerotto bandage / Band-Aid®

cestino wastebasket

cestino del pranzo lunch box

chattare to chat

Chi dorme non piglia pesci. The early bird gets the worm. (fig.)

chiamarsi to call oneself

chiave *(f.)* key

chiavetta flash drive

chiedere to ask (for)

chimica chemistry

chitarra guitar

chiudere to close

ciao! hi/bye! (informal)

cinema / cinema all'aperto movie theater / outdoor cinema

cinese Chinese

cinta belt

cioccolatini little chocolates

cipolla onion

circo circus

cittadinanza citizenship

cittadino / cittadina citizen

clandestino undocumented immigrant

classe *(f.)* classroom

cliccare to click
clinica estetica / di bellezza day spa
colazione / colazione compresa breakfast / breakfast included
collega (m./f.) co-worker
collegamento connection
collegare / collegarsi to connect
collina hill
collo neck
colomba dove-shaped Easter cake
colonna sonora soundtrack
colore (m.) color
coltello knife
combattere to fight / to battle
cominciare to begin
commedia comedy
comò dresser
comodino night stand
comodo comfortable
comporre to compose
comprare to buy
compressa tablet (medicine)
computer computer
concerto concert
connessione (f.) connection (to a server)
connettere / connettersi to connect
conoscere to know
conservazione (f.) conservation
consiglio advice
contagiare to infect
contenuto content
contorno side dish
contrabbasso string bass
contribuire to contribute
controllare to check
controllore controller
coperto cover charge
copione (m.) script
correggere to correct
correre / fare una corsa to run
corto short
Cosa desidera? (formal) What would you like?
Cosa prende? (formal) / Cosa prendi? (informal) What are you having?
così così so-so
costa coast
costare to cost

costoso expensive
costume da bagno bathing suit
cotechino spiced Italian sausage
cotoletta cutlet
cravatta tie
creatività creativity
crema solare sunscreen
crescere to grow
crociera cruise
crostata di frutta fruit tart
crostino toasted and crispy bread with topping
cucchiaio spoon
cucina kitchen
cucina stove, range
cuffie headset, earbuds
cugino / cugina cousin
cuoco/cuoca cook
curriculum vitae CV/resume

D

dare to give
dare (un film al cinema) to show (a film)
dare fastidio to bother
dare una mano to give a hand / help
dati (pl.) data
davanti a in front of
decidere to decide
decimo tenth
decollare to take off (airplane)
decorare to decorate
decorazione ornament
dente (m.) tooth
dentifricio toothpaste
dentro inside
dépliant brochure
Desidera...? What would you like...?
destinatario addressee, recipient
destra / a destra (di) right / to the right (of)
di fronte (a) opposite side
diario diary
dicembre December
dietro behind
difendere to defend
difficile difficult
digitale digital
dimagrire to lose weight
dire to say/to tell
direttore conductor

dirigere to direct / to conduct
diritto / dritto straight ahead
diritti umani human rights
disboscamento deforestation
discoteca discotheque / club
discriminazione (f.) discrimination
discutere to discuss
disperdere to litter
distruggere to destroy
ditta company
divano couch, sofa
diventare to become
divertente fun
divertirsi to have fun / to enjoy oneself
divorziato/a divorced
doccia shower
document document
documentario documentary
documento ID / identification (card)
dodicesimo twelfth
dolce dessert / sweet
domenica Sunday
donna woman
dormire to sleep
dose (f.) / dosaggio dose/dosage
dottore (m.) doctor
dottoressa doctor
dovere must / to have to / to owe
dramma (m.) drama

E

economia economy, economics
economico affordable
edicola newsstand
effetti speciali special effects
egoista (m./f.) selfish
emigrare to emigrate
emigrato/a emigrant
emigrazione (f.) emigration
energia alternativa alternative energy
energia nucleare nuclear energy
entrare to enter / to go in
Epifania Epiphany, religious celebration on Jan. 6th
erboristeria herbal remedy shop
esame (m.) / esame di maturità exam / high school exit exam
esercitarsi to practice
esibirsi to perform

essere to be

essere a dieta to be on a diet

essere alla moda / di moda to be in style

essere entusiasta/e/i to be enthusiatic

essere forte come un leone to be as strong as a lion

essere fuori moda to be out of style

essere furbo come una volpe to be as clever as a fox

essere lento come una tartaruga to be as slow as a turtle

essere solo come un cane to be as lonely as a dog

essere testardo come un mulo to be as stubborn as a mule

est east

estate (f.) summer

estetista (m. f.) aesthetician, facialist

estroverso outgoing

extracomunitario person from outside European Union

F

fa bel tempo to be nice weather

fa brutto tempo The weather is bad

fa caldo It is hot

fa freddo It is cold

fa fresco It is cool

facchino bell hop, porter

facile easy

fagiolino green bean

falco falcon

fantascienza science fiction

fare to do / to make

fare alpinismo to hike / to mountain climb

fare attenzione to pay attention

fare ciclismo to cycle

fare domanda to apply

fare ginnastica / fare attività fisica to exercise / to work out

fare il bagno (nel mare / in piscina) to swim (in the sea / in a pool)

fare la dieta to go on a diet

fare la raccolta differenziata to sort recyclables

fare le prove to rehearse

fare sport / praticare uno sport to play a sport

fare un / l'esame to take an exam

fare un colloquio to have an interview

fare una gara to race / to be in a competition

fare una passeggiata/un giro/ una gita to take a walk / a short trip

fare uno scherzo to play a prank / joke

farmacia pharmacy

farmacista (m./f.) pharmacist

farsi un taglio / un graffio to get a cut / a scratch

fattoria farm (with livestock)

fauna wildlife

favorire to favor / to support

faxare / mandare un fax to (send a) fax

febbraio February

febbre (f.) fever

felice happy

Felice Chanukah! Happy Hanukah!

felpa sweatshirt

ferie days off / vacation

fermata dell'autobus bus stop

Ferragosto Feast of the Assumption

ferro da stiro iron

festa / feste holiday / holidays

Festa del lavoro Labor Day

Festa del papà Father's Day

festa del patrono feast of the patron Saint

Festa della Chanukah (Festa delle luci) Hanukkah (Festival of Lights)

Festa della donna International Women's Day

Festa della Liberazione Liberation Day

Festa della mamma Mother's Day

Festa della Repubblica Republic Day

Festa di Ognissanti All Saints' Day

Festa di San Giovanni Battista St. John's Day (Patron Saint of Florence)

fidanzato/a engaged

figli children

figlia daughter

figlio son

figlio unico only child

fila line

film (m.) film, movie

finestra window

finire to end / to finish

fiore (m.) flower

firma brand name

fisarmonica accordion

fischiare to whistle / to hiss / to boo

fisioterapia physical therapy

fisioterapista physical therapist

fiume (m.) river

flauto flute

flora plant life

fontana fountain

forchetta fork

foresta forest

formaggio cheese

formattare to format

forno oven

foulard (m.) scarf

fragola strawberry

francese French

fratello brother

fratello maggiore / minore older / younger brother

frequentare to attend

frigobar (m.) minibar

frigorifero refrigerator

frutta (fresca) (fresh) fruit

fumetti (pl.) comics

fungo mushroom

funzionare to work / to function

fuochi d'artificio fireworks

G

gabinetto toilet

gamba leg

gara competition

garage (m.) garage

gatto cat

gatto selvatico wildcat

gelato ice cream

gemello / gemella twin

genere (m.) genre

generoso generous

genitore parent
gennaio January
giacca jacket (parka)
giacca a vento windbreaker
giallo yellow, mystery (genre)
giapponese Japanese
giardino yard
ginocchio (m.) / ginocchia (f.) knee / knees
giocare to play (a game or a sport)
giocare a baseball (m.) to play baseball
giocare a calcio / a pallone to play soccer
giocare a carte / a tombola to play cards / bingo
giocare a pallacanestro (f.) to play basketball
giocare a pallavolo (f.) to play volleyball
giocare a tennis (m.) to play tennis
giornale newspaper
giornalismo journalism
giornalista (m./f.) journalist
giorno / l'altro giorno day / the other day
giostre amusement park / rides
giovane young
giovedì Thursday
girare to film
gita scolastica field trip
giugno June
giurisprudenza law
goccia / gocce medicinali drop / medical drops
gomito elbow
gomma rubber eraser
gonna skirt
Gradirei… I would like…
grafica graphics
grafico graphic artist
grande big
grano grain
grasso fat
gratuito free
grazie thank you
grigio gray
grigliata mista di carne mixed grilled meats
gruppo band (rock, jazz, etc.)
guanti gloves
guardare to watch

H

Hai voglia di… ? Would you like … ? /Are you in the mood for … ?
hotel (m.) hotel

I

identità identity
ieri yesterday
imbarcare to embark
immigrante (m./f.) immigrant (n.)
immigrato/a immigrant (adj.)
immigrare to immigrate
immigrazione (f.) immigration
immondizia trash, garbage
impaziente impatient
impermeabile (m.) raincoat
impiegato employee
imprevisto unforeseen, unexpected event
In bocca al lupo! Break a leg! Good luck! (fig.)
incartare to wrap
incendio fire
incentivare to incentivize / to provide an incentive
incontrarsi to meet each other
indicazioni directions
indietro back
indifferenziato other recyclables
indimenticabile unforgettable
industria industry
infanzia childhood
infermiere / infermiera nurse
influenza flu
informatica computer science
ingegnere (m./f.) engineer
ingegneria engineering
inglese English
ingrassare to gain weight
ingresso entrance
iniezione (f.) injection
iniziare to begin
innovazione (f.) innovation
inquinamento (atmosferico) (atmospheric) pollution
insalata mista mixed green salad
insegnante (m./f.) teacher
installare to install
integrazione (f.) integration
interattivo interactive
interessante interesting

Internet Point Internet business
interpretare to play a role
intolleranza intolerance
inventare to invent
inventore inventor
invenzione (f.) invention
inverno winter
inviare to send
italiano Italian

J

jacuzzi jacuzzi

L

lago lake
lampada lamp
lampione (m.) street light
lampone (m.) raspberry
lasagne lasagna
laurea college degree
lavagna whiteboard or chalkboard
lavandino sink
lavastoviglie (f.) dishwasher
lavatrice (f.) washing machine
lavorare to work
lavoro work / job
leggere to read
lenticchie lentils
lento slow
lenzuolo (m.) / lenzuola (f.pl.) sheet / sheets
lettera di presentazione cover letter
lettera di raccomandazione letter of recommendation
letteratura literature
letto / a letto bed / in bed
letto matrimoniale queen / king-sized bed
lezione / a lezione lesson / in class
libro book
limitare to limit
lingua straniera foreign language
località termale thermal bath
lontano (da) far (from)
luce (f.) light
luglio July
luminoso bright
lunedì Monday
lungo long
lupo wolf

M

macchina / in macchina car / in the car / by car
macchina fotografica camera
macchinetta machine to validate ticket
macedonia fruit salad
macelleria butcher
madre mother
maestra *(f.)* / **maestro** *(m.)* teacher
maggio May
maglia shirt / jersey
maglietta T-shirt
maglione *(m.)* pullover sweater
magro thin, slim
magro (cibo) nonfat / low-fat food
mail *(f.)* e-mail
malato sick person
malato/a sick
malattia illness
male bad, not well
malinconia melancholy, sadness
mancia tip
mandare to send
mangiare cibi sani to eat healthy foods
mangiare come un uccello to eat like a bird
mano *(f.)* / **mani (pl.)** hand / hands
marchio brand name
mare *(m.)* sea
marito husband
marrone brown
martedì Tuesday
marzo March
maschera mask
massaggio massage
masseria farm (agricultural)
matematica mathematics
materiali da riciclare recyclable Items
materno/a maternal
matita pencil
meccanico mechanic
medicina medicine
medico doctor
mela apple
melone melon
mercoledì Wednesday
meridionale southern

messicano Mexican
mestiere *(m.)* profession
metallo metal
metro / metropolitana subway
mettere to put, to place
mettere in ordine / sistemare (es. la camera) to tidy up (ex. the room)
mettere un post to post (a comment on a blog)
mezzi pubblici *(pl.)* public transportation
Mi può portare... ? *(formal)* Can you bring me . . . ?
microfono microphone
microonde (il forno a microonde) microwave (microwave oven)
migliorare to get better
mimosa mimosas *(flower)*
minestrone vegetable soup with pasta
mirtillo blueberry
misurare (la temperatura) to take (one's temperature)
mittente *(m./ f.)* sender
mobile / mobili piece of furniture/ furniture
moda fashion
modella / modello model
moglie wife
monolocale studio apartment
montagna / in montagna mountain / in the mountains
morire to die
motocicletta, moto *(f.)* / **in moto** motorcycle / on a motorcycle, by motorcycle
mouse mouse *(computer)*
mucca cow
multa fine
multiculturale multicultural
multimediale multimedia
multirazziale multiracial
musica music
musicista musician

N

nascere *(p.p. nato)* to be born *(p.p. born)*
naso nose
Natale Christmas Day
nave *(m.)* ship

navigare su Internet to surf the Internet
nebbia / c'è (la) nebbia fog / it's foggy
negozio store
negozio di alimentari grocery store
nero black
neve / c'è (la) neve snow / it's snowy
nevicare to snow
nipote *(m./f.)* nephew / niece / grandson / granddaughter
noce *(f.)* walnut
noioso boring
noleggiare (l'auto, la bicicletta, la barca...) to rent (car, bike, boat . . .)
nonna grandmother
nonno grandfather
nono ninth
nord / a nord di... north / to the north of...
nostalgia nostalgia, longing
noto well known
novembre November
nuotare to swim
nuoto swimming
nuovo new
nutrimento nourishment
nutrizionista *(m./f.)* nutritionist
nuvoloso cloudy

O

obelisco (m.) obelisk
occhiali da sole sunglasses
occhio eye
officina car repair shop
offrire to offer
olio olive oil
ombrellone beach umbrella
opuscolo brochure
ora time
orario / in orario schedule / on time
ordinare to order
orecchio *(m.)* / **orecchie** *(f.)* ear / ears
organo organ
orologio clock, watch
orrore horror
orto (vegetable) garden
ospedale *(m.)* hospital
ostello hostel

ottavo eighth

ottenere (riconoscimenti) to obtain (recognition)

ottimista (*m./f.*) optimistic

ottobre October

ovest west

P

padre father

padrone (*m.*) / **padrona** (*f.*) di casa landlord

pagare to pay

palazzo building/palace

palco(scenico) stage

palestra / in palestra gym / at/to the gym

Palio di Siena horse race in Siena

palla ball

pallacanestro (f.) basketball

palline di Natale Christmas ball decorations

pallone (*m.*) soccer ball

panchina bench

pandoro Christmas cake (topped with powdered sugar)

pane (*m.*) bread

panettone (*m.*) Christmas cake with candied fruit

panforte (*m.*) Sienese fruit and nut cake

pantaloncini shorts

pantaloni pants

pantaloni da neve snowpants

parata parade

parco (nazionale) (national) park

parente (*m./f.*) relative

parlare to talk

parmigiano parmesan cheese

parrucchiere (*m./f.*) hair dresser, hair salon

partenza departure

partire to leave (for a destination)

partita game / match

Pasqua Easter

Pasqua ebraica (Festa di Pessach) Passover

passaporto passport

passato past

passeggero passenger

passerella runway

patatine fritte french fries

paterno paternal

pattinaggio skating

pattinare (sul ghiaccio) to skate (ice skate)

pavimento floor

paziente (*m./f.*) patient

pecora sheep

peggiorare to get worse

penna pen

pennarello marker, felt-tip pen

pensione (f.) bed and breakfast (B&B)

pepe (*m.*) pepper

peperone (*m.*) bell pepper

per favore / per piacere please

perdere to lose

perdere peso to lose weight

pericoloso dangerous

periferia / in periferia suburb / in the outskirts

pesarsi to weigh oneself

pescare to fish

pesce (*m.*) / **pesci** (*pl.*) fish

peso weight, weight that s lifted

pessimista (*m./f.*) pessimistic

pettine (*m.*) comb

petto chest

piadina flat bread

piano floor (of a building)

pianoforte (f.) piano

pianoterra / pianterreno ground floor

pianta plant

piantare to plant

pianura plain, flat country

piatto (piano) plate

piatto fondo bowl

piccolo small, little

piede / a piedi foot / on foot

pigro lazy

pila battery

pillola pill

piovere to rain

piscina / in piscina pool / at/to/in the pool

pizza margherita pizza with mozzarella, tomato, and basil

pizza quattro stagioni pizza "four seasons" (four parts: mozzarella, mushrooms, artichokes, ham)

plastica plastic

poliziotto policeman/woman

pollo chicken

poltrona armchair

pomata ointment

pomodoro tomato

porta door

portatile laptop computer

porto port

posta / mail mail (regular) / e-mail

postare to post (a comment on a blog)

postino mail carrier

posto position

potare to prune

potere can, to be able to

praticare to practice

preferire to prefer

pregiudizio prejudice

prego! you are welcome!

premio prize, award

prendere to take

prendere il sole to sunbathe

prendere le ferie / fare le ferie / andare in ferie to take time off from work (for a vacation)

prendere peso to put on weight

Prendo... / Prenderei... I'll have / I would have...

prenotare to reserve / to make a reservation

prenotazione (f.) reservation

prescrivere to prescribe

prevenire to prevent

prevenzione (f.) prevention

primavera spring

primo first

primo piano first floor

primo piatto first dish

processione (f.) procession

prodotto sintetico synthetic product

professione (f.) profession

professore professor (*m.*)

professoressa professor (*f.*)

programma (*m.*) program

programmatore computer programmer

progresso progress

proiettore (*m.*) projector

promettere to promise

promuovere to promote

pronto soccorso emergency room (ER)

prosciutto cured ham

protagonista (*m./f.*) protagonist

proteggere to protect

proteggersi to protect oneself

provare to rehearse / to try / to try on
psicologia psychology
pubblico audience
pulire to clean
pullman *(m.)* coach, tour bus
puntura injection

Q

quaderno notebook
quarto fourth
quercia oak tree
questura police station
quinto fifth

R

racchetta da tennis tennis racquet
raccogliere to gather
raffreddore (avere il raffreddore) cold (to have a cold)
ragazza young girl
ragazzo young man
raggiungere (successo) to achieve (success)
rapido fast
realizzare to fulfill
reception reception (hotel)
recita play, performance
recitare to act
redazione editorial office
regalare to give a gift
regalo gift
regionale local train
regista *(m./f.)* director
registrarsi to register oneself
respirare aria pura to breathe fresh air
restare to stay / to remain
restituire to return (give back)
rete *(f.)* net, network
ricaricare to refill / to reload
ricetta medica prescription
riciclaggio recycling
riciclare to recycle
riconoscere to recognize
ricordo memory / remembrance, a souvenir
ridurre to reduce
rifiuti organici organic waste, compost
rifiuti tossici toxic waste

rigenerarsi to regenerate oneself / to renew
rilassarsi to relax
rimanere to remain / to stay
rinomato renowned
riparare to fix
rischio risk
riso rice
risorsa naturale natural resource
risotto Italian rice dish
rispettare to respect
rispondere to answer
ristorante restaurant
ritardo / in ritardo late / (to be) late
ritirarsi to retreat / to withdraw
ritornare to return / to go back / to come back
riunirsi to meet each other / to reunite
roccia rock, crag
rosa pink
rosso red
ruolo role

S

sabato Saturday
sagra gastronomica food festival
sala d'attesa waiting room
salario salary
sale *(m.)* salt
salire to go / climb up (or in)
salire a bordo to board
salone (di bellezza) hair (beauty) salon
salotto living room
salutare healthy
salutarsi to greet or take leave of each other
Salve! Hi! *(formal/informal)*
San Giuseppe St. Joseph's Day
San Silvestro St. Sylvester's Day
San Valentino Valentine's Day
sandali sandals
sano healthy, wholesome
sapere to know
sassofono saxophone
scaffale *(m.)* bookshelf
scambiarsi (auguri / regali) to exchange (wishes / presents)
scannerizzare, fare la scansione to scan
scantinato basement
scappare to escape

scaricare to download
scarico dead, run-down (as in battery)
scarpe da ginnastica gym shoes, sneakers
scarpe da tennis tennis shoes
scarponi da neve ski boots
scavare to dig / to excavate
scegliere to choose
scena scene
scenario scenery, set
scendere to go down
sceneggiatore screenwriter
sceneggiatura script
schermo screen
sci skis, skiing
sciare to ski
sciarpa scarf
scienza science
scienze politiche political sciences
sciopero labor strike
sciroppo cough syrup
scoprire to discover
scottarsi (al sole) to get a sunburn
scrivania desk
scrivere to write
scuola school
scuola elementare elementary school
scuola media middle school
scuola superiore high school
secondi second (main) dishes
secondo second
secondo piano second floor
sedersi to sit down
sedia chair, seat
sedia a sdraio beach chair
segretario / segretaria administrative assistant
seguire to follow
seguire un'alimentazione corretta to follow a healthy diet
sensibilizzare to raise awareness of
sentiero trail
sentire to hear
sentirsi (bene / male) to feel (good / bad)
separato/a separated
sereno clear (weather)
serio serious
servire to serve

sesto sixth
settembre September
settentrionale northern
settimo seventh
sfilata parade / fashion show
sicurezza safety
signora Mrs.
signore Mr.
signorina Miss
simpatico nice
sinistra / a sinistra (di) left / to the left (of)
sintomo symptom
sito Web website
soffrire to suffer
soggiorno living room
sole / c'è sole sun / it's sunny
sopra above
soprano soprano
sorella sister
sorella maggiore older sister
sorella minore younger sister
sostenibilità sustainability
sotto under(neath)
spagnolo Spanish
spalla shoulder
spamming spam
spartito score
spazzolino da denti toothbrush
specchio mirror
spedire to send
spegnere to turn off
spendere to spend (money, energy)
spettacolare spectacular
spettacolo performance
spiaggia beach
spiegare to explain
spinaci spinach
sportivo athletic
sposato/a married
spumante (m.) sparkling white wine
squadra team
squillare to ring
stadio stadium
stage internship
stagista (m./f.) Intern
stampante (f.) printer
stampare to print
stancarsi to get tired
stare to be / to stay
stare all'aria aperta to be outdoors

stare attento/-a/-i/-e to pay attention
stare bene/male… to be well, bad… / to look great
stare zitto/-a/-i/-e to be silent
statua statue
stazione dei treni / ferroviaria train station
stella (del cinema) (film) star
stilista (m./f.) designer (of clothes)
stipendio (monthly) pay / wages
stivali da pioggia rain boots
storia history
storia dell'arte Art History
straniero / straniera foreigner
strumento instrument
studente (m.) / studentessa (f.) student
studiare to study
studio study
studio legale law office
studio medico doctor's office
succedere to happen
sud / a sud di… south / to the south of…
suonare to play (a musical instrument)
supermercato supermarket
supplemento additional fee
sveglia wake-up call / alarm clock
svegliarsi to wake up
svestirsi to get undressed
sviluppare to develop

T

tabaccheria / tabacchino tobacco shop
tacco alto / basso high / low heel
tastiera keyboard
tasto key
tavola / a tavola table / at the table
tavolino coffee table
tavolo table
taxi taxi cab
teatro / a teatro theater / at/to the theater
tecnica technique
tecnico technician
tecnologia technology
tecnologico technological
tedesco German
telefonino cell phone

televisore (m.) TV (set)
telo (da) bagno / (da) mare beach towel
tempo weather
tenda tent
tenersi in forma to stay in shape
tenore tenor
terme hot springs
termometro thermometer
terrazzo / terrazza terrace
territorio territory
terzo third
tessera pass / membership card
tessuto fabric
testa head
testo lyrics
timbrare to stamp
timido shy
tira vento it's windy
tirchio stingy, cheap
tirocinante (m./f.) intern
tirocinio internship
tolleranza tolerance
tombola type of bingo
torace (m.) chest
tornare to go back / to come back / to return
torrente (m.) torrent, stream
torta cake
tortellino pasta ring filled with cheese or meat
tosse (f.) cough
tovaglia tablecloth
tovagliolo napkin
traghetto ferry
trama plot
tranquillo peaceful
trasmettere to broadcast
trattamento (per il corpo) treatment (for the body)
trekking (mountain) hiking
treno / in treno train / on the train, by train
triste sad
tromba trumpet
trombone trombone
tuba tuba
tuffarsi / fare un tuffo to dive / to take a dip

U

uccello bird
ufficio / in ufficio office / to/at/in the office

ufficio postale post office
ulivo olive tree
ultimo piano last floor
undicesimo eleventh
unire to unite / to join together
uomo (s.) / uomini (pl.) man / men
uovo (s./m.) / uova (pl./f.) egg / eggs
uovo di Pasqua Easter egg
uscire to go out / to leave
uso sicuro safe use
uva (f./s.) grapes

V

vacanza / in vacanza vacation / (to be) on vacation
vacanza studio study abroad trip
valanga (di fango) avalanche (mudslide)
valigia suitcase
vasca da bagno bathtub

vecchio old
vecchio amico an old friend
vedere to see
vedersi to see each other
vegetazione (f.) vegetation
venerdì Friday
venire to come
ventesimo twentieth
vento / c'è vento wind / it's windy
verde green
verdura vegetable
vestirsi to get dressed
vestito dress
vetrina store window
vetro glass
vicino near
Viglia di Capodanno New Year's Eve
Viglia di Natale Christmas Eve
vincere to win
viola purple

violino violin
violoncello cello
virtuale virtual
visto visa
vivere to live
voce voice
volere to want to
volontariato volunteering
vorrei I would like

Z

zaino backpack
zia aunt
zio uncle
zucchero sugar
zucchero filato cotton candy
zucchine zucchini
zuppa soup
zuppa inglese dessert made from custard and sponge cake

NOTES

NOTES

NOTES